# 中国工业化与城市化协调发展研究 (1953–2011)

A Study on the Coordinated Development of China's Industrialization and Urbanization (1953 2011)

郭庆然 著

## 图书在版编目(CIP)数据

中国工业化与城市化协调发展研究:1953—2011/郭庆然著.—北京:北京大学出版社,2019.7

(国家社科基金后期资助项目)

ISBN 978-7-301-30443-3

Ⅰ.①中… Ⅱ.①郭… Ⅲ.①工业化—研究—中国—1953—2011 ②城市化—研究—中国—1953—2011 Ⅳ.①F424 ②F299.21

中国版本图书馆 CIP 数据核字(2019)第 073678 号

| | |
|---|---|
| 书　　　名 | 中国工业化与城市化协调发展研究（1953—2011） |
| | ZHONGGUO GONGYEHUA YU CHENGSHIHUA XIETIAO FAZHAN YANJIU（1953—2011） |
| 著作责任者 | 郭庆然　著 |
| 责任编辑 | 孙昕　王晶 |
| 标准书号 | ISBN 978-7-301-30443-3 |
| 出版发行 | 北京大学出版社 |
| 地　　　址 | 北京市海淀区成府路 205 号　100871 |
| 网　　　址 | http://www.pup.cn |
| 电子信箱 | em@pup.cn　QQ:552063295 |
| 新浪微博 | @北京大学出版社　@北京大学出版社经管图书 |
| 电　　　话 | 邮购部 010-62752015　发行部 010-62750672　编辑部 010-62752926 |
| 印　刷　者 | 北京虎彩文化传播有限公司 |
| 经　销　者 | 新华书店 |
| | 730 毫米×1020 毫米　16 开本　17.25 印张　300 千字 |
| | 2019 年 7 月第 1 版　2019 年 7 月第 1 次印刷 |
| 定　　　价 | 49.00 元 |

未经许可，不得以任何方式复制或抄袭本书之部分或全部内容。
**版权所有，侵权必究**

举报电话: 010-62752024　电子信箱: fd@pup.pku.edu.cn

图书如有印装质量问题，请与出版部联系，电话: 010-62756370

# 国家社科基金后期资助项目
## 出版说明

后期资助项目是国家社科基金设立的一类重要项目，旨在鼓励广大社科研究者潜心治学，支持基础研究多出优秀成果。它是经过严格评审，从接近完成的科研成果中遴选立项的。为扩大后期资助项目的影响，更好地推动学术发展，促进成果转化，全国哲学社会科学工作办公室按照"统一设计、统一标识、统一版式、形成系列"的总体要求，组织出版国家社科基金后期资助项目成果。

全国哲学社会科学工作办公室

# 摘　　要

工业化和城市化是人类历史文明发展到一定历史阶段的必然结果，是生态文明、物质文明、精神文明和政治文明发展的反映。中国是世界四大文明古国之一，有着几千年的历史，城市文化底蕴深厚。1840年鸦片战争以后，中国工业化发展融入了西方工业化的元素。中国共产党领导中国人民从成立之初的一穷二白，到21世纪初，经济总量位居世界第二位。中华人民共和国成立近70年来，综合国力迅速增强，国际地位显著提升，走出了一条具有中国特色的工业化和城市化的发展道路，经济和社会发生了前所未有的变化，取得的成就举世瞩目。然而，我们也应当看到，中国在取得巨大发展成就的同时，工业化与城市化的发展问题表现突出，尤其是工业化与城市化相背离直接影响到了工业化与城市化发展的速度与质量，进而影响到了国民经济发展。

本研究以制度变迁为主线，将中国工业化与城市化的发展划分为两个阶段：计划经济体制时期工业化与城市化的背离阶段（1953—1978）和体制转轨时期工业化与城市化的初步协调阶段（1979—2011）。在如何看待国民经济发展的问题上，不能把计划经济体制和市场经济体制对立起来。在近70年国民经济发展的过程中，如果按照基本经济制度、经济体制或资源配置方式进行划分，可以大致划分为几个阶段：新民主主义经济阶段、计划经济阶段、有计划的商品经济阶段和社会主义市场经济阶段。当然，在社会经济发展的过程中，党的经济发展方针和政府经济政策无疑起了决定性作用，尤其是国家的五年发展规划发挥了关键作用。为了厘清1953—2011年中国工业化与城市化发展的历史脉络，本研究在系统总结国内外文献的基础上，主要考察计划经济体制时期与体制转轨时期中国工业化与城市化的历史演进和互动机制，并通过实证研究，找出中国工业化与城市化演进的规律。同时，借鉴外国部分国家或地区工业化与城市化的互动发展模式，利用马克思主义辩证唯物主义的观点，按照中国经济发展的规律，多视角、全方位、整体地、客观地、发展地从正反两个方面来认识和看待中国工业化和城市化发展过程中的实际问题，总结其中的经验和教训，试图为"新常态"下中国未来的工业化与城市化的协调发展提供有价值的参考。

本研究内容主要包含以下五个部分:第一部分是历史考察。无论是计划经济体制时期(1953—1978),还是体制转轨时期(1979—2011),都围绕以下几个方面展开研究:第一,分析中国工业化与城市化发展的内外部条件;第二,将这两个时期都分别细分为三个阶段,对各个阶段的历史演进进行考察;第三,总结此阶段中国工业化与城市化发展的主要特点;第四,对当时中国工业化与城市化的关系做出明确判断;第五,分析中国工业化与城市化协调发展的制约因素。研究发现在计划经济体制时期,工业化与城市化的发展处于极不协调的互动状态,即城市化滞后于工业化;而在体制转轨时期,工业化与城市化逐渐步入良性发展的轨道,两者之间的关系逐步趋于协调。

第二部分是中国工业化与城市化互动机制的研究,主要分为三个方面:第一,工业化带动城市化的机制研究;第二,城市化促进工业化的机制研究;第三,工业化与城市化互动机制的形成与演变。研究发现目前中国工业化与城市化发展的互动机制已初步形成,工业化带动城市化,城市化促进工业化,工业化水平决定着城市化水平。工业化与城市化交织在一起,相互作用,共同推动经济的发展。

第三部分是实证研究,具体包括四个方面:第一,阐述工业化与城市化指标体系的设置原则和构建;第二,评价工业化与城市化协调发展的水平,即通过功效函数和系统指标权重的确定,构建工业化与城市化协调发展的评价模型;第三,选取变量与样本数据,利用上述模型测定中国工业化与城市化协调发展的程度;第四,利用计量经济学模型分析中国工业化与城市化之间的因果关系,并对该关系进行定量测度。

第四部分是对外国的借鉴,具体包括四个方面:第一,西方发达国家工业化与城市化的影响因素与发展特征;第二,拉丁美洲国家工业化与城市化的影响因素与发展特征;第三,亚非转型国家工业化与城市化的影响因素与发展特征;第四,通过对外国不同层次、不同国家或地区的工业化与城市化发展模式进行分析,为未来制定中国工业化与城市化的发展战略提供借鉴。

第五部分是研究结论与历史启示。通过对1953—2011年中国工业化与城市化的历史进行考察,本研究认为计划经济体制时期中国工业化与城市化发展严重失调而体制转轨时期协调发展程度不断提升。为此可以得出以下几点启示:第一,注重人力资源,充分发挥创造能力;第二,注重文化发展,推进文明进步;第三,注重科技创新,推进科技进步;第四,正确处理产业与就业的关系;第五,正确处理城乡统筹与城市级别的关系;第六,完善工业化与城市化协调发展的互动机制;第七,增强工业化与城市化协调发展的内生性;第八,进一步推进和深化经济体制改革。

本研究通过比较、系统、定性与定量相结合等动态分析方法，有如下创新：第一，已有的文献关于中国工业化与城市化协调发展的经济史研究尚不多见，本研究采用历史分析与经济学分析相结合的方法，对1953—2011年中国工业化与城市化进行经济史考察，系统地考察了中国工业化与城市化协调发展的时序特征。第二，在产业经济学、区域经济学、发展经济学、城市经济学、计量经济学等领域进行跨学科研究，同时使用史学方法广泛收集文献资料，并按照历史与逻辑相一致的原则对1953—2011年中国工业化与城市化协调发展的史实进行系统研究，丰富了经济史学研究的内容。第三，对中国工业化水平衡量的标准不同，会得出不同的判断，本研究对已有衡量工业化水平的指标进行了梳理和比较。第四，尝试使用定量方法对经济史进行研究，包括采用熵权值赋予各个指标权重，借助功效函数和耦合协调度函数模型，计算工业化与城市化之间的协调度；选用协调度评价模型对工业化与城市化的协调发展进行定量分析；基于计量经济学模型，对中国工业化与城市化协调发展进行定量测度。第五，将1953—2011年中国工业化与城市化的协调发展分为前后两个阶段进行纵向研究，同时借鉴国外发达国家和发展中国家的工业化与城市化发展模式进行横向比较。本研究既有纵向分析，又有横向比较，因此拓展了经济史学研究的视野。

中国工业化与城市化协调发展本身是一个十分复杂的问题。作为对工业化与城市化问题进行全面深入研究的阶段性成果，本研究也存在一些不足和值得深入拓展的空间，主要表现在：第一，对文献资料的挖掘仍不充分，尚有大量档案及其他文献资料没有得到运用，直接影响到研究的质量。第二，不同地区的工业化与城市化协调程度是不同的，本研究中并没有对各个地区单独进行研究，对于各个省份工业化与城市化的历史演进基本没有涉及。第三，局限于研究时间、能力和精力，本研究实证分析使用的数据以官方统计数据为主，因此缺少问卷调查的第一手数据。第四，限于研究的篇幅，对"三化"融合、"四化"同步、"五化"协同均未涉及。在今后的学习、工作中需要继续围绕这几个问题进行研究、补充和完善。

# 目 录

第一章 导论 …………………………………………………… （1）
　第一节 研究的背景和意义 ………………………………… （1）
　　一、研究的背景 …………………………………………… （1）
　　二、研究的目的与意义 …………………………………… （5）
　第二节 研究基础与研究动态 ……………………………… （8）
　　一、相关概念的界定 ……………………………………… （8）
　　二、研究现状与文献综述 ………………………………… （21）
　第三节 研究思路与主要内容 ……………………………… （31）
　　一、研究思路、研究方法与技术路线 …………………… （31）
　　二、主要研究内容 ………………………………………… （34）
　　三、分期依据与数据来源 ………………………………… （35）
　　四、研究的创新与不足 …………………………………… （36）

第二章 计划经济体制时期中国工业化与城市化的历史演进
　　　（1953—1978）………………………………………… （38）
　第一节 中国工业化与城市化发展的条件 ………………… （39）
　　一、内部条件 ……………………………………………… （40）
　　二、外部条件 ……………………………………………… （43）
　第二节 中国工业化与城市化发展的历史演进 …………… （46）
　　一、工业化与城市化的起步阶段（1953—1957）………… （46）
　　二、工业化与城市化的剧烈波动阶段（1958—1965）…… （52）
　　三、工业化的曲折发展与城市化的停滞阶段（1966—1978）… （57）
　第三节 计划经济体制时期中国工业化与城市化发展的
　　　　 主要特点 …………………………………………… （62）
　　一、工业化与城市化发展的条件比较封闭 ……………… （63）
　　二、产业结构畸形导致产业发展的动力不足 …………… （63）
　　三、重工业优先发展与城市体系不合理 ………………… （66）

四、农业和农村服务于工业与城市发展 …………………………（67）
　　五、工业化与城市化水平波动的幅度较大 ………………………（68）
第四节　对中国工业化与城市化关系的判断与分析 ……………（71）
　　一、城市化率严重滞后于工业化率Ⅰ ……………………………（71）
　　二、城市化率轻微滞后于工业化率Ⅱ ……………………………（74）
　　三、城市化滞后于工业化的原因分析 ……………………………（76）
第五节　中国工业化与城市化协调发展的制约因素 ……………（79）
　　一、城乡的分割阻碍了农业剩余劳动力的转移 …………………（79）
　　二、对城市化认识的不科学制约着城市化的发展 ………………（80）
　　三、优先发展重工业导致城市化的动力不足 ……………………（81）
　　四、农业劳动生产率不高制约着城市化的发展 …………………（82）
　　五、经济体制的转变不利于城市化的发展 ………………………（84）

## 第三章　体制转轨时期中国工业化与城市化的历史演进 (1979—2011) ………………………………………………（86）

第一节　中国工业化与城市化发展的条件 ………………………（87）
　　一、内部条件 ………………………………………………………（87）
　　二、外部条件 ………………………………………………………（88）
第二节　中国工业化与城市化发展的历史演进 …………………（89）
　　一、轻工业优先发展与恢复性城市化阶段(1979—1983) ………（89）
　　二、二次工业化与二元城市化阶段(1984—2000) ………………（93）
　　三、第二次重工业化与城市化加速发展阶段(2001—2011) ……（99）
第三节　中国工业化与城市化发展的主要特点 …………………（111）
　　一、工业化带动城市化的强劲发展 ………………………………（112）
　　二、城市化发展支撑工业化的发展 ………………………………（116）
　　三、市场机制成为工业化与城市化互动发展的主导力量 ………（122）
第四节　对中国工业化与城市化关系的判断与分析 ……………（125）
　　一、城市化率低于同一发展阶段的发达国家 ……………………（125）
　　二、城市化率低于发展水平相当的国家 …………………………（127）
　　三、城市化率滞后于工业化率Ⅰ与工业化率Ⅱ …………………（128）
第五节　中国工业化与城市化协调发展的制约因素 ……………（133）
　　一、对外过度依赖严重影响互动系统的内生性 …………………（134）
　　二、第三产业发展滞后导致城市化发展的后劲不足 ……………（137）

三、自主创新能力不强阻碍着产业结构的优化 …………… (139)
　　四、消费需求不足阻碍着工业化水平的提高 …………… (142)
　　五、城市功能滞后弱化了工业化的支撑能力 …………… (145)

**第四章　中国工业化与城市化的互动机制研究** ……………… (151)
　第一节　工业化带动城市化的机制研究 ………………………… (151)
　　一、工业化带动城市化的一般逻辑 ……………………… (151)
　　二、工业化对城市化的作用机制 ………………………… (153)
　第二节　城市化促进工业化的机制研究 ………………………… (156)
　　一、城市化促进工业化的一般逻辑 ……………………… (156)
　　二、城市化对工业化的作用机制 ………………………… (157)
　第三节　中国工业化与城市化互动机制的形成与演变 ………… (161)
　　一、计划经济体制时期中国工业化与城市化发展的
　　　　互动机制 ………………………………………………… (161)
　　二、体制转轨时期中国工业化与城市化发展的互动机制 … (163)
　　三、中国工业化与城市化发展的互动机制已初步形成 …… (165)

**第五章　中国工业化与城市化协调发展的实证研究** …………… (168)
　第一节　工业化与城市化协调发展的指标体系 ………………… (168)
　　一、工业化与城市化协调发展指标体系的设置原则 …… (168)
　　二、工业化与城市化协调发展指标体系的构建 ………… (169)
　第二节　工业化与城市化协调发展水平评价 …………………… (170)
　　一、功效函数 ……………………………………………… (171)
　　二、工业化与城市化系统指标权重的确定 ……………… (172)
　　三、工业化与城市化协调发展的评价模型 ……………… (173)
　第三节　中国工业化与城市化协调发展的定量测度 …………… (175)
　　一、变量与样本数据 ……………………………………… (177)
　　二、工业化与城市化协调发展的耦合协调度分析 ……… (177)
　　三、工业化与城市化的 Granger 因果关系检验 ………… (180)
　　四、工业化对城市化影响的定量分析 …………………… (182)
　　五、影响工业化与城市化协调发展因素的定量分析 …… (184)

**第六章　中国对外国工业化与城市化互动发展模式的借鉴** …… (186)
　第一节　西方发达国家的工业化与城市化 ……………………… (186)

一、影响因素………………………………………………（187）
　　　二、发展特征………………………………………………（190）
　第二节　拉丁美洲国家的工业化与城市化…………………………（196）
　　　一、影响因素………………………………………………（198）
　　　二、发展特征………………………………………………（201）
　第三节　亚非转型国家的工业化与城市化…………………………（209）
　　　一、影响因素………………………………………………（211）
　　　二、发展特征………………………………………………（213）
　第四节　中国对外国工业化与城市化发展的借鉴…………………（220）
　　　一、中国对发达国家工业化与城市化的借鉴……………（220）
　　　二、中国对发展中国家工业化与城市化的借鉴…………（223）

第七章　研究结论与历史启示……………………………………………（226）
　第一节　研究结论…………………………………………………………（226）
　　　一、计划经济体制时期工业化与城市化互动发展
　　　　　严重失调………………………………………………（226）
　　　二、体制转轨时期工业化与城市化协调发展程度
　　　　　不断提升………………………………………………（229）
　第二节　中国工业化和城市化互动发展的历史启示………………（233）
　　　一、注重人力资源，充分发挥创造能力……………………（234）
　　　二、注重文化发展，推进文明进步…………………………（234）
　　　三、注重科技创新，推动科技进步…………………………（235）
　　　四、正确处理产业与就业的关系……………………………（236）
　　　五、正确处理城乡统筹与城市级别的关系…………………（237）
　　　六、完善工业化与城市化协调发展的互动机制……………（237）
　　　七、增强工业化与城市化协调发展的内生性………………（238）
　　　八、进一步推进和深化经济体制改革………………………（240）

参考文献…………………………………………………………………………（242）

# 图 目 录

图 1-1 工业化进程中的产业结构 ………………………………（12）
图 1-2 本研究的技术路线 …………………………………………（33）
图 2-1 中国工业化率与城市化率(1953—1957) ………………（51）
图 2-2 中国工业化率与城市化率(1958—1965) ………………（57）
图 2-3 中国工业化率与城市化率(1966—1978) ………………（60）
图 2-4 中国工业化率与城市化率(1953—1978) ………………（62）
图 2-5 中国进出口总额与工农业总产值(1953—1978) ………（63）
图 2-6 中国工业增加值与城镇人口的增长速度 ………………（69）
图 2-7 中国重工业与轻工业的增长速度(1953—1978) ………（69）
图 2-8 中国市人口与镇人口的增长速度(1955—1978) ………（70）
图 2-9 中国工业化率Ⅰ、城市化率与二者差距(1953—1978) …（73）
图 2-10 工业化率Ⅰ、城市化率与二者差距(1953—1978) ……（76）
图 3-1 城市化水平演进的"S"形曲线 ……………………………（109）
图 3-2 中国农村劳动力向城市流动的阶段划分 ………………（117）
图 3-3 中国重工业发展与城市化建设(1996—2011) …………（120）
图 3-4 美国主要年份的城市化率(1790—2010) ………………（126）
图 3-5 中国工业化率Ⅰ、城市化率与二者差距(1979—2011) …（130）
图 3-6 中国工业化率Ⅱ、城市化率与二者差距(1979—2011) …（133）
图 3-7 中国GDP、工业增加值与国内外需求增速(1979—2011) …（134）
图 3-8 中国技术引进合同数量与金额(1979—2011) …………（137）
图 4-1 工业化与城市化的互动机制 ……………………………（160）
图 4-2 传统工业化与城市化的运行机制 ………………………（162）
图 4-3 中国工业化与城市化互动发展机制的形成 ……………（166）
图 5-1 中国工业化与城市化的耦合协调度(1985—2011) ……（178）
图 6-1 日本城市人口比重与非农就业比重(1920—1998) ……（192）
图 6-2 美国城市人口比重与非农就业比重(1999—2011) ……（193）
图 6-3 部分国家或地区的人均GNI与城市化率(2010) ………（205）
图 6-4 巴西的工业化率、城市化率与IU比 ……………………（208）
图 6-5 印度的工业化率、城市化率与IU比(1960—2011) ……（218）

# 表 目 录

- 表 2-1 中国工业增长速度的变动情况(1953—1957) …………（47）
- 表 2-2 中国工业生产总量经济指标(1958—1965) …………（53）
- 表 2-3 中国工业生产总量经济指标(1966—1978) …………（60）
- 表 2-4 库兹涅茨、钱纳里等的产业结构变动一般模型 …………（64）
- 表 2-5 中国不同等级城市数量与比重(1952—1978) …………（67）
- 表 2-6 中国不同等级城市的人口规模与比重(1952—1978) …（67）
- 表 2-7 中国工业增长率与市镇人口增长率的数字特征 …………（70）
- 表 2-8 中国城市化率、工业化率Ⅰ与二者差距(1953—1978) …（71）
- 表 2-9 中国城市化率、工业化率Ⅱ与二者差距(1953—1978) …（75）
- 表 2-10 中国农业劳动力与农业剩余劳动力(1957—1975) ……（80）
- 表 2-11 中国粮食变动量(1958—1961、1977—1982) ……………（83）
- 表 3-1 中国工业各行业产值增速(1986—2011) …………………（105）
- 表 3-2 工业化不同阶段主要指标的标志值 ……………………（107）
- 表 3-3 中国农村劳动力外出就业情况(1993—2006) ……………（113）
- 表 3-4 中国服务业增加值构成(1991—2003) …………………（114）
- 表 3-5 中国服务业增加值构成(2004—2010) …………………（116）
- 表 3-6 2007年中国城市群基本情况 ……………………………（120）
- 表 3-7 区域城市化水平变化 ……………………………………（121）
- 表 3-8 2010年上海都市圈制造业区域配置系数与区域专业系数 …（122）
- 表 3-9 中国人口流动原因对比(1982—1990) …………………（124）
- 表 3-10 中国城市居民消费结构与增长速度(1985—2009) ………（125）
- 表 3-11 钱纳里标准产业结构与中国的对比 ……………………（127）
- 表 3-12 发展中国家城市化率的比较(1980—2010) ………………（128）
- 表 3-13 中国城市化率、工业化率Ⅰ与二者差距(1979—2011) …（128）
- 表 3-14 中国城市化率、工业化率Ⅱ与二者差距(1979—2011) …（131）

表 3-15　中国、日本、美国出口占 GDP 比重的比较(1960—2011)……(135)
表 3-16　不同收入水平国家的产业结构(2009)……………………(138)
表 3-17　日本、韩国的产业结构(1960—2010)……………………(139)
表 3-18　中国自主创新能力的国际比较………………………………(140)
表 3-19　中国企业 500 强研发投入分布………………………………(140)
表 3-20　中国高技术产业中的三资企业(1995—2008)……………(141)
表 3-21　中国高技术产业分行业利润率与增加值率
　　　　 (1995—2007)………………………………………………(141)
表 3-22　中国不同规模城市的就业分布………………………………(146)
表 5-1　工业化与城市化指标体系………………………………………(170)
表 5-2　工业化与城市化协调发展分类体系及其判别标准……………(176)
表 5-3　中国工业化、城市化综合得分与耦合协调度
　　　　(1985—2011)…………………………………………………(177)
表 5-4　工业化与城市化综合(评价)得分序列的平稳性检验…………(181)
表 5-5　工业化与城市化综合(评价)得分序列的协整检验……………(181)
表 5-6　工业化与城市化综合(评价)得分序列的 Granger 因果
　　　　关系检验…………………………………………………………(182)
表 6-1　部分发达国家的产业结构………………………………………(191)
表 6-2　英国的产业结构(1801—1955)…………………………………(194)
表 6-3　拉丁美洲国家的产业结构………………………………………(202)
表 6-4　部分国家或地区的人均 GNI 与城市化(2010)…………………(204)
表 6-5　部分国家或地区的 IU 比(1965—2010)………………………(206)
表 6-6　巴西的城市化与经济发展水平…………………………………(207)
表 6-7　巴西的就业结构(1990—2003)…………………………………(208)
表 6-8　亚非转型国家的产业结构………………………………………(214)
表 6-9　部分国家或地区的劳动生产率(1979—1998)…………………(215)
表 6-10　印度的经济发展水平(1960—2010)…………………………(217)
表 6-11　印度产业劳动力就业比重与产值比重的比较
　　　　 (1950—2010)……………………………………………………(218)
表 7-1　1979—2011 年城市化率与产业发展的相关系数………………(231)

# 第一章 导 论

经济学家西蒙·库兹涅茨(Simon Kuznets)和霍利斯·钱纳里(Hollis Chenery)指出,随着经济发展水平的提高,经济结构会出现一系列变化,其中两个方面最引人注目:一是工业化,即从农业经济向以工业和服务业为基础的经济转变;二是城市化,即人口持续不断地从农村转入城市。工业化是城市化发展的基础,城市化是工业化发展的必然结果,二者发展是否协调关系到一个国家或地区的兴衰。因此,中国工业化与城市化的发展既要遵循中国经济发展和世界经济发展的历史规律,又要注重中国经济发展不同于欧美等国的独特国情。"一五"计划以来,工业化与城市化共同构成了中国经济和社会发展的两条主旋律。进入21世纪,中央政府适时明确了"走新型工业化道路"的工业化目标,提出了"促进城镇化健康发展"的战略目标,确定了"四化同步发展"的科学路径,这些都标志着国家发展战略的重大调整,而对工业化与城市化关系的研究成为理论界与实践工作者的重点和热点。[①] 深入研究中华人民共和国成立以后工业化与城市化发展的历史,总结经验,反思教训,对于推进21世纪中国工业化和城市化发展具有重要的理论和实践意义。

## 第一节 研究的背景和意义

### 一、研究的背景

城市的出现在人类发展进程中有悠久的历史。中国早在夏商周时期,由于都城的建立,就已经出现规模化的城市了。然而,一些学者由于在经济学研究中缺乏必要的中国历史知识,忽视了中国古代文明在世界历史发展中的地位和作用,从而认为,世界城市化进程起步于18世纪中叶开始的工业革命(例如周一星,2003)。近一百年来,世界范围内的城市化水平不断提高,联合国人口署(United Nations Population Division, UNPD)的一系列研究报告显示,世界城市化平均水平在1900年仅13%,1950年为29%,而在2010年已

---

[①] 中共中央、国务院:《国家新型城镇化规划(2014—2020)》,人民出版社,2014年;中共中央文献研究室:《十八大以来重要文献选编》(上),中央文献出版社,2014年。

经达到了51.5%;世界银行(World Bank)的数据显示,世界城市人口在1900年、1950年、2005年、2010年分别为2.2亿、7.3亿、31.7亿、35.4亿。事实上,2007年世界城市化平均水平已经达到50.04%,在人类历史上第一次城市人口超过了农村人口;预计到2030年,世界城市人口将会接近50亿,约占世界总人口的60%。从20世纪70年代开始,世界城市化呈现出与以往不同的两个特征和趋势:一是城市化重心由发达国家向发展中国家转移,二是城市化由单一的工业驱动向工业、信息化及现代服务业等多种因素联合推动转变,这说明发展中国家的城市化成为世界的焦点;同时,中国的工业化和城市化发展将成为一种社会历史发展的趋势,城市化发展的工业化内涵研究不断外延,涵盖了以信息化和现代服务业为主要标志的第三产业。

众所周知,发展中国家普遍存在着二元结构,即一边是发达的城市,人们接受着先进的教育,在生产和生活中使用着现代化设备,享受着工业社会提供的工业文明;另一边是贫穷落后的乡村,大量的农民与有限的土地相结合,使用着较为原始的耕作方式,人们在艰苦的生活环境中只能解决温饱问题,基本的教育、医疗卫生难以得到保障,儿童失学现象较为普遍,许多地方还存在着看病难、看病贵、饮用水被污染等多种基本的民生问题。有些学者认为,发达国家在经济发展过程中走出了一条所谓"经典"的工业化道路,在工业与城市发展的同时,农业实现了现代化,预期收入差距导致农村冗余劳动力向城镇转移,结果导致城镇居民的比重增加,农村居民的比重下降,工业化与城市化同步推进,城市与农村共同走向繁荣。于是乎,不少人认为中国的工业化和城市化发展只有按照西方发达国家走过的工业化和城市化的老路走,才能够少走弯路,快速发展。事实上,在工业化和城市化发展的问题上,由于地域、国家、民族、文化、民风民俗、人们的思维方式和生活习惯不同,各个国家和地区所走的工业化和城市化发展的道路可能完全不同。因此,在工业化和城市化发展问题上,是不存在"经典的"发展道路的,工业化和城市化发展的道路是不能简单地复制的。每个国家和地区要根据自己的国情和民情走自己的工业化和城市化发展道路。发展中国家在20世纪初期,尤其是在第二次世界大战之后相继独立,基本上所有的国家都制定了工业化战略,把主要精力放在工业和城市的发展上,农业与农村的发展相对被忽略了。大多数国家在短时期内都建立了相对完善的工业体系,但在城市化方面产生了许多问题。由于一些国家乡村人口向城市人口转换的速度较快,甚至超过了城市的承载能力,结果在城市内部出现了二元结构。但也有不少国家的乡-城(乡村到城市)人口转移滞缓,农村人口仍然占绝对比重。高比例的农村人口与农民的低收入所形成的强烈反差,导致了对城市工业产品的有效需求不足,影响国民经济持续稳定的增长。"三农问题"即农村、农业、农民问题成为发展中国家普遍面临的社会发展问题,也是迫切需要解决的现实问题。实质上,从社会综合发展的意义来讲,"三农问题"就是工业化与城市化协调发展的问题。

在市场机制的作用下,劳动力、资本、土地、企业家才能与技术等生产要素的所有者按照利润最大化原则进行分配,决定了生产要素的流动与转移方向。生产要素的流动与转移决定了产业结构的变动,而工业化随着产业结构的变动而变动,城市化是产业结构变动的空间载体。由于非农产业通常比农业产业具有更高的收益率,生产要素受利益的驱动,必然从农业产业向非农产业转移,而非农产业具有空间集聚的特点,即流向具有区位优势的空间区域,从而造成城市流动与产业集聚。显然,工业化与城市化就好像一对孪生姊妹,它们具有共同的发展环境、社会政治和经济基础,工业化可以推动城市化的发展,城市化反过来为工业化提供了空间载体。然而,对于生产要素来说,劳动力的流动性最强,资本、企业家才能的流动性次之,而土地、技术等生产要素的流动性较差,这样就必然引发不同生产要素的流动方向不同,流动速度会产生偏差,最终导致工业化与城市化有可能协调发展,也可能发展不同步。

国家统计局统计结果[①]显示:发达国家的工业化与城市化基本上是同步的;而发展中国家的工业化与城市化的互动关系则表现出各种不同的形式:一些发展中国家的城市化发展超前于工业化,而另一些发展中国家的城市化滞后于工业化。当然,也有一些新兴的工业化国家表现出同步或协调发展的态势。在工业化与城市化发展的过程中,哪一种发展模式更有效率,更为合理?超前或者滞后,仅仅是发展的一种外在表现,而真正的问题是工业化与城市化发展的内涵,即如何保持经济持续、稳定的发展,工业化与城市化二者之间如何协调,如何最有效率地促进国民经济的全面发展和可持续发展。发展中国家的经济发展问题是综合的社会问题,包括政治体制、经济体制、发展环境、民族文化、国际关系和国家资源问题等。从经济学的意义上而言,社会经济发展的一个突出问题,说到底也就是工业化、城市化的发展问题。显然,研究工业化与城市化及其二者的关系,使工业化与城市化相互支撑、互为动力、相互牵制,最终产生良性循环、协调发展的合力,共同推进经济又快又好的发展,是解决经济社会发展问题的迫切需要,也是发展经济学研究中的一项重要内容。

---

① 若无特殊说明,本研究数据均来自国家统计局或根据《中国统计年鉴》计算。

中华人民共和国成立之初,中国工业化与城市化曾经走过一段短暂的相互支撑、互为动力的发展时期。然而,由于中国人民经历了多年的战乱,消耗了大量的宝贵资源,中华人民共和国成立后,百废待兴,但各种资源都非常有限。党中央根据面临的国内外形势,按照当时的国情,提出了以农业为基础,以工业为主导,重点发展重工业的国家经济发展战略。但随着重工业优先发展战略的实施,过度强调了发展重工业,而忽视了发展其他产业。由于重工业吸纳劳动力的能力非常有限,导致了工业化与城市化的发展出现了不平衡,进而遏制了城市化的发展。20世纪70年代末至80年代初,中国农村地区悄然发生了诱致性制度变迁。随着改革的不断深入,民营企业和乡镇企业迅速崛起,在广大的乡村地区开辟了工业化的第二战场;乡村工业化为乡村城镇化提供了产业支持,进而推动了乡村城镇化,一批中小城镇从无到有,从小到大,迅速崛起。农村与城市的分割在慢慢地弱化,大批农村剩余劳动力涌入大中城市,出现了中国历史上前所未有的规模浩大的"民工潮"。工业化与城市化的关系逐步趋向正常化,工业化与城市化互动发展的机制初步形成。然而,城乡隔离政策阻碍了生产要素的正常流向,也使得乡镇企业分散发展,难以形成集聚规模效应,而且,人们的传统思想观念严重制约着产品在城乡之间的流动。在当时的计划经济条件下,资源的配置方式不是依靠市场,而是依靠政府计划,小城镇以及城市缺乏企业与资金的集聚和产业的支撑,第三产业发展缓慢,造成当时的城市对农村剩余劳动力的吸纳能力不足。

根据国家统计局的统计结果,截至2011年,中国农村人口达到66 436.3万人,占总人口比重为49.43%,即中国有一半人口仍然依附于土地,从事农、林、牧、渔业等农业劳动。由于从事农业生产的回报率低于非农业生产,形成城乡居民收入的剪刀差,农村居民的低收入会直接造成农村市场的低消费,农村居民的消费水平仅为城市居民的1/3。同时,农村居民的低收入决定了对产品的低消费,也是国内消费需求不足的重要原因。从社会管理的视角来看,中国城乡之间的长期隔离政策限制了劳动力、资本、土地、企业家才能等生产要素的自由流动。在市场经济条件下,生产要素所有者追求的是高收益,而城乡隔离政策阻止了各种资源形成空间上的产业集聚,无法保证社会资源向城市集中,难以启动城市产业——第二产业和第三产业的发展。可以看出,工业化发展直接影响到城市化的健康发展,城市化发展也影响到产业的空间集聚。工业化与城市化发展是否协调直接影响到整个国民经济的供求问题,涉及物价、经济增长和城乡居民的就业等问题。

本研究选取了1953—2011年中国工业化与城市化的协调发展这一主题作为研究课题。纵观中外社会经济发展的历史,工业化与城市化发展之间的关系在发展阶段和基本规律上都具有极强的相互关联性。国际经验显示,工业化与城市化发展要经历几个阶段:第一阶段,前工业化时期。农业是国民经济的主导产业,轻工业有一定程度的发展,但工业化水平很低,城市化发展缓慢且水平不高,城市化率一般不超过10%。第二阶段,工业化初期。农业在国民经济中所占的比重逐渐下降,非农产业所占比重增加,工业产值逐步超过农业产值,工业化水平提高较快,对城市化的支撑作用得到加强,第三产业有一定程度的发展,城市化水平逐步提高,城市化率一般维持在10%—30%。第三阶段,工业化中期。农业比重持续下降,第二产业在国民经济发展中占据首位,第三产业所占比重逐渐增加,城市化水平提高较快,城市化率一般在30%—70%。工业化与城市化形成一致的合力,共同推动国民经济又快又好的发展。第四阶段,工业化后期。第三产业逐渐取代第二产业,成为国民经济的主导产业,工业产值比重下降,但总量一般不会减少。从要素密集程度来看,实体产业逐渐由资本密集型向技术密集型转变,信息产业发展较快。此时,产业发展为城市化提供较好的产业支撑,城市化水平持续提高但增速放缓,城市化率一般在70%—80%。第五阶段,后工业化时期。信息产业逐渐发展成为国民经济的主导产业,农业在国民经济中所占比重较小,第三产业占据绝对优势,产业知识化、服务化、信息化成为这一时期的主要特征,工业部门中的信息产业和新兴产业得到迅速发展。此时,产业发展为城市化提供了充分的产业支撑,城市化水平较高,城市化率维持在80%以上,较高的城市化水平为产业发展提供了足够的空间载体。

从工业化与城市化发展的五个阶段,我们不难看出,在工业化发展的过程中,城市化水平提高时快时慢,二者之间必然会产生偏差,必然会存在不协调的发展阶段。就目前而言,中国总体上已经进入工业化中期阶段,城市化水平提高较快,工业化与城市化之间的互动关系也比较明显。此时,如何畅通生产要素的流通渠道,加速生产要素与经济组织的集聚,促进技术、体制与制度创新,逐步完善工业化与城市化发展的互动机制,加快推进供给侧结构性改革,促进工业化与城市化同步或协调发展,为国民经济的全面发展提供持续动力,既是保持中国经济快速和可持续发展的重要问题,也是经济学理论研究的重大课题。

## 二、研究的目的与意义

"十三五"之后,中国经济发展已经进入"新常态",也逐渐步入转变经济发展方式的新时期,按照"五位一体"和"四个全面"的总要求,坚持稳增长、调结构、惠民生、防风险,深入推进结构性改革,结构调整、转型升级步伐明显加快,发展质量不断提高。如何在现有基础上加快推进中国工业化与城市化协调发展,成为理论界与实践工作者共同关注的焦点。

(一) 研究目的

工业化和城市化是人类历史文明发展到一定阶段的必然结果,工业化与城市化相互作用、相互牵制、互动发展,凝聚成一致的合力,最终形成良性循环、协调发展的经济社会综合体。一方面,工业化与城市化的良性互动或协调发展,有利于生产要素或资源的合理配置,实现国民经济又好又快的发展,有利于提高中国的综合国力,实现经济可持续发展。另一方面,如果工业化与城市化发展不同步或不协调,甚至是互相排斥的话,直接后果就是"城市病"的产生或蔓延,环境恶化、污染加重、产业结构扭曲,阻碍社会经济的发展和人口、资源与环境等的可持续发展。可见,探索实现工业化与城市化协调发展,评判二者互动与同步或协调的状态,测度它们在发展过程中存在的偏差,并给出具体的对策,无疑具有重要的实践价值。本研究在系统总结国内外文献的基础上,从经济发展史的角度考察1953—2011年中国工业化与城市化互动关系的演变,探索二者互动发展的基本规律,总结其经验和教训。同时,借鉴外国工业化与城市化互动发展的经验模式,为中国工业化与城市化发展提供有益的历史启示,以期对"新常态"下中国未来工业化与城市化协调发展提供有价值的经济学理论,丰富发展经济学的知识,为政府和企业经济管理决策提供参考依据。

(二) 研究意义

长期以来,主流经济学对于经济增长的研究大都是在一般均衡的分析框架下进行的,而对于非均衡条件下或结构变动条件下经济增长的研究关注不够。现实中,无论是发展中国家还是发达国家,经济中普遍存在着非均衡状态,均衡状态并不常见。中国作为最大的发展中国家,从中华人民共和国成立至今,也不过近70年的时间,加上自然因素、人为因素以及战争等其他因素,经济增长中非均衡状态更为常见和突出。因此,理论界与实践工作者都非常关注经济结构中的非均衡状态。中国工业化与城市化的发展是否协调,如何测度协调和实现协调,都是带有中国特色的重大问题。

1. 理论意义

工业化与城市化作为社会经济发展过程的两个方面,二者发展的不协调必然会影响到中国经济发展整体进程的推进。目前,国内经济学理论界对工业化与城市化关系的研究大多集中在对发达国家工业化进程做出理论分析,而缺乏对发展中国家和发达国家历史发展差异和具体国情的研究。由于历史、区域、文化以及国情等原因,对发展中国家工业化与城市化进程的研究很难得出一个可以供其他国家效仿和复制的典型的发展模式:第一是由于发展中国家大多处于发展的起步阶段,第二是由于发展中国家之间的差异较大。现有的发展经济学研究成果也大多集中于对工业化与城市化进程中所表现出来的现象的解释上,而缺乏对工业化与城市化发展系统性的综合研究。迄今为止,发展经济学在工业化与城市化内涵性发展研究方面,尚未有整体的和系统的研究成果出现。本研究试图弥补此领域研究的不足。

无论是工业化还是城市化,研究成果颇丰,将二者结合起来进行研究的也屡见不鲜。然而,从经济史的视角研究中国工业化与城市化协调发展的文献尚不多见。以工业化与城市化发展作为研究对象,可以丰富产业经济学与城市经济学的内容。将西方经济学、产业经济学、城市经济学、发展经济学、计量经济学、社会经济学、政治经济学、文化经济学、管理经济学、经济史学等结合起来进行跨学科研究,不仅有利于形成对工业化与城市化发展的新认识,而且也是对现有研究的补充与完善。同时,将1953年以来的中国工业化与城市化进程分为计划经济体制时期与体制转轨时期两个阶段进行系统研究,不仅可以总结中国工业化与城市化发展的时代性和独特性,更加全面、系统、分层次地反映过去和目前经济学理论和社会经济发展实践研究成果,而且有利于完善和拓展已有的工业经济与城市经济的研究体系,进一步丰富"两化"融合的研究成果。

2. 现实意义

从社会经济的发展看,西方大部分发达国家在实践中较自然地实现了工业化与城市化的同步或协调发展。相较而言,大多数发展中国家在经济发展中普遍存在着不均衡状态,工业化与城市化发展不协调,甚至在互动关系上出现较大偏差,其结果大多是城市化超前于工业化,表现为过度城市化,并进一步阻碍发展中国家社会经济的发展。然而,作为最大的发展中国家,中国既有与其他国家相同的特点,又有自己的特殊性。世界经验并没有为中国工业化与城市化发展提供一条可以直接效仿的道路。

从社会发展的现状看,当前中国社会经济发展中存在着诸多突出矛盾,其中不少矛盾都与工业化与城市化关系的判断和取向紧密相连。尤其是在最近几年,中国城市化发展较为迅速,只求数量和速度而不求质量和后果的发展方式,给发展带来了不少负面影响,部分地区甚至出现了类似过度城市化的现象。因此,重新定位和思考中国城市化的推进速度是否符合中国当前经济社会发展的客观要求和社会历史发展的规律就显得十分必要。中国作为一个农业大国,"三农问题"已经成为当今社会发展的突出问题。目前许多地方农村发展的实际状况不容乐观,农民收入增长缓慢,城乡差距和贫富差距在逐渐拉大。21世纪的前20年是中国社会的重要发展机遇期[①]，尤其是在已经进入"十三五"发展的关键时期，城市化进程和经济发展都将进入快速发展的战略机遇期，工业化和城市化能否协调发展将直接决定着中国未来的前途和命运。

工业化与城市化作为社会经济发展的一对孪生姊妹，是区域经济发展的主要驱动力，也是一个国家或地区实现经济现代化的必经之路。只有二者协调发展，才能实现工业化、城市化与农业现代化的"三化"融合，实现新型工业化、城镇化、信息化、农业现代化的"四化"同步科学发展，实现新型工业化、城镇化、农业现代化、信息化、绿色化的"五化"协同发展，才能更好地实现经济社会又快又好的发展。因此，对1953—2011年中国工业化与城市化协调发展进行经济史考察，准确把握二者演进的历史脉络，发现演进中存在的各种问题，同时借鉴外国工业化与城市化的互动发展模式，总结其中的经验和教训，有利于规划未来中国工业化与城市化的发展战略。

## 第二节　研究基础与研究动态

工业化与城市化是一个国家或地区社会经济发展的具体体现，两者之间能否协调，将直接影响到整个国民经济的健康持续发展和社会的全面进步。研究工业化与城市化之间的关系，有必要从概念的理解和内涵的把握方面入手，对国内外学术领域涉及工业化与城市化，以及二者之间关系的研究基础和动态进行梳理、归纳和总结，吸纳国内外的研究成果，整合各种文献，并以此为基础，从经济史视角构建本研究的分析思路与基本框架。

### 一、相关概念的界定

（一）工业化的内涵、特征与衡量

在汉字中，"化"是一个使用较为普遍的字眼。从汉字的意思而言，"化"字的意思是指性质或形态的改变。

1. 工业化的内涵

"工业化"源自英文"industrialization"，可翻译为"产业化"或者"工业化"。在中国，一般将其翻译为"工业化"。虽然学术界对工业化的研究时间较长，学者们也从不同角度进行了深入研究，但事实上，到目前为止，就工业化的概

---

[①] "重要战略机遇期"的概念是在党的十六大报告中首次提出的。基于当时国内外环境特征的深入分析，报告指出："综观全局，21世纪头20年，对我国来说，是一个必须紧紧抓住并且可以大有作为的重要战略机遇期。"参见江泽民：《全面建设小康社会 开创中国特色社会主义事业新局面》，人民出版社，2002年，第19页。

念本身而言,专家学者们尚未形成一个统一的或者经典的定义,人们对于工业化的内涵还存在着不同的理解,比较具有代表性的有以下几种:

第一种,工业化即是实体产业中的制造业(尤其是重工业部门)在国民经济中比重的逐渐增加。在20世纪80年代之前,几乎所有西方经济学者把工业化理解为第二产业中制造业的发展,而且还把这种形式的工业化作为社会经济发展的主要目标。①

第二种,如果从生产工具的角度来看,工业化可以说是机器大生产对手工劳动操作的更替。这一观点是将工业化等同于与现代化。鲁道夫·吕贝尔特在《工业化史》中指出:"……在机器时代破晓以后,随着轻纺工业的机械化,一项新的能源——蒸汽机开始出现,随着从单件生产过渡到批量生产,生产规模从小到大,人类社会发生了巨大变化,我们把这种变化称之为工业化。"②

第三种,"一系列基要生产函数连续发生变化的过程"。③ 这一观点强调了生产技术的巨大变革和生产力水平带来的劳动生产率或生产效率的提高。机械化生产开始取代手工劳动,以较少的劳动投入带来更多的物质产出。从这个理解来说,工业化的内涵更为丰富,不仅包括工业(主要是制造业)的机械化与现代化,而且也包括农业的机械化与现代化,即农业现代化是工业化中不可分割的一部分。

第四种,张培刚重新定义了工业化,他将原来的定义修正为"国民经济中一系列基要生产函数(或生产要素组合方式)连续发生由低级到高级的突破性变化(或变革)的过程。"④很显然,张培刚教授对自己以前的定义增添了以下三个方面的内容:其一,这一变化过程是动态的,是不断前进的,即所谓的"由低级到高级";其二,这一变化过程是突破性的,是生产力发生了巨大变革,以至于引起了生产组织和经济结构的更替,导致整个经济和社会制度的巨大变革;其三,在农业生产技术变革方面,农耕生产方式发生了重大变化,开始使用机器耕作,利用更先进的工具兴修水利和建设其他基础设施,甚至包括改进农作物种子和动物品种、研发先进农药、改变土壤性能等。

第五种,工业化为"一种过程"⑤。其一,它是从一国或地区的经济结构变动入手,将一个国家或地区的国民收入或地区收入作为考量指标,工业化就是实体产业中制造业的活动和第三产业占国民收入的比重上升了。其二,

---

① 张培刚:《新发展经济学》,河南人民出版社,1999年,第35页。
② 〔德〕鲁道夫·吕贝尔特:《工业化史》(中译本),上海译文出版社,1983年,第1页。
③ 张培刚:《农业与工业化》,华中工学院出版社,1984年,第236页。
④ 张培刚:《发展经济学通论:农业国工业化问题》,湖南出版社,1991年,第190页。
⑤ 《新帕尔格雷夫经济学大辞典》(第2卷),经济科学出版社,1992年,第861页。

除了考虑产出或收入之外,还要考虑劳动力的投入,即从事制造业和第三产业的劳动人口比例增加的同时,整个经济的人均收入也增加了。

第六种,从产业结构转换的角度,可以将工业化定义为第一产业的比例持续下降,第二产业、第三产业的比重不断上升的过程,即农业产业比重不断下降,非农产业不断上升的过程。显然,工业化是通过产业结构的动态变化表现出来的。西蒙·库兹涅茨指出,工业化过程即"产品的来源和资源的去处(从生产要素的投入角度进行定义)从农业活动转向非农业生产活动"[①]。

基于以上几种对工业化的理解,我们不难发现,第一种定义把工业化看成实体产业——制造业,尤其是重工业比重的增加。这一定义对工业化的认识比较直观,也抓住了工业化的主要特征——工业。但这一定义对工业化的认识远远不够,有待进一步深入。把工业化仅仅理解为制造业尤其是重工业比重的增加,似乎过于简单。事实上,工业化是新旧生产方式的更替,其内涵远比"比重增加"这一说法丰富得多。而鲁道夫·吕贝尔特更多的是从工业化经济史角度去谈工业化。他通过罗列和梳理工业化演变中的重大事件和变革来阐述工业化的要义,从生产力变迁的角度去理解工业化,所以其对于工业化的理解有助于我们认识产业革命与工业化的关系。当然,他对于工业化的认知具有经验主义的"历史倾向"。作为发展经济学的奠基人,张培刚教授对工业化的认识似乎更为抽象,他试图从生产函数角度提炼出工业化的本质。他在定义中提到了农业工业化问题,而在此之前的定义中,工业化定义中从未涉及农业问题。显然,张培刚教授对于工业化的认识是开创性的,对于发展经济学的理论创新无疑是一个重大贡献。

《新帕尔格雷夫经济学大辞典》(1992)是一部权威的经济百科全书。它强调了经济结构变动这一过程是工业化最本质的特征,指出工业化是工场手工业被机器大工业取代以后经济结构的变动过程。这一过程包括两个方面:一个是从产出的角度进行考量,即制造业和第三产业在国民收入中的比例;另一个是从投入的角度进行考量,即从制造业和第三产业中的生产要素——从业劳动人口的比例。这一认识更多的是从动态过程去认识工业化,比前几种认识又前进了一大步。相对于其他几种解释,西蒙·库兹涅茨对于工业化的定义更为简洁但包含极为丰富的内涵,他将经济结构变化与经济学中的资源配置结合起来理解工业化。"产品的来源"从农业生产活动转向非农业生产活动,是从产出的角度来考察工业化的特征。"资源的去处"从农业活动转向非农业生产活动,是从投入的角度来考察工业化的特征。

---

① 〔美〕西蒙·库兹涅茨:《现代经济增长》(中译本),北京经济学院出版社,1989年,第1页。

要正确把握工业化的内涵,必须避免认识上的片面性,工业化不是只发展工业而不发展农业和其他产业。当然,实现工业化肯定离不开工业的发展,而且必须重点发展工业。在发展工业化的同时,农业和服务业等其他产业也应当同步发展。如果没有其他产业提供土地、资本、劳动力和企业家才能等生产要素,维持生产的生产资料和生活资料以及各种交易市场等,工业化很难顺利实现。工业化的目标不仅是发展工业,还必须降低劳动强度,简化劳动程序,提高劳动效率,优化劳动环境,提升劳动安全系数,增加劳动报酬,提高劳动者的幸福指数等。同时,在实现工业化的过程中,还必须带动其他产业特别是农业的发展,加快实现农业现代化,优化经济结构,提升资源配置的效率,加快提高国民收入。因此,加快实现工业化,必须协调好工业与农业的关系和工业与其他各类产业的关系,保持工业与农业等其他产业同步或协调发展,必须避免片面强调工业发展,而忽视农业和其他产业的发展。正如张培刚(1984)指出的,工业化的内涵是很丰富的,概念也是很广泛的,内容不仅包括工业的现代化和机械化,还包括农业及其他产业的现代化和机械化。① 也就是说,既要实现工业现代化,同时要实现农业现代化和第三产业服务化等。工业化绝不局限于工业部门、农业部门的发展,而是涵盖经济结构的优化与升级和整个国民经济的发展。② 在实现工业化的过程中,工业产业的比重并不是一直上升的,而是呈现出先升后降的倒"U"形特征。农业的比重是不断下降的,但绝对不会下降至零。显然,工业化既不是以工业取代农业的过程,也不是发展工业,而消灭农业和其他产业的过程。在这一过程中,服务业的比重将持续上升,尤其在工业化后期阶段,服务业将成为国民经济的主导产业。图1-1显示了工业化的这种产业变动特点和趋势。

另外,需要指出的是,工业化还需要一定的前提条件。工业化几乎是每个国家都迟早会经历的一个阶段,但这并不代表每个国家都会自然而然地进入工业化社会,或进入工业化社会后就能顺利地发展,它需要一些先决条件,包括自然资源、地理位置,以及变革和创新意识、企业家、市场等。比较而言,后一些条件比前两个条件更重要。为什么一些国家和地区能毫无障碍地进入工业化社会,而有些国家和地区却迟迟不能进入工业化社会?为什么有些国家和地区在进入工业化社会后能迅速发展,而有些国家和地区不仅不发展,甚至还出现"工业化倒退"的现象?其根本原因就在于,那些成功的国家较好地把握了工业化实现的条件,顺应了工业化发展的内在要求和发展规

---

① 张培刚:《农业与工业化》,华中工学出版社,1984年,第236页。
② 张培刚:《新发展经济学》,河南人民出版社,1999年,第51—52页。

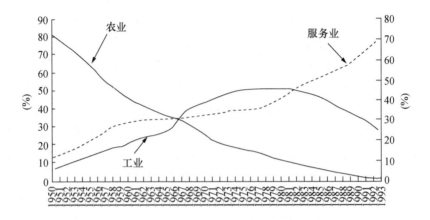

图 1-1 工业化进程中的产业结构

注:(1)根据早期发达国家工业化过程中的产业结构变化(包括产值和就业人口)简单加权拟合得出,原始数据包括英国、美国、德国、法国和日本工业化期间的数据;(2)横轴为年份,纵轴为产业结构中的农业、工业、服务业的比重。

资料来源:简新华、余江:《中国工业化与新型工业化道路》,山东人民出版社,2009年,第2页。

律,而那些不成功的国家和地区却未能把握好,甚至违反了工业化发展的内在要求和发展规律。发达国家工业化发展的历史使我们认识到,一个国家或地区要发展生产力,摆脱贫困和落后,走向繁荣与富强,提高综合国力,缩小收入差距,最终实现共同富裕,不可或缺的一步就是实现工业化。

2. 工业化的特征

工业化的特征包括:第一,工业化的本质特征表现为手工劳动被机器大生产逐渐取代,其实质是技术革命和技术进步推动了劳动生产率的提高,生产方式实现了新旧更替,劳动工具实现了机械化。第二,工业化的规律性特征为随着工业化进程的推进,产业结构逐步向高级化发展,即第一产业(农业)在国民经济中的比重逐步下降,第二产业(工业)和第三产业(服务业)在国民经济中的比重逐步上升而居主导地位。工业化成为经济增长的"发动机",是经济发展的主要推动力。第三,工业化的社会文化特征。随着工业化的发展,在机器大生产逐步取代了人工生产之后,人口自然增长率得到控制,教育得以普及,科学技术等工业文化得到普遍认同,社会文化不断进步。

3. 工业化的衡量

在相当长的时间内,人们主要以工业产值在国民生产总值(GNP)或国内生产总值(GDP)中占的比重、变化的程度和工业劳动力在国家总劳动力中占的比重作为指标,来衡量一个国家工业化程度或水平的高低,进程的快慢,以及是否成为工业化国家。这是片面理解工业化内涵的结果,仅从产值结构和就业结构两个方面为主要评价指标,还不足以比较全面和准确地衡量工业化的状况。因为,仅从工业产值或劳动力的比重及其变化,不能完全反映出产业结构优化的程度、资源配置的状况、劳动生产率的改进和国民收入水平的情况。在工业产值或劳动力的比重较高且在不断上升的情况下,可能出现不合理的产业结构,造成经济效益低下,农业劳动生产率和国民收入没有相应提高的现象。改革开放以前,中国实行的是优先发展重工业的赶超战略,而且在资源配置方式上实行的是计划经济体制,结果造成农业发展非常落后、轻工业太轻、重工业太重和服务业太少的产业结构,进而导致产业产值与从业人员出现偏差。当然,工业产值的比重与工业劳动力的比重及其变化,虽然一般情况下基本上是一致的或者正相关,但也可能出现不一致的情况。比如,在优先重点发展重工业的情况下,就有可能出现工业产值有较大提高而工业劳动力却没有较多增加的情况,因为重工业是产值大的资本密集型产业,对劳动力的需求相对较少。

因此,要比较全面准确地衡量一个国家工业化进程的快慢和水平的高低,以及是否成为工业化国家,还必须综合考虑农业、技术和收入水平,至少应该根据工业和农业产值在国民生产总值中的份额的大小,或工业和农业劳动力在总劳动力中的份额的大小和变化的速度,以及农业生产机械化的程度和人均收入的水平等方面的状况来衡量。由于工业生产的基本特征就是机器大生产,而传统农业的基本特征是手工生产且手工工业并不是严格意义上的工业,所以不能用工业生产的机械化率来衡量农业工业化的状况。工业化会引起农业生产的技术革命,由手工生产逐步转向机器生产,工业化水平越高,农业机械化的水平也越高,因此可以用农业生产的机械化率来衡量工业化的状况。由于有效的工业化必定带来经济效益的相应提高和国民收入的相应增长,所以衡量工业化应该加入收入指标,来反映工业化带来的经济发展的成效。具体衡量指标主要有工业化率、农业比重、农业机械化率和人均收入水平。

(1) 工业化率

工业化率分为工业化率Ⅰ和工业化率Ⅱ:工业化率Ⅰ是工业产值与总产值的百分比,工业化率Ⅱ是工业劳动力与总劳动力的百分比,计算公式如下:

$$\text{工业化率Ⅰ} = \text{工业生产总产值} / \text{国内生产总值}, \quad (1.1)$$

$$\text{工业化率Ⅱ} = \text{工业劳动力人数} / \text{总劳动力人数}. \quad (1.2)$$

(2) 农业比重

农业比重有两种衡量方法:农业比重Ⅰ和农业比重Ⅱ。农业比重Ⅰ是农业

产值与总产值的百分比,农业比重Ⅱ是农业劳动力与总劳动力的百分比。计算公式如下:

$$农业比重Ⅰ = 农业生产总值/国内生产总值, \quad (1.3)$$

$$农业比重Ⅱ = 农业劳动力人数/总劳动力人数. \quad (1.4)$$

(3) 农业机械化率

农业机械化是农业现代化的重要内容。加快推进农业机械化,可以提高农业劳动生产率,增加农民收入。因此,解决"三农问题"必须加快推进农业机械化。农业机械化率一般用机械播种、机械灌溉和机械收割等的百分比衡量。

(4) 人均收入水平

人均收入水平一般采用人均国民收入来衡量。按照世界银行公布的各国 2007 年的人均 GNI[①] 划分标准[②],人均 GNI 在 935 美元以下为低收入国家,人均 GNI 在 936—3 705 美元为中下等收入国家,人均 GNI 在 3 706—11 455 美元为中上等收入国家,人均 GNI 在 11 456 美元以上为高收入国家。

在工业比重超过农业的前提下,工业化率越高、农业机械化率越高、人均收入水平越高,表明工业化的程度或水平越高;工业化率、农业机械化率、人均收入水平提高得越快,表明工业化的进程越快。一般来说,在工业化后期之前的阶段,如果工业的产值和劳动力的比重都达到 40%—50%、农业的产值和劳动力的比重都下降到 10% 左右、农业的机械化率也超过 50%、人均收入达到中等水平,可以认为是实现了工业化。

上述衡量方式并不是完美的,没有反映工业化的资源、环境代价和收入分配的差距,40%—50% 的工业产值和劳动力的比重、10% 左右的农业产值和劳动力的比重、超过 50% 农业机械化率的数量界限和中等水平的收入标准是否准确合理,也有待深入探讨。而且在现代社会,工业化的技术内涵不仅是机械化,还包括"现代化"的内容,因此在现代社会要准确衡量工业化的程度和水平,还应该加上衡量"现代化"的指标,这些都说明需要进一步研究能够更为全面准确地衡量工业化状况的指标体系。

另外,不少学者还认为(如陈佳贵等,2006),衡量工业化水平的指标也可以使用人口城市化率,本研究认为这是有一定道理的,因为工业化与城市化就像一对孪生姊妹,它们具有共同的社会、政治和经济基础,工业化可以推动城市化的发展,城市化反过来为工业化提供了空间载体。一般情况下,工

---

① 1993 年联合国将 GNP(Gross National Product,国民生产总值)改称为 GNI(国民总收入)。

② 采取世界银行的 Atlas Method 计算,该方法采用三年平均的汇率水平将各国的 GDP 数据转化为美元,然后进行比较,可以有效降低汇率变动冲击导致的跨国比较误差。

化与城市化是正相关关系。发达国家的经验数据表明,它们在实现工业化时,城市化率——城市人口占总人口的比重基本上都在50%左右。基于此,简新华和余江(2009)称,可以把城市化率50%作为衡量工业化是否实现的指标之一。但是,考虑到世界上有不少国家在工业化过程中出现了"过度城市化"和"滞后城市化"等问题,即工业化与城市化发展出现不同步或不协调的情况,因此,很难用城市人口占总人口的比重来准确衡量工业化水平的高低,这也正是本研究没有把城市化率作为衡量工业化水平指标的重要原因。

(二)城市化的内涵、特征与衡量

1. 城市化的内涵

城市化,又称城镇化或都市化,源自英文"urbanization"一词,一般译为"城市化"①。国内使用城市化或城镇化似乎没有任何区别,但国外大多使用"城市化"。在英文翻译中,"urban"的意思既包含"city"(城市),又包含"town"(镇)。不少国家或地区中,镇的人口规模一般都比较小,甚至不少地方根本没有镇的建制,"urbanization"暗含着人口向"city"转移和集中,即通常所说的"城市化"。与外国不同,中国的城市化独具特色。因为,中国设立有镇的建制"单位",镇的人口规模与外国的小城市的人口规模基本一致。也就是说,既有向"city"集聚的人口,也有向"town"转移的人口,这就形成了"中国特色的城市化"。

基于城市化内容的广泛性以及形成过程的复杂性,至今并没有形成被一致认可的概念。由于学科性质的差异和个人研究的偏好,不同学科及学者对城市化的认识与理解的侧重点也不同,各种公开出版和发表的著作文献给出的定义不下50种。

国内最早出现的专门研究城市化的学术论文是南京大学经济地理教研室吴友仁的《关于中国社会主义城市化问题》,该文认为"所谓城市化,是指农村人口向城市人口的转变过程,或者农业人口向非农人口的转变过程。也就是说,既包括一个区域城市人口或非农人口比重的上升,城市人口或非农人口地区分布的变化,也包括城市建设的现代化水平或新型城市化等内容。"(吴友仁,1979:第13页)。

人口学者认为农村人口向城市迁移这一空间转变过程就是城市化,这一

---

① 有资料显示:"城镇化"一词出现很显然要晚于"城市化",这是中国学者创造的一个新词汇,很多学者主张使用"城镇化"一词。1991年,辜胜阻在《非农化与城镇化研究》中使用并拓展了"城镇化"的概念,在后来的研究中,他力推中国的"城镇化"概念,并取得一批颇有见解、影响较广的研究成果。与"城市化"的概念一样,"城镇化"的概念也是一片百家争鸣的景象,至今尚无统一的定义。不过,就数量看,对"城镇化"概念的论述要少于"城市化"。据粗略估计,在2012年之前,关于"城镇化"的概念,至少有20种。

过程中伴随着城市人口比重的持续上升。中国科学院国情分析研究小组(1994)就持有上述观点,他们认为,城市化是指居住在城市地区的人口比重不断上升,而农村人口比重不断下降的过程,即农业人口向非农人口身份转变,并向城市集中的这一过程。① 持有类似观点的学者还有胡欣(1999),他认为,城市化是指农村人口逐渐向城市转移的过程或现象。同时,城市人口数量和城市数量不断增加,城市规模不断扩大,而且伴随着城市现代化和集约化程度持续提高。②

经济学者认为城市化是农村经济形态转变为城市经济形态,或以农村经济为主的形态转向以城市经济为主的形态这一转变过程。洪银兴(2003)认为城市化需要突出自身的功能,也就是必须在城市或城镇聚集人才,尤其是高技能型人才,聚集物流产业等服务业,形成庞大的资金流和信息流,进而形成产业集群、聚集主导产业、聚集科技研发机构,发展教育园区等。地理学者认为城市化既是产业、经济等在地域分布上的变化,也是乡村地域特征向城市地域特征的空间转化过程。崔功豪和王本炎(1992)等不少学者指出,城市化是非农产业在特定地域空间上的集聚,并以此为基础形成相当规模的消费区域。当然,相关的上下游产业链也在该区域相应形成,生活用地的集聚使得多种经济融合在一起。③

社会学者则强调,城市化是城市行为方式对农村行为方式的取代,或者说是农村生活方式向城市生活方式的转变过程。刘勇(1999)认为城市化是人们的生活方式升级转化的过程,即由农村生活方式向城市生活方式的改变。当然,生活方式的升级必然伴随着经济的发展。蔡俊豪和陈兴渝(1999)也持有类似的观点,城市社会对非城市社会更替的系统过程就是城市化,这一转变或过渡的目标在于形成城市文明。

随着城市化理论的发展以及不同理论研究的相互渗透,城市化的定义也更加综合化与层次化。许学强和朱剑如(1998)指出,城市化的内涵应该包含四个方面:第一是城市人口占总人口比重的上升;第二是人口集中点的增加和规模的扩大;第三是市中心向农村地域的扩张过程;第四是大众对城市文化的认可与接受。④ 康就升(2004)将城市化区分为两种类型,城市化Ⅰ和城市化Ⅱ。城市化Ⅰ是人口与非农产业在城市空间的集聚过程,被称为"实体性城市化"或"物化了的城市化";城市化Ⅱ是城市文化和价值观在农村区域的传

---

① 中国科学院国情分析研究小组:《城市与乡村——中国城乡矛盾与协调发展研究》,科学出版社,1994年,第10页。
② 胡欣:《城市经济学》,经济科学出版社,1999年,第36页。
③ 崔功豪、王本炎:《城市地理学》,江苏教育出版社,1992年,第69页。
④ 许学强、朱剑如:《现代城市地理学》,中国建筑工业出版社,1988年,第47页。

播过程,农村群体逐步接受城市的生活方式。显然,城市化Ⅱ与实体的、看得见的城市化Ⅰ相比,表现得极抽象,属于精神层次方面的变化过程。高珮义(1991,2004)则从五个层次阐述城市化:第一,乡村逐渐向城市转化;第二,乡村自身内部的城市化;第三,城市的城市化,即城市自身的发展;第四,不同学科研究对象的城市化;第五,作为城市化整体运动过程的城市化。① 刘传江(1999)也从五个方面归纳城市化:城乡人口分布结构转换、地域布局结构转换、传统价值观念转换、生活方式转换与人们聚居方式转换。②

国内大多学者对于"城市化"与"城镇化"的认识存在着分歧。不少学者认为二者是存在显著区别的。廖丹清(2001)指出,"小城镇化"与"城镇化"的提法值得商榷。他认为不能夸大小城镇的作用,不能把"小城镇化"与"城镇化"等于城市化,甚至涵盖城市化的全部内容。周加来(2001)认为城镇化与农村工业化相似,至多也就是推进乡村城市化的途径之一。然而,他认为小城镇在城市化战略中作用重大,如果中国城市化达到一定水平,城镇化战略应当进行调整,制定新的城市化战略。赵春音(2003)则认为,城市化发展具有阶段性,城镇化是中国城市化的起始阶段。城镇化源于社会转型期,具有中国特色,城镇化必须从计划经济体制中走出来,城镇化是城市化过程的一种过渡模式。冯兰瑞(2004)认为,城市化强调了农民生活的空间发生了改变,由乡村转移到城市;农民的身份也发生了改变,从农民转变成市民。然而,城镇化只是强调农民由乡村转移到城镇或小城镇,但农民的身份并未发生变化。冯兰瑞提出,21世纪,中国必须发展城市化道路,才是正确和明智的选择。城镇化道路无法改变农民的社会属性,改变不了农民的身份,自然也不受农民欢迎,应当抛弃这一做法,加快推进城市化道路。胡必亮(2003)则认为,城市化是西方国家走过的一种城市发展模式,其特点是先集中、后分散,强调的是城市数量的增加与城市规模的扩张;城镇化则是以城市为中心的城镇发展模式,其特点是将集中与分散进行有机结合,强调与传统的城市化发展模式有本质区别。在发展城市化道路的实践中,必须加快推进大都市区,大力发展都市连绵带。

国内也有一些学者认为"城镇化"与"城市化"本质上是相近的,可以相互通用。辜胜阻(1993)就持有这一观点。他认为"urbanization"的中文意思为城市化或城镇化,即中国的城镇和城市均来自同一个英文单词"urban",所以城市化与城镇化不存在任何差异。③ 刘传江(1999)认为市和镇在不少情况

---

① 高珮义:《中外城市化比较研究》,南开大学出版社,2004年,第3页。
② 刘传江:《中国城市化的制度安排与创新》,武汉大学出版社,1999年,第47页。
③ 辜胜阻:《非农化与城镇化理论与实践》,武汉大学出版社,1993年,第1页。

下被统称为"城市",二者在经济结构方面没有本质区别,而且在生活方式上比较接近,对城市化的研究中既包含了"市",也包含了"镇"。① 王梦奎(2003)指出,无论是城市化还是城镇化,都是指人口从农业产业向非农产业转移的过程。他强调,用"城镇化"的提法,可以防止乡村人口涌入大城市造成的"城市病"。孔凡文(2006)认为,城镇化与城市化应该可以是通用的,但他强调城镇化独具中国特色,更具有针对性,也更符合中国的实际。

除上述两种观点之外,还有学者提出,既不使用"城市化",也不使用"城镇化"。当然,也就不存在城市化与城镇化的分歧问题。林毅夫(2002)曾经指出,作为最大的发展中国家,中国人口众多、地大物博,但大中小各种城市的最优数量和具体规模应当是怎样?这一问题很难有确切答案。因此,在讨论城市问题时,用"城市发展"的措辞替代城市化或城镇化更为合适。

然而,需要说明的是,虽然城市化是城市人口比重不断上升、城市数量不断增加和城市规模不断扩大的过程,但这种趋势绝不意味着城市化就是要"化掉"农村、农业和农民。只要人类的生存和发展离不开农产品,农业就必然存在,农业、农民、农村是永远都不可能完全消失的。农业生产的特点决定了农业不可能像工业那样在较小的空间范围内进行大规模的集中生产,而只能在广阔的土地上进行。生产和生活的成本决定了农民只能分散居住,形成农村。即使是在交通十分发达、农业机械化程度极高的条件下,农民也不可能都集中到城市居住,因为那样成本太高。城市化只是农民或农村人口越来越少、城市人口越来越多的变化过程,但农村人口不可能减少到零,城市人口也不可能增加到总人口的100%。另外,城市化还是城乡差别、工农差别逐步消失的过程,意味着城市先进的生产和生活方式向农村扩散、城市的物质和精神文明向农村普及。

2. 城市化的特征

城市化是人口从农村向城市迁移和聚集的过程,其核心是产业结构、就业结构和城乡结构的转变过程,其特征主要体现在以下五个方面:

第一,经济结构的转化,主要表现为就业结构和产业结构的转变。劳动力从第一产业向第二产业和第三产业转移,第一产业就业人员所占比重逐步减少,而第二产业和第三产业就业人员所占比重逐步提高,农业生产活动逐步向非农生产活动转化,促进第二产业和第三产业的快速发展,推动产业结构的不断优化升级。这是城市化的本质特征,也是城市化发展的动力和决定因素。

---

① 刘传江:《中国城市化的制度安排与创新》,武汉大学出版社,1999年,第39页。

第二,城乡人口结构的转化。农村人口逐步向城市转移,城市人口绝对数量或比重增加,农村人口绝对数量或比重逐步下降,这是城市化的一般表现形式和量化特征。

第三,城市空间结构的转化。在各种生产要素和生产活动向城市集聚的同时,农村人居空间向城市转化,城市空间逐步扩张,城市规模由小变大,城市数量由少变多,从而带来了地域性质和景观结构由乡村向城镇的改变。同时,城市内部空间结构不断优化,基础设施和服务设施日趋完善,城市形态不断优化。

第四,人们生活方式和价值观念的转变。伴随着越来越多的农村人口向城市转移,以及城市地域面积的扩大,城乡之间的沟通和交流不断加强,城市价值观念和生活方式等不断向农村地区渗透,推动传统乡村文明走向现代城市文明,这是城镇化深层的文化特征。

第五,经济要素集聚方式的转变。随着城市基础设施的不断完善和城市发展环境的不断优化,产业趋于集群化发展,城市对劳动力、资金、技术等生产要素的吸引、集聚能力也不断增强,在技术创新和制度创新的双重推动下,生产要素更加健康、高效地在城乡之间流动和重组,由此使得城市的技术经济优势不断积累,助推城市化加快发展。

3. 城市化的衡量

城市化的度量方式较多,大多采用城市化率来衡量,通常以城市人口总数占一个国家或地区总人口数的百分比来表示。一个国家或地区以此指标来衡量城市化水平的高低和比较城市化进程的快慢。计算公式为:

$$城市化率 = 城市人口总数 / 总人口数 \times 100\%, \quad (1.5)$$

其中,城市人口总数有多种统计计量方法,可能只是居住在城区的人口,这是最小的统计口径;也可能包括居住在郊区和卫星城的人口,这是中等统计口径;还可能加上城市的流动人口,这是较大的统计口径;甚至还可能包括大中城市在行政区划上管理着的郊县农村的人口,这则是最大的统计口径。本研究认为,所谓城市人口就是指居住在城市的人口,准确的数量统计,不仅包括城区常住人口、近郊区常住人口以及卫星城常住人口,还包括在城镇办有暂住证的进城务工经商的农民,但不包括短期流动人口和郊县农村人口。

准确把握城市人口数量,还必须明确城市人口和农村人口、非农业人口和农业人口这两对概念的区别。城市人口、农村人口是按居住地划分的人口类型,而非农业人口、农业人口则是按就业产业部门划分的人口类型,是两对完全不同的概念,但两者又有联系,非农业人口主要居住在城镇,农业人口则主要居住在农村。

一般来说,一个国家或地区的城市化率越高,就可以认为该国家或地区城市化水平越高。当然,城市化率提高速度越快也就说明城市化发展越快。一个国家或地区的城市化率往往与工业化和经济发展水平呈现正相关关系,即工业化、经济发展水平越高,城市化率也越高。城市化率与城市化水平是两个既有联系又有区别的概念。城市化水平有广义和狭义之分,狭义的城市化水平通常采用城市化率的高低来表示。广义的城市化水平,除了城市化率的高低之外,还应该包括城市的建设状况、管理水平和城市化的健康状况。广义的城市化水平,才更准确地反映了城市化水平这个概念的含义。不能笼统地讲城市化率越高城市化水平就越高,因为高城市化率可能伴随着城市建设落后、管理水平低等严重的"城市病",而不是高水平的城市化。准确地说,高水平的城市化应该是城市化率高而且城市建设先进、管理水平高的人性城市化、健康城市化和文明城市化。因此,全面准确地衡量城市化,必须采用广义城市化水平这个综合指标,包括城市化率、城市失业率或就业率、贫民窟的数量和规模、基础设施、交通状况、生态环境、市民居住、社会安全等方面的具体指标。

4. 新型城镇化与传统城镇化的差别

"十三五"规划纲要中提出的新型城镇化是坚持以人的城镇化为核心、以城市群为主体形态、以城市综合承载能力为支撑、以体制机制创新为保障,加快新型城镇化步伐,提高社会主义新农村建设水平,努力缩小城乡发展差距,推进城乡发展一体化。新型工业化主要是指工业在经济中的比重不断提高,成为经济主体的过程。新型城镇化是以城乡统筹、产城互动融合、生态宜居以及和谐发展为基本特征的城镇化,也是大中小城镇协调发展、城镇规模适度的城镇化。新型城镇化必须关注"三农问题",实现城乡基础设施一体化,推进城乡公共服务均等化,而且不能以牺牲农业和粮食产量、生态和环境为代价。新型城镇化的"新"就是要能够体现和应当体现以人为本、集约高效、多元推动、产城融合、城乡统筹、全面协调、低碳生态、上下互动等基本特征。由过去的片面追求城市数量增加、城市规模扩大和城市空间扩张,转变为以提升城市生态环境、文化教育、医疗卫生、基础设施、公共服务等为中心,使城镇真正成为具有较高品质的生态宜居之所。城镇化的核心是人口的转移,而不是建高楼、建广场。新型城镇化与传统城镇化相比,至少有以下几个方面的差别:

(1) 新型城镇化的目标是经济、政治、文化、社会、生态全面转变的城乡一体的发展。传统城镇化强调的是经济发展和城市发展,新型城镇化强调的则是经济、政治、文化、社会、生态等"五位一体"的产城融合,其基本目标是实现城乡一体化。

（2）新型城镇化与传统城镇化的内容截然不同。新型城镇化以政策为导向，统筹城乡协调发展；注重重点项目建设，提升综合承载能力；注重城镇新区建设，发挥示范作用；注重增强产业支撑，推动产城融合发展；注重城镇精细管理，着力打造宜居城镇；注重瓶颈难题破解，做好建设要素保障。传统城镇化强调土地的城镇化，新型城镇化建设特别强调以人为本，或者以人为核心，这是一个重大的差别。

（3）新型城镇化的动力和传统城镇化有很大的差别。传统城镇化强调外向型的工业化的带动，导致沿海地区和城市率先发展，内地相对滞后，而农村更加落后。新型城镇化强调工业化、信息化、农业现代化同步或协调科学发展，城市化必须与工业化、信息化、农业现代化相互作用、相互支持、相互依赖，共同科学发展。

（4）新型城镇化的手段是市场化，而传统城镇化是以政府为主导的，其结果只能带来半城镇化，而无法带来人口城镇化，势必会导致土地过度城市化，造成人口、资源、环境等无法维持可持续发展，不能实现国民经济又快又好的发展。当然，其主要原因是政府的干预、过度的干预和急于求成。与传统城镇化相比，新型城镇化强调的最大区别就是要市场来主导，政府只起到引导的作用。

（5）新型城镇化基本的路径中最核心的就是可持续的发展。传统城镇化是不可持续的，而新型城镇化必须关注可持续发展。所谓可持续就是要以信息化技术创新作为重大的推动力，强调环境的承载力，强调社会的均衡与和谐，同时也强调经济的转型，只有经济、社会、资源和环境保护之间共融互生、协调共存，才有可能做到可持续发展。①

## 二、研究现状与文献综述

（一）国外关于工业化与城市化关系的相关理论

关于工业化与城市化关系的相关理论，国外主要有马克思主义经典作家的理论、二元经济结构理论、钱纳里和塞尔昆的结构变革理论、托达罗的人口流动模型、巴顿的聚集经济理论等，分别从不同角度对工业化与城市化之间的关系展开了研究。

---

① 倪鹏飞："新型城镇化的基本模式、具体路径与推进对策"，《江海学刊》，2013年第1期，第87—94页。

1. 马克思主义经典作家的工业化与城市化理论

马克思和恩格斯的著作《共产党宣言》《德意志意识形态》《资本论》和其他经济学手稿中都有关于工业化与城市化关系的理论。他们对工业化和城市化的论述,对城市化与工业化理论的发展意义重大。马克思认为"体力劳动与脑力劳动的最大一次分工,就是城乡之间的剥离"①。显然,马克思将城市与乡村的剥离不仅看作一次伟大的社会分工,而且还将其看作城市发展的历史起点,看作国家的历史起点,以及人类文明的历史起点。"一切以商品交换为中介的分工,就是城市与乡村的分离。为此,我不难发现,人类社会的一切经济史,都可以概括为一种对立的运动","现代化的工业城市像电闪雷鸣或雨后春笋一般地涌现出来"②。18世纪60年代,第一次产业革命加快了工业化发展,同时也开启了城市化发展的起点。随着工业化发展步伐的加快,城市化也随之得到发展的产业支撑。反过来,城市化发展又为工业化的快速推进提供更多的人力资本、更便利的交通,以及更低的成本,从而促进城市产业更好地发展。"由此可见,城乡之间对立的消灭不仅是可能的,而且已经成为工业生产本身的直接必需。产城互动、产城融合也愈来愈成为农业生产活动和公共卫生事业的必需"③。马克思和恩格斯也指出,现代化离不开城市化,城市化是现代化的一个特征。④

马克思主义经典作家关于工业化与城市化关系的理论认为,从物质劳动和精神劳动的社会分工就是通过城市与乡村之间的剥离来认识社会发展的进程。同时,马克思和恩格斯也强调,城乡之间对立的消灭不仅是可能的,而且能够相互作用、协调发展,产城融合已经成为工业生产本身的直接必需。无疑,马克思主义经典作家为城乡协调发展奠定了理论基础。从社会发展的意义上而言,城市的发展与农村的发展不是对立的,不是以牺牲农村为代价来发展城市的,而是城乡需要协调发展,相互推进。

2. 二元经济结构理论

诺贝尔经济学奖获得者阿瑟·刘易斯(Arthur Lewis)提出了"二元经济"发展模式。他于1954年发表了《劳动力无限供给条件下的经济发展》(Economic Development with Unlimited Supplied of Labor)一文,开创了研究二元经济结构的先河。刘易斯将经济发展分为两个阶段:一是劳动力过剩阶

---

① 〔德〕马克思、恩格斯:《马克思恩格斯全集(第3卷)》(中共中央马克思恩格斯列宁斯大林著作编译局译),人民出版社,1960年,第56—57页。
② 〔德〕马克思:《资本论(第1卷)》(中译本),人民出版社,2004年。
③ 〔德〕马克思、恩格斯:《马克思恩格斯全集(第18卷)》(中共中央马克思恩格斯列宁斯大林著作编译局译),人民出版社,1964年,第313页。
④ 苗圃:《马克思和恩格斯的城市观》,中共中央党校博士论文,2014年。

段;二是劳动力短缺阶段。连接两个阶段的交点称为"刘易斯拐点"。他所建立的两部门模型也是典型的工业化与城市化关系的模型。因为该模型描述的是农业资源尤其是劳动力资源源源不断地从农村和农业部门向城市和工业部门转移、城市工业部门不断扩张并吸收更多的农村剩余劳动力就业的过程,这一过程不仅是工业化过程,也是城市化过程,二者实现同步协调发展。此后,费景汉(John C. H. Fei)、古斯塔夫·拉尼斯(Gustav Ranis)对这一模型进行了补充和修正,更加重视农业的作用,并考虑到农业劳动力转移可能会受阻,建立了费景汉-拉尼斯模型,从动态的角度进一步深入地研究农业和工业的均衡增长。美国经济学家戴尔·乔根森(Dale Jorgenson)又从新古典经济学的角度出发,对刘易斯提出的劳动力无限供给的假设进行了反思,更加重视农业发展和技术进步,以及市场机制和需求结构的变化在农村人口向城市转移过程中的作用,创立了一个新的二元经济发展模式,即乔根森模型。

二元经济发展模式把农村剩余劳动力资源向城市和工业部门的转移划分为两个阶段,一是劳动力无限供给阶段,二是劳动力短缺阶段。这种二元论实质上就是中国传统文化中的阴阳二元论。在古老的《易经》中蕴含着社会发展的基本规律,就是阴极必阳,阳极必阴,物极必反。这是大自然的基本法则,社会发展的基本法则。从人力资源的意义上而言,农村劳动力资源不是无限的资源,而是有限的资源,有限的资源是不能够满足于无限的发展的,在城市和工业发展迅速膨胀的情况下,农村劳动力资源根本满足不了工业化和城市化发展对劳动力资源的需求,于是就会出现人口流动的反流现象。事实上,近年来的外出务工人员回乡创业现象,就足以说明这一点。

3. 钱纳里和塞尔昆的结构变革理论

在《1981年世界发展报告》中,世界银行构建了工业化与城市化之间的计量经济模型,其样本选取均来源于亚洲,即包括中国在内的20多个国家和地区。通过选取指标、搜集数据、模型估计与检验,得出结论:城市化与工业化有极强的依存关系。如果保持其他条件不变,工业化率每增加1个百分点,城市化率将平均提升1.88个百分点。[①] 霍利斯·钱纳里等学者早在20世纪60年代中期,选取90个国家或地区的样本数据,利用统计分析方法,得出工业化与城市化关系的结论,即人均GNP越高、工业化发展水平越高,城市化水平也就越高。钱纳里和塞尔昆在其《发展的格局:1950—1970》一书中,建立了工业化与城市化的发展模型,概括了二者关系的一般变动模式。[②]

---

① 钟丽娟:"城市化与工业化",《现代经济信息》,2013年第5期,第7页。
② 〔美〕霍利斯·钱纳里、莫尔塞斯·塞尔昆:《发展的格局:1950—1970》(李小青等译),中国财政经济出版社,1989年。

他们通过观察大量的统计数据发现,就业结构变化与城市化演进表现出惊人的相似性。他们还强调,在工业化和城市化发展之初,随着工业化的演进,产业结构发生转变,从而推动了城市化的发展。当工业化率和城市化率共同达到13%之后,城市化开始提速并明显超过工业化。到工业化后期,工业化对城市化的推动作用逐步减小。

钱纳里和塞尔昆的结构变革理论等指出了工业化推动城市化的内在机理,同时指出了工业化对城市化的推进作用会随着城市化的发展而减小,尤其是到了城市化发展后期,工业化发展对城市化的促进作用逐步减小,这是社会经济发展的一般规律;但是他们仅仅把城市化作为工业化的一个结果,忽视了城市化对工业化的作用。

4. 托达罗的人口流动模型

20世纪60年代末、70年代初,有关发展中国家经济发展的一个重要理论——托达罗模型创立。众所周知,20世纪六七十年代,不少发展中国家的失业问题愈来愈严重,城市中出现大批劳动力找不到工作。同时,随着农业现代化水平的提高,农业劳动生产率逐渐提高,农村出现了大量冗余劳动力试图离开乡村而进入城市,当时的人口流动逐渐成为经济发展的障碍。传统的人口流动模型对这一经济现象无法做出合理的解释。此时,迈克尔·托达罗(Michael Todaro)提出了自己的人口流动模型——托达罗模型。托达罗指出,人口流动是一种经济现象,城乡预期收入差异是城乡人口流动产生的原因。他在《发展中国家的劳动力迁移模式和城市失业问题》一文中,通过对城乡人口流动的研究,解释了发展中国家存在的过度城市化现象,并给出了改善农村环境、提高农村就业的政策建议。① 托达罗不承认农业部门中存在剩余劳动力,他认为农村人口向城市转移是一种理性行为。只要城市预期收入高于农村,则农村人口就会向城市流动。托达罗模型从经济学角度合理地解释了发展中国家城市中存在着大量的剩余劳动力,他们在现行的工资水平下无法找到合适的工作岗位,结果导致劳动力大量失业,而乡村劳动力又源源不断地流向城市,进而造成过度城市化的现象。

显然,托达罗的人口流动模型暴露了城市化发展的过度和适度问题。城市化发展是社会发展的一个重要方面,但与人口发展、经济发展、农业发展、科技发展、文化发展、教育发展等有密切联系,城市发展不是越快越好,劳动就业机会也不是越多越好。在看待城市发展问题上既需要激情,也需要理智。例如,他从社会发展的一般规律得出的结论:在城市发展中,如果发展过

---

① 〔美〕迈克尔·托达罗:"发展中国家的劳动力迁移模式和城市失业 问题",载自《现代国外经济学论文选》(第8辑)(中译本),商务印书馆,1984年。

快就会出现失控,甚至发展得越快可能会出现的问题就会越多。比如一个时期的"就业机会越多,失业率越高",这就像人们所说的"人的希望越大,失望就会越大"一样是富有哲理的。在工业化和城市化的快速发展时期,对劳动力生产要素的需求就会增加,也就会为劳动力提供较多的就业机会。比如,深圳的一些工厂曾经一度出现过招工难的问题。然而,在社会发展出现激烈竞争的情况下,一些工厂会因为管理和经营不善、设备老化和产品落后、经济滑坡和债务压力等出现倒闭或破产,这就造成工人失业。工厂和企业倒闭和破产的越多,失业人数就会越多。那些一哄而起的企业,很有可能在社会发展和改革的大浪潮中一哄而散,同时造成大批的劳动者失业。托达罗的人口流动模型可以说是一种理性思维。他认为,农村劳动力大都是根据对城市就业可能性的认识而做出是否迁移的决策。因此,迁移在相当大的程度上是"盲目的",因而得出"就业机会越多,失业率越高"的结论。就人类智慧学的意义而言,社会发展总是围绕着出现问题、发现问题、分析问题和解决问题进行的。在工业化和城市化发展过程,就业问题和失业问题是两个相辅相成的问题,解决工业化和城市化发展过程中的就业问题和失业问题,不能采取因噎废食的做法,即不能通过发展农业而抑制工业化和城市化发展来保持社会经济的均衡发展。

5. 巴顿的聚集经济理论

英国城市经济学家 K. J. 巴顿(K. J. Button)在其《城市经济学》一书中,从聚集经济理论出发,探讨了工业化与城市化之间的关系。通过大量的研究,他发现,工业的集中促进了城市化的发展[①],城市化所具有的聚集经济效益反过来又促进了工业化的发展,以及城市规模的扩大。巴顿高度重视聚集经济效益,他把聚集经济效益划分为十大类[②],认为聚集经济效益是工业化与城市化相关关系的经济学成因。

巴顿的聚集经济理论中所提出的聚集经济效益观念,对社会发展具有重要的意义。在社会发展过程中,尤其是发展中国家,不论是自然资源还是社

---

① "18世纪后期受当时出现的工业高潮所支配,在英国的北部,城市数量增加起来了,以前那里曾经是城市化最低的地区"。"原料的分布不均、地方气候的特点、高昂的运输费用促使工业集中在一些有利的地区,扩大工业劳动力需要有住房和其他的服务事业,这些只有在城市环境中才能提供。结果,工业城镇发展了,伴随着这种发展就要求进一步扩大商业和零售活动,也满足当地居民和企业增长的需要"。资料来源:〔英〕K. J. 巴顿:《城市经济学》(中译本),商务印书馆,1986年。

② 巴顿将聚集经济效益划分为十大类,包括一定规模的本地市场,生产的专业化,公共服务事业的提供,辅助性工业的建立,熟练劳动力汇聚和适应当地工业发展需要的一种职业安置制度,经营家与企业家的集聚,金融与商业机构条件更为优越,范围更为广泛的设施,工商业者可以面对面地打交道,刺激企业去改革。

会资源都是有限度的。在企业发展中,资金紧缺问题是一个普遍性的社会问题,如果能够把零散的经济聚集起来,把多元化资源整合起来,比如劳动力资源的聚集,可以形成人力资源优势,把工厂和企业整合,可以进行规模化生产,把市场进行整合,可以形成规模化经营,进而提高社会生产效益和经济效益。这些有限的资源和资金就会产生一种强大的能量,形成一种雄厚的经济实力,在激烈的经济竞争中形成绝对优势,进而产生聚集经济效益。在经济发展中,做好聚财、存财、用财三件事情,是一种财富文化的智慧。

(二)国内关于工业化与城市化关系的相关理论

20世纪80年代以来,中国工业化与城市化关系问题一直是理论界和政府管理部门关注的热点与重点(如景普秋和张复明,2003)。国内关于工业化与城市化关系的研究成果可以归纳为滞后论、超前论、偏差论、协调论和动态论等几种观点。

1. 滞后论

持滞后论观点的学者认为,长期以来,与经济发展水平或工业化发展水平相比,中国城市化水平严重滞后。持有这一观点的最具代表性的学者主要有王小鲁、樊纲、叶裕民、顾朝林和杨波。滞后论观点的来源主要基于两点:第一,将中国城市化与国际城市化做横向比较,中国城市化水平明显偏低,就是与其他发展中国家相比,中国城市化发展水平也不高,甚至低于许多发展中国家的城市化水平;第二,考虑城市化率与工业化率的相对比例,或者说是城市化率与工业化率的偏差,认为在现代化推进的过程中,城市化率往往是超过工业化率的。王小鲁和樊纲(2000)通过计算得到,1953年中国城市化率落后于工业化率5.1个百分点,到1978年的时候这一差距已经扩大到26.4个百分点,此后城市化进程加快,至1998年,城市化率仍然落后于工业化率11.8个百分点。[①] 叶裕民(2001)通过中国城市化水平与世界上相应人均GDP国家的城市化水平相比较,得出1997年中国城市化水平低于同等收入国家平均水平12.4个百分点的结论。[②] 顾朝林(2000)通过对工业化、城市人口增长和总人口增长等的比较分析,得出中国城市化水平增长缓慢的结论。[③] 杨波(2001)以世界平均工业化率与城市化率之比、非农化率与城市化率之比为标准,建立城市化国家模型,测算出1995年中国城市化水平滞后于

---

① 王小鲁、樊纲:《中国经济增长的可持续性——跨世纪的回顾与展望》,经济科学出版社,2000年,第108—113页。
② 叶裕民:《中国城市化之路——经济支持与制度创新》,商务印书馆,2001年,第79—84页。
③ 顾朝林:《经济全球化与中国城市发展》,商务印书馆,2000年,第194页。

世界平均水平 17.5 个百分点。①

城市化发展滞后于社会经济发展水平或工业化水平,这是社会发展中出现的一种不和谐现象。城市发展在现代化推进过程中一旦出现了"短板",就会影响城市人口的增长、经济的增长、发展空间的增长等,从而影响到社会发展的进程。

2. 超前论

持超前论观点的学者认为,中国的城市化水平看起来好像比较低,但实际上已经很高,即存在着隐性超城市化。当然,持有这一观点的学者们也有充分的理由,他们认为中国城镇人口的统计口径存在着偏差,因为不仅没有计入正在进入城市的流动人口,而且也没有计入已经部分城市化了的流动人口。如果把这些隐性人口计入城市人口,那么目前中国实际上存在着超前城市化。陈阿江(1997)通过研究发现,如果按照从业标准统计,把已经城市化了的农村人口统计进去,中国的实际城市化水平已经高达 50%,这一数据不仅高于世界城市化的平均水平 45.42%,而且还高于发展中国家的平均水平,更远远高于低收入国家的平均水平 24.64%。② 李珍刚(1998)认为,中国城市人口统计是以非农户籍人口为标准的,没有涵盖在城市中长期居住且有固定收入的"流动人口"。如果把这些人口也统计进去,1994 年城市化水平已经超过了 33%。李珍刚还指出,中国的城市人口是按照城市户口统计的,没有包含乡镇企业务工人员和进城务工的农民工,这样带来的直接后果就是城市化滞后。显然,这是人为的假象。为此,我们不难发现,中国的城市化不是滞后,而是超前,即隐性超城市化,或者说是城市化超前。③ 邓宇鹏(1999)则认为,当前中国存在大量的隐性城镇人口。只有将隐性城市化与政府公开承认的城市化水平进行加总才是当前中国实际的城市化水平。按照这一计算方法对中国的城市化进行测度,他认为中国的城市化率已经达到

---

① 杨波:"中国城市化滞后程度的定量分析",《重庆商学院学报》,2001 年第 2 期,第 36—38 页。

② 陈阿江:"中国城市化道路的检讨与战略选择",《南京师大学报》(社会科学版),1997 年第 3 期,第 11—15 页。

③ "从实际经济过程出发,应该把乡镇企业职工、外出打工者及他们相应的家眷人口也算入城市人口才比较合理。根据国务院发展研究中心农村人口就业和劳动力市场课题组对全国 38 个县市农村劳动力就业情况的调查,有 30.4% 的人口实际上应为城市人口,只是没有得到政府和学术界的承认,就把它叫作隐性城市化率。因此,中国 1997 年的实际城市化率应是隐性城市化率加政府公开承认的城市化率,即:30.4%+29.9%=60.3%,这一实际城市化率和世界平均水平相比,已经是超城市化了;但中国只承认户口城市化率的 29.9%,所以是隐性超城市化。"参见李珍刚:"建国后中国城市化进程的回顾与前瞻",《广西民族学院学报》,1998 年第 4 期,第 76—77 页。

60.34%。① 实际上,中国的城镇人口已经包括在城镇居住超过6个月的常住人口。正是基于此,超前论也受到不少学者的质疑与批评。当然,也有学者持有过度城市化这一种观点。陆大道等(2007)指出,当前中国的城市化发展过快,以至于超过工业化的发展速度,导致城市化发展缺乏产业支撑,城市化发展的动力不足,从而造成过度的城镇化。同时,他还指出,在1981—2005年间,中国第一产业从业人口并没有发生大幅度下降,当然第二产业从业人口也不存在显著上升,城市中普遍没有出现工业增长的迹象,"三集中"②起来的城市化也只能是"空心"城市化,尽管为工业化提供了发展空间,但没有工业化作为基础,城市化发展后劲不足,充其量也就是从事农业活动的农民牵着老牛、赶着猪羊、扛着粮食住进高楼。③

显然,城市人口问题是社会发展中的一个重要问题,中国城市人口和农村人口的划分问题,以及农业人口和非农业人口的分类已经成为研究中国城镇化人口发展的重要瓶颈。城市人口比重是城市化发展的一个重要因素。持有超前论观点的学者将城市化水平(城市人口占一国或地区总人口的比重)与城市化速度混淆在一起,甚至与城市化质量不加区分。

3. 偏差论

持偏差论的学者认为当前中国城市化并没有滞后于工业化,他们承认城市化与工业化有背离,而造成这一背离的原因主要在于:一方面是产业结构中工业产业比重较大;另一方面是就业结构中非农化滞后所形成的偏差,也就是工业化的偏差而非城市化的偏差。持这种观点的主要有郭克莎和工业化与城市化协调发展研究课题组。郭克莎(2001)认为,中国的城市化并非严重滞后于工业化,城市化与工业比重的相关性较低,但与非农产业就业比重却高度相关。因此,中国的问题不在于城市化的偏差,而在于工业化的偏差。郭克莎强调,在城市化推进中,城市化率随着就业结构的非农化变动,中国的产业结构以工业为主导、服务业发展滞后导致就业结构的非农化滞后,影响着城市化水平的提升。因此,城市化发展必须加快服务业等相关产业的发展。④ 工业化与城市化协调发展研究课题组(2002)发现,滞后论在与其他国家进行横向比较时,没有考虑不同国家的国情,也没有考虑不同国家不同年份汇率的差异,而且忽视了中国的工业化偏差问题。课题组还发现,隐性超城市化论混淆了城市化与就业非农化之间的关系。实际上,凡是进城务工6

---

① 邓宇鹏:"中国的隐性超城市化",《当代财经》,1999年第6期,第20—23页。
② "三集中"就是"工业向园区集中,居住向集镇集中,耕地向农场集中"。
③ 陆大道、宋林飞、任平:"中国城镇化发展模式:如何走向科学发展之路",《苏州大学学报》(哲学社会科学版),2007年第2期,第1—7页。
④ 郭克莎:"城市化与工业化关系之我见",《光明日报》,2001年8月21日,第B02版。

个月以上的农民工已经被统计为城市人口,自然也就不存在超城市化问题。① 钟水映和胡晓峰(2003)等学者认为滞后论存在着方法论的缺陷。他们指出,对于中国的城市化,其发展水平的高低,是与经济发展水平相适应的,也是与经济结构相匹配的。也就是说,城市化只是经济发展水平与结构的一种表现形式。与其他国家或地区相比,中国城市化与经济发展之间呈现的关系独具特色,只有改善中国的经济结构与城市结构,中国的城市化发展问题才能得以解决。② 刘连银(1997)、李爱军(2004)、史育龙(2001)等学者也持有类似偏差论的观点。

偏差论在一定意义上反映出了中国工业化和城市化发展中存在的实际问题,在中国社会发展中,也确实存在着中国经济结构和城市发展中的结构出现偏差的问题。实际上,由于各种社会发展制约因素的存在,中国社会发展中差异问题是多方面的,比如地区差别问题、城乡差别问题、贫富差别问题、工业化超前与非农化就业滞后所产生的偏差等问题。在社会发展中应当注重政策导向,致力于缩小各种差别,调整工业发展结构和城市发展结构,促进中国区域间工业化和城市化的均衡发展,合理安排就业结构,促使社会经济稳步发展。

4. 协调论

协调论认为,中国工业化与城市化发展是基本协调的,虽然并非真正意义上的完全协调。持有这一观点的学者指出,改革开放以来中国工业化与城市化发展有鲜明的中国特色,主要可以分为两个阶段:第一阶段,1978—1991年,工业化与城市化发展并不协调,即城市化落后于工业化;第二阶段,1992—2001年,工业化与城市化发展基本处于协调状态。刘耀彬和王启仿(2004)也持有类似的观点。他们通过构建协调度模型,实证分析了中国工业化与城市化协调发展的时空分布。结果发现,1978—1991年中国工业化与城市化发展处于严重不协调状态;1992—2001年中国工业化与城市化发展处于基本协调状态。而且,从空间上看,工业化与城市化发展存在着地区性差异。与中西部地区相比,东部大部分省区协调发展程度较高。当然,中西部区域也有个别地区处于相对协调状态。③

协调论者所说的工业化和城市化的协调发展,是一种出于时代发展的乐

---

① 工业化与城市化协调发展研究课题组:"工业化与城市化关系的经济学分析",《中国社会科学》,2002年第2期,第44—55页。
② 钟水映、胡晓峰:"对中国城市化发展水平滞后论的质疑",《城市问题》,2003年第1期,第16—19页。
③ 刘耀彬、王启仿:"改革开放以来中国工业化与城市化协调发展分析",《经济地理》,2004年第5期,第600—613页。

观态度,尽管从表面上看,总体上认为中国改革开放以来工业化和城市化发展是基本协调的,但仍然存在着一些隐性的问题。客观地说,改革开放以来,中国工业化和城市发展速度确实是非常快的,中国人民在几十年的时间里走完了西方国家几百年才走完的发展路程,因此,可以很自信地说,中华人民共和国成立以来整个社会发展的进程是突飞猛进的,社会主义建设是一日千里的。然而,从历史发展的视角来看,协调论者所说的工业化和城市化的协调发展,只有1992—2001年的大约10年。而且,将短短二十多年的时间划分为两个发展时期,并以此来说明社会发展的协调和不协调问题,未免时间跨度小了些,以此推论,进入21世纪以来的工业化与城市化发展又该怎样评价呢? 实质上,在论述中国社会发展的过程中,用"协调"或"不协调"来表述工业化与城市化发展,从语言学的意义上而言,这是一个不确切的定义。无论是1978—1991年还是1992—2001年,这两个社会发展阶段都是中国人民在共产党领导下大力推进具有中国特色的社会主义现代化建设的时期,都取得了举世瞩目的伟大成就。

5. 动态论

动态论是对滞后论、超前论、偏差论和协调论的总结与深化。持动态论观点的学者主要有石忆邵和黄群慧。石忆邵(2003)针对城市化发展阶段的划分、城市化与工业化的关系、大城市超前增长规律、城镇经济效益的评价等一系列问题展开讨论。他指出,工业化与城市化是否协调主要是由工业化内涵决定的,即工业化发展模式决定着城市化发展的结果。与其他国家不同的国情,决定了中国独特的工业化模式。为此,不能套用发达国家工业化与城市化的关系来测度中国工业化与城市化的关系。[①] 黄群慧(2006)认为,滞后论、超前论、偏差论和协调论的主要差异来源于工业化与城市化的评价指标,以及二者是否协调的判断标准。他还指出,城市化与工业化协调发展既不是工业化率和城市化率一直相等,也不意味着二者始终保持同步增加或减少。因为,工业化与城市化的协调发展是一个随时间演进的动态过程,两者更多地呈现出动态演进关系。他通过研究得出结论:中国工业化与城市化发展的不协调主要来源于低价工业化进程和高价城市化进程的不协调。当然,导致这一不协调的根本原因在于中国独特的工业化战略与工业发展模式。[②]

社会发展的过程是一个动态的过程。在工业化和城市化发展过程中,存

---

① 石忆邵:"关于城市化的几个学术问题的讨论",《同济大学学报》(社会科学版),2003年第3期,第33—38页。
② 黄群慧:"中国城市化与工业化的协调发展问题分析",《学习与探索》,2006年第2期,第213—218页。

在着许多要素,而且各个要素之间具有相互的联系。作为发展要素,工业化和城市化在发展过程中既相互联系,又各自有着不同的发展特征,二者既相互促进,又相互制约。显然,国内外关于工业化与城市化协调关系的研究结论不尽相同,但从不同的视角分析,有助于我们更加深入、全面、系统地认识和理解这一问题。遗憾的是,基于国际经验标准对中国工业化与城市化协调发展水平的定量测度,其实际意义或参考价值不大。因为,二者发展是否协调主要是由工业化的内涵决定的,城市化来源于工业化的支撑,不同的工业化战略和工业发展模式决定了不同的城市化。

综上所述,国内外关于工业化和城市化发展关系的相关理论对于本研究具有极其重要的理论意义和实践应用价值。在特定的历史时期,尽管西方发达国家的工业化和城市化明显高于中国的工业化和城市化发展水平,但考虑到中国独特的国情、工业化战略与工业化发展模式,以欧美发达国家的工业化与城市化关系模式来衡量中国的工业化与城市化关系,并得出中国的城市化滞后于工业化的结论,显然是不合理的。然而,国内的研究仅对中国工业化与城市化之间的互动关系进行了初步探讨,而且时间跨度较短,没有深入分析工业化与城市化发展的互动机制,也没有触及影响工业化与城市化协调发展的制约因素。本研究考虑到工业化与城市化协调发展是一个随时间演进的动态过程,认为从经济史视角分析两者的动态演进应该更有价值。为了弥补已有研究的缺憾,本研究对1953—2011年中国工业化与城市化协调关系进行全面、系统的经济史考察,在马克思主义经济学理论的指导下,借鉴国内外相关工业化与城市化关系理论,同时融入中国优秀传统文化中的古典哲学理论,深入研究中国工业化与城市化发展关系和基本规律,旨在为未来中国工业化与城市化协调发展提供有价值的参考。

## 第三节 研究思路与主要内容

### 一、研究思路、研究方法与技术路线

#### (一)研究思路

为了厘清中国工业化与城市化发展的历史脉络,本研究在系统总结国内外相关文献的基础上,界定了工业化与城市化的概念并进行理论回顾,从经济史的角度,考察了1953—2011年以来中国工业化与城市化的历史演进,以制度变迁为主线,将中国工业化与城市化发展划分为两个阶段:计划经济体制时期工业化与城市化的背离阶段(1953—1978),体制转轨时期工业化与城

市化的初步协调阶段(1979—2011)。首先,本研究重点考察了计划经济体制时期和体制转轨时期中国工业化与城市化的历史演进和互动机制,并对二者的关系做出明确判断,剖析其发展的内外部条件、主要特点和制约瓶颈。其次,通过建立工业化与城市化协调发展的定量评价指标体系和协调性判断标准,选取相关的经济数据,运用定性与定量分析相结合的方法,对二者协调发展程度、因果关系进行定量测度。最后,通过借鉴外国部分国家或地区工业化与城市化的互动发展模式,最终给出历史启示,旨在为"新常态"下中国工业化与城市化协调发展提供有价值的参考。

(二)研究方法

研究的内容决定了研究的方法。在前人研究的基础上,本研究从经济史学视角,对1953—2011年以来中国工业化与城市化的历史演进分阶段进行考察。因此,本研究特别注重经济学基本理论与历史研究方法相结合。在经济学理论方面,以马克思主义经济学为指导,综合运用了西方经济学、产业经济学、发展经济学、制度经济学、计量经济学以及统计分析的有关理论和方法,跨学科地对中国工业化与城市化的历史演变进行分析和诠释。在采用历史研究方法方面,本研究采用史学研究方法广泛收集文献资料,并按照历史与逻辑相一致的原则研究工业化与城市化演变的历史进程。在具体研究方法上,主要采用了比较分析的方法、系统分析的方法、定性与定量分析相结合的方法、动态的或进化的方法等。

1. 比较分析的方法

比较分析的方法是拓宽研究视野的重要渠道。具体来看,本研究以制度变迁为主线,将1953—2011年中国工业化与城市化发展划分为前后两个时期,对工业化与城市化关系进行纵向比较研究。同时,对外国部分国家或地区工业化与城市化的互动发展模式进行横向比较研究。从经济史角度对中国工业化和城市化协调发展进行考察,通过梳理和比较,可以对中国工业化与城市化协调状况有一个更为全面、客观的认识,有利于为中国工业化与城市化偏差找到比较合理的解释与解决途径。

2. 系统分析的方法

经济史是介于经济学与历史学之间的交叉学科,经济史研究的任务不是简单地叙述史实,而是在全面掌握史实的基础上,对经济历史的过程进行分析、解释和论证。本研究从系统理论出发,将工业化与城市化协调发展视为社会经济系统内两个子系统之间的协调发展,分析1953—2011年中国工业化与城市化两个子系统间协调的互动关系和演化机理的内在规律。

3. 定性与定量分析相结合的方法

在工业化与城市化协调发展的实证研究与检验部分,采用定性分析方法详细阐述工业化与城市化的历史发展条件和发展特征,并对二者的关系做出明确判断,剖析了其中存在的问题。构建工业化与城市化测算指标体系,选用耦合协调度评价模型对工业化与城市化的协调发展进行定量评价,通过建立计量经济学模型对工业化与城市化的关系进行定量测度与检验。

4. 动态的或进化的方法

"协调发展"本身就是一个动态的概念,本研究分阶段对1953—2011年中国工业化与城市化发展进行研究,厘清中国工业化与城市化互动机制的形成与演变规律,有利于对"是什么"和"为什么"进行全面的把握,揭示二者产生与发展过程中所呈现出的历史规律,总结其中的经验、教训,以史为鉴,有利于规划未来中国工业化与城市化的发展战略。

(三)技术路线

本研究的技术路线见图1-2。

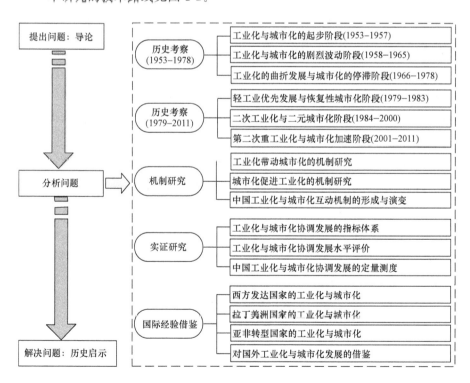

图1-2　本研究的技术路线

## 二、主要研究内容

本研究具体内容包括七个部分：

第一章为导论。本章首先阐述了中国社会经济发展的历程，中国现代工业化和城市化发展研究的背景与意义，并对工业化与城市化的内涵、主要特征、衡量指标以及工业化与城市化之间相互关系的研究状况进行系统述评；其次，介绍了研究思路、研究方法、技术路线与主要内容；最后，明确了工业化与城市化发展的分期依据与数据来源并给出研究的创新与不足之处。

第二章、第三章从经济史学的视角把中国工业化和城市化发展阶段划分为计划经济体制时期(1953—1978)与体制转轨时期(1979—2011)两个历史发展时期。中国工业化与城市化的两个历史发展时期都分别从五个方面展开研究：第一，分析中国工业化与城市化发展的内外部条件；第二，无论是计划经济体制时期还是体制转轨时期，都分别细分为三个阶段对工业化与城市化协调程度进行历史考察；第三，总结中国工业化与城市化发展的主要特点；第四，对1953—2011年中国工业化与城市化之间的关系进行定量测度，并做出明确判断；第五，研究中国工业化与城市化协调发展的制约因素。

第四章为中国工业化与城市化的互动机制研究，具体分为三个方面：第一，工业化带动城市化发展的机制研究；第二，城市化促进工业化发展的机制研究；第三，工业化与城市化互动机制的形成与历史演变。研究发现：工业化带动城市化，城市化反过来促进工业化。因而，工业化决定着城市化的发展水平，工业化与城市化交织在一起，相互作用，共同推动经济的发展。目前中国工业化与城市化发展的互动机制已初步形成。

第五章为中国工业化与城市化协调发展的实证研究，具体包括三个方面：第一，阐述工业化与城市化指标体系，以及指标体系的设置原则，对工业化与城市化的指标体系进行构建；第二，工业化与城市化协调发展水平评价，即通过功效函数、系统指标权重的确定，构建工业化与城市化协调发展的评价模型；第三，通过选取变量与样本数据，利用上述构建的模型测定中国工业化与城市化协调发展的程度；利用计量经济学模型分析中国工业化与城市化之间的因果关系，并对因果关系的程度进行定量测度。通过研究发现，1985—2011年，中国工业化与城市化水平的综合得分以及两者之间的耦合协调度逐渐增大。可以认为，中国工业化与城市化逐渐步入良性发展的轨道，两者之间的关系逐步趋于协调。

第六章为中国对外国工业化与城市化互动发展模式的借鉴。首先，阐述西方发达国家、拉丁美洲国家、亚非转型国家工业化与城市化的影响因素与发展特征；其次，以美国为例，分析外国工业化与城市化的互动发展模式，重点考察其历史演进、互动发展机制与发展特征；最后，总结中国对外国工业化与城市化互动发展模式的借鉴。

第七章为研究结论与历史启示。从总体来看，在计划经济体制时期，中国工业化与城市化互动发展严重失调，而体制转轨时期中国工业化与城市化协调发展程度不断提升。通过对1953—2011年中国工业化与城市化发展进行经济史考察，得出如下启示：第一，注重人力资源，充分发挥创造能力；第二，注重文化发展，推进文明进步；第三，注重科技创新，推动科技进步；第四，正确处理产业与就业的关系；第五，正确处理城乡统筹与城市级别的关系；第六，完善工业化与城市化协调发展的互动机制；第七，增强工业化与城市化协调发展的内生性；第八，进一步推进和深化经济体制改革。

## 三、分期依据与数据来源

本研究数据的截取上限为1953年，下限为2011年。之所以将1953年定为数据截取的上限，主要是因为该年是实施重工业优先发展战略的起点。为了使本研究更具有指导性，因此下限越接近于当前社会发展实际越好，但同时考虑到数据的可得性，故将2011年作为研究的下限。另外，考虑到基本经济制度、经济体制和政治因素等变化对工业化、城市化的影响可能具有滞后性，而且滞后的时间又难以确定，所以没有将整个研究区间进行过细的划分，而将1953—2011年划分为改革开放前的计划经济体制时期(1953—1978)和改革开放后的体制转轨时期(1979—2011)两个阶段。其中，1953—1978年为中国优先发展重工业战略的时期，而1978年之后国家工业化发展战略有所调整，由优先发展重工业开始向轻工业转移。这就是将1978年作为断点的主要原因。此外，在1978年之后，中国开始对内改革、对外开放，这必然会导致中国工业化、城市化发展的变化。

本研究采用的数据主要是公开发行的年鉴、统计报告等，比如官方和权威机构提供的《中国统计年鉴》(1981—2012)、《中国工业经济统计年鉴》(1953—1984、1986—2012)、《中国贸易外经统计年鉴》(1990—2012)、《中国化学工业年鉴》(1984—2010)、《新中国六十年统计资料汇编》(2010)、《中国工业交通能源50年统计资料汇编》(2000)、《国际统计年鉴》(1995—2013)等，以及国泰安数据库提供的国家统计局报告的数据资料。

## 四、研究的创新与不足

### （一）创新之处

经济史学界前辈严中平先生1986年在中国经济史学会成立大会上指出,学术研究要有"四新",即新问题、新观点、新材料、新方法,这就是著名的经济史学研究"四新"论。在实际研究中要想做到"四新",殊非易事,但无论如何,应当作为我们研究者的努力发展方向。工业化与城市化的研究属于比较"古老"的课题,用系统思维的方法,从经济史视角,将工业化与城市化结合起来,对两者之间协调关系进行研究,目前尚不多见。本研究的创新点主要包括以下六个方面：

第一,从经济史视角,通过对相关资料的梳理和分析,拾遗补阙地为中华人民共和国历史研究书写了"工业化与城市化协调发展"这一重要篇章,而已有的文献关于中国工业化与城市化协调发展的经济史研究尚不多见。本研究采用较长时期的历史数据,系统考察了中国工业化与城市化协调发展的时序特征,具有整体性。

第二,注重经济学基本理论与历史学方法相结合。在运用经济学理论方面,以马克思主义经济学为指导,综合运用产业经济学、发展经济学、城市经济学、计量经济学以及统计分析的有关理论和方法。在采用历史学方法方面,用史学方法广泛收集文献资料,按照历史与逻辑相一致的原则,跨学科地对工业化与城市化的历史演进进行分析和诠释,显然,研究成果既丰富了产业经济与城市经济学研究的内容,又拓展了经济史学研究的视野。

第三,由于对中国工业化水平衡量的标准不同,会得出非常不同的判断结果。本研究对已有的研究指标,尤其对工业化水平的衡量指标进行了比较、梳理与规范。

第四,尝试使用数理分析方法对经济史进行研究。一方面,采用熵权值赋予各个指标权重,借助功效函数和耦合协调度函数模型,计算工业化与城市化之间的协调度,并选用协调度评价模型对工业化与城市化的协调发展进行定量分析；另一方面,基于计量经济学模型,对中国工业化与城市化协调发展进行定量测度。无疑,将数量分析方法融入经济史研究之中,使已有的研究方法进一步完善。

第五,在对1953—2011年中国工业化与城市化协调发展分前后两个阶段进行纵向研究的基础上,借鉴国际发达国家和发展中国家的工业化与城市化发展模式,通过纵向分析与横向比较,以发挥"史能明智"的作用,这些研究将为未来中国工业化与城市化发展提供帮助与启示。

第六,在研究中不是单纯地、静态地、孤立地认识和看待工业化和城市化发展问题,而是多视角、全方位、整体地、辩证地、发展地看待和分析工业化和城市化发展问题。本研究从经济史学研究着手,融入了哲学、政治、社会、文化、生态等多种元素,尤其是中国文化的元素,尝试使用优秀传统文化中的东方智慧来认识和分析研究经济学问题。中国工业化与城市化发展过程是中国社会经济发展到一定历史阶段的产物,是社会文明的重要组成部分。在经济学研究中,能够从中国博大精深的文化中汲取营养和智慧,会使我们的研究接地气,有底气,能够增加民族自信和文化自信。

(二)存在问题和需要改进之处

由于中国工业化与城市化协调发展问题本身是一个十分复杂的问题,同时由于笔者学术研究水平的限制和部分资料无法获取等原因,本研究仍存在一些不足和欠缺,对一些问题的深入探讨和拓展不够,如不同地区工业化与城市化的协调程度是不同的,但本研究并没有对各个地区进行研究,而且对于工业化与城市化关系的国际比较中只选取了部分国家或地区,时间跨度也不够长。笔者将在今后的工作中继续围绕这些问题进行研究、补充和完善。

# 第二章　计划经济体制时期中国工业化与城市化的历史演进(1953—1978)

中华人民共和国的国民经济发展在第一个五年计划期间(1953—1957)开始了重工业化过程,经历了苏联援助的156项重点工程建设(1953—1959)、"三线建设"(1965—1973)、"43方案"的26个成套设备项目和以宝山钢铁总厂为首的22项大工程建设(1974—1980)三个历史高峰。

1953—1978年,中国工业化和城市化发展延续了1/4个世纪的重工业化进程。中华人民共和国成立之初,既未建立起能够支撑国民经济和国防建设的现代技术体系,也未建立起能够改善人民生活的工业体系,显然,技术体系和工业体系均存在严重的结构缺陷。正是在这一背景下,中国开始从发达国家引进技术,尤其是引进苏联和东欧的先进技术,将引进的技术大规模投入工业化建设之中。"一五"时期最重要的技术引进应该是苏联援助的"156项工程"。这一引进帮助中国建立了比较完整的现代技术体系和工业体系,对20世纪中国经济和社会发展产生了难以估量的影响。20世纪60年代的"三线建设"是改变中国生产力布局的一次由东向西转移的战略大调整,是中国经济史上一次以战备为指导思想的大规模针对国防、技术和工业等的基础设施建设。除此以外,"三线建设"还促进了落后地区经济发展和人才质量的提高,主要集中于重工业和国防工业等产业,尤其为中国中西部地区工业化做出了极大贡献。在国家经济发展问题上,20世纪70年代末发展的"洋跃进",可以说是"左倾"影响下的急躁冒进。"洋跃进"时期,追求经济指标高速增长,大量进口成套设备,基本建设投资规模过大,加剧了当时国民经济比例的失调,使产业结构失衡的状况进一步恶化。随着"洋跃进"的终结,中国的工业结构开始向着轻型化的方向转变。"43方案"是中国于20世纪70年代初向西方发达国家又一次引进技术的计划,加上随后追加的一批项目,共计划投资总额51.4亿美元。如果将20世纪50年代从苏联引进的"156项工程"称作中华人民共和国成立后的第一次大规模的技术引进,那么"43方案"就是中华人民共和国成立后的第二次大规模的技术引进。当然,在"156项工程""三线建设"和"43方案"三个高峰时期之后,由计划经济体制主导的重工业化所带来的问题逐渐暴露出来,由此所积淀的一系列弊端也逐渐为政府所认识，为改革开放后国家制定新的重大经济发展战略决策积累了历史经验。

中国计划经济体制时期实行的重工业优先发展战略导致了工业化水平一路攀高。然而，当时以户籍制度、城乡差别化、就业和福利保障制度为主要内容的城乡隔离体制等限制人口流动的政策则导致城市化水平偏低，二者交织在一起，最终形成了中国的工业化与城市化严重背离。本章探讨1953—2011年中国工业化与城市化的发展历程，总结其经验、教训，对于"新常态"下推进工业化与城市化的健康、可持续发展具有重要的参考价值。

## 第一节 中国工业化与城市化发展的条件

计划经济体制是政府在一定时期内对国民经济进行集中统一计划管理的经济体制。中国计划经济体制的形成和发展主要经历了以下几个时期：第一是国民经济恢复时期(1949—1952)。这一时期政府推行土地改革政策，治理恶性通货膨胀，修复铁路，恢复遭受战争破坏的生产关系，取得了重大成就。第二是社会主义"三大改造"和实施第一个五年计划时期(1953—1957)。这是中国计划经济体制形成的关键时期，通过一系列国家资本主义的形式，对工商业进行国有化改造，政府集中建设了156个重点项目，重工业得到迅速发展。第三是"大跃进"及其纠正时期(1958—1965)。这是计划经济体制的发展时期，集中体现在重工业畸形发展，对农村实行人民公社的集中制度。第四是"文化大革命"时期(1966—1976)。这一时期中国的经济、社会和政治处于"无政府"状态，国民经济遭受了巨大损失。[①]

中国计划经济体制的形成与发展，是由政府在工业化目标中选择优先发展重工业引起的，其内在的逻辑与基本特征如下：首先，中国政府要在一个经济发展水平低下、资本稀缺的经济环境下发展资本密集型的重工业，就势必需要人为压低资本、原材料等生产要素和生活必需品的价格。因此，中国计划经济体制时期的宏观政策环境是以生产要素和产品价格的扭曲为特征的。其次，生产要素和产品的价格扭曲造成整个社会经济总供需结构的失衡，为了把短缺的各种资源配置到重工业部门，就势必需要抑制市场机制。计划经济体制下资源配置是以高度集中的国家分配方式为特征的。最后，为了保证微观经营单位对资源的使用合乎重工业优先发展的战略，就必须建立起国有化的微观经济机制。因此，中国传统经济体制下的微观经营机制是以缺乏激

---

① 史晋川、李建琴：《当代中国经济》，浙江大学出版社，2008年，第7页。

励和自主权为特征的。

从鸦片战争到中华人民共和国成立之前的百余年间,封建统治者丧权辱国,社会战乱不断,国家积贫积弱,人民饥寒交迫,根本谈不上工业化与城市化。工业化与城市化是在中华人民共和国成立后才逐步展开和实施的。在此之前,由于中国长期处于战争和内乱状态,政局不稳,工业化与城市化的发展只是一句空话。正如著名发展经济学家马尔科姆·吉利斯(Malcolm Gillis)指出的:"长期不稳定、内战和外国入侵,可以较好地解释中国在1949年之前无法进入现代经济增长阶段的原因"①。中华人民共和国的成立,尽管彻底的民主革命为现代化扫除了中国的帝国主义、封建主义和官僚资本主义三大障碍,却没有消除中国的贫穷落后、人均资源短缺和经济发展不平衡等不利因素。中华人民共和国从一开始就面临着如何快速实现工业化、赶超发达国家的巨大压力,中国工业化与城市化面临着十分恶劣的初始条件。

## 一、内部条件

### (一) 经济基础薄弱

中华人民共和国成立之时,由于抗日战争和国内革命战争,中国共产党面对的是一个千疮百孔、积弱积贫的烂摊子。统计数据显示,1949年中国人口为54167万人,国民收入只有358亿元,人均国民收入极低,仅有66.1元,大约折合为18美元。据联合国亚洲及太平洋社会委员会统计估计②,1949年中国人均国民收入为27美元,而当时整个亚洲人均国民收入为44美元,中国位居倒数第一。在工农业总产值中,第一产业即农业总产值比重高达70%,当时的中国就是一个生产力发展水平极为低下的农业国;第二产业中的工业总产值比重为30%,这一数据表明当时中国的工业化水平极低;就重工业而言,重工业产值占工农业总产值的比重仅有7.9%。显然,重工业发展也令人担忧。如果按当时的标准核算,中国的现代化工业不足10%,而农业和手工业所占比重高达90%。当时,将近90%的人口生活在贫困落后的农村,在农村地区从事简单的农业生产活动。

1949—1956年,中国正处于新民主主义经济体制阶段,同时也是进行社会主义建设的准备阶段。中华人民共和国成立之前,由于帝国主义、封建主义和官僚资本主义的长期统治,以及多年的战乱,造成中国社会经济十分落后,而且损坏极为严重。统计数据显示,与历史上的最高年份(1936年)相

---

① 〔美〕吉利斯等:《发展经济学》(中译本),中国人民大学出版社,1998年,第24页。
② 李小宁:《民生论》,人民出版社,2015年,第92页;张旭东:"中国共产党的奋斗历程与优良传统",《领导科学论坛》,2017年第22期,第35—55页。

比,1949年中国工业总产值减少50%。① 其中,轻工业减少30%,重工业减少70%。1949年之后,中国共产党带领人民群众迅速医治战争创伤,加快实现国民经济恢复,有计划、有步骤地稳步推进社会主义建设,进行社会主义改造。关于恢复农业生产,中国政府也采取了很多可行性措施,其中最主要的是实行土地改革和发展农业生产互助合作。1952年8月,全国土地改革基本完成,几千年来的封建剥削制度基本上被全部消灭,农业生产力得到进一步解放。以此为基础,中央政府又引导农民在自愿互利的基础上走互助合作道路,有力地推动了农业生产的恢复和发展。与此同时,人民政府还帮助农民恢复生产,调整一些农产品的收购价格;开展群众性技术改造,广泛发动群众兴修水利,迅速恢复农业生产,为中国工业发展奠定了坚实的经济基础。

中华人民共和国成立之初,恢复工业生产也是这一时期中央政府城市工作的重点。首先,政府加快发展由没收官僚资本建立起来的国营工业企业;其次,建立社会主义的民主管理制度,发动群众进行生产改革,并开展增产节约和劳动竞赛运动。由于政策正确,这三年国营工业的恢复发展特别迅速。1949—1952年,中国的工业产值年均增长34.8%。其中,国营工业企业产值年均增速高达57%。中国工业产值占国民经济的比重也由1949年的26.2%上升到1952年的41.6%。同时,中央政府根据公私兼顾的原则,及时合理调整工商业。而且,采用加工订货、经销代销等具体的方式,使私营工商业摆脱困境。随后,政府采取措施开展城乡物资交流活动,扩大农副产品购销,为城市工商业发展开辟了广阔的市场,私营工商业在较短的时间内得到恢复,迅速发展起来。

1951年年底到1952年,为了预防党政机关工作人员堕落变质,中央政府开展了"反贪污、反浪费、反官僚主义"的"三反"运动;为了防止私营工商业者牟取暴利,中央政府开展了"反行贿、反偷税漏税、反盗骗国家财产、反偷工减料、反盗窃国家经济情报"的"五反"运动。1952年10月,"三反""五反"运动宣告结束。1951年年底到1952年,中国私营工业企业的户数比1949年增加了21.5%,工业总产值增加了54.2%。同时,中国私营商业的户数增加了7.1%,零售额增加了18.8%。"三反""五反"运动打退了资产阶级的猖狂进攻,遏制了资本主义工商业的消极作用,引导它们沿着有利于国计民生的方向发展,也为资本主义工商业的社会主义改造打下了坚实的基础。

1949—1952年,中国共产党领导全国各族人民经过三年的努力,迅速完成了国民经济的恢复任务。到1952年年底,工农业总产值比1949年增长了

---

① 张启华:"社会主义建设的奠基年代——迎接新中国五十华诞",《真理的追求》,1999年第9期,第5—12页。

77.6%。其中,农业总产值增长了48.5%,工业总产值增长了145%,主要产品年产量大大超过了历史最高年份(1936年)。中华人民共和国刚成立的时候,整个国家经济状况基本上是一穷二白,百废待兴。这样落后的经济发展起点,如此薄弱的工业、重工业基础,使得当时的党和国家领导人无比的焦虑与不安。1954年6月,毛泽东就曾在《关于中华人民共和国宪法草案》中指出:"现在我们能造什么?能造桌子椅子,能造茶碗茶壶,能种粮食,还能磨成面粉,还能造纸,但是,一辆汽车、一架飞机、一辆坦克、一辆拖拉机都不能造。"①其焦虑心情溢于言表。为了尽快改变这种状况,中国共产党根据当时的国情,高瞻远瞩,大胆选择了优先发展重工业的战略,集中力量着力发展重工业,为中国的工业化发展奠定了坚实的基础。周恩来也指出:"重工业是国家工业化的基础。新中国成立之后,尽管我们还有一点重工业的底子,但作为中国工业化的基础,恐怕还是远远不够的。为此,我们必须首先集中主要力量来发展重工业"②。考虑到中华人民共和国成立之初工业化水平极低的历史现实,重工业对于经济社会发展的重要性,以及重工业对于整个工业化的基础性作用,优先发展重工业也就成为当时中国经济发展的战略选择。

(二) 经济结构不合理

1949年之前,从社会制度上来看,中国是一个半封建半殖民地国家;从国民经济结构上看,是一个贫穷落后的农业国。1949年中国经济结构的典型特征是:少量的比较先进的工业和城市与广大的极为落后的农业和农村并存的二元经济结构。这是一种极不合理的落后的经济结构,具体说来,主要表现在产业结构不合理、城乡结构不合理、地区结构不合理等三个方面。

第一,产业结构不合理、发展水平低。1949年,中国的产业结构是一种典型的落后农业国的产业结构,其基本特征是产业结构不合理、发展水平低。具体表现是:农业比重高,在社会生产总值中占58.6%;工业化水平低,工业比重小,在社会生产总值中只占25.9%,而且在工业中,轻工业比重高,在工业总产值中占73.6%,重工业只占26.4%,而且手工业比重大,占工业总产值的75%;工农业生产技术极为落后,农业基本没有机械化,工业主要依靠手工技术,分工专业化协作程度和知识技术集约化程度都很低,产品的加工度和技术含量低,导致附加值少,工农业产品普遍不能满足生产生活的需求,技术密集型产业、先进的资本密集型产业严重缺乏,产业结构的服务化、知识化程度极低。

---

① 毛泽东:《毛泽东著作选读》(下册),人民出版社,1986年,第712页。
② 中共中央文献研究室:《建国以来重要文献选编》(第4册),中央文献出版社,1993年,第354页。

第二,城市化水平低、农村贫穷落后。1949年,中国的城市化率只有10.6%,仅有城市69个,城市化水平极低。由于封建地主阶级的残酷剥削,国民党政府的腐败无能,再加上战乱连年不断,中国农村经济日趋衰败凋敝,农田水利基础设施严重缺乏,农村劳动力大量减少,农村耕地大量荒芜,农业生产方式极其落后。1949年,全国平均亩①产粮食仅为142斤,平均亩产棉花只有22斤。1949年,全国粮食总产量仅为1 131万吨,棉花45万吨,花生127万吨,比历史最高年(1936年)产量分别下降24.55%、76%和60%,广大农民生活在饥寒交迫之中。

第三,地区发展差别大、不平衡。当时中国地区发展极不平衡,70%以上的工业集中在占国土面积不到12%的东部沿海地区,而东部沿海地区的绝大部分工业又聚集在少数大城市。1947年,仅上海和天津两个城市的工厂数量就占主要城市工厂总数的63%,广大的中西部地区基本上是从事落后的农业生产。铁路、公路、航运等交通设施主要分布在东部地区,整个西部地区基础设施建设落后、交通闭塞。

(三)资源条件约束

要推动工业化与城市化,首先必须有生产资料作为动力和原材料,所以一国资源禀赋的数量、质量、结构及时空分布对工业化与城市化的发展起着十分重要的作用。良好的资源禀赋有利于工业化、城市化的发展,而贫乏的资源禀赋则对工业化、城市化的发展起消极作用。总体来看,中国国土面积位居全球第三,土地资源类型丰富。然而,与其他国家相比,中国山地较多,平原相对较少,耕地与林地所占的比例也较小;中国人口全球第一,从而人均资源占有量更少;由于教育水平落后,劳动力素质总体较低,技术水平落后;人均资本占有量也较少。因此,从土地、劳动力、资本等生产要素来看,中国资源并非像想象的那么丰富。而且,中国是一个资源和人口比例十分不协调的国家,人口与资源之间的关系高度紧张。

## 二、外部条件

工业化是指在一定的社会经济制度下,由手工劳动转变为机器操作,从以农业生产为主转变为以工业生产为主的过程。这个过程也是伴随着城市化发展和城市化崛起的过程。实现国家工业化的任务就是实现城市化的任务。从国际背景看,主要有三个方面的因素影响到中国工业化选择和城市化发展路程。

---

① 1亩=6.6667公亩=0.0667公顷。

(一) 国际环境的影响

中国纳入苏联阵营以后,以美国为代表的西方国家对中国实行了政治孤立和经济封锁政策,切断了中国正常的国际贸易往来。1949 年 11 月,美国等 14 个西方国家在法国巴黎成立了"巴黎统筹委员会",开始对中国实行"封锁、禁运"。1951 年 5 月,作为世界上经济最发达的国家,美国通过操纵联合国大会,开始对中国实行"禁运",参与国家或地区有 36 个,并在"巴黎统筹委员会"内专设了"中国委员会",进一步加强了对中国禁运物资的管制。这样中国不可能再进行国际交换,只能在国内进行交换,从农业中提取积累。[1] 1950 年,由于朝鲜战争的爆发,中国被迫卷入与美国的直接军事对抗,中国面临的国际环境进一步恶化。为了避免落后挨打的历史悲剧再次重演,中国不得不优先发展军事工业,着力发展以军事工业为基础的重工业。周恩来指出:"毛主席说过,新中国在政治上已经独立,已经站起来了,但要完全独立,就必须实现工业化。只有优先发展重工业,才能实现新中国的工业化。重工业发展以后,才能实现国防现代化"(马学强,2008:第 99 页)。因此,在国家安全利益和政治利益决定一切的原则之下,工业化战略首先要满足的是国家的安全和政治的需要。由此,苏联不仅自己援助中国建设了 156 个项目,而且发动东欧国家帮助中国设计了 68 个项目。总之,在当时的国际政治、经济和军事格局下,中国迫切需要建立比较完备、自成体系的工业结构和与之匹配的中国城市体系,而以重工业带动城市发展则是其中的关键。

(二) 科技革命的影响

工业化与城市化发展程度与重工业在工业结构中的比重紧密相关。第二次世界大战以后,重工业的发展从某种程度上来说是一个国家经济发展水平的标志,几乎所有的发展中国家都选择了工业化作为经济追赶的主要手段。一般来说,后起国家和城市的工业化初始条件与西方发达国家的工业化发展相比,西方国家的工业化是内生型的,工业化的动力主要来自社会机体内部。西方国家工业化具有内生先发的作用,这就意味着在工业化之初,其经济是世界上最先进的,具有充足的时间来摸索经验。后起的国家和城市社会内部没有足以支撑工业化爆发的因素,其直接动力来自国家民族救亡图存的外在压力。后起国家开始工业化时面对的是比它们强大得多的西方国家和由西方国家主导的世界政治和经济格局。从对美国、苏联、巴西、印度和中国的五个大国工业化道路的分析来看,除了工业化发生较早的美国是以渐进式沿着"轻工业—重工业—高科技产业"的路径演进外,其他四国均不同程度

---

[1] 马学强,《中国城市的发展:历程智慧和概念》,上海三联书店,2008 年,第 99 页。

地实行了以计划经济为主的赶超式工业化推动城市化发展道路。

中国作为后起的大国,在政治、经济、军事方面都有不同于小国的独立要求。中国是工业化与城市化进程的后来者,当时西方发达国家已经完成了第一次和第二次工业革命和城市革命,第三次科技革命正在兴起。中国的追赶战略,在技术内涵上就必须面对这个巨大的差距。追赶战略意味着中国必须在尽可能短的时间内,通过高积累快速实现技术和装备过程。因此,工业化与城市化成为中华人民共和国的首要目标。

(三)苏联模式的影响

苏联在"十月革命"后,经过了第一次世界大战和内战,国民经济遭到严重破坏。1920年,大工业的产量几乎比战前减少了6/7,运输业陷于崩溃,农业产量减少一半,人民生活极度贫困。当时无产阶级政权面临恢复经济,整顿工业、农业、运输业,使人民生活摆脱贫困状态的重要任务。同时,资本主义威胁着新生的苏维埃政权,苏联为了巩固国防,还需要恢复经济,实现社会主义工业化。因此,苏联在当时特定的条件下,要完成由农业国向工业国的转变,要保卫苏维埃政权,要维护本国的经济独立,就必须优先发展重工业,从重工业开始实现社会主义工业化与城市化。在短短13年中,苏联走过了资本主义几十年才能完成的路程,为后来彻底打败法西斯德国奠定了物质基础。在反法西斯战争的前夕,苏联经济仅仅历经两个半"五年计划"的建设,就已基本上实现了工业化与城市化,这种经济发展的速度是非常快的。

中国民主革命的成功,是学习了苏联和接受了马克思主义的结果。中华人民共和国成立之后,中国借鉴了苏联的社会经济发展模式,必须优先发展重工业,才能突破帝国主义的经济封锁和军事威胁。1955年,在苏联国内问题"揭盖子"之前,苏联的工业化道路是中国实施赶超战略的典范。周恩来在全国政协第四十九次扩大会议上提出:"苏联搞重工业、国防业,我们搞轻工业,这样行不行呢?如果对于一个非常小的国家或地区,肯定是可以的。然而,中国是一个六万万人口的大国,地下资源非常丰富,如果不努力发展工业,尤其是发展重工业,那就不敢设想了。……发展重工业才能顺利实现中国的工业化。"[①]

中华人民共和国成立初期苏联援助的156个建设项目,奠定了中国的工业基础,是第一次工业布局,也是中国首次通过大规模地引进外国技术开展的工业建设。在没有任何工业化基础和建设经验的条件下,以毛泽东为领导核心的第一代党和国家领导人开展了工业建设项目的立项工作。在"一五"

---

① 王骏:《毛泽东与中国工业化》(第一版),福建教育出版社,2001年,第42、46页。

期间,中国一方面突破了以美国为代表的西方资本主义国家的经济封锁,与苏联、东欧等国家或地区进行贸易往来,通过平等互利原则获得建设所需的技术和生产设备;另一方面,利用引进的技术和设备,从中国的实际情况出发,加快消化、吸收、学习、模仿和创新。同时,加快技能型人才的培养。这一系列工作为项目的高效建设与投产奠定了坚实的基础。"一五"期间,中国工业化和城市化发展已经开启了一个崭新的历史新时期。

## 第二节　中国工业化与城市化发展的历史演进

中华人民共和国成立之初,国民经济百废待兴,恢复国民经济成了政府的第一要务。从1950年至1952年,中央政府实行了土地改革,把土地分配给无地和少地的农民,极大地促进了农村生产力的发展;取消了帝国主义列强在华的一切特权,没收了官僚资本改组成国有经济,使国家直接掌管了一半以上的能源、工业原料以及大部分交通运输;实行全国财政收支、现金管理和物资调度的"三统一",全面加强财经工作,并取得了"抗美援朝"的胜利。经过短短三年时间,中国迅速恢复了国民经济的发展,城市发展同经济发展一样带有明显的恢复性质。由于农村人口较多地迁入城市,城市人口由1949年年末的5 765万人增加到1952年年末的7 163万人,增加了1 398万人,城市化水平由10.64%上升到12.46%,提高了1.82个百分点。① 1953—1957年,中国实施了第一个"五年计划",开始了重工业优先发展战略,也开启了具有现代意义的工业化发展之路。从此,中国渐渐拉开了城市化发展的序幕,中国的工业化与城市化也开始了一段坎坷曲折的发展历程。

### 一、工业化与城市化的起步阶段(1953—1957)

经过短短几年的基础建设,中国完成了国民经济的恢复任务,初步进入了全面的社会主义工业化建设阶段。从1953年开始,中国开始模仿苏联模式实行五年工作计划来规划国民经济的发展。1953—1957年是中国第一个五年计划实施时期。从1953年开始中国转入大规模的工业化和城市化建设。1952年年底,中国共产党提出了过渡时期的总路线,即要在一个相当长的时期内,逐步实现国家的社会主义工业化。在"一五"计划实施时期,中央政府在国家经济困难、资源紧缺、技术落后的情况下,集中有限的财力和资源,围绕694个重点建设项目,采取了有计划、有步骤、有重点、稳步推进的城

---

① 刘传江:《中国城市化的制度安排与创新》,武汉大学出版社,1999年,第96页。

市化发展方案,开始了大规模的经济建设。工厂从农村招收了大量职工,工业化的启动带动了城市的发展,期间不仅诞生了一批新兴工业城市,而且使一些项目所在地的老城市也得到了大规模的扩建。可见,这一时期城市化发展主要是为工业服务而发展起来的。"一五"计划时期也是中国工业化与城市化发展比较顺利的时期,党的总路线这个兴国方针在中华人民共和国成立初期工业化和城市化发展中具有十分重要的作用。但是,我们也必须看到,正是在这一时期,造成中国工业化与城市化畸形发展的影响因素逐步开始酝酿和积累(见表2-1)。①

表2-1 中国工业增长速度的变动情况(1953—1957)

| 年份 | 工业总产值 | | 工业基本建设投资 | | 基建新增固定资产 | |
| --- | --- | --- | --- | --- | --- | --- |
| | 产值（亿元） | 增长率（%） | 投资额（亿元） | 增长率（%） | 原值（亿元） | 增长率（%） |
| 1953 | 450 | 30.3 | 28.4 | 68.0 | 23.4 | 7.0 |
| 1954 | 515 | 16.3 | 38.3 | 34.9 | 28.2 | 20.5 |
| 1955 | 534 | 5.6 | 43.0 | 12.3 | 36.3 | 25.0 |
| 1956 | 642 | 28.1 | 68.2 | 58.6 | 49.0 | 38.8 |
| 1957 | 704 | 11.5 | 72.4 | 6.2 | 64.7 | 32.0 |

资料来源:国家统计局,《中国统计年鉴》,中国统计出版社,1990年。

(一)产业结构重型化

"一五"时期,中国从苏联引进的"156项工程"项目实际上进入真正施工的共计为150项。其中,有关国防建设的军事工业企业44家,包括航空工业项目12个、电子工业项目10个、兵器工业项目16个、航天工业项目2个、船舶工业项目4个;有关冶金方面的工业企业20家,包括钢铁工业项目7个、有色金属工业项目13个;有关化学方面的工业企业7家;有关机械加工方面的工业企业24家;有关能源方面的工业企业52家,包括煤炭工业项目25个、电力工业项目25个、石油工业项目2个;有关轻工业和医药方面的工业企业3家。正是通过对这些项目的引进、学习和模仿,并进行创新与应用,为中国构建比较完整的工业体系奠定了基础。②

关于引进的"156项工程"项目的区域分布,中央政府根据国内地区的均衡发展和资源分布差异,充分考虑国防安全等原则,进行了论证与项目选址,最终确定了工业化建设的区域布点安排。从全国范围来看,"156项工程"项

---

① 上海财经大学课题组:《中国经济发展史(1949—2005)》,上海财经大学出版社,2007年,第290页。
② 陈夕:《中国共产党与156项工程》,中共党史出版社,2015年。

目宏观上主要配置在中国的东北地区、中部地区和西部地区。最后投入实施的 150 个项目中,涉及 106 家民用工业企业和 44 家国防工业企业。民用国有企业中,50 家布置在东北地区,32 家布置在中部地区;44 家国防工业企业中,35 家布置在中西部地区。按照当时沿海与内地的划分,投入实施的 150 个项目中,布置在中国内陆地区的共计 118 个,沿海地区只有 32 个,内地施工项目占全部项目的 78.7%,沿海地区施工项目仅占约 21.3%。

"一五"时期,中央政府建设和投资方向主要集中在现代技术装备的重型工业领域,这些重型工业一般规模较大,基本上都是重工业项目。在这一时期完成的基本建设投资共计 588.7 亿元。其中,工业项目投资所占比重高达 42.5%,在这些工业投资中,重工业比重高达 85%,轻工业比重只有 15%;农业投资占总投资额的比重仅有 7.1%。正是这一时期对于重工业高度倾斜的投资,导致重工业增速是轻工业的 2 倍多,重工业所占比重由 1953 年的 35.6%上升到 1957 年的 48.3%。由于重工业多为资本密集型产业,对劳动力的吸纳能力有限,"156 项工程"项目实施的结果是一方面造成了工业重型化,另一方面削弱了资本对劳动力的吸纳能力,影响了劳动力就业,阻碍了劳动力由乡村向城市转移。

(二)工业城市的群体兴起

"一五"期间,随着重工业优先发展战略的实施,重工业得到迅速发展。无疑,工业发展为城市化提供了充分的产业支撑,各种类型的工业城市群像雨后春笋般应运而生。"156 项工程"的区域布局、工业类型、建设原则以及项目规模等因素,决定了城市发展的地域结构、规模大小、城市类型、城市性质以及城建方式等。城市建设作为现代化建设的重要组成部分,从中华人民共和国成立之前的无计划、无步骤、无程序地分散建设,进入了一个有计划、有步骤、有程序地重点建设的历史新时期。从此,中国也正式开启了现代化工业城市建设的新篇章。随着工业化水平的不断推进,许多生产性城市逐渐取代了消费性城市,一些传统的工业城市得到彻底的改造,也有不少新兴工业城市拔地而起;一些偏僻的、贫穷落后的农村地区建立起新的城市或城镇,一大批工业城市相继诞生,形成以大中城市为核心的八大新兴工业区,包括以中国东北地区的沈阳、鞍山为中心的工业基地;以华北地区的北京、天津和河北省的唐山为中心的京、津、唐工业区;以山西省的太原为中心的山西工业区;以湖北省的武汉为中心的湖北工业区;以河南省的郑州为中心的郑洛汴工业区;以陕西省的西安为中心的陕西工业区;以甘肃省的兰州为中心的甘肃工业区;以西部地区的重庆为中心的川南工业区。从宏观上讲,"一五"时期的"156 项工程"项目布局分布虽然比较分散,但无疑是基于投资成本、发展潜力等方面因素的考量。而且,这些项目的布局有一个共同的特点,即大多布置于具有一定发展基础的大中城市。

(三) 计划经济体制开始形成

为了确保重工业优先发展战略顺利实施,中央政府借鉴了苏联的资源配置方式,逐步加强对国民经济的集中管理,以计划经济体制取代市场机制和竞争机制,实行高度集中的计划经济体制。1953年由国家指令性计划生产的产品有115种;然而,到了1956年由国家指令性计划生产的产品就已经增加到380多种。1953—1956年间,国家指令性计划生产的工业产品产值占工业总产值比重高达60%;由中央政府统一分配的物资也由1953年的227种扩大到了1956年的532种。其中,统一分配的物资由112种增加到231种,部管物资由115种增加到301种;由政府部门直接管理的工业企业也从1953年的2 800家增加到1957年的9 300家,年均增长率高达35%。在国家与企业的关系上,企业逐步实行国家指令性计划管理,企业职工也逐渐由国家统一调配。

(四) 高强度积累、低强度消费模式形成

随着重工业优先发展战略的推进,这一战略带来的弊端也渐渐暴露出来。中央政府开始在"建设"与"吃饭"之间寻找平衡点,采取计划手段进行国民经济的高积累。中华人民共和国成立之初,以无产阶级为代表的共产党人,积极发扬艰苦奋斗、艰苦创业的精神,勒紧腰带,省吃俭用搞建设。从1949年到改革开放期间,中国的经济发展十分迅猛,但人们的生活水平提高得比较缓慢,与国民经济的增长并不同步。30年来,国家工作人员的工资基本没有增加,无论是个人还是整个家庭的收入比较稳定,始终保持在一个较低的水平。当时,无论是国家干部还是一般工人,凡是吃"国家饭"的人,统称为"铁饭碗"或"吃商品粮"。现在看来,虽然当时人们的收入水平不高,但基本生活还是有保障的,可以说没有后顾之忧。这种低收入和低消费对于社会经济的稳定发展具有重要的作用。1953年,国家对一些紧缺的生活物资实行统购统销政策,开始对食用油或油料实行计划收购,随后在城市、工矿区等人口集中的地方普遍实行食用油计划供应。如果有人私自交易食用油或花生等油料,就触犯了油料统购统销政策,也是严重的犯错行为,一旦被人揭发检举出来,那是要受到处分的。1954年,中央政府又相继对粮食、棉花等主要农产品实行统购统销政策。统购统销政策不是由市场决定价格,而是由国家对农产品进行统一定价,从农民手中低价收购农产品,然后出售给城市居民或企业，采取"以农促工"的措施，既保障了人们的基本生活，又维护了社会安定。同时，也实现了企业的高利润与政府的高税收，进而保证了国家工业化的建设资金。然而，当时的个人和家庭经济非常脆弱，人们是不能够承担任何经济风险的。尽管如此，人们生活的低消费和国家资本的高积累带来的工业化资金的积累模式确保了中国重工业优先发展战略的顺利开展。"一五"时期，中国的平均积累率①接近25%，而且随着时间的推移呈现出逐年上升的趋势，从1952年的21.4%增加到1957年的24.9%。尽管积累率不算是很高，但已经开创了中华人民共和国高积累之先河，为未来较长时期内的高积累埋下了伏笔。维克托·利皮特（Victor Lippit）认为，"若把1933年的中国经济与1953年的中国经济作比较，不难看出，尽管这两个年份相差20年，但这两个年份的人均收入基本持平。然而1933年的储蓄仅占国民生产净值（NDP）的1.7%，而1953年的储蓄却占到了NDP的20%。也就是说，在一个人均收入60美元（按1957年价格）的地区，只有把人们的生活标准控制到叫人无法忍受的程度才能取得"。②

（五）城市基础设施建设滞后

"一五"时期，国家在以工业为主导，以农业为基础的经济发展政策的指导下，在工业化发展中注重国有大工业的发展，在国家投资中注重"把好钢用在刀刃上"，把国家有限的资金和资源用在最需要的地方。国家投资的重点是发展工业，而工业内部主要是重型工业。尽管投资倾向都是实体产业，但除重型工业之外，城市公用事业、城市基础设施以及其他效益不显著的工业项目不是当时投资的重点，甚至是严重不足。这种投资的结果自然会造成城市功能不足，现有的城市基础设施超负荷运转。统计数据显示，"一五"期间，城市公用事业投资仅占基本建设投资总额的2.6%。毫无疑问，城市基础设施建设投资本身就存在严重不足，但是城市数量增加与城市规模扩大都需要更多的资金支持，这样城市建设就不得不降低标准，造成城市住宅的平均造价下降，城市住宅价格从1953年的每平方米93.5元下降到1957年的65元。基础设施建设的不足限制了城市的承载量，基础设施的严重匮乏限制了城市对人口的吸纳能力。考虑到城市中市民的生活压力大，中央政府为了缓解城市人口的生活压力，逐步推出"干部下放"政策，使一部分在城市工作和生活的人流向农村。一些地方的农村区域内建立了"五七干校农场"，用于接

---

① 积累率为积累资金在国民收入使用总额中所占的比重，与消费率对应。
② 外国经济学研究会：《现代外国经济学论文选》（第15辑），商务印书馆，1992年，第218页。

收从城市下放的党政机关干部、科技人员和大专院校教师等。随后,国家又出台新一轮的城市化建设政策,即少发展大城市、多发展中小城市和城市建设布局分散的政策,并对大中小城市进行明确界定,首次规定城市人口在50万人以上的为大城市,城市人口不足20万人的为小城市,服务于一个或两个厂矿所设立的居民区为工业镇。这一政策也是中国现代城市发展政策的最初来源。

"一五"期间,中国工业产业取得飞速增长,奠定了社会主义工业化的初步基础。取得的主要成就有:社会主义性质的或基本上是社会主义性质的工业在全部工业中占主要地位;工业总产值在工农业总产值中占主要部分;现代工业在全部工业中占显著优势;重工业的主要生产资料在全部工业中的比重大幅度上升;采掘业和原材料工业进一步发展,特别是制造业得到加强;轻工业原料来自重工业的部分增长,而来自农林牧渔业等农业产业的部分下降;沿海地区的工业在原有基础上进一步突破,内地工业产业发展势头强劲。

大批新的工业基地正逐步形成,随着新兴部门的建立、工业生产能力的增长、工业产量和工业产品品种的增加,机器设备和原材料的自给率大大提高;工业化水平提高较快,由1953年的19.84%提高到1957年的25.34%。但"一五"期间过分强调以重工业为中心,对农业和轻工业重视不够,未能充分利用沿海地区工业等。由于进行了较大规模的工业建设,城市吸收了许多农村劳动力,城市化率由1953年的13.26%提高到1957年的15.40%,"一五"期间中国工业化与城市化整体上处于一个比较协调的阶段(见图2-1)。

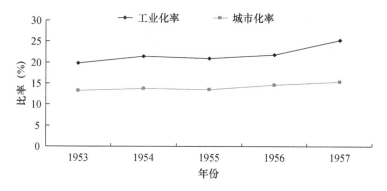

图2-1 中国工业化率与城市化率(1953—1957)

注:(1) 工业化率为工业增加值占GDP的比重;(2) 城市化率为城市人口占总人口的比重。

资料来源:国家统计局,《中国统计年鉴》,中国统计出版社,1982年。

## 二、工业化与城市化的剧烈波动阶段(1958—1965)

第二个五年计划包括"大跃进"三年(1958—1960)和经济调整时期的最初两年(1961—1962)。1963—1965年是整个国民经济生产的恢复和发展阶段。1957年年底,中国第一个五年计划的各项指标大都超额完成。但是在这以后,中国的社会主义建设却出现了曲折,工业化与城市化也出现了剧烈波动,这是由于1958年开始的"大跃进"和"人民公社化"运动造成的。

(一)"爆发性"工业化引起的超高速城市化(1958—1960)

在1958—1960年的三年"大跃进"时期,在"大干""快干""拼命干""大干快上""超英赶美""多快好省"地建设社会主义的跨越式发展的社会背景下,中国的城市化进程也随之进入了一个"大跃进"阶段。小工厂、小钢炉、小煤窑、小石灰窑、小砖瓦窑等在全国遍地开花,城市人口急剧增加,城市化率由1958年的16.25%提高到1960年的19.75%。以"156项工程"为中心的重工业发展战略,需要足够的可以容纳工业发展的空间载体。中国很快就出现了一批配套的工业城市和核心工业城市,形成了各种类型的工业城市群和规模庞大的工业城市聚集区。在山西省的大同、辽宁省的阜新和本溪等地形成了煤炭工业城市;在辽宁省的鞍山、内蒙古地区的包头和湖北省的武汉形成了三大钢铁工业城市;在辽宁省的抚顺、黑龙江省的哈尔滨、湖南省的株洲、云南省的个旧和甘肃省的白银等地区形成了有色金属工业城市;在吉林、太原和兰州三个市形成了三大化工工业城市;在辽宁省的沈阳、吉林省的长春、黑龙江省的哈尔滨和齐齐哈尔(富拉尔基)、河南省的洛阳、湖北省的武汉、湖南省的株洲、陕西省的西安和四川省的成都等地区形成了机械工业城市;在甘肃省的兰州、辽宁省的抚顺等地形成了石油化工城市。北京、上海、天津、武汉、重庆和太原等城市很快发展成为综合性工业城市;北京、西安、郑州、石家庄和邯郸很快发展成为五大新兴纺织工业城市;黑龙江省的伊春很快发展成为森林工业城市;黑龙江省的佳木斯很快发展成为造纸工业城市;河北省的石家庄很快发展成为医药工业城市。

然而,"一五"时期重工业的盲目、急速、粗放的发展导致了产业结构的严重失调。1960年,重工业产值占工业总产值比重高达66.62%,而轻工业与农业比重却出现了下降。同时,重工业超高速发展造成了有限资源的大量浪费,而且工业产出的质量也出现了急剧下降,生态环境遭到了严重破坏。20世纪50年代末期,全国各条战线都开始掀起了"大跃进"的高潮,忽视了客观的经济发展规律,提出了一系列不切实际的任务和指标。在主要工业产品产量"超英赶美"的发展目标之下,盲目求快、急于求成,片面追求工农业生产和建设的高速度(见表2-2)。当时的政策是属于激进形式的,农业强调"以粮为纲",提出粮食产量"跨黄河,过长江"的口号;工业强调"以钢为纲",大幅度地提高工业生产计划指标,追求工业生产和建设的高速度,原定15年内钢产量"赶上或超过"英国的目标后来更改为在5年甚至是在3年内提前实现。当时全国各地掀起了全民大炼钢铁的群众运动,出现爆发性的工业化过程和超高速的城市化过程。

表2-2 中国工业生产总量经济指标(1958—1965)

| 年份 | 工业总产值(亿元) | 工业净产值(亿元) | 工业总产值增长率(%) |
| --- | --- | --- | --- |
| 1958 | 1 083 | 401 | 54.8 |
| 1959 | 1 483 | 527 | 36.1 |
| 1960 | 1 637 | 565 | 11.2 |
| 1961 | 1 062 | 345 | −38.2 |
| 1962 | 920 | 303 | −16.6 |
| 1963 | 993 | 337 | 8.5 |
| 1964 | 1 164 | 422 | 19.6 |
| 1965 | 1 402 | 505 | 26.4 |

注:工业总产值与工业净产值均按照当年价格计算,增长率是按可比价格计算的较上一年的增长。

资料来源:国家统计局工业交通统计司,《中国工业经济统计年鉴》,中国统计出版社,1989年。

"大跃进"期间,中央政府采用大搞群众运动的办法进行经济建设,浪费了大量的人力、物力、财力,打乱了国民经济秩序,造成国民经济比例的严重失调,社会主义事业承受了重大损失。然而,任何事物都有其两面性,中国工业产业确实实现了飞速发展,1958—1960年间中国重工业产值年均增速高达49%,轻工业年均增速也达到了14%。遗憾的是,"大跃进"期间,全国工业产业布局遍地开花,工业产业效益极差,产品质量下降,劳动生产率下降,工业结构出现了畸形化。在人们生活水平方面,人均国民收入增长极微或基本没有任何增长,个别年份甚至还出现了负增长;在城市人口方面,全国职工迅速增加2 860万人,除一小部分为增加的市民,大部分为涌入城市的乡村人口,城市非农业人口年均增加833万,平均增长率高达9%。[①] 1957年中国

---

[①] 李国平:"我国工业化与城镇化的协调关系分析与评估",《地域研究与开发》,2008年第5期,第6—16页。

的城市化率为15.39%,而到1960年中国的城市化率上升到19.75%,年均上升1.45个百分点,这一数据明显高于世界平均增速。在城市建设方面,全国新增城市33个,新建县级以上城镇175个。

(二) 工业化调整引起的逆城市化(1961—1965)

从1960年开始,中央政府已经开始反思"大跃进"和人民公社运动对中国经济社会带来的后果,及时提出了"调整、巩固、充实、提高"的政策。具体来说:第一,调整农轻重产业结构、工业内部结构,调整生产与建设、积累与消费等国民经济的比例关系,精简城市职工,减少城市人口,提高建制镇标准;第二,对于已经取得的经济建设成果,尤其是卓有成效的重点项目,必须进行巩固和加强;第三,充实轻工业和手工业产品的生产,压缩基础设施建设规模;第四,提高产品质量,加强专业协作,提高劳动生产率。经过这次调整,国民经济状况有所好转,整个国民经济的发展速度得到提高,城市化超前于经济发展的状况得到调整。农轻重产业结构、工业内部结构得以调整与优化。另外,积累与消费、生产与建设之间的比例逐渐趋于协调,人民生活水平有所提高,经济建设和人民生活也得到统筹兼顾。

1. 户籍制度的建立

自1957年年底开始,中央政府开始实行城乡人口分治的户籍制度。政府运用行政手段干预人口流动、阻止人口迁移,户口登记成为当时控制城市人口的有效手段,城市人口逐步缩小为"铁饭碗",即"吃商品粮"的市民。1958年年初,中央政府又出台了《中华人民共和国户口登记条例》,这一条例从制度上对城乡户口进行界定,使"农业"与"非农业"户口制度化。农民除了考取大中专院校、参加工矿企业招工、参军入伍等特殊情况外,原则上不能由农业户口转成非农业户口,也不能迁入城市定居,或者进入城市就业。可以说,进入城市生活、"吃商品粮",当时就成为很多农民的梦想。当然,《中华人民共和国户口登记条例》加深了中国城乡的二元结构,隔离了城乡关系,影响了后来的城市化进程。

2. "三线工程"的建设

20世纪60年代中期,基于中苏交恶以及中美关系紧张的国际局势,出于备战的考虑,中国在工业布局上强调分散、隐蔽的战略,开始了逐步改变原有生产力布局的一次大规模的战略转移,即"三线工程"建设。1964年以来,将全国按地理位置分为一线、二线和三线地区:一线地区指位于沿边沿海的前线地区,主要位于东部地区;二线地区指位于一线地区与京广铁路之间的安徽、江西及河北、河南、湖北、湖南四省的东半部,介于一线、三线地区之间的广大地区,大部分位于中部区域;三线地区指广东韶关以北、长城以南、京广铁路以西、甘肃乌鞘岭以东的广大地区,大部分位于中西部地区。"三线建设"是一场以战备为指导思想的大规模的基础建设,建设投资的重点主要集中于重工业和国防工业,有计划、有步骤地把大量企业从沿边沿海迁往内地,甚至把许多工厂布置在远离城市的山区,把一些军事工厂建立在远离城市的山洞里,即"依山傍水扎大营",强调了"山、散、洞"原则,形成一个又一个工业孤岛。从1965年开始算起,中国进行的横跨三个"五年计划"的"三线建设"一直持续了15年,投入资金总额高达2052亿元,高峰时投入劳动力达400多万人,先后建成2000多个大中型骨干企业、科研院所和大专院校,30多个新兴工业城市拔地而起,10条总长8000多千米的铁路干线完成建设。

"三线建设"作为一个时代的产物,随着岁月的流逝,渐渐离我们而去。然而,在共和国前进的道路上,历史的车轮总会留下碾压的印迹,值得我们去回忆、去反思。在横贯三个"五年计划"的时间里,整个"三线建设"通过一线搬家,二线、三线加强,彻底改变了中国的生产力迁移,改善了中国的工业布局。期间,一大批各具特色的工业基地和工业城市在崇山峻岭中拔地而起。中国的交通运输业、能源工业、原材料工业、机械制造工业、电子工业和国防科技工业都形成了较大规模的生产能力,为中国的国防现代化建设和国民经济的发展做出了重要贡献。"三线建设"也初步改变了中国中西部地区经济发展不平衡的格局,带动了中国内地和边疆地区的社会进步。然而,由于历史的原因,"三线建设"曾经是个带有神秘色彩的字眼。虽然"三线建设"也出现了不少问题,甚至是一些主观上的失误,但建设的成就是显而易见的,建设的历史意义是显著的,它把握住了当时国内、国际所面临的复杂形势,缩小了中西部地区经济发展的差距,为中西部地区发展提供了有力的基础与保障。20世纪70年代末至80年代初,随着国际形势的重大变化,党中央、国务院开始对"三线建设"进行调整。面对为备战准备的一大批企业发展中存在的问题,国家做出了"调整改造、发挥作用"的重大决策。当然,这一决策是非常及时的,也是十分必要的,顺利地解决了"三线建设"遗留的主要问题和矛盾,推动了企业技术进步,促进了产业结构调整,加快了对内对外开放,为西部开发战略的实施鸣响了前奏。

3. 人民公社体制的建立

20世纪50年代后期,一场轰轰烈烈的人民公社运动在全国范围内全面展开。1958年8月,中央政府通过了《关于农村建立人民公社的决议》,明确在全国农村普遍建立人民公社。在这一决议后的短短一个多月内,除西藏自治区之外,全国农村地区基本上都实现了人民公社化,原有的自留地等全部收归了公有。人民公社是"大跃进"、"整风"运动和社会主义建设总路线的产物。这一具有特殊背景的运动过高估计了农村的生产力水平,混淆了社会主义和共产主义的界限,也混淆了全民所有制和集体所有制的界限,可以说是一场冒进的、严重侵犯农民经济利益的、急于向共产主义过渡的农村土地政策,其特点是"一大二公"。个体土地私有制已经结束,实行"政社合一"的经营方式,进行统一生产经营、统一核算、集中劳动、三级管理、统一分配。然而,人民公社运动的生产管理模式僵化,管理上高度集权,劳动投入与收益不对称,挫伤了社员生产的积极性,导致农业发展缓慢,甚至徘徊不前,大部分地区难以摆脱贫困落后的面貌,农民生活水平并没有多大的提高。20年间,农民年纯收入由1958年的87.6元增加到1978年的133.6元,年均增长不到3元。而且,从1958年开始,粮食总产量逐年减产,直到1966年才恢复到1958年的水平。到20世纪70年代后期,"三农问题"突出,农民年人均口粮不到300斤,近1/4的生产队年人均分配不到40元,有2.5亿人连填饱肚子都难以达到。

但是,人民公社运动作为中国共产党为探索中国社会主义建设道路所做的一项重大决策,也有有利的一面。人民公社运动这一制度安排有力地支持了中国相对独立完整的现代工业体系的建立,确保中国依靠自己的力量初步实现了社会主义工业化,由传统农业社会向现代工业社会的转型。同时,在人民公社运动中开展了中国史无前例的大规模的农田水利基础建设,为破解"三农问题"奠定了坚实的物质技术基础。人民公社体制对于中国现代化进程的真正起步,对建立起农业的物质技术基础和现代工业基础,都是至关重要的。人民公社的体制安排绝不是仅仅针对农业问题,更本质的问题是农村的工业化和农民的产业转移问题,也是产业结构的根本变革。

总体上来看,由于工业化和城市化发展的分离,加上当时的"三年困难时期"的影响,1958—1965年中国工业化与城市化均出现了超高速增长与逆增长两种截然相反的现象,工业化与城市化的互动发展也出现了波动。图2-2显示,工业化率由1958年的31.68%上升到1960年的38.98%,城市化率由1958年的16.25%上升到1960年的19.75%;到1965年,工业化率与城市化率分别下降为31.82%和17.98%。显然,中国工业化与城市化在1960年前后有一个"惊险"的跳跃,然后进入低速发展时期。由于三年的"大跃进"对经济造成了严重破坏,加之自然灾害及国际环境的恶化等因素,政府在迫不得已的情况下采取了逆城市化政策,最终造成工业化与城市化的脱节。

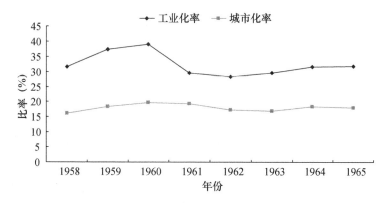

图 2-2 中国工业化率与城市化率(1958—1965)
注:(1) 工业化率为工业增加值占 GDP 的比重;(2) 城市化率为城市人口占总人口的比重。
资料来源:国家统计局,《中国统计年鉴》,中国统计出版社,1982 年。

### 三、工业化的曲折发展与城市化的停滞阶段(1966—1978)

中国经济在经历了 20 世纪 50 年代末的"大跃进"和 60 年代上半期的调整、恢复后,60 年代中期开始呈现出了全面好转。这个时期的工业化与城市化本来可以实现良性发展,但遗憾的是在这一时期,中国开始了长达 10 年之久的"文化大革命"。在"政治挂帅"的年代里,革命无疑就是压倒一切的首要政治任务,经济发展反而变得无足轻重,甚至成为一个可有可无的任务。"十年动乱"完全打乱了社会经济的正常运行。1966 年,中共中央发布的"五·一六"通知标志着"文化大革命"的正式开始。8 月 1—12 日,中共中央发布开展"文化大革命"的"十六条"标志着"文化大革命"的全面发动。10 月初,中共中央宣布取消由党委领导运动的规定,提出"踢开党委闹革命"的口号。结果,造反的狂潮愈演愈烈,全面扩展到工农业领域。政府部门的很多领导干部受到批斗,不少机构普遍陷于瘫痪或半瘫痪状态,无法开展正常的工作。党组织的大部分活动也陷于停顿,无政府主义思潮开始出现,国家陷入空前的混乱,国民经济不可能维持正常的发展。1967 年,中国的 GDP 增长率与 1966 年相比,下降了 5.7%,工业产值下降了 14.3%,人均 GDP 下降了 8.1%;1968 年中国的 GDP 增长率又比 1967 年下降了 4.1%,工业产值下降了 9.2%,人均 GDP 下降了 6.6%。

"文化大革命"无疑是一场史无前例的灾难。从 20 世纪 50 年代中期到 70 年代中期,中国相继发生的"大跃进"、人民公社运动和"文化大革命",有着深刻的国际国内背景,给党、国家和人民带来了沉重灾难,国民经济损失惨重。1977年12月,据李先念估计①,"文化大革命"十年造成国民收入直接损失5000亿元,这一数据相当于中华人民共和国成立初期前30年全部基本建设投资的80%。"文化大革命"期间,有三年经济出现负增长:1967年、1968年和1976年经济增长分别为-5.7%、-4.1%和-1.6%,有五年经济增长不超过4%。1978年2月,华国锋在《政府工作报告》中指出:由于"文化大革命"的破坏,仅1974—1976年的三年中,中国就损失工业总产值1000亿元,财政收入400亿元,国民经济濒临崩溃的边缘。城市市民基本上靠工资生活。然而,从1957年到1976年,职工工资几乎没有增长。1957年全国职工平均工资为624元,1976年下降到575元。农民的生活水平更是令人震惊。1978年,全国农民年均人收入仅有74.67元,其中有两亿农民的年均人收入不足50元;有1.12亿人每天能挣到0.11元,1.9亿人每天能挣0.13元,有2.7亿人每天能挣0.14元,还有不少农民辛苦一年不仅挣不到钱,还倒欠生产队的钱。当然,这场由文化领域肇始的"大革命",对教育科学文化的摧残更为严重。

事实上,"文化大革命"期间,中央政府对发展中出现的问题,也采取了一些应对之策。为了巩固计划经济体制,确保经济稳定发展,1970年2月,中央政府颁布《关于反对贪污盗窃、投机倒把的指示》:任何单位和个人,均不准从事商业活动,国营商业、有证商贩和合作商业除外;加强集市管理,一切按照规定不许上市的商品,一律不准上市;任何单位,一律不准到集市和农村社队自行采购物品,当地主管部门许可的除外;取缔一切地下工厂、地下商店、地下包工队、地下俱乐部;加强一切单位的群众监督和经营管理,建立与健全规章制度,严格财经纪律。然而,这些措施虽然规范了城市的商业行为,却制约了城市商业发展走向多元化。

"四五"计划期间,国家要求各省发展"五小工业",即小煤矿、小钢铁厂、小化肥厂、小水泥厂和小机械厂。同时,为了发展地方"五小工业",中央财政拨出专项资金80亿元。通过发展"五小工业",中国的工业结构发生了重大变化,中小企业蓬勃发展,其占企业总数的比重增加,中小企业之间的分工更加趋于合理,也弥补了大企业生产的不足。更重要的是,中小企业能更好地利用当地资源,促进资源的有效配置,增强当地的经济实力,改善县域经济,使其从单一的农业经济转向非农生产,兼顾工业,提高了非农产业收入,有力

---

① 陆雪薇:"陈云与20世纪80年代初期国民经济的调整",《党的文献》,2005年第4期,第71—76页。

地推动了工业化发展。1970年,中国国民生产总值达到2 252.7亿元,其中工业增加值达到828.1亿元,分别比1969年增长了19.4%和35.2%。1970—1975年间,社队工业企业稳步发展,工业产值由1970年的92.5亿元增加到1975年的243亿元,年均增长25%。1976年,社队工业产值占全国工业总产值的比重达到7.5%。因此,地方"五小工业"和农村社队工业的发展,大大提高了中国的工业化水平,为城市化发展提供了有力的支撑。

然而,"文化大革命"期间,由于指导思想上仍然是以"阶级斗争为纲",忽视客观的经济发展规律,导致市场机制对资源的配置作用无法充分发挥。1976年,中国国内生产总值比上年下降1.6%,第一产业增加值与工业增加值分别比上年下降1.8%和3.1%。显然,无论是工业产业还是国民经济,均遇到了前所未有的发展困境。然而,当时的优先发展重工业和国防工业战略在这一时期不仅没有得到及时调整,反而得到进一步强化,即基于对当时国际紧张局势的过高估计,开始加强战备,进而"三线建设"全面展开。随之而来的是,当时的重工业即资本密集型产业无法吸纳城市新增的劳动力,城市基础设施无法匹配工业发展,城市功能没有得到提升,工业发展超出了城市的承载能力。发展工业而牺牲农业的做法造成第一产业不足以支撑第二、第三产业的发展,也不足以支撑城市和城市人口的扩张。为缓解城市的压力,中央政府开始采取大规模的政治运动,动员大批城市青年"上山下乡",到农村接受"锻炼"和"贫下中农的再教育"。截至1976年,约有3 000万城市人口被下放到农村,城市迁出人口大于迁入人口,城市人口的增加几乎全部来自城市人口的自然增长。从1966年至1977年,城市人口由13 313万人增至16 669万人,年均增长2.1%。城市化率由1966年的17.86%下降到1977年的17.55%,城市化不仅没有提高,反而出现了下降,城市人口下降势必会影响到城市的发展。

1966—1978年间,中国工业总产值在社会总产值中所占比重不断上升,从1965年的52.02%上升到1978年的61.89%,工业净产值在国民收入中所占比重也不断上升,由1965年的36.41上升至1978年的49.4%。①尽管期间经历了长达十年的"文化大革命",但中国工业化水平仍不断提高,工业在国民经济中一直发挥着举足轻重的作用(见表2-3)。

---

① 上海财经大学课题组:《中国经济发展史(1949—2005)》,上海财经大学出版社,2007年,第319页。

表 2-3 中国工业生产总量经济指标(1966—1978)

| 年份 | 工业总产值(亿元) | 工业净产值(亿元) | 工业总产值增长率(%) |
|---|---|---|---|
| 1966 | 1 624 | 606 | 20.9 |
| 1967 | 1 382 | 505 | −13.8 |
| 1968 | 1 285 | 449 | −5.0 |
| 1969 | 1 665 | 587 | 34.3 |
| 1970 | 2 080 | 789 | 30.7 |
| 1971 | 2 414 | 891 | 16.4 |
| 1972 | 2 565 | 942 | 6.9 |
| 1973 | 2 794 | 1 020 | 9.5 |
| 1974 | 2 792 | 1 015 | −0.7 |
| 1975 | 3 207 | 1 152 | 15.5 |
| 1976 | 3 278 | 1 106 | 2.4 |
| 1977 | 3 725 | 1 263 | 14.6 |
| 1978 | 4 237 | 1 487 | 13.6 |

注:工业总产值与工业净产值均按照当年价格计算,增长率是按可比价格计算的较上一年的增长。
资料来源:国家统计局工业交通统计司,《中国工业经济统计年鉴》,中国统计出版社,1998年。

图 2-3 显示,1966—1978 年中国工业化呈现持续稳定的低速增长,工业化率由 1966 年的 34.63% 增长为 1978 年的 44.09%,全国城市数量只增加 25 个,城市非农业人口长期停滞在 6 000 万—7 000 万,城市化率在 17.5% 上下徘徊。城市化几乎没有得到任何发展。

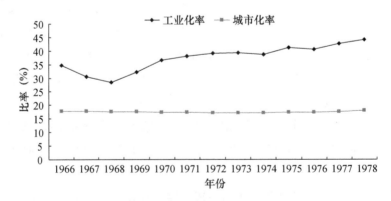

图 2-3 中国工业化率与城市化率(1966—1978)

注:(1) 工业化率为工业增加值占 GDP 的比重;(2) 城市化率为城市人口占总人口的比重。
资料来源:国家统计局,《中国统计年鉴》,中国统计出版社,1982 年。

1966 年爆发的"文化大革命"使国民经济遭受严重破坏,实际国内生产总值增长陷入停滞。由于社会动乱,工农业生产受阻,农村经济和小城镇迅速衰落。同时,随着"三线建设"的推进,大量企业被分散布局在交通不便的深山之中,工业建设对城市化的推动作用被大大弱化。在此过程中,随着"上山下乡"运动的大规模开展,城市新增劳动力有计划地被安排下放到农村,城市人口比例保持了比较稳定的状态。随后,中国经济发展和城市化进入低水平的徘徊阶段。

思想文化是一个国家和民族的灵魂,是推进社会和经济发展的历史动力。在当时的社会背景下,"红色文化"对人们的思想和灵魂进行彻底洗礼,人们的政治思想觉悟和革命精神出现了历史性的高涨。以马克思列宁主义、毛泽东思想为代表的红色政治思想文化成为一种社会"红色文化",在人们的学习、工作和生活中发挥了重要作用。"红色文化"更是成为一种企业文化,尤其是一种国有企业文化,具有丰富的政治思想内涵和人文精神内涵,在潜移默化中对人的政治思想教育和人文精神教育都具有深远的影响。马克思列宁主义、国际主义、共产主义、社会主义成为一种政治理想,集体主义精神成为人们的精神支柱,雷锋精神、焦裕禄精神、铁人精神等成为时代英雄人物精神的代表,有社会主义觉悟的劳动者争做好人好事,人们在工作和生活中都能够体现一种公而忘私的精神,在各种工作中表现出了难能可贵的自觉奉献精神。艰苦朴素,勤俭节约成为一种社会时代新风尚。

人类在实践过程中创造的财富分为两种,一种是物质财富,另一种是精神财富。精神财富能够变成物质财富,物质财富也能够变成精神财富。20世纪60年代、70年代,人民群众的物质生活条件是艰苦的,但人们的思想精神却是充实的,人的精神在社会发展过程中发挥了重要的作用,当时人们有一个共识:用毛泽东思想武装起来的人是不可战胜的,在任何困难面前都是无所畏惧的,中国人民有志气、有能力建设强大的社会主义强国。人力劳动资源的潜力得到了充分的开发和利用,人们的精神力量在工业生产和社会经济发展中发挥了非常重要的作用。精神财富和物质财富是促进社会和经济发展的两大基本元素。精神财富实际上是一种促使社会发展和经济发展的隐性资源,是推进社会发展的强大精神动力,这是一种扭转国民经济全面停滞不利局面的非常重要的内在因素。中国人民在中国共产党的领导下,发扬艰苦奋斗、勤俭节约的集体主义精神,在国家经济十分困难的情况下制造出了"两弹一星"、万吨级的"东风号"远洋货轮,农业粮食产量不断提高,农业试验田里的水稻、小麦每亩单产高达1000多斤。国民经济稳步提高,国家既无外债,又无内债,形成了一种市场繁荣、物价稳定、人民生活条件不断改善、社会风气良好的社会局面,创造了人类历史上罕见的奇迹。

## 第三节　计划经济体制时期中国工业化与城市化发展的主要特点

在计划经济体制时期,中国工业化与城市化从整体上呈现出不断发展的历史趋势。从对大量历史资料的分析可以看出,社会和经济的发展是一种历史发展的必然,不论在历史发展的进程中会遇到什么阻力,不论在什么情况下,历史的车轮永远是向前的,只不过发展速度有快有慢。客观地说,这个时期的工业化与城市化发展虽然都很快,但出现了严重失调,城市化发展严重滞后于工业化发展。从工业化率与城市化率之间的数量关系来看,改革开放之前两者之间的偏差非常明显。而且,1953—1978年间,中国工业化率与城市化率之间的差距不断加大,在近1/4世纪的历史演进中,中国城市化水平愈来愈滞后于工业化。1953年,中国工业化率与城市化率之间相差6.58%,而在1978年二者相差了26.17%(见图2-4)。在1953—1978年间,由于工业化战略的实施,中国工业化水平在曲折发展中不断提升。然而,我们应当看到,这一数据提高的主要原因在于工业化发展内在动力因素的作用。从微观层面来看,一个十分突出的表现是,企业缺乏自生能力。就城市化发展而言,从20世纪60年代开始,随着中国工业化水平的不断提升,城市化一直比较稳定,甚至有下降的趋势。这一现象表明,城市化发展缺乏有效的动力机制,在发展中必然受到某种瓶颈的制约。在改革开放之前的近30年间,中国工业化与城市化的互动发展总体上呈现出弱协调的亚健康状态。

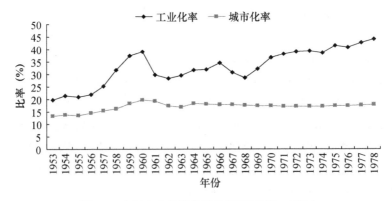

图2-4　中国工业化率与城市化率(1953—1978)

注:(1)工业化率为工业增加值占GDP的比重;(2)城市化率为城市人口占总人口的比重。

资料来源:国家统计局,《中国统计年鉴》,中国统计出版社,1982年。

## 一、工业化与城市化发展的条件比较封闭

中华人民共和国成立之后,西方国家就开始对中国进行经济封锁和政治孤立。"一五"计划之初,中国得到苏联等国家的援助,但从20世纪50年代末、60年代初开始,中国对外经济往来基本上全部断绝,中国人民不得不自力更生建立起比较完整的产业结构体系。如图2-5所示,1953—1978年中国进出口贸易总额占工农业总产值的比重基本上都在10%以内,总体上呈现出"U"形特征。同期,根据产业技术引进的变化,我们也不难发现,西方国家对中国进行的经济封锁以及当时中国闭关锁国的状态。1950—1959年中国引进技术项目450项,共计37亿美元;1960—1969年间,中国无论是引进技术项目个数还是资金总额均出现大幅下降,引进技术项目个数仅有84个,投入资金14.5亿美元。因此,在这一相对封闭的阶段,中国工业与城市发展不得不依赖于国民经济自身的积累。

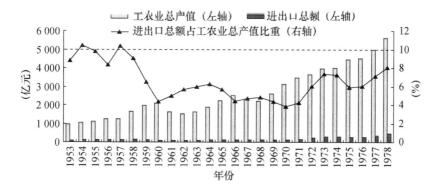

图2-5 中国进出口总额与工农业总产值(1953—1978)
资料来源:国家统计局,《中国统计年鉴》,中国统计出版社,1980—1985年。

## 二、产业结构畸形导致产业发展的动力不足

中华人民共和国成立之初,中国经济发展水平十分低下,工业化基础也非常薄弱。"三大改造"基本完成之后,中国就开始探索适合本国特点的工业化发展道路。在没有任何先例和足够准备的条件下,以苏联经验为鉴,开始启动中国的工业化进程。按照钱纳里标准,人均GDP应当达到280—560美元(按照1970年水平)才能够启动工业化进程。然而,改革开放前的1/4个世纪,中国这一数据始终处于较低水平,即使按照1970年美元计算,中国的经济发展水平距钱纳里的工业化启动标准也相差甚远。我们不难想象,中国

是在一个经济发展水平极低的情况下,违背经济发展规律,改变市场配置资源的既有方向,凭借计划手段提前开启了工业化进程。计划经济体制配置资源带来的结果是,农业、轻工业与重工业比例失调,农业基础薄弱,工农业结构失衡。同时,国家为了实现"赶超战略",追求跨越式发展,实施重工业优先发展战略。重工业基本上都是资本密集型产业,在中国资本积累并不充足的条件下提前强行发展重工业,必然会造成产业结构的严重扭曲,形成重工业与基础工业之间难以克服的矛盾,以及工业内部结构失衡等极为严重的问题。

将中国的产业结构与库兹涅茨、钱纳里等学者的产业结构变动的一般模式进行比较(见表2-4),我们不难发现,改革开放之前中国产业结构的失衡问题非常严重。20世纪50年代初至70年代末,根据世界银行的统计,中国人均国民收入一直位于70—100美元(现价美元)。按照当时中国的收入水平,应该均处于库兹涅茨模式和钱纳里等模式的第一个水平上。参照库兹涅茨提出的产业结构模式,当时中国的三次产业比例应当为45.8∶21.0∶33.2;参照钱纳里等提出的产业结构模式,当时中国的三次产业比例应当为46.3∶13.5∶40.1。然而,当时中国的实际情况是,第二产业比重明显偏高,第一产业、第三产业比重均明显偏低。比如,1960年中国的三次产业比例为27.2∶52.8∶20.0;1978年中国的三次产业比例已经演变为39.3∶49.8∶10.9。可以说,改革开放之前的近30年间,中国的产业结构一直处于失衡状态,第二产业比重偏高,第三产业比重过低,第一产业占GDP比重由偏低走向明显偏高。可以说,1953—1978年中国的国民经济比例长期失衡的状态并没有得到调整,甚至产业结构从一种失衡状态走向另一种失衡状态。而且,这一经济结构失衡状态随着时间的推移还在进一步恶化。

表2-4 库兹涅茨、钱纳里等的产业结构变动一般模型    单位:%

| | 第一产业 | 第二产业 | 第三产业 |
| --- | --- | --- | --- |
| 库兹涅茨模式 | | | |
| 人均GDP(1958年美元) | | | |
| 70 | 45.8 | 21.0 | 33.2 |
| 150 | 36.1 | 28.4 | 35.5 |
| 300 | 26.5 | 36.9 | 36.6 |
| 500 | 19.4 | 42.5 | 38.1 |
| 1 000 | 10.9 | 48.4 | 40.7 |

(续表)

|  | 第一产业 | 第二产业 | 第三产业 |
|---|---|---|---|
| 钱纳里、艾金通和西姆特模式 | | | |
| 人均GNP(1964年美元) | | | |
| 100 | 46.3 | 13.5 | 40.4 |
| 200 | 36.0 | 19.6 | 44.4 |
| 300 | 30.4 | 23.1 | 46.5 |
| 400 | 26.7 | 25.5 | 47.8 |
| 600 | 21.8 | 29.0 | 49.2 |
| 1 000 | 18.6 | 31.4 | 50.0 |
| 2 000 | 16.3 | 33.2 | 49.5 |
| 3 000 | 9.8 | 38.9 | 48.7 |
| 赛尔奎因和钱纳里模式 | | | |
| 人均GDP(1989年美元) | | | |
| <300 | 48.0 | 21.0 | 31.0 |
| 250 | 41.3 | 26.9 | 31.8 |
| 300 | 39.4 | 28.2 | 32.4 |
| 500 | 31.7 | 33.4 | 34.6 |
| 1 000 | 22.8 | 39.2 | 37.8 |
| 2 000 | 15.4 | 43.4 | 41.2 |
| 4 000 | 9.7 | 45.6 | 44.7 |
| >4 000 | 7.0 | 46.0 | 47.0 |

资料来源:〔美〕霍利斯·钱纳里、莫尔塞斯·塞尔昆,《发展的格局(1950—1970)》(李小青等译),中国财政经济出版社,1989年,第19—35页。

在产业结构严重失衡的状况下,产业结构人为的高度化并不能带来结构红利,反而会导致经济结构失衡更加严重,扭曲各种经济关系,造成经济效率的损失。例如,"大跃进"期间,中国的炼钢能力增长3.46倍,炼铁能力增长2.95倍。可见,当时实行的"以钢为纲"的赶超战略目标,造成了中国的钢铁生产规模膨胀,三年时间年均增长了几倍;煤炭采掘能力、货运量也均有所提升,但分别只增长了1.13倍和1.8倍,导致中国有30%的铁矿石和煤炭无法运出,结果产品积压在工厂或矿区,造成资源闲置与浪费。1960年,由于钢铁生产能力提升较快,原材料的供给根本满足不了钢铁生产的需求。当年铁矿开采能力、煤炭开采能力都只能满足炼钢能力的70%,而铜铝等有色金属的综合生产能力提升更慢,只能满足炼钢生产能力的35%。[①] 另外,依靠计划手段配置资源,企业缺乏主动性,缺乏自生能力,追求利润最大化的动机不足。企业只有依靠政府扶持,人为压低能源和原材料价格,降低劳动力工资和生活必需品的价格,才能降低企业生产成本和运营成本,保持企业的勉强存活。这样,产业结构丧失了内在演进的动力。

### 三、重工业优先发展与城市体系不合理

改革开放之前的25年间,中国长期推行优先发展重工业战略。电气化、机械化大生产是重工业发展的主要特征,这一特征自然也就决定了该时期必须采取规模化的生产方式,而企业的规模化势必会带来产业的集聚和企业的集群效应,从而导致城市规模的扩张。基于城市化发展的一般规律,在重工业发展阶段,城市化发展必然以产业高度集聚为主,产业集聚的突出表现就是城市的蔓延。20世纪初期,美国城市的蔓延与扩张就是当时美国汽车、钢铁等重化工业规模化生产的必然结果。中国采取的"集中力量优先发展重工业"的战略部署,有力地推动了大中城市的高速发展。正是在这一时期,国家集中力量建设了一大批工业基地和工业城市。1958年,中华人民共和国建筑工程部(简称建工部)提出必须用城市建设的"大跃进"来适应中国工业建设的"大跃进",结果造成许多地方盲目地追求发展大城市,形成城市规模过大,城市占地过多,也有不少城市出现求新过急、标准过高等问题。从城市数量上看,1952—1978年中国新兴城市净增36个[②],大城市和特大城市增加了21个。随着城市的蔓延,这一时期中国中等城市增加36个。然而,由于发展大城市的政策,小城市就似乎变得不受"欢迎",结果导致小城市的数量减少了23个。1952—1978年,从全国城市规模比重看,小城市所占比重明显减少,从1952年的73.25%下降到1978年的47.67%;大城市和特大城市所占比重明显增加,从1952年的12.10%上升到1978年的20.73%;同期,中等城市也从14.65%上升到30.57%(见表2-5)。

---

[①] 伍华佳、苏东水:《开放经济条件下中国产业结构的演化研究》,上海财经大学出版社,2007年,第52页。
[②] 1981年以前的市镇人口是指辖区内全部人口,1982年以后的市镇人口是指设区的市所辖的区人口,不设区的市所辖的街道人口和所辖镇的居委会人口以及县辖镇的居委会人口。由于资料的限制,无法获得1985年以前的建制镇数据,因此这里没有列出1985年以前的建制镇数量。基于材料的限制,本章均列举了1952—1978年的城市状况,而没有列举1953—1978年的城市状况。资料来源:国家统计局,《中国统计年鉴》,中国统计出版社,1987年。

表 2-5　中国不同等级城市数量与比重(1952—1978)

| 年份 | 城市总数 | 100万人以上 数量(个) | 100万人以上 比例(%) | 50—100万人 数量(个) | 50—100万人 比例(%) | 20—50万人 数量(个) | 20—50万人 比例(%) | 20万人以下 数量(个) | 20万人以下 比例(%) |
|---|---|---|---|---|---|---|---|---|---|
| 1952 | 157 | 9 | 5.73 | 10 | 6.37 | 23 | 14.65 | 115 | 73.25 |
| 1958 | 183 | 15 | 8.20 | 20 | 10.93 | 32 | 17.49 | 116 | 63.39 |
| 1966 | 172 | 13 | 7.56 | 18 | 10.47 | 46 | 26.74 | 95 | 55.23 |
| 1976 | 188 | 15 | 7.98 | 22 | 11.70 | 57 | 30.32 | 94 | 50.00 |
| 1978 | 193 | 13 | 6.74 | 27 | 13.99 | 59 | 30.57 | 92 | 47.67 |
| 1952—1978净增 | 36 | 4 | 1.01 | 17 | 7.62 | 36 | 15.92 | −23 | −25.58 |

资料来源:(1) 易善策,《产业结构研究演进与城镇化》,社会科学文献出版社,2013年,第180页;(2) 付晓东,《中国城市化与可持续发展》,新华出版社,2005年,第94页。

从城市人口分布来看,在1952—1978年间,中国城市非农人口净增加3 717万人,其中特大城市、大城市所占比重超过2/3,中等城市所占比重略低于1/3,小城市这一比重还不足2%。可见,大中城市发展速度远远超过小城市(表2-6)。

表 2-6　中国不同等级城市的人口规模与比重(1952—1978)

| 年份 | 城市非农就业人口总数(万人) | 100万人以上 人口(万人) | 100万人以上 比例(%) | 50—100万人 人口(万人) | 50—100万人 比例(%) | 20—50万人 人口(万人) | 20—50万人 比例(%) | 20万人以下 人口(万人) | 20万人以下 比例(%) |
|---|---|---|---|---|---|---|---|---|---|
| 1952 | 4 238 | 1 859 | 43.87 | 644 | 15.20 | 685 | 16.12 | 1 052 | 24.82 |
| 1957 | 6 005 | 2 531 | 42.15 | 1 289 | 21.47 | 1 073 | 17.87 | 1 112 | 18.52 |
| 1965 | 7 081 | 3 007 | 42.17 | 1 158 | 16.35 | 1 399 | 19.76 | 1 523 | 21.51 |
| 1975 | 7 402 | 2 866 | 38.72 | 1 784 | 24.10 | 1 642 | 22.18 | 1 110 | 15 |
| 1978 | 7 955 | 2 988 | 37.56 | 1 995 | 25.08 | 1 854 | 23.31 | 1 118 | 14.05 |
| 1952—1978净增 | 3 717 | 1 129 | 30.37 | 1 351 | 36.35 | 1 171 | 31.50 | 66 | 1.78 |

资料来源:(1) 易善策,《产业结构研究演进与城镇化》,社会科学文献出版社,2013年,第180页;(2) 顾朝林,《中国城镇体系——历史、现状、展望》,商务印书馆,1992年。

### 四、农业和农村服务于工业与城市发展

中华人民共和国成立之初,国民经济发展的基础异常薄弱。中国建设的是社会主义国家,根本不可能从西方发达资本主义国家获得任何经济援助。在20世纪50年代后期,世界各资本主义国家联合起来对中国实行长期的经济封锁,同时中、苏关系也开始恶化,中国从社会主义国家获得的援助也变得极其有限。在当时帝国主义和资本主义对中国实行经济封锁这种极端恶劣

的国际环境下,要取得外援十分困难,要谋求工业发展,只能选择从国内农业中提取工业化的资本积累。政府提出了"独立自主、自力更生、多快好省地建设社会主义"的指导方针,实行了"以工业为主导,以农业为基础,优先发展重工业"的经济发展战略。从农业经济中获取工业化积累的方式无非有两种:一是对农业采取重税,即"明拿";二是通过"剪刀差"的方式①,即"暗拿"。②这一工业化积累最终导致工业产值份额极大,农业产值份额相对缩小,份额较小的农业产值与较高的农业就业份额形成了鲜明的反差。在1952—1978年间,工业在社会总产值和国民收入中的份额分别从34.4%和19.5%上升到61.9%和49.4%,年平均上升2.29%和3.64%,农业产出份额分别从45.4%和57.7%下降到20.4%和32.8%,年平均下降3.12%和2.20%,而同期中国农业就业份额却保持相对稳定,农业劳动力占总劳动力的比重由83.5%下降到70.5%,年均下降仅0.65%。也就是说,1978年以前中国工业产出份额的上升和农业产出份额的下降,是在乡村人口和农业就业份额基本不变的条件下发生的。这一状况不仅阻碍了农业生产率的提高,也牺牲了社会总生产率应有的增长。

### 五、工业化与城市化水平波动的幅度较大

改革开放之前,中国实行的是高度集中的计划经济体制,推行的是重工业优先发展战略,导致了工业的迅速发展。然而,城市人口并没有随之剧增,城市化发展缓慢,造成城市化发展滞后于工业化。总体上来看,1953—1978年中国工业化与城市化均取得了一定程度的发展,但发展过程都比较曲折,将近30年的时间中波动幅度较大。图2-6显示,1953—1978年,中国工业增加值年均增速为11.52%,最高年份高达53.84%,最低年份降为-35.13%,波动幅度高达88.97%。显然,"大跃进"前后中国工业增加值波动最为剧烈。同期,城镇人口年均增长速度为3.68%,最高年份达到15.39%,最低年份降为-21.13%,波动幅度为36.52%。

对工业产业的内部结构进行考察,我们不难发现,在1953—1978年间,中国重工业增长的波动幅度明显高于轻工业。重工业年均增长速度为14.75%,最高年份高达82.97%,最低年份降为-43.94%,波动幅度高达

---

① "剪刀差"一词源于20世纪20年代的苏联。它是指工农业产品交换时,工业品价格高于价值,农产品价格低于价值所造成的差额。因这种差额的动态趋势呈张开的剪刀状,故称为"剪刀差"。

② 杨洪明:"中国工业化、城市化中的战略偏差及其纠正",《经济理论与经济管理》,1997年第2期,第1—8页。

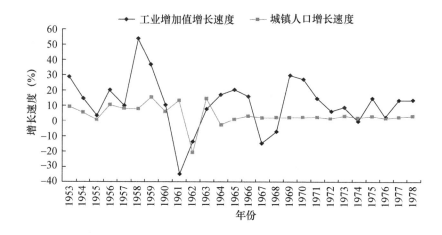

**图 2-6 中国工业增加值与城镇人口的增长速度**

注：城镇总人口是指辖区内全部人口，是根据行政建制统计的。

资料来源：(1) 国家统计局，《中国统计年鉴》，中国统计出版社，1981 年；(2) 国家统计局，《奋进的四十年(1949—1989)》，中国统计出版社，1989 年。

126.91%；同期，轻工业增长速度年均为 9.14%，最高年份达到 40.12%，最低年份降为 −17.55%，波动幅度达到 57.67%(图 2-7)。

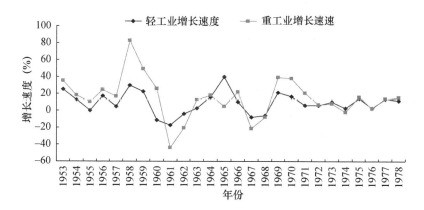

**图 2-7 中国重工业与轻工业的增长速度(1953—1978)**

资料来源：(1) 国家统计局，《中国统计年鉴》，中国统计出版社，1981 年；(2) 国家统计局，《奋进的四十年(1949—1989)》，中国统计出版社，1989 年。

1955—1978 年间，与镇人口增长速度相比，市人口增长速度的波动幅度更大；与市人口增长速度相比，镇人口增长速度的波动频率更大。市人口年均增速为 14.75%，最高年份达到 41.89%，最低年份降为 −12.69%，波动幅度高达 54.58%；同期，中国镇人口年均增速为 1.95%，最高年份达到 17.00%，最低年份降为 −11.70%，波动幅度高达 28.70%(见图 2-8)。

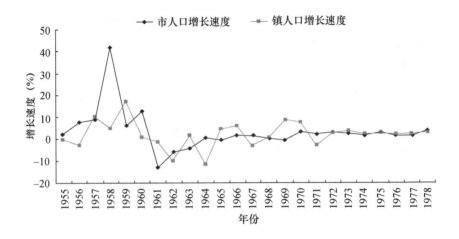

**图 2-8 中国市人口与镇人口的增长速度(1955—1978)**

注:(1) 由于数据的限制,市、镇人口增长速度的计算区间为 1954—1978 年;(2) 市镇总人口是指辖区内全部人口,市人口和镇人口是按行政建制统计的。

资料来源:(1) 国家统计局,《中国统计年鉴》,中国统计出版社,1987 年;(2) 国家统计局,《奋进的四十年(1949—1989)》,中国统计出版社,1989 年。

统计数据显示,1953—1978 年中国工业化的波动比较剧烈,而城市化的波动相对缓和。从工业化与城市化的关系来看,1953—1957 年中国的工业化与城市化发展相对协调,但在"一五"之后,中国工业化与城市化的发展背离愈来愈明显(见表 2-7)。本研究认为,造成这一结果的主要原因是由于计划经济体制时期中国工业化与城市化的进程中政局动荡和政策多变造成的。而且,20 世纪 60 年代的"三年困难时期"也是一个重要的因素。

**表 2-7 中国工业增长率与市镇人口增长率的数字特征**   单位:%

|  | 均值 | 方差 | 最大值 | 最小值 | 最大波动幅度 |
| --- | --- | --- | --- | --- | --- |
| 工业增加值增长速度 | 11.52 | 308.94 | 53.84 | −35.13 | 88.97 |
| 重工业 | 14.75 | 598.93 | 82.97 | −43.94 | 126.91 |
| 轻工业 | 9.14 | 170.93 | 40.12 | −17.55 | 57.67 |
| 城镇人口增长速度 | 3.68 | 47.61 | 15.39 | −21.13 | 36.52 |
| 市人口增长速度 | 3.45 | 91.45 | 41.89 | −12.69 | 54.58 |
| 镇人口增长速度 | 1.95 | 36.38 | 17.00 | −11.70 | 28.70 |

注:(1) 由于数据的限制,市、镇人口增长速度的计算区间为 1954—1978 年;(2) 市镇总人口是指辖区内全部人口,市人口和镇人口是按行政建制统计的。

资料来源:(1) 国家统计局,《中国统计年鉴》,中国统计出版社,1987 年;(2) 国家统计局,《奋进的四十年(1949—1989)》,中国统计出版社,1989 年。

## 第四节 对中国工业化与城市化关系的判断与分析

### 一、城市化率严重滞后于工业化率Ⅰ①

在工业化与城市化发展的进程中,工业化与城市化同步发展时,社会发展才是协调的,如果城市化率滞后于工业化率,表明社会发展是不协调的,从经济发展史的视角而言,这种社会化发展的不协调给社会所带来的问题是多方面的,甚至是很严重的。改革开放前的1/4个世纪,中国工业化与城市化发展严重失调,工业化发展较快,城市化发展未能适应工业化发展,严重滞后于工业化。② 从工业化率Ⅰ与城市化率之间的关系看,两者之间的差距显著。1953—1978年中国工业化率Ⅰ与城市化率之间的差距随着时间的推移不断扩大,二者差距从1953年的40.85个百分点扩大到1978年的53.89个百分点(见表2-8)。

表2-8 中国城市化率、工业化率Ⅰ与二者差距(1953—1978)　　单位:%

| 年份 | 城市化率 | 工业化率Ⅰ | 二者差距 |
| --- | --- | --- | --- |
| | 城市人口比重 | 非农产值比重 | |
| 1953 | 13.26 | 54.11 | −40.85 |
| 1954 | 13.70 | 54.34 | −40.64 |
| 1955 | 13.48 | 53.69 | −40.21 |

---

① 根据已有的文献,本研究提到的工业化率Ⅰ采用第二产业和第三产业产值占GDP的比重来表示;工业化率Ⅱ采用第二产业和第三产业就业人数占总就业人数的比重来表示,即采用非农产业的就业比重来衡量中国工业化的实际水平。工业化率Ⅱ既能反映工业化的进程,又能反映工业化偏差的影响,可以比较恰当地衡量中国工业化的实际水平。所以,如果没有说明,工业化的衡量均采用工业化率Ⅱ。城市化率的衡量基本不存在争议,按照城镇人口占总人口的比重来表示。

② 陈佳贵和黄群慧(2009)指出,关于工业化和城市化水平的评价指标问题,城市化水平的评价指标一般没有太大异议,用城市(城镇)人口占全部人口的比重来衡量。而工业化水平则存在较大的争议,一般存在工业、第二产业和非农产业三类产业口径,分别按照各自产业增加值占GNP的比例、各自产业就业人数占总就业人数的比例来衡量工业化水平,这意味着至少存在6个评价工业化水平的指标。由于评价指标选择的差异,使得不同学者对于中国工业化和城市化水平协调程度的判断存在着很大的不同。如果从与城市化率直接对比角度出发,计算工业化率应该采用就业比重指标,而不能够采用产值之类的指标。同时,从城市化进程的长期趋势看,由于工业化对城市化的促进作用并不表现为工业或者第二产业发展自始至终对城市化有直接的带动效应,而是非农产业的发展对城市化的长期直接的促进作用。因此,按照非农产业就业比重来计算工业化率,更能够描述和判断城市化和工业化的关系是否协调的问题。(参见陈佳贵、黄群慧,《中国工业化与工业现代化问题研究》,经济管理出版社,2009年,第46—47页。)

(续表)

| 年份 | 城市化率<br>城市人口比重 | 工业化率Ⅰ<br>非农产值比重 | 二者差距 |
| --- | --- | --- | --- |
| 1956 | 14.62 | 56.76 | −42.14 |
| 1957 | 15.40 | 59.67 | −44.27 |
| 1958 | 16.25 | 65.82 | −49.57 |
| 1959 | 18.41 | 73.26 | −54.85 |
| 1960 | 19.75 | 76.59 | −56.84 |
| 1961 | 19.29 | 63.80 | −44.51 |
| 1962 | 17.33 | 60.47 | −43.14 |
| 1963 | 16.84 | 59.51 | −42.67 |
| 1964 | 18.37 | 61.49 | −43.12 |
| 1965 | 17.98 | 62.02 | −44.04 |
| 1966 | 17.86 | 62.24 | −44.38 |
| 1967 | 17.74 | 59.52 | −41.78 |
| 1968 | 17.62 | 57.64 | −40.02 |
| 1969 | 17.50 | 61.83 | −44.33 |
| 1970 | 17.38 | 64.60 | −47.22 |
| 1971 | 17.26 | 65.76 | −48.50 |
| 1972 | 17.13 | 67.01 | −49.88 |
| 1973 | 17.20 | 66.50 | −49.30 |
| 1974 | 17.16 | 65.99 | −48.83 |
| 1975 | 17.34 | 67.48 | −50.14 |
| 1976 | 17.44 | 67.05 | −49.61 |
| 1977 | 17.55 | 70.49 | −52.94 |
| 1978 | 17.92 | 71.81 | −53.89 |

资料来源:(1)国家统计局国民经济综合统计司,《中国统计年鉴》,中国统计出版社,1981—2012年。(2)国家统计局人口和就业统计司,《新中国50年统计资料汇编(1949—1998)》,中国统计出版社,1949—1998年。

根据表2-8,可以进一步得出计划经济体制时期中国工业化与城市化的发展趋势(见图2-9)。

第二章 计划经济体制时期中国工业化与城市化的历史演进(1953—1978) 73

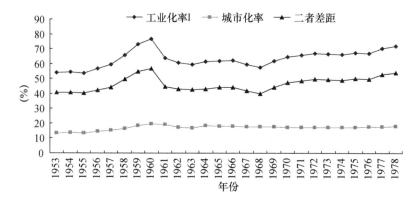

**图 2-9 中国工业化率Ⅰ、城市化率与二者差距(1953—1978)**
资料来源:国家统计局人口和就业统计司,《新中国 50 年统计资料汇编(1949—1998)》,中国统计出版社,1949—1998 年。

从表 2-8 与图 2-9 可以看出,计划经济体制下中国非农产值比重一直超前于城市化率。与工业化率Ⅰ相比,中国的城市率长期处于较低水平,基本上是一个停滞不前的阶段。如果反映在两者之间的差距上,整个计划经济体制时期,中国城市化率与工业化率Ⅰ之差均为负值。1953 年中国城市率为 13.26%,1978 年仅为 17.92%,增长幅度不大。结合图 2-9,我们不难发现,1953—1978 年中国工业化率Ⅰ和城市率之间的差距随着时间的推移逐渐增大,即城市率的发展速度不仅落后于工业化率Ⅰ的发展速度,而且差距越来越大。此外,城市率的波动幅度较小,而工业化率Ⅰ的波动幅度较大。从发展趋势上讲,工业化与城市化的关系在不同发展阶段呈现出不同的特征。

第一阶段是 1953—1957 年,工业化初步带动城市化的发展,工业化率Ⅰ高于城市化率,从变动趋势看,二者都在不断提高,而且工业化与城市化的互动发展是良好的。"一五"期间,中国进入了有计划的经济建设时期,开始进行大规模的工业化建设与城市化进程。表 2-8 显示,工业化率Ⅰ由 1953 年的 54.11%上升到 1957 年的 59.67%,城市化率由 1953 年的 13.26%上升到 1957 年的 15.40%,这一时期中国的工业化与城市化处于一个相对协调的发展阶段。

第二阶段是 1958—1965 年,从图 2-9 可以看到,在这一时期,中国工业化与城市化发展出现了大幅度波动。表 2-8 显示,中国工业化率Ⅰ由 1958 年的 65.82%上升到 1960 年的 76.59%,城市化率由 1958 年的 16.25%上升到 1960 年的 19.75%。显然,"大跃进"期间,由于生产发展追求高速度、高指标,中国工业化与城市化均发生了"惊险的跳跃"。① 1965年中国工业化率Ⅰ与城市化率又分别下降到62.02%和17.98%,工业化与城市化进入了低速发展时期。由于"大跃进"和"浮夸风"的盛行,对经济发展造成了严重的破坏,加之自然灾害及国际环境的恶化等外在因素,天灾和人祸给中国人民带来了历史性的灾难。国民经济发展出现了历史性的低谷,国家经济困难成为一种共识,人民失去了最低的生活保障。当时社员是在大伙食堂里吃饭,由于生活紧张,吃不饱饭,不少人出现了严重的营养不良,不少地方的大伙食堂出现了断炊现象,老百姓的生命安全受到严重的威胁,甚至于出现了饿死人的现象。政府为了应对这些问题,不得不采取反城市化政策,压缩城市人口,进而出现逆城市化现象,造成城市化不但没有得到应有的发展,反而大幅度减速。由于城市化未能适应工业化的发展,最终导致了工业化与城市化的严重脱节。

第三阶段是1966—1978年,这一时期长达十年的"文化大革命"破坏了中国经济的正常发展。从表2-8及图2-9可以看出,在1966—1978年间,中国工业化呈现持续稳定的低速增长,工业化率Ⅰ由1966年的62.24%提高到1978年的71.81%,但城市化的发展却保持相对平稳,城市化率由1966年的17.86%变化为1978年的17.92%。显然,在1966—1978年的十多年间,中国的城市化几乎没有得到任何发展。

## 二、城市化率轻微滞后于工业化率Ⅱ

表2-9显示,在1953—1978年间,中国工业化率Ⅱ由1953年的16.93%提升到1978年的29.48%,平均每年增加2.24个百分点,而同期中国的城市化率由1953年的13.26%提升到17.92%,即平均每年只提升1.21个百分点,远远落后于中国工业化水平的快速增长,导致了中国工业化与城市化严重分离。② 从表2-9和图2-10可以看出,1953—1978年以按非农产业的就业人数占总就业人数比重计算的工业化率Ⅱ和城市化率的动态变动趋势。在1953—1978年间,中国工业化率Ⅱ增长比较快,整个过程提升了12.55个百分点,而同期城市化率仅提高4.66个百分点,两者相差7.89个百分点。从

---

① 这里只是强调变化非常快。"惊险的跳跃"是马克思为了说明商品转化为货币这一过程的重要性而作的一个形象的比喻。马克思认为,商品走出工厂大门,便开始了艰难的历程。商品的销售过程就是商品转换为货币的过程,他将这一过程称为"商品的惊险的跳跃"。他指出:"这个跳跃如果不成功,摔坏的不是商品,但一定是商品所有者。"[参见中共中央马克思恩格斯列宁斯大林著作编译局,《马克思恩格斯全集》(第23卷),人民出版社,2008年,第124页。

② 叶裕民:《中国城市化之路——经济支持与制度创新》,商务印书馆,2001年,第58页。

表 2-9 还可以看出,1953—1978 年间,中国的城市化率一直滞后于工业化率Ⅱ(非农就业比重),从总体态势上看,二者的差距有进一步扩大的趋势。显然,计划经济体制下中国城市化的发展是滞后于工业化的。

值得说明的是,与工业化率Ⅰ类似,在 1958—1960 年间,中国工业化率Ⅱ也发生了"惊险的跳跃"。1957 年,中国工业化率Ⅱ与城市化率仅相差 3.37 个百分点,而 1958 年二者却相差 25.52 个百分点;1960 年中国工业化率Ⅱ与城市化率相差 14.50 个百分点,而 1961 年二者却相差 3.54 个百分点。中国工业化与城市化的一升一降的跳跃式发展,导致二者的发展不可能协调。

表 2-9 中国城市化率、工业化率Ⅱ与二者差距(1953—1978)　　　单位:%

| 年份 | 城市化率 | 工业化率Ⅱ | 二者差距 |
| --- | --- | --- | --- |
| | 城市人口比重 | 非农就业比重 | |
| 1953 | 13.26 | 16.93 | -3.67 |
| 1954 | 13.70 | 16.86 | -3.16 |
| 1955 | 13.48 | 16.73 | -3.25 |
| 1956 | 14.62 | 19.44 | -4.82 |
| 1957 | 15.40 | 18.77 | -3.37 |
| 1958 | 16.25 | 41.77 | -25.52 |
| 1959 | 18.41 | 37.83 | -19.42 |
| 1960 | 19.75 | 34.25 | -14.50 |
| 1961 | 19.29 | 22.83 | -3.54 |
| 1962 | 17.33 | 17.88 | -0.55 |
| 1963 | 16.84 | 17.55 | -0.71 |
| 1964 | 18.37 | 17.79 | 0.58 |
| 1965 | 17.98 | 18.40 | -0.42 |
| 1966 | 17.86 | 18.48 | -0.62 |
| 1967 | 17.74 | 18.33 | -0.59 |
| 1968 | 17.62 | 18.34 | -0.72 |
| 1969 | 17.50 | 18.38 | -0.88 |
| 1970 | 17.38 | 19.23 | -1.85 |
| 1971 | 17.26 | 20.28 | -3.02 |
| 1972 | 17.13 | 21.12 | -3.99 |
| 1973 | 17.20 | 21.27 | -4.07 |
| 1974 | 17.16 | 21.81 | -4.65 |
| 1975 | 17.34 | 22.83 | -5.49 |

(续表)

| 年份 | 城市化率<br>城市人口比重 | 工业化率Ⅱ<br>非农就业比重 | 二者差距 |
| --- | --- | --- | --- |
| 1976 | 17.44 | 24.18 | -6.74 |
| 1977 | 17.55 | 25.49 | -7.94 |
| 1978 | 17.92 | 29.48 | -11.56 |

资料来源:(1)国家统计局,《中国统计年鉴》,中国统计出版社,1984—2000年。(2)国家统计局人口和就业统计司,《新中国50年统计资料汇编(1949—1998)》,中国统计出版社,1949—1998年。

无论选取工业化率Ⅰ代表工业化,还是选取工业化率Ⅱ代表工业化,都可以得出一致的结论:计划经济体制时期中国城市化水平偏低,且长期滞后于工业化,二者的发展极不协调。这与当时的"大跃进"、"文化大革命"运动、自然灾害、中印边境自卫反击战,以及帝国主义和资本主义对中国的经济封锁等国内外环境有关。

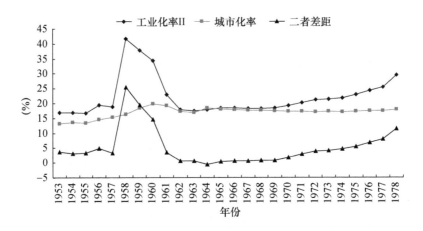

**图 2-10　工业化率Ⅰ、城市化率与二者差距(1953—1978)**
资料来源:国家统计局人口和就业统计司,《新中国50年统计资料汇编(1949—1998)》,中国统计出版社,1949—1998年。

### 三、城市化滞后于工业化的原因分析

重工业优先发展的工业化道路具有的以下特征,从根本上遏止了城市化的发展,使工业化与城市化发展相脱离,城市化被排斥在工业化之外。

（一）扭曲的产业结构

轻工业一般是劳动密集型产业,是吸纳劳动力较多的产业。同样,服务

业也属于劳动密集型,也是吸纳劳动力较多的产业。然而,由于中华人民共和国成立之初,采取了计划经济体制配置资源,出于国内外形势的需要,人为推行重工业超前发展的工业化模式,制约了国民经济中轻工业与服务业的发展。因为片面发展重工业,而重工业大都属于资本密集型产业,对劳动力的吸纳能力非常有限,结果造成城市非农就业有限,工业化对劳动力需求的增加仅仅依靠城市人口的自然增长就完全可以满足。在这一境况之下,轻工业和服务业发展缓慢,无法吸纳新增的劳动力,重工业虽然发展较快,但仍无法增加就业机会。因此,农村劳动力向城市转移、实现非农就业的浪潮根本不可能发生,城市人口增加缓慢,城市人口比重难以提升。因此,在改革开放之前的近30年间,中国工业化不断推进的同时,城市化发展缓慢,裹足不前。

(二)城乡差异的就业制度和社会福利制度

中央政府考虑到重工业难以带来更多的就业机会,甚至无法满足城市居民的就业需求,于是,就制定了"统包统分"的就业制度,城市居民的就业全部由政府统一分配,当然分配的对象仅限于城市居民,当时被称为"吃商品粮"或"铁饭碗",完全把农民排除在城市之外。同时,为降低城市职工的再生产成本,国家又制定一整套只面向城市居民的福利政策,既包括为城市职工生活提供方便的基础设施、减轻城市家务劳动的集体福利设施,又包括减轻城市职工生活费开支的福利补贴以及丰富城市职工生活的文化福利设施等。[①] 国家运用行政权力对福利资源采用"二元歧视"配置,以维持低工资城市居民的基本生活。这样,在二元社会经济结构、严格的户籍管理体制以及消费品市场极不健全的情况下,即便是农民进入城市,也无法在城市生活,不可能享受市民"待遇",更不可能成为真正意义上的城市居民。

在计划经济体制下,工业化和城市化发展中出现了很不合理的社会雇佣制度。尤其是在20世纪70年代,由于城乡的差异,农村人口到城里去做工叫作"临时工"或"亦工亦农"。在计划经济时期,这些工种的称呼虽然是耳熟能详的词汇,但并不是一个法律意义上认可的雇佣形态。由于城市人口满足不了工业化和城市化发展的社会需要,政府部门为了满足工厂和城市里对劳动力的需求,就会有计划地在乡村招收大量的"临时工"或"亦工亦农",又分成约聘雇人员与政府人力派遣这两类。"临时工"或"亦工亦农"是与正式工相对应的一个工种,与当时的长期固定工和国家正式工有着完全不同意义的用工形式,一般包含国有企业或事业单位里的非在编人员,或企事业单位临

---

[①] 宋士云:"新中国社会福利制度发展的历史考察",《中国经济史研究》,2009年第3期,第56—65页。

时聘用的短期工人,即在工作场所里非正式雇用的劳工。这些劳工通常以日薪或月薪计酬,只发给一点儿工钱,一般没有福利待遇,也不像正式的劳工能够享有退休金与每月稳定的最低工资保障,是一种最廉价的社会劳动力。

70年代的临时工是中国工业化和城市化建设的宝贵的劳动力资源。在国家"四五"计划中,中央政府为了快速发展国民经济,要求各省区发展五小工业企业:小煤矿、小钢铁厂、小化肥厂、小水泥厂和小机械厂。为了解决劳动力问题,地方政府就在农村中招收大量的"临时工"或"亦工亦农",所招收的人一般是复原退伍军人,农村初中、高中毕业的学生和农村基干民兵,劳动者的政治思想素质、文化素质和身体素质都比较好。他们虽然是在城里工作,但户口和粮食关系还在农村,国家需要的时候是工人,不需要的时候回乡务农。由于农村生活和工作条件都不如城里,生活在社会最底层的农村人口很想留在城里工作,脏活、累活、苦活都愿意干,吃农村粮、干城里活,与吃商品粮的正式工同工不同酬,不能够享受同等的社会福利待遇,就连评先进评模范也没有份。然而,他们对自己的未来充满着向往,希望能够通过自身的努力改变命运,留在城市,所以努力工作,政治表现好,在实际工作中自觉奉献,工作有成绩。但是,除了极少数的临时工能够转正或提干,绝大多数临时工会由于名额有限返回农村。

### (三) 城乡分割的户籍管理制度

中华人民共和国成立之前,中国尚不存在严格的户籍管理制度。中华人民共和国成立之初,为了便于管理,中国逐步建立了新型的户籍管理制度。然而,在中华人民共和国成立之初的前8年,当时的户籍管理制度主要服务于人民政权的巩固以及国民经济的恢复与发展,居民迁入迁出城市比较自由,而且有明确的法律保障。1957年,中共中央出台了各项制度制止农村人口盲目外流,严格制止农民进入城市。1958年,国家又出台了城乡有别的户口登记条例,实现了政府对人口流动的有效控制。随后,"大跃进"开始,天灾人祸交加,饥荒随之而来。为了保证农业生产,政府开始控制农民外流。1960年,随着"共产风"的盛行,农产品歉收,农村出现饥荒,城市供应日趋紧张。1961年中央政府不得不压缩城市职工数量、减少城市人口,"农业户口"与"非农业户口"开始广泛使用,农业与非农业户口区分明确。此时,城乡二元结构已经初步形成。改革开放之前的30年,中国经历了"大跃进""三年自然灾害"和十年"文化大革命",严格限制农民向城市迁移,通过精简城市职工、干部下放农村以及知识青年"上山下乡"等方式,达到压缩城市人口的目标,甚至出现了人类历史上极为罕见的逆城市化。当时严格的户籍制度从法律上明确了公民对地域的依附关系,而且户籍制度具有世袭制的特点,即非农业户口生来就是非农业户口,农业户口生来基本上就注定了一辈子是农业户口。

改革开放之前,中国的户籍制度既是重工业优先发展战略的产物,也是高度集中的计划经济体制实施的结果。中华人民共和国成立之后,由于借鉴苏联经验,实施了重工业优先发展的工业化道路,违背了经济社会发展的一般规律,城乡分割的二元制户籍管理体制从根本上限制了农村人口向城市的流动,而且强制性地精简城市职工数量,人为地压缩城市人口,导致了城市人口比重增长缓慢,部分年份不仅没有增加甚至出现下降。户籍制度从根本上割裂了城市与农村,强化了城乡二元结构。一方面,国家推行的重工业优先发展战略,导致了高速发展的工业化;另一方面,严格限制农村人口流向城市的户籍管理制度,导致了徘徊不前的城市化。因此工业化与城市化发展不协调是必然的,体制就决定了改革开放之前30年中国工业化与城市化发展的背离。

## 第五节 中国工业化与城市化协调发展的制约因素

1953—1978年中国工业化与城市化取得的成绩斐然。但纵观这1/4世纪的历史变迁,我们不难发现,中国城市化的发展是曲折、复杂的,并且长期滞后于工业化发展。归纳起来,制约计划经济体制时期中国工业化与城市化互动发展的因素主要有以下几个方面:

### 一、城乡的分割阻碍了农业剩余劳动力的转移

中华人民共和国成立之初,中央政府就开始探索建立新型城乡关系。1949—1952年,中国初步建立了开放、自由与和谐的新型城乡关系,这一时期中国的城乡结构是开放的,城乡关系是互助互惠的;1953—1957年,中国实施第一个五年计划,开始利用计划手段推行重工业优先发展战略。由于工业投资增长过快,导致农轻重比例失调,积累与消费矛盾突出,城市供应紧张。为限制农民进入城市,中央政府开始防止农村人口盲目外流,城乡二元结构初步形成;1958—1978年,中国城乡分割的二元户籍制度正式建立,逐步形成城乡二元体制,并在20多年中不断得到强化和完善。[①] 根据胡鞍钢

---

① 辛逸、高洁:"从'以农补工'到'以工补农'——新中国城乡二元体制述论",《中共党史研究》,2009年第9期,第15—24页。

(1997)的估算①(见表2-10),1957—1975年农业剩余劳动力不断上升,18年间增加了10 989万人,平均每年净增611万人。与此同时,农业剩余劳动力比重不断上升。1962年农业剩余劳动力比重为18.8%,1975年提高到37.3%,上升了18.5个百分点,即平均每年上升1.4个百分点,这一数据远远高于同期年均农村人口自然增长率。城乡分割造成的大量农业剩余劳动力滞留在农村,他们每天靠工分吃饭,简单、低效的农业生产劳动所创造的劳动价值是非常有限的,而这样一个庞大的农业人口群体,同时也是一个庞大的社会消费群体,受农村人口的经济收入水平和生活水平所限,这样一个社会消费市场缺乏社会购买力。可见,大量农业剩余劳动力滞留在农村和农业社会购买力受限,都是中国城市化发展缓慢的重要原因。

表2-10　中国农业劳动力与农业剩余劳动力(1957—1975)

| 年份 | 农业劳动力(万人) | 农业剩余劳动力(万人) | 剩余劳动力比重(%) |
| --- | --- | --- | --- |
| 1957 | 19 310 | 0 | 0 |
| 1962 | 21 178 | 4 000 | 18.8 |
| 1965 | 23 398 | 5 639 | 24.1 |
| 1970 | 27 814 | 10 097 | 36.3 |
| 1975 | 29 460 | 10 989 | 37.3 |

资料来源:胡鞍钢,"中国就业状况分析",《管理世界》,1997年第3期,第36—54页。

## 二、对城市化认识的不科学制约着城市化的发展

中华人民共和国成立之初,城市功能残缺,结构不合理。以毛泽东为核心的中国第一代领导人就开始探索中国的城市化道路,但对中国城市化道路的看法存在种种误解和较大的分歧。毛泽东早在中华人民共和国成立之初就曾经指出:"城市太大了不好,必须多发展小城镇";"一五"计划后期,国务院强调:"基于工业发展不宜过于集中的情况,城市规模不宜过大;新建城市的规模一般应当控制在几万至十几万人的范围之内"。② 第一代领导集体对于城市化道路的误解和分歧大致可以归纳为两个方面:第一,对西方发达国家城市化发展产生的误解。通过研究发现,西方发达国家在城市化过程中产生了很多问题,包括严重的经济问题和社会问题,随后又出现城市人口郊外化,甚至出现"逆城市化"问题。正是基于这些缘由,中国不能照搬西方发达

---

① 胡鞍钢:"中国就业状况分析",《管理世界》,1997年第3期,第36—54页。
② 韦月红:"特色・资源节约・可持续发展——浅论广西小城镇建设规划中应注意的几个问题",《广西城镇建设》,2005年第6期,第44—45页。

国家的工业化道路,不能重复西方发达国家走过的弯路。第二,对发展中国家城市化现状的误读,不少发展中国家在城市化过程中出现了严重的"城市病"。不少国家呈现出居住条件恶化、环境污染严重、卫生状况差、疾病流行等现象;也有一些国家出现交通拥挤、社会秩序混乱等问题;一些国家呈现出居民收入分配不均,甚至两极分化的现象;一些国家出现失业率、犯罪率过高等不良现象,涌现出大量的流浪者,尤其是发展中国家的部分大城市,"城市病"特别严重。为此,中国必须汲取西方发达国家城市化发展的教训,防止出现城乡对立、城乡差别扩大的现象,遏制"城市病"的发生。基于当时认识的有限性,最终中国以苏联为鉴,选择了一条"没有城市化的工业化道路"。可以说,1953—1978年中国这一时期的政策取向基本上是抑制农村人口向城市转移。

## 三、优先发展重工业导致城市化的动力不足

"一五"计划之初,中国开始推行重工业优先发展战略,实行的是服务于工业化的城市化战略。随后,国民经济严重失调,产业结构走向畸形化。1953年重工业产值占工业产值的比重为35.5%,1960年重工业产值占工业产值的比重为66.6%,仅7年的时间就提升了31.1%。中国推行的工业化战略需要大量的资金投入,但由于当时以美国为首的西方国家对中国实行经济封锁,国家工业化需要的资金不可能从外国获得,只能靠自身的积累来解决,于是采用"以农补工"的办法实现资金积累。然而,当时的农业发展落后,无法满足工业化快速发展的需求,政府不得不采取"统购统销"以及农业合作化运动的办法,导致城乡分割体制开始形成并日益强化。1956年之后,随着生产资料社会主义改造的完成,私有制基本被消灭,各种形式的市场逐步被取消,城乡交流趋向单一,小城镇逐渐衰落,第一产业生产力发展水平低下对城市化发展的制约作用日益凸显。尤其是1957年12月国务院颁布的禁止农村人口外流的措施,限制了农业人口的自由流动,完全限制了农村人口向城市转移的可能,从体制上形成了不利于城市化发展的因素。另外,由于重工业属于资本密集型产业,对劳动力的吸纳能力非常有限;轻工业、服务业均属于劳动密集型产业,对劳动力的吸纳能力较强,遗憾的是,当时忽视了轻工业的发展,服务业发展的条件尚未具备。客观来说,中央政府限制农民向城市转移也属无奈之举,最终导致中国城市化走上了一条封闭式的缓慢发展的道路。

## 四、农业劳动生产率不高制约着城市化的发展

推行工业优先发展"赶超战略"需要大量的资金支持,在当时内忧外患的境况下,中国共产党领导中国人民推翻帝国主义、封建主义和官僚资本主义,从废墟和焦土上建立起中华人民共和国。旧中国遗留给我们的是一个一贫如洗、一穷二白的烂摊子,不可能有充足的资金开展工业化。同时,国际形势非常复杂,西方国家对中国实行封锁禁闭,依靠外国资金发展工业化也是不可能的,这一时期国家不得不依靠"以农补工"的方式发展工业,通过农业积累为工业化提供足够的资金。然而,当时中国的经济发展水平极低,农业作为一个弱质产业更是异常脆弱。在此背景下,国家不仅没有给农业应有的扶持,没有为农业输血,反而从农业中抽血,这对于发展基础本来就薄弱的农业更是雪上加霜。加之"大跃进""人民公社运动""三年困难时期""文化大革命"等天灾人祸相继发生,对农业发展造成的影响不难想象。

1959年1—4月,河北、黑龙江两省发生严重春旱,直接影响的农作物面积达300万公顷。其中,黑龙江受旱深度达4—5寸[①],旱情史无前例;同年4—5月,中国华北地区以及黑龙江等地50多万公顷田地遭受霜冻灾害;与此相反,1959年2—6月,中国南方各地连续三次出现洪涝灾害,造成200多万公顷农田被淹;同年3—6月,东南沿海和华北地区多地遭受风雹灾害;6—8月,江淮流域出现严重的旱灾,7月下旬受灾面积已达821.2万公顷,到8月上旬扩大到黄河以北地区和西南内陆各地,受灾面积达2 276万公顷;7月下旬,黑龙江、北京、河北等地区突降暴雨,200多万公顷农田被淹;7—9月,东南沿海地区遭到5次台风侵袭,120万公顷农田受灾。1959年是中华人民共和国成立以来前所未有、灾害种类繁多的年份。除旱灾、霜冻、洪涝、风雹外,还出现了蝗灾、黏虫灾、鼠灾。[②] 在当时农业现代化水平发展较低的情况下,农民主要靠天吃饭,人们的生活状况不言而喻。1960—1961年,中国自然灾害仍然频发。1960年,中国有55%的耕地都不同程度地遭受到干旱或者其他恶劣天气的影响。其中,有60%的耕地根本就没有经历降雪或降雨。1959年中国粮食产量较1958年下降14.15%,1960年中国粮食产量较1959年下降15.22%,1961年中国粮食产量较1960年下降5.11%。1960—1961年中国人口总数连续两年出现下降,这两年非正常的死亡人数史无前例。当

---

[①] 1寸=3.33厘米。
[②] 陈东林:"'三年自然灾害'与'大跃进':'天灾'、'人祸'关系的计量历史考察",《中共党史资料》,2000年第4期,第31—32页。

然,中华人民共和国成立近 70 年来仅有 1961—1962 年人口总数出现了负增长。

表 2-11 显示,1959—1960 年,全国粮食产量不断下降,政府迫于国际形势的压力,以及为了确保工厂和城市人口的吃饭问题,仍然大量征购和出口粮食。"三年困难时期"使粮食大幅度减产,造成中国农村地区严重缺粮。据统计,全国共减产粮食 611.5 亿公斤。其中,1959 年,中华人民共和国成立以来受灾最严重的一年就损失粮食 378 亿公斤。另外,在以赫鲁晓夫为首的苏联修正主义的逼迫之下,1959 年中国仍出口粮食 41.6 亿公斤。[①] 直到 1961 年,中央政府才开始调入和进口粮食,缓解了当时粮食短缺带来的压力,农民吃上了统销粮、返销粮和救济粮,人们饿肚子的压力才得以缓解。

表 2-11　中国粮食变动量(1958—1961、1977—1982)

| 年份 | 总产量<br>(万吨) | 净收购比例<br>(%) | 出口量<br>(万吨) | 全国人均占有量<br>(公斤) |
| --- | --- | --- | --- | --- |
| 1958 | 19 765 | 20.9 | 266 | 306.0 |
| 1959 | 16 968 | 28.0 | 416 | 255.0 |
| 1960 | 14 385 | 21.5 | 265 | 215.0 |
| 1961 | 13 650 | 17.5 | −445 | 240.5 |
| 1977 | 28 273 | 13.3 | −569 | 299.5 |
| 1978 | 30 477 | 14.0 | −695 | 318.5 |
| 1979 | 33 212 | 15.6 | −1 071 | 342.5 |
| 1980 | 32 056 | 15.0 | −1 181 | 326.5 |
| 1981 | 32 502 | 15.0 | −1 348 | 327.0 |
| 1982 | 35 450 | 15.6 | −1 534 | 350.5 |

注:(1) 出口为正值,进口为负值;(2) 净收购比例指收购量减去返销农村数量后占总收购量的比例。
资料来源:国家统计局,《中国统计年鉴》,中国统计出版社,1983 年、1992 年。

"三年困难时期"的历史经验证明,中国是一个农业大国,农业是国民经济的基础。如果农业经济发展不好,就会影响到国民经济中其他产业的发展,当然也会影响到工业化和城市化的进程。改革开放之前的实践已经证明:缺乏经济基础的重工业化是以牺牲"三农"为代价的,实施的结果必然会导致农业经济基础更加薄弱,既不利于工业化发展,也不利于城市化的整体推进。从"一五"计划开始,中国在重工业优先发展的赶超战略之下,农业经

---

[①] 陈东林:"'三年自然灾害'与'大跃进':'天灾'、'人祸'关系的计量历史考察",《中共党史资料》,2000 年第 4 期,第 31—32 页。

济发展处于次要的位置,农产品的价格完全由政府依靠计划手段来制定,其实质是工农产品的价格剪刀差机制。国家通过价格剪刀差的方式,在工农业产品进行交换时,从农业中转移出了大量的资金,利用积累的资金支持工业发展。在生产队责任制下,由于委托-代理之间存在着信息不对称,作为国家代表的监督者,由于监督成本过高,理性的做法必然是选择成本较低的监督方式。同时,由于劳动者激励不足,劳动者的潜力难以激发出来,其理性的做法往往是选择偷懒。

### 五、经济体制的转变不利于城市化的发展

多种经济成分并存是中华人民共和国成立初期国民经济的主要特征。当然,这一多种所有制结构并存的局面有利于扩大就业,加快城市化发展。然而,1956年之后,随着生产资料社会主义改造的完成,私营经济、个体经济基本上被消灭了,自由招工的渠道也不复存在。同时,由于所有制形式与资源配置方式概念的界定不清,逐渐形成市场经济与社会主义相排斥的观点,国家逐渐对市场经济持否定的态度。当时市场几乎都被取消了,城乡分割愈来愈严重,城乡交流渠道趋于单一化,小城镇逐步走向衰落,城市化难以推进。统计数据显示,1953年中国建制镇数目为5400个,1957年下降为3596个,镇人口数量也出现大幅度下降。而且,由于体制存在着路径依赖,这一现象不断得到强化,到1978年,中国建制镇的数量进一步减少到2173个,还不足1953年的一半。

改革开放之前,中国选取了计划经济体制来配置资源,计划经济时代毫无疑问是一个特殊时代,因为中国采取的是优先发展重工业的工业化战略。在这种背景下,虽然中国工业化取得了很大成就,却忽视了城市化发展,城市化水平一直在较低水平上徘徊,甚至在某一时期发生停滞。1953年,中央政府决定实行粮食统购统销政策。1955年8月5日,国务院通过《市镇粮食定量供应凭证印制暂行办法》,并很快开始施行,各种粮食票证铺天盖地地进入社会。那个时期,吃饭要粮票,吸烟要烟票,喝酒得有酒票,就连用一分钱买一盒火柴,也要火柴票。可以说,任何商品必须使用相应的票证去购买,对号入座,缺一不可。在现实生活中,各种商品物质供不应求,并不是只要有票就能够及时买到东西,尤其是那些紧缺商品。人们为了买东西,只好"托关系,走后门",助长了社会不正之风,社会商品物质的供求关系恶化。尤其是在逢年过节的时候,物质紧缺给人民的生活带来了许多麻烦,城乡人民的生活水平难以提高。中国计划经济时期极具时代特色的各色票证,随着改革开放的不断深入和市场经济的发展,终于在20世纪90年代初期逐步退出了人们的

视线,完成了它们的历史使命。

　　计划经济体制下的商品经济是一种封闭性的商品经济,城市商业化发展缓慢,市场机制在资源配置中无法正常发挥应有的作用,物质供应满足不了人民的生活需要,城乡居民生活紧张,人们心中充满危机感。由于当时城乡居民的实际收入水平低,就算手里有票,没有钱也买不了东西。当然,如果手里有钱,没有票据同样买不了东西。实际上,中华人民共和国成立之初,在商品供应紧缺的条件下,就算手里有票有钱,也照样买不到东西。当时,粮票分为全国流通的粮票和省市内流通的粮票,如果一个人拿着河南省的粮票到山东买饭吃,那是绝对不可能实现的。因此,计划经济实际上限制了人口的流动,约束了人的行为,尤其限制了农村劳动力向城市的流动。同时,计划经济也限定了商品在不同区域间的流动,制约着城市化的发展。

# 第三章 体制转轨时期中国工业化与城市化的历史演进(1979—2011)

　　1978年,党的十一届三中全会是中国社会和经济发展的重要转折点。中国开始转向了以经济发展为中心的现代化建设,逐步开始了经济体制的转轨,开始从计划经济体制向市场经济体制的过渡。中国社会主义市场经济体制的确立经历了一个不断探索、实践的过程,大致可以分为三个发展阶段。第一阶段为1978—1991年,这一时期由于改革目标和指导思想不十分明确,只能"摸着石头过河"。改革的主线是探索社会主义经济体制的目标模式,核心是引入市场机制,逐步扩大市场机制的作用,重新认识计划与市场的关系。第二阶段为1992—2000年,以1992年邓小平的"南方谈话"为契机,"十四大"指出中国经济改革的目标是建立社会主义市场经济体制,使市场对资源配置起基础性作用。1997年"十五大"进一步提出"以公有制为基础、多种所有制经济共同发展"的基本经济制度。总体上看,在这一阶段,市场机制在资源配置中的作用日益明显,社会主义市场经济体制初步确立。第三阶段为2001—2011年,21世纪中国面临的国际环境主要有:一是经济全球化。2001年中国正式加入WTO,全球经济一体化不断加强。对中国而言,经济全球化有利于吸引外资、扩大对外贸易,但同时也面临着越来越激烈的全球性市场竞争。二是全球信息化。自20世纪80年代以来,知识经济迅速崛起,信息技术和信息产业飞速发展,掀起了一场"信息革命"。三是资源稀缺加剧和生态环境恶化。近年来,世界工业化面临国土、资源、生态、环境的承载力等问题。中国如果模仿发达国家工业化过程中的资源消费模式,整个世界将难以承受。同时,生态失衡和环境污染已经成为全球性的问题,对人类安全形成威胁。在此背景下,中国开始转变经济增长方式,经济增长由粗放型转向集约型,增长的动力也开始从要素驱动、投资驱动转向创新驱动,经济结构不断优化升级。可以说,从1978年改革开放至2011年,中国开始转向以经济发展为中心的现代化建设,工业化和城市化也随着经济建设方面的"拨乱反正"和经济体制的改革而快速发展,产业结构尤其是工业结构内部比例失调的状况在不断纠正的过程中日益改善,资源配置方式从单一的计划手段转向计划手段与市场调节相互结合,并且国家开始进行工业化和城市化战略的重大调整,放弃了单纯发展重工业的城市化发展模式,转而采取消费导向型的城市化发展战略,注重市场需求导向,并重视优先发展轻工业,加快推进中国城市发展。这一时期中国工业化和城市化发展进程也逐渐呈现同步发展的态势。

## 第一节 中国工业化与城市化发展的条件

改革开放之前,中国推行的是重工业优先发展战略,实行高度集中的计划经济体制进行资源配置。无论是当时的工业化战略还是计划经济体制,对中国的社会经济发展均具有强大的推进作用。然而,在具体的实施过程中,也产生了一系列的不良后果。尤其是进入20世纪70年代以后,计划经济体制存在的问题逐渐凸显出来。同时,中国面临的国际与国内环境也发生了深刻变化,为了顺应时代潮流,与国际接轨,国家对计划经济体制时期工业化与城市化发展的战略和政策进行了一系列改革。

### 一、内部条件

从国内环境看,当时中国工业化与城市化的发展环境出现了以下几点变化:一是经过数十年的建设与发展,中国已经建设了一批现代化的大型骨干工业企业,不少工业部门从无到有、从弱到强,已经建立起相对完善的中国工业发展体系。毫无疑问,中国工业基础薄弱的局面已经发生了巨大变化,尤其是重工业发生了质的变化,门类比较齐全、基础相对完善的工业体系已基本形成,为社会主义工业化发展奠定了坚实的实践基础。正是在这种背景下,经济发展的要求迫使经济发展战略必须实行转移,由非均衡的优先发展重工业的战略转变为以直接提高人民生活水平为目的的均衡的发展战略。二是从政治形势上看,粉碎"四人帮"以后,中国结束了十年"文化大革命"。经过"拨乱反正",我们党在政治上、思想上达到了空前的统一。政治挂帅的"以阶级斗争为纲"已经被以经济建设为中心的指导思想所代替;安定团结的政治局面在全国广泛形成。这就为经济发展战略的转变,提供了良好的国内环境和坚实的政治基础。三是资源瓶颈对经济发展的限制作用越来越明显,依靠大规模资源投入来支撑的经济发展无法持续。经济发展从以粗放、外延为主的扩大再生产增长方式转变到以集约、内涵扩大式为主的增长方式上来,是中国经济增长的历史规律和时代发展的要求。四是追求短期的高速增长形成的综合性"后遗症"爆发了。城乡居民的收入水平长期得不到提高,生活必需品供给严重不足,甚至数亿农民的温饱问题也迟迟得不到解决。尤其是经历了十年"文化大革命",国民经济已经到了濒临崩溃的边缘。城市基础设施建设根本无法满足城市发展的需要,能源、原材料以及交通运输等基础产业的发展远远落后于加工工业的发展,农业、教育就更不用说了。当时的状况无法确保以往的工业化与城市化战略继续顺利开展,以牺牲经济效益和长期利益为代价的超高速经济增长难以为继。

## 二、外部条件

从国际环境的变化看,一是世界格局由政治殖民主义时代转入经济殖民主义时代,社会制度的竞争不是在战场,而是由战场转向市场,发展重工业的重要性和紧迫性逐步下降。当然,强国对弱国的统治和剥削不再是凭借武器优势,而是依赖经济优势;强国也不再用武装干涉来实现自己的国际政治和经济目的,而是通过世界市场,凭借自己的资本与技术优势来实现对弱国的统治。与此相适应的是,资本主义制度与社会主义制度的竞争也由战场转移到市场,"和平竞赛"取代了"战争竞赛"。因此,建设强大的国防力量、发展军事工业的重要性和紧迫性相应地就下降了,优先发展重工业的主要根据也不复存在。二是东南亚新兴工业经济体的快速崛起,造成"苏联模式"①的示范效应剧烈下降,与之相伴而生的是,"东亚模式"②的示范效应逐渐提升。"东亚模式"基本上是倾向于优先发展轻工业,而且"东亚模式"是一套相对开放的经济体制,对外贸易是"东亚模式"经济增长的引擎,尤其出口在经济崛起中发挥着非常重要的作用;"苏联模式"实施的是高度集中的计划经济体制,"东亚模式"则不同,"东亚模式"实施的是市场经济体制,即市场与政府功能形成互补。20世纪60—70年代,"苏联模式"实施的结果是经济增长停滞,而同时期的"东亚模式"则实现了经济奇迹般的高速增长。

1991年5月31日世界银行行长巴伯·B.科纳布尔(Barber B. Conable)在《1991年世界发展报告》的前言中对世界各国的经济发展情况进行了比较研究,总结了东亚各经济体的经济发展经验。他指出:"最宝贵的经验之一涉

---

① 从经济角度分析,"苏联模式"表现为一个高度集中的计划经济体制,它以国家政权为核心,以党中央为领导者,以各级党组织为执行者,以国家工业发展为唯一目的,以行政命令为经济政策,以行政手段为运作方式。总之,这是一个有鲜明特点的经济体制,它限制商品货币关系,否定价值规律和市场机制的作用,用行政命令甚至暴力手段管理经济,把一切经济活动置于指令性计划之下。

② "东亚模式",在第二次世界大战后由日本首创,继而由"亚洲四小龙"和东盟其他国家和地区模仿并加以发展,是经济体制和经济运行机制的若干基本原则和方式的总称。可用一句话来概括为:"东亚模式"是政府主导型经济体制下的外向型发展的经济模式。其中,日本既是"东亚模式"中的成员国,同时日本自身独特的发展模式也成为"东亚模式"的原型。由此可知,"东亚模式"主要是在"后发效益"的基础上,以"市场失效论"作为理论基础,依靠外国的资金、技术、市场,凭借廉价的劳动力,促进经济增长的"追赶型现代化"的一种发展模式。

及'看得见的手——政府'与'看不见的手——市场'在促进发展中的相互作用。经验表明,当'看得见的手——政府'能对'看不见的手——市场'功能起到补充作用时,最有可能成功促进经济发展和减少贫困,而当'看得见的手——政府'和'看不见的手——市场'的功效相互冲突时,经济发展就会遭受极大的障碍","一种有利于市场效率的方法,政府允许市场充分发挥效力,集中于市场力所不及的功效"[①]。科纳布尔对政府与市场关系中的四个主要方面发表了自己的看法:第一,在对人的投资方面,政府应有效地发挥作用;第二,企业蓬勃发展的基本前提是有利环境的形成,它包括完善的基础设施与竞争等;第三,成功的经济发展要求国际经济与全球经济一体化;第四,稳定的宏观经济基础是经济持续发展的基本前提[②]。实际上,科纳布尔的认识不仅是他个人的观点,更是全球性的共识。

综上所述,体制转轨时期中国工业化与城市化发展所面临的国际环境和国内条件发生的巨大变化,以及改革开放前1/4个世纪中国工业化与城市化发展所造成的必然结果,最终导致重工业优先发展的工业化战略和服务于工业化发展的城市化战略无法继续开展。因此,中国工业化发展的战略目标有待调整,改革城市化发展的制度框架势在必行。

## 第二节 中国工业化与城市化发展的历史演进

1978年12月,党的十一届三中全会召开,不仅实现了思想路线的"拨乱反正",恢复了党的民主集中制,开启了中国改革开放的新时期,更重要的是把全党的工作重点转移到经济建设和社会主义现代化建设上来。中国的工业化与城市化建设经历了"文化大革命"十年的停滞后重新步入了正常的发展轨道。基于1979—2011年中国工业化与城市化发展的历史演进,可以划分为以下几个阶段进行考察:

### 一、轻工业优先发展与恢复性城市化阶段(1979—1983)

1979—1983年间,中央政府开始对工业化战略进行大刀阔斧的改革,转变重工业优先发展的战略思路,以满足市场需求为导向,将工业化发展战略由供给导向型转向消费导向型,不是生产者生产什么消费者就需求什么,而是消费者需求什么生产者就生产什么,由生产者主权向消费者主权转变,加快矫正畸形的产业结构的步伐。1979年4月,中央工作会议确定了扩大企

---

① 世界银行:《1991年世界发展报告》,中国财政经济出版社,1991年。
② 世界银行:《1991年世界发展报告》,中国财政经济出版社,1991年。

业自主权、财政和外贸三个方面的改革原则。① 工业改革的重点主要是扩大国有企业自主权,企业改革开始实行放权让利,为了搞活企业逐步引入市场机制。在利润分配上,给企业留一定比例的利润;在权力分配上,赋予企业适度的生产计划、产品购销和资金运用的权力。同年,中央政府着手对轻工业实行"六个优先"的政策②。随着国家一系列改革措施的实施,工业内部重工业自我循环的结构初次被打破,被长期抑制的消费需求得到释放,成为加快产业结构调整的牵引力。

这一时期,乡镇企业开始兴起。在农村,为解决由于农业劳动生产率提高而分离出来的剩余劳动力,政府开始鼓励创办乡镇企业③,农村劳动力也因此实现就地转移,即"离土不离乡"或"进厂不进城"。1979 年通过的《关于发展社队企业的若干规定》中明确指出,提倡农业关联产业优先发展,放宽行业进入管制,对新创办的企业给予 2—3 年的免税等一系列优惠政策。④ 随之而来的是,社队企业很快出现了恢复性增长,全国社队企业总产值也从 1979 年的 493.1 亿元提升到 1983 年的 1016.8 亿元,不到五年的时间增长超过了一倍。同时,城市人口也开始出现回流。众所周知,知识青年"上山下乡"始于 20 世纪 50 年代中期。1955 年 8 月的黑龙江,农村垦荒条件异常艰苦,60 名北京青年组成的青年志愿垦荒队自愿到此处垦荒,这一举动得到党中央的肯定。毛泽东在《中国农村的社会主义高潮》一文中号召:农村是一个广阔的天地,在那里是可以大有作为的。⑤ 1968 年 12 月 22 日,《人民日报》刊出《我们也有两只手,不在城里吃闲饭》的报道。随后,《人民日报》等报刊又大量报道为了响应毛泽东的号召,组织知识青年"上山下乡"的情况,知识青年"上山下乡"运动一哄而起,形成历史上空前的"政治运动"。截止到 1978 年,全国知识青年"上山下乡"累计达 1700 万人,他们用青春和热血为共和国的发展做出了可歌可泣的贡献。1978 年之后,国家对"上山下乡"政策做了重大调整,下乡人数急剧减少,知识青年开始返城。1981 年年底,历时 20 多年的城镇知青"上山下乡"运动退出了历史舞台。随着"文化大革命"的结束和思想路线的"拨乱反正",大批"上山下乡"的知识青年和下放干部开始返城,城乡二元结构的矛盾开始出现缓解,大中专院校也开始恢复考试招生

---

① 中共中央文献研究室:《三中全会以来——重要文献选编(上)》(第 1 版),人民出版社,1982 年,第 109 页。
② 即能源、原材料的供应优先;挖潜、革新、改造措施优先;银行贷款优先;基本建设优先;利用外资和引进技术优先;交通运输优先。
③ 国家统计局从 1984 年开始使用"乡镇企业"这一概念,1984 年之前使用"社队企业"。
④ 中国农业年鉴编辑委员会:《中国农业年鉴 1980 年》,中国农业出版社,1981 年,第 82 页。
⑤ 中共中央文献研究室:《毛泽东文集》(第六卷),人民出版社,1999 年,第 462 页。

制度,多年积累下来的夫妻两地分居问题也逐渐得到解决,城市人口得到了补偿性的大幅度增长。

"地势坤,君子以厚德载物"。① 大地运化万物,土地是人类赖以生存最基本的资源。正如威廉·配第所说,"土地是财富之母"②。对农民来说,土地是他们的命根子。改革开放以来,中国政府在明确以经济建设为中心的现代化建设后,首先对农村实行家庭联产承包责任制③为主要内容的经济体制改革。从1958年人民公社化以来,"包产到户"是在人们生活中反复出现和遭受质疑、批判频率较高的词语,即使是在安徽小岗村获得丰收的1979年,对"包产到户"的批评声也一直没有停止过。然而,1980年5月31日,邓小平在一次重要谈话中公开肯定了小岗村"大包干"的做法。④ 当时国务院主管农业的副总理万里和改革开放的总设计师邓小平对这一举动的支持传达了一个明确的信息:农村改革势在必行。1982年1月1日,中国共产党历史上第一个关于农村工作的一号文件《全国农村工作会议纪要》正式出台,明确提出"包产到户""包干到户"都是社会主义集体经济的生产责任制。⑤ 从此,中国政府不断稳固和完善家庭联产承包责任制,鼓励农民发展多种经营,使广大农村地区迅速摘掉贫穷落后的帽子,并逐步走上繁荣富裕的发展道路,中国创造了令世人瞩目的成就,利用占全世界约7%的土地养活了占全世界22%的人口。农村经济体制改革创造了经济奇迹,为中国改革发展与稳定做出了历史性贡献。在经济方面,农村经济体制改革为推动城市经济体制改革、整个市场经济体制改革,以及工业化和城市化的良好发展奠定了坚实基础;在维护社会稳定方面,家庭联产承包责任制提高了农业劳动生产率,农业增产、增收,农民生产和生活的条件均得以显著改善,极大地鼓舞了农民大力开展农业生产的热情和积极性,解放并发展了中国农业生产力,有力地推动了农村经济发展和社会进步。实践已经证明这一制度安排符合当时中国的国情,是中国农村土地制度的重要转折,是在党的领导下中国农民的伟大创造,当然也是马克思主义理论在中国实践中的新发展。

1979—1983年中国农业增加值年均增长7.0%,工业增加值年均增长

---

① (魏)王弼注、(唐)孔颖达疏:《周易正义》,北京大学出版社,1999年,第27页。
② 〔英〕威廉·配第:《赋税论》(陈东野译),商务印书馆,1978年,第66页。
③ 家庭联产承包责任制是20世纪80年代初期在中国农村推行的一项重要的改革,是农村土地制度的重要转折,也是现行中国农村的一项基本经济制度。十一届三中全会以来,中国推行改革,而改革最早始于农村。农村改革的标志事件为"包产到户",即后来的家庭联产承包责任制(俗称"大包干")的改革。
④ 储诚炜:《制度创新视角下党的农村土地政策变迁研究》,西北农林科技大学出版社,2013年,第61页。
⑤ 孙前进:《农村改革与农业现代化建设》,中国物资出版社,2012年,第185页。

8.8%,其中轻工业增加值年均增长 12.1%。农业增收对城市化的推动作用主要体现在:第一,农民货币收入提高,按照凯恩斯的有效需求理论,只有收入提高了,需求才会增加,农民增收无疑会提高国内市场尤其是国内工业品市场的有效需求,进而刺激城市工业产品的生产。第二,农作物产量大幅度增加,为工业生产提供了充分的原材料,进而带动了轻工业的繁荣。[①] 为此,我们不难发现,以上这两个方面均可以增加城市的就业机会,从而推动城市的发展。与此同时,中央政府也逐渐认识到城市发展的重要性与紧迫性,开始重视城市的发展,明确指出"控制大城市规模,适度发展中等城市,推进小城镇发展"的城市化战略。许多小城镇在经济发展的驱动下建成了商业化市场,比如农贸市场、商贸市场、餐饮市场等。这对中国城市化发展和经济发展都具有重要意义。

改革开放初期,中国的经济结构也发生很大变化,国民经济比例的畸形结构逐步得到调整。第一产业产值比重由 1979 年的 28.1% 提高到 1983 年的 33.0%,第一产业就业比重则由 1979 年的 70.5% 下降到 1983 年的 67.1%;第二产业产值比重由 1979 年的 48.2% 下降到 1983 年的 44.6%,其中相应的工业产值比重则由 44.3% 下降到 40.0%,第二产业就业比重由 1979 年的 17.3% 提升到 1983 年的 18.7%;第三产业的产值比重由 1979 年的 23.4% 下降到 1983 年的 22.4%,第三产业就业比重则由 1979 年的 12.2% 提高到 1983 年的 14.2%。在工业结构内部,轻工业比重由 1979 年的 42.7% 提高到 1983 年的 49.6%,提高了 6.9%。相应地,重工业的比重下降了 6.9%。

工业的发展为城市发展提供了产业支撑。1978—1983 年,中国城市数量由 193 个增加到 289 个,年均增加 19 个;建制镇由 2 173 个增加到 2 968 个,年均增加 159 个;城市人口由 17 245 万人增加到 22 274 万人,年均增加 1 006 万人,年均增长率为 5.25%,这一时期中国的人口自然增长率为 1.36%。显然,城市人口增长率远远高于人口自然增长率;中国人口城市化率也由 1979 年的 17.92% 增加到 1983 年的 21.62%。如果考察 1978—1983 年中国城市人口的增长结构,可以发现,城市人口自然增长率仅为 16.2%,相比之下人口机械增长[②]占到 83.8%。因此,城市人口的增长主要是由人口机械增长引起的,即城市人口增长不是由农村人口转移引起的(农村转移到城市的人口仅占极少的一部分),而主要是由返城知青、返城干部、学生升学以

---

① 赵燕青:"战略与选择:中国城市化道路回顾",《城市规划》,1990 年第 3 期,第 41—45 页。
② 人口机械增长是指一国或一地区在一定时期内(通常为一年)由于人口迁入和迁出而引起的人口数量变化,分为零增长、正增长和负增长。

及军人转业等引起的。农村冗余劳动力只能自发地从事某些手工业,"离土不离乡"或"进厂不进城",实现就地转移。因为,大部分乡镇企业中的职工是"农闲务工、农忙务农"的兼业者。1979—1983年间,中国农村人口实现"离土又离乡"或"进厂又进城"的年均仅有85万人。这一数据与当时中国的农村人口总数相比,规模极小,甚至微不足道。

## 二、二次工业化与二元城市化阶段(1984—2000)

基于工业化、城市化发展的宏、微观制度背景和发展模式的变化,可以将经济体制改革时期的中国工业化、城市化以1984年为界分为两个时期。在制度背景方面,以下四个方面的制度变迁具有划时代的意义:第一,1984年,党的十二届三中全会在全面分析改革形势、总结农村改革成功经验的基础上,基于马克思主义基本原理同中国实际相结合的原则,通过了《中共中央关于经济体制改革的决定》,这一决定明确指出加快以城市为重点的整个经济体制改革的必要性,拉开了中国经济体制全面改革的序幕。该决定规定了改革的方向、性质和任务,也是指导中国经济体制改革的纲领性文件[①]。当然,党的十二届三中全会也标志着改革开始由农村走向城市,由农业领域走向其他经济领域,中国的经济体制改革进入了第二阶段(习惯上通常把农村经济体制改革称为第一阶段),即改革的展开阶段。第二,1979—1983年,随着家庭联产承包责任制的推广,人民公社制度基本结束,中国农业强制性的集体合作化制度也逐渐走向终结。一直到今天,没有更好的土地制度能够取代家庭联产承包责任制。第三,1984年1月,中国的城乡隔离制度开始缓解,中央政府开始允许农民进入集镇务工经商,这意味着在城乡隔离这堵"铜墙铁壁"开了一个小孔,农民也因此获得了更多的择业机会和更加广阔的生存空间,对于促进城乡人口流动无疑是一个质的飞跃。第四,自1984年起,经济体制改革重点开始从改革微观经营机制转移到流通领域和资源配置制度上来,中央政府开始突破传统的计划经济体制,取消长期沿用的农副产品统购统销制度。1985年,将传统的统购统销制度更改为合同定购制度,开始减少定购数量,同时放开部分农副产品价格。20世纪90年代初期,很多地方农产品购售制度已经实现了从计划与市场的双轨制定价过渡到市场单轨制定价。从制度上讲,人民公社制度和农产品统购统销两大基础性制度已经不复存在。[②] 这无疑为自发性工业化提供了所需要的资本和劳动力等生产要素,

---

[①] 中共中央文献研究室:《十二大以来重要文献选编(中册)》,中央文献出版社,2011年,第47页。

[②] 吴楚才:《城市与乡村——中国城乡矛盾与协调发展研究》,科学出版社,1994年,第54页。

开启了社会主义市场经济条件下新一轮的中国工业化和城市化进程。这一时期的农村工业化相对于"一五"计划时期开启的城市工业化而言,被称为"二次工业化"。二次工业化推动的城市化改变了初次工业化时期仅由政府包办城市发展的城市化模式,即由政府推动的一元城市化发展成为由政府和民间力量共同推动的"二元城市化"。① 二次工业化与二元城市化阶段又可以分为两个阶段。

### (一)乡镇企业发展与"进厂进镇不进城"阶段(1984—1989)

1984—1989年,中国工业化发展开始进入乡镇企业主导的发展阶段,同时城市化也相应地进入以小城镇主导的快速推进阶段。

农村经济体制改革解放了农业劳动生产力,1984年中国农产品生产空前丰收,家庭联产承包责任制使农村改革取得了阶段性突破。随着农业生产的发展,农民的温饱问题基本解决,但农民的生活水平并未全面提高,由于农业市场经济还处于封闭状态,农民生产出来的农产品(比如粮食和棉花)只能卖给国家。在人们的理念中,什么农作物高产就种植什么农作物。一些干部也是主张种高产农作物,因此,不少地方的农业种植出现了单一种植方式,比如春种小麦秋种棉花的一麦一棉种植方式,造成了在全国范围内出现卖粮难、卖棉难问题。农业产量上去了,农民收入却没有增加,出现了增产不增收的问题。由于物价上涨,化肥、农药、农业机械等的价格越来越高,农民的负担越来越重;另外还有农业提成款,乱摊派的各种粮款和所谓的罚款等,使农民除有点儿粮食吃以外,基本上没有什么经济收入,甚至会出现负债生存的问题,比如盖了房子,娶了媳妇,购买了农业机械等,剩下的是几年还不完的债务。增产不增收问题使不少农民的致富梦破灭了,许多人认为无论在自己的"一亩三分地"里怎样努力,也不会致富,这就出现了农业劳动力冗余问题。在此背景下,政府开始重视以农副产品加工为主的乡镇企业。

1984年,中央政府颁布了《1984年农村工作的通知》。这一通知指出农村工作的重点是:加快稳定和完善生产责任制,以此为基础,提高生产力水平,加快疏理流通渠道,利用价值规律,发展商品生产,尽快使农村繁荣富裕起来;继续进行农村商业体制的改革,进一步搞活农村经济。②《农牧渔业部关于开创社队企业新局面的报告》给出了一些发展乡镇企业的对策:把原来的社队企业改为乡镇企业,在乡镇企业中引入承包制,与国有企业享受同等

---

① 刘传江:《中国城市化的制度安排与创新》,武汉大学出版社,1999年,第106页。
② 中共中央文献研究室:《十二大以来重要文献选编(上册)》,中央文献出版社,2011年,第362页。

的待遇,增加企业的经营自主权,允许企业"独立核算,自负盈亏"。① 1984年中央政府开始恢复个体私营企业的合法地位,《关于农村个人经营工商业的若干规定》的发布激活了农村市场。同时,为了加快乡镇企业发展,国家逐步放开城乡户口迁移的制度,允许农民进城经商,实行"撤乡建镇,以镇管村"的模式。为了加强对城市发展的指导,1989年中央政府颁布了《城市规划法》,明确了城市发展的规模,指明了城市发展的方向,合理制定了城市规划,对城市建设提出了具体要求,城市化发展也逐步实现法制化。② 在小城镇的发展过程中,除了体现市场经济的显著特点,许多小城镇还建起了以市场为主的经济发展网点,由原来的商店转化为商场,诸如服装鞋帽商场,家用电器商场,文化教育体育用品商场,综合服务商场等。在城市经济发展中,不少城市根据地域经济发展特点,建起了城市"条式"经济带,比如电子商务一条街,饮食一条街,商业街,文化一条街,农贸产品一条街,商品批发街等。这个时期城市化发展出现了繁荣的景象,城市经济发展也出现了良好的势头。

1984—1989年间,中国工业总产值年均提升15.9%,工业增加值年均提升12.2%。其中,轻工业总产值年均提升16.8%,重工业总产值年均提升15.0%。显然,这一时期中国轻工业增长远高于重工业,说明中华人民共和国成立初期推行的重工业战略得到有效调整。而且,有了政府的支持,这一时期中国的乡镇企业蓬勃发展,遍地开花,得到前所未有的发展。中国乡镇企业的个数由1984年的481.2万个增加到1989年的736.5万个,年均增长8.89%,企业总产值也由1984年的1 708.9亿元增加到1989年的7 428.4亿元,年均增长34.16%,企业从业人员由1984年的5 208.1万人增加到1989年的9 366.8万人,年均增长12.46%,年均增加831.7万人。需要强调的是,1987年中国乡镇企业总产值高达4 764.3亿元,自中华人民共和国成立以来首次超过了农业总产值(4 447亿元)。1989年,中国乡镇企业总产值占工业总产值的比重高达33.7%,乡镇企业从业人员占全部工业职工的87.2%,这都标志着乡镇企业以及作为主体产业的乡镇工业在中国农村经济和国民经济中地位逐渐增强。③

1984—1989年,中国的产业结构也发生了较大变化。第一产业产值比重由1984年31.7%下降到1989年的24.7%,共计下降了7.0%。相应地,就业比重也由1984年的64.0%下降到1989年的60.1%,共计下降了3.9%。

---

① 当代中国农业合作化编辑室:《建国以来农业合作化史料汇编》(第1版),中共党史出版社,1992年,第1274页。
② 国务院发展研究中心课题组:《中国新型城镇化道路、模式和政策》,中国发展出版社,2014年,第470页。
③ 裴叔平、陈万醒:《乡镇企业产业政策研究》(第1版),经济管理出版社,1989年,第1页。

第二产业产值比重变化不大,从1984年的42.8%下降为1989年的42.4%。其中,工业产值比重由1984年的38.5%下降为1989年的37.8%,就业比重也由1984年的19.9%提升为1989年的21.6%,五年间共计提高了1.7%。显然,1984—1989年间,中国的第二产业产值比重与就业比重变化均不明显。第三产业产值比重由1984年的25.5%提高到1989年的32.9%,五年间共计提高了7.4%,相应地就业比重也由1984年的16.1%提高到1989年的18.3%,共计提高了2.2%。随着经济体制改革的推进,这一时期中国的工业结构也发生了一些变化。其中,轻工业所占比重不断上升,由1984年的48.5%提高到1989年的48.9%。与前一个阶段相比,上升幅度有所下降,仅有0.4个百分点。

就城市化发展而言,中国城市的数量由1984年的300个增加到1989年的446个,年均增长8.25%,即年均增加29个城市;建制镇的数量由1984年的7186个增加到1989年的11873个,年均增长10.56%,即年均增加937个建制镇;城市人口由1984年的24 017万人增加到1989年的29 540万人,年均增长4.23%,即年均增加1 105万人。1984—1989年,中国城市人口的年均增长率远大于人口自然增长率。中国城市化率也由1984年的23.01%提高到1989年的26.21%,五年时间提高了3.2%。当然,中国城市化不仅仅是城市人口比重的增加和城市空间的扩张,更是产业有力的支撑、人居环境的改善、社会保障的健全和生活方式的转变,实现由"乡"到"城"的转变,进而实现产城融合、城乡融合和城乡一体化。

(二)工业化纵深发展与"农民工离土、进镇又进城"阶段(1990—2000)

1988年第三季度,中国开展了一次大规模的全国性的"治理整顿",国内的宏观经济形势也因此发生了重大变化。中华人民共和国成立以来长期形成的以供给短缺为主要特征的生产者主权逐步被以需求不足为主要特征的消费者主权所取代,即供不应求的时代基本宣告结束,供不应求被供过于求所取代。20世纪80年代末,乡镇企业的发展也逐渐面临瓶颈,并引发了一系列问题。随着市场化程度逐渐加深,市场竞争日趋激烈,不少乡镇企业由于缺乏工业基础,特别是内陆地区的乡镇企业由于缺乏技术创新,设备简陋和技术落后,产权关系没有理顺,经济资金不足,经营管理不善、运营成本加大等原因而纷纷倒闭,经营乡镇企业不仅没有发家致富,反而债台高筑,"离土不离乡"的模式已经难以为继。与之形成鲜明对比的是,一些沿海地区的企业,具备一定的工业基础和生产规模,注重技术引进与技术创新,加上大量外资相继注入,企业竞争力逐步得以提升。这一时期,沿海地区经济发展日新月异,产业发展为劳动力提供了充足的就业岗位,对生产要素等资源的需求不断加大,大量生产要素迅速融入沿海城市。另外,由于不少乡镇企业的破产、倒闭与重组,广大农村地区的企业提供的就业机会越来越少,生产要素不能充分利用,而随着农业小机械工具的增多,农业现代化水平不断提高,农民劳动强度不断下降,农村冗余劳动力愈来愈多,农业劳动力就地城市化难度不断加大,实现农村剩余劳动力"离土不离乡"或"进厂不进城"的空间变得越来越小,推动农村地区剩余劳动力向城市转移的难度不断加大。

十三届四中全会以来,中国改革开放和现代化建设的历程波澜壮阔。在中国共产党的领导下,中国在经济和政治等方面进行了一系列体制改革,扩大开放,开展全方位的现代化建设,取得了显著的成就。中国共产党和各族人民也始终坚信改革开放才是建设中国特色社会主义的正确途径,然而改革开放的道路并不平坦。由于这段时期国际上的冷战格局依旧,加之1990年前后的东欧剧变、苏联解体,社会主义运动出现严重曲折。在国内,1989年的中国政治风波,给中国社会主义和改革开放道路带来严峻挑战。要不要继续改革开放,成为全党、全国人民和全世界密切关注的问题。正是在这一关键时期,邓小平的"南方谈话",澄清了社会主义本质的内涵,阐述了改革开放的判断标准,给出了计划与市场不是划分姓"社"姓"资"的标准。作为中国改革开放的总设计师,邓小平深刻阐述了社会主义本质论、社会主义市场经济理论等与时俱进的马克思主义观点。随后,党的十四大顺利召开,中国的改革开放进入了一个新阶段,中国的经济体制开始发生重大变化,中央政府逐步放宽对劳动力、资本和技术的限制,生产要素可以更加合理地自由流动。1993—1994年开始,长期依附于土地的劳动力似乎一下子被解脱出来,农民工开始大规模涌入城市,出现了一批又一批的民工潮。这一时期与前两个阶段产生的人口和劳动力的就地转移有着本质的区别,以"离土又离乡"或"进厂又进城"形式的农民工流动已经成为这个时期劳动力流动的主要形式,越来越多的农村冗余劳动力离开土地、怀揣梦想,涌入大城市和沿海发达地区,经济发展相对发达的长三角、珠三角和京津冀等城市群成为农民工流动的首选区域。"东西南北中,发财到广东"正是描述当时农民工向东南沿海城市流动的真实写照。

1990—2000年,中国工业化与城市化发展的步伐不断加快。工业化方面,这一时期全国工业增加值从1990年的23 924亿元增加到2000年的85 674亿元,年均增长13.61%。1999年,中国的钢铁、煤炭、化肥、水泥、电视机产量均位居世界第一,化纤、棉布产量和发电量均位居世界第二。与此同时,国民经济比例逐步实现区域协调,产业结构不断得到调整与优化。第一产业产值比重由1990年的26.7%下降到2000年的14.7%,相应地第一产业就业比重也由 60.1% 下降到 50.0%;第二产业产值比重由 1990 年的 40.9% 上升到 2000 年的 45.4%,其中工业产值由 36.4% 上升到 40.0%,相应地第二产业就业比重也由 21.4% 上升到 22.5%。显然,第二产业无论是产值比重还是就业比重变化不是很大。第三产业产值比重由 1990 年的 32.4% 上升到 2000 年的 39.8%,相应地就业比重也由 1990 年的 18.5% 上升到 27.5%。可以看出,在这一时期,中国的劳动力就业结构发生了较大变化,即随着第二产业劳动力人数的不断增加,第一产业劳动力人数开始出现绝对减少,农业经济发展与工业化、城市化发展不均衡的势头已经开始显现。

1991 年 11 月,《中共中央关于进一步加强农业和农村工作的决定》明确提出,农业是国民经济发展、社会安定的基础,也是国家独立自主的基础,"三农问题"始终是中国革命和建设的根本问题。[①] 如果没有农村经济的稳定,就不可能有整个社会的稳定,更不可能有社会的全面进步。如果没有农业的现代化,就不可能实现整个国民经济的现代化。这一决定还提出,继续深化农村改革,稳定家庭联产承包责任制,贯彻统分结合的双层经营体制,继续调整农业结构,加快发展农用工业,促进农村经济全面发展。这些措施对于加快农业经济发展,改善农民生活,促使全国经济均衡发展都起到了很大的作用。然而,在全国经济发展的大背景下,内地农业经济发展与沿海和大城市经济发展的速度和距离相差还是越来越大。由于国民经济发展中的城乡差别、工农差别、地区差别不断拉大,"三农问题"越来越突出,进而形成了中华人民共和国成立以来发生的最大规模的农民工潮。

1991—2000 年,农业部门的就业人数净减少 3 110 万人。据统计,1990 年全国有 3 410 万流动人口,1995 年全国流动人口达到 6 800 万,几乎翻了一番。2000 年中国流动人口达到 12 100 万人,与 1995 年相比,增加了将近 80%。随着农村劳动力向城市的流动,城市流动人口增加,农村人口大幅度减少,农民工潮所造成的社会问题越来越严重,如大量农村劳动力涌入城市给城市空间的承载能力带来巨大的挑战,同时,城市对农村劳动力进入城市开始出现排斥心理,农村劳动力的这种宏观流转结构也被认为是盲目流动的体现。农村劳动力选择外出务工具有一定自我提升的期望收益,然而,实际情况却并非如此。由于农村劳动力的劳动素质和技能水平普遍较低,一般他们到外地务工只能够从事一些简单的、艰苦的、技术含量很低的工作,工作和生活条件较差,劳动强度大,收入和福利水平较低。而且中国政府为防止在其工业化和城市化进程中出现类似发达国家那样的城市问题和拉丁美洲国

---

① 中共中央党校教务部:《十一届三中全会以来党和国家重要文献选编下(一九八九年十二月—二〇〇二年十一月)修订本》,中共中央党校出版社,2003 年,第 222 页。

家的"过度城市化"①,对农村劳动力进入城市进行了严格的规范和限制。在中国的特殊制度安排下,农村劳动力进城以后一直生活在城市体制的边缘,并未实现向市民身份的转变,长期处在半城市化的生活状态。

1997年,中国的第一产业劳动力比重已经下降为49.9%,也是中华人民共和国成立以来第一产业劳动力比重首次降到50%以内。显然,中国的就业结构发生了实质性转变,劳动力就业的主体从此不再是第一产业,而是涵盖第二、第三产业的非农产业。这一时期,中国的非农产业发展取得了实质性突破,工业化和城市化水平也得到了大幅度提升。中国城市数量在1990年仅有461个,到2000年已经增加到663个,平均每年新增城市20多个,年均增长率为3.7%;中国建制镇数量在1990年为12 084个,到2000年增加到20 312个,平均每年新增建制镇823个,年均增长率为5.33%;中国城市人口数量在1990年为30 195万人,到2000年增加到45 906万人,相应地城市人口比重从1990年的26.41%增加到2000年的36.22%,每年增加近1%。与改革开放之前相比,这个时期伴随城市第三产业的恢复和发展,中国的城市建设快速发展,城市功能得以加强和完善,城市化进程中的产业基础得到强化。同时,城市土地制度也在这个阶段进行了根本性的改革,允许国有土地有偿转让,土地使用制度由原先的无偿、无期限、不允许流动转变为有偿、有期限、可以流动。这些改革为城市化进程和城市建设带来良好的发展机遇,中国政府通过协议、合同、招标等形式大量转让土地使用权,这为旧城市翻新改造、新城区建设以及城市基础设施和公共事业提供了资金支撑。在体制和制度改革的有利推动下,中国的经济发展、工业化水平和城市建设日新月异,一系列的高技术产业集聚区、工业开发园区陆续建立,工业化和城市结构空间布局日益合理,逐步迈向现代化发展阶段。

### 三、第二次重工业化与城市化加速发展阶段(2001—2011)

工业化和城市化是一个国家或地区现代化水平的重要标志。一个经济体的现代化过程必然是工业化与城市化互动发展的过程。进入21世纪,随着国内外融合程度的进一步提高与改革开放的进一步深化,中国工业化与城市化已经进入新一轮的快速发展阶段。按照城市化水平的"诺瑟姆曲线",中国的城市化水平恰好正处于30%—70%,处于城市化发展水平的快速推进

---

① "过度城市化"主要指一个国家或地区的城市化进程已经脱离了自身的工业化水平和经济发展水平的城市化发展模式。这种城市化不是建立在工农业充分发展的基础上,而是建立在城市人口过度增长的基础上,城市不能为这些人口提供必要的就业机会和生活条件,从而导致一系列严重的"城市病",危害社会和经济的健康发展。

阶段。美国经济学家约瑟夫·斯蒂格里茨(Joseph Stiglitz)也曾预言,美国的高科技与中国的城市化将是21世纪全球经济发展的两大引擎。如果没有工业化发展,城市化将缺少产业支撑,城市化也不可能取得真正发展。进入21世纪以来,中国工业化与城市化相互作用、相互促进、互动发展,而且互动关系愈来愈趋于协调。2011年,中国城市化率已经提高到51.27%,自中华人民共和国成立以来首次突破50%。然而,令人遗憾的是,2001—2011年中国城市化仍然滞后于工业化。因此,加快推进工业化与城市化协调科学发展,必须加强工业化对城市化的产业支撑,促进工业化对城市化的带动作用。同时,城市化必须为工业化提供足够的空间载体,通过扩大国内外需求、推动创新集群形成、促进服务业发展等形式推动工业化发展。

(一) 工业化已进入中后期阶段

2001年,"十五"计划明确提出,积极推进城镇化,充分利用大城市的辐射作用,积极发展中小城市,有重点地发展小城镇,引导城市密集区有序发展,而且,城镇化水平必须与经济发展水平和市场发育程度相适应,循序渐进,逐步形成合理的城镇体系。① "十五"期间,小城镇的快速发展加快了城乡的城市化进程,由于撤地划市、撤县划市、撤乡划镇而繁荣起来。而撤地划市导致了城、市、县同名的现象,例如通化市通化县、抚顺市抚顺县等。

县市同城,对于城市的发展是一种障碍,撤县设区变得愈来愈有必要。为了协同城市管理,所属地市的县也改为市管区,比如周口地区的周口市由于原周口市与新周口市在名称上重复,就把原来的周口市改个叫法,不叫周口市,而叫川汇区。随着小城镇的发展,有不少县城辖区内的名称也发生了变化,比如西华县的城关镇,随着县城区域的扩大和人口的增多,县城规模的扩大而形成了箕城办事处、娲城办事处和昆山办事处,这些不是一般意义上的名称改变,而是随着城市化的发展,政府部门的设立和所履行的部门职能的实际变化。小城镇是城乡结合、工农结合的关键所在,小城镇的发展对于吸纳农村劳动力,活跃城乡市场经济,改善人民生活水平都具有重要作用。

2002年,党的十六大报告中提出"坚持大中小城市协调发展,坚持走中国特色的城镇化道路",随后,政府逐步放松了以往对大城市发展的限制,明确了大中小城市协调发展的战略。② 2006年,国家"十一五"规划指出,"要把城市群作为推进城镇化的主体形态""加强城市群内城市之间的分工协作,实

---

① 中共中央党校教务部,《十一届三中全会以来党和国家重要文献选编下(一九八九年十二月—二〇〇二年十一月)》,中共中央党校出版社,2003年,第287页。

② 中共中央党校教务部,《十一届三中全会以来党和国家重要文献选编下(一九八九年十二月—二〇〇二年十一月)》,中共中央党校出版社,2003年,第394页。

现城市之间优势互补,提升城市群的整体竞争力""加强统筹规划,以大城市为龙头,发挥中心城市作用,形成人口分布合理的新城市群"。① 城市群(又称城市带、城市圈、都市群或都市圈)是指以中心城市为核心,通过向周围辐射形成的城市集合区域。城市群既反映城市之间经济的紧密联系,也反映城市群之间产业的分工与合作,城市群内的交通相互关联,社会生活密切,城市规划一体化,基础设施建设相互影响。2011年,"十二五"规划进一步明确了"两横三纵"的城镇化格局。由此,形成大中小城市和城市群城镇化与产业发展良性互动的新格局。从工业化和城市化发展的过程来看,工业化发展可以划分为三个阶段。

1. 第一次重工业化

中国的第一次重工业化是从"一五"计划时期开始的。1953—1959年,苏联援助中国的"156项工程"建设;1964—1973年,中国为加强战备在中西部地区进行的"三线建设";1974—1980年,中国投资43亿美元向西方发达国家引进成套技术设备"43方案"②,被后人称为"洋跃进"。经历这三个高峰时期之后,中央政府已经发现,靠高度集中的计划经济体制配置资源来实施的重工业化带来了不少问题,必须进行及时调整。因为,无论是举全国之力,还是依靠自力更生,通过耗费大量外汇购买外国先进设备,都不可能使一个经济基础十分薄弱的国家或地区搭上重工业化的快车。③ 在"洋跃进"工业化建设尚未给国民经济带来严重创伤的时候,政府已经开始调整原来的投资预算,大幅度压缩已经投资的基本建设项目。这无疑意味着,已经持续了约1/4个世纪的中国第一次重工业化进程的终结。这一时期的重工业化是以高度集中的计划经济为导向,建设的效果奠定了中国工业化的基础,对国有经济发展起到了很重要的促进作用。然而,也出现了重工业发展与轻工业发展、手工业发展等不平衡的问题,导致了工业结构的畸形发展。

2. 工业化调整时期

20世纪70年代末至80年代中期,在工业发展方面,政府开始重视工业结构中的轻工业发展,并为轻工业发展提供资金、技术、资源等多方面的优先政策,带动了以电视机、电冰箱、洗衣机等为代表的轻工业的发展和繁荣;同

---

① 黄征学:《城市群:理论与实践》,科学出版社,2014年,第82页。
② "43方案",是中华人民共和国20世纪70年代初向美国、联邦德国、法国、日本、荷兰、瑞士、意大利等西方国家大规模引进成套技术设备的计划。1973年1月,国家计划委员会向国务院建议在3—5年内引进价值43亿美元的成套设备,之后在这个方案的基础上又追加了一批项目,计划总额51.4亿美元。这是中国继20世纪50年代引进苏联援助的"156项工程"之后,第二次大规模的技术引进。
③ 吴浙:"中国的第二次重工业化与环渤海区域发展",京津冀区域协调发展学术研讨会,2009年。

时对经济发展中的薄弱环节如通信业、能源、原材料、交通运输提供支持。在农业发展方面,广泛实施并推广家庭联产承包责任制,促进农村劳动力发展,加大对农业生产的投入,提倡多样农产品的生产和发展,带动改革初期农业的迅速发展,也为工业化的恢复和发展提供农业基础支持。同时,为解决这个时期农业、轻工业和重工业比例失调的问题,政府在 1978 年颁布《中共中央关于加快工业发展若干问题的决定》,并在 1979 年 9 月 28 日党的十一届四中全会通过了《中共中央关于加快农业发展若干问题的决定(草案)》,同年确定了"调整、改革、整顿、提高"的指导政策方针,着重强调发展消费品工业,并将重工业的发展与农业、轻工业、消费品工业紧密地联系起来,重视交通、能源等城市基础设施建设。① 并且,鼓励沿海地区、经济特区和经济技术开发区等有条件的单位可以利用有利条件吸引外资进行投资,中国轻工业发展的步伐开始加快,工业发展逐步向以市场为导向的方向转变。

1980—2000 年,中国改革开放的步伐势不可挡,政府积极引导企业进行经济体制改革,由高度集中的计划经济体制逐步向自由竞争的市场经济体制转型,许多国有企业原来由国家和集体所有,产权不清晰,效率低下,在政府引导下开始承包、重组、转卖或倒闭,导致大量工人下岗或失业。20 世纪 90 年代初期,中国曾有一段劳动力失业或下岗的高潮。当时个人失业还不叫下岗,有的地方叫"下岗",有的叫"放长假",有的地方叫"厂内待业"等。到 20 世纪 90 年代中后期,作为一种社会现象,下岗职工问题开始凸显出来。1998 年,国内出现了中华人民共和国成立以来最严重的下岗潮。1998—2000 年,中国有 2 137 万人从国有企业下岗。从地域分布看,国有企业下岗职工主要来自两个区域:老工业基地和经济欠发达地区。从行业分布来看,主要集中在煤炭行业、纺织行业、机械行业以及军工行业等。当然,国有企业职工下岗现象,是计划经济向市场经济转轨的必然结果,也是中国计划经济体制推行过程中积累的诸多深层次矛盾的综合结果。总体上来看,改革开放之后中国工业化水平提升速度明显加快。1980—2000 年,中国 GDP 年均增长率为 9.9%,远远高于世界平均水平,工业增加值年均增长率高达 11.7%。理论界往往将粗钢产量作为衡量重工业发展水平的重要标志。然而,1980—2000 年中国粗钢产量年均增长率仅为 6.4%,说明中国重工业发展的步伐已经开始放缓。

由此可见,在这长达 20 年的时间里,中国资源配置方式由计划经济体制向市场经济体制转型,工业化发展也由重化工业向轻型工业方向转变,轻工

---

① 中共中央党校党建教研室:《十一届三中全会以来重要文献选编》(第 1 版),中共中央党校出版社,1981 年,第 18 页。

业发展的步伐明显加快,尤其是食品工业、纺织工业、化妆品工业等轻工业发展迅速,城市化水平大幅度提升。然而,这一时期中国的工业结构仍是畸形的,幸运的是,改革开放前重工业优先发展战略已经得以调整,产业结构呈现向轻型化发展的态势。

3. 第二次重工业化

中国的第二次重工业化是相对于第一次重工业化而言的。① 1997年,亚洲金融危机对东南亚国家的经济影响很大,中国工业经济也因此陷入低谷,大量乡镇企业破产,工业企业被迫转型,以往较为分散的小城镇工业为了摆脱困境,开始向城市大工业集聚。同时,为建立与社会主义市场经济相适应的城镇住房制度,政府开始推进城镇住房商品化、社会化。随着中国城市住房制度的改革,为满足城市居民日益增长的居住需求,城市中的商品房开发规模不断扩大,房地产行业带动了上下游产业的发展,既促进了工业化发展,又带动了城市化发展。然而,正是这一时期,由于中国轻工业的发展较快,工业结构轻型化的弊端也逐步显现出来,全国范围内出现轻工业产品供大于求等供给过剩问题。而且,轻工业一般属于劳动密集型产业,技术含量低,大部分企业都是通过压缩成本、降低成品价格获取竞争优势,缺乏核心竞争力。在此背景下,郭克莎在《中国工业化的进程、问题与出路》一文中首次提出了第二次重工业化。② 值得说明的是,理论界与实践工作者对中国的第二次重工业化这一论断的看法存在着重大分歧。理论界主要是从经济理论出发,基于工业发展的一般规律,认为中国需要第二次重工业化。与之形成鲜明的对比的是,实践工作者则考虑到宏观经济中存在诸多尚未解决的问题,没有必要也不急于再次发展重化工业。③ 然而,中国的现实情况则是,"十五"期间中国工业重型化趋势不仅是政府部门未预料到的,也是理论界未想到的,大大超出了学者们的预期。④

比较一致的观点是,第二次重工业化主要是由消费结构升级,城市化发展速度加快,交通和基础设施建设的投入力度加大造成的。根据马斯洛的五个需求层次学说,人类一旦满足了基本的生理需求,就会追求更高层次的需

---

① 中国的第一次重工业化在1953—1957年的第一个五年计划期间开始,终止于"43方案"的26个成套设备项目和以宝山钢铁总厂为首的22项大工程建设(1974—1980)之后。工业化的中期,也就是重工业化阶段,是实现工业化最关键的时期。由于中国在改革开放以前实行重工业优先发展战略,曾经重点发展过重工业,现在再次发展重工业,所以称之为"重新重工业化"或"(第)二次重工业化"。
② 郭克莎:"中国工业化的进程、问题与出路",《经济研究参考》,2000年第B3期,第2—21页。
③ 吴敬琏:"思考与回应:中国工业化道路的抉择",《学术月刊》,2006年第1期,第58—61页。
④ 吴浙:"中国的第二次重工业化与环渤海区域发展",京津冀区域协调发展学术研讨会,2009年。

求。进入21世纪,全国各族人民的生活水平不断提高,社会的有效需求不断增强,人们的生活观念和消费观念悄然发生变化。当轻工业产品——食品、服装等供给相对富足之后,人们对生活的追求层次就会上升,开始追求舒适的住房、体面的小汽车等耐用品,社会购买力的增强与社会需求结构的变化拉动中国工业结构的调整和升级,重化工业和高、深加工化势不可挡,成为中国工业发展的必然趋势。比如,房地产楼盘建设,高速公路、高铁建设,及汽车制造等,对基础建材比如钢铁、水泥,以及重型生产和运输机器等重工业产品的需求不断地增加,就使得中国的煤炭开采业、石油和天然气开采业、钢铁工业、机器制造业的发展非常迅速。

进入21世纪,随着市场经济机制的不断深化,中国的第二次重工业化进程发展迅猛,尤其是进入"十一五"规划以来,中国的第二次重工业化发展并没有减速的趋势。然而,造成两次重工业化的原因却有着本质的区别。[①] 基于前面的分析,我们不难发现,第一次重工业化的原因主要有以下四点:一是中华人民共和国成立之后,面临着严峻的国际形势,敌对势力对中国实施政治和经济上的封锁政策,加之抗美援朝战争,中国迫切需要发展、壮大本国重工业。二是在苏联工业化发展模式的影响下,中国的工业化发展选择在高度集中的计划经济体制下,推行重工业优先发展的产业战略。三是中国的重工业基础异常薄弱,严重制约自身的生存和发展,若要改变本国落后的面貌需要重视重工业的发展。四是对生产资料增长更快的理论的认识存在偏差。一般认为,在工业化前期,经济发展水平较低,人类经济活动总是围绕解决温饱问题展开的,这一阶段不大可能出现生产资料增长更快的现象。在实现工业化阶段,以生产资料生产为主的制造业迅猛增长,生产资料增长更快成为显而易见的事实。然而,在工业化中后期阶段,第三产业发展迅猛,生产资料生产在经济发展中的地位逐渐衰减。显然,生产资料生产不能脱离消费资料生产而孤立地高速发展。生产资料生产的最终目的是为了满足消费资料生产的需要,没有消费资料生产的相应发展,生产资料就会因没有销路而不能实现其价值。同时,生产资料生产的快速发展必须有消费资料生产的相应发展为其提供基础。中国第一次重工业化的结果正是没有完全厘清生产资料生产与消费资料生产的关系,片面强调重工业的发展,而忽视轻工业和第三产业的发展。[②] 然而,中国进入21世纪以来再次重工业化的原因,总体而言,是由于改革开放以前的第一次重工业发展,不仅未实现重工业发展的任

---

① 简新华、余江:"重新重工业化不等于粗放增长和走旧型工业化道路——对吴敬琏研究员相关论述的质疑",《学术月刊》,2006年第5期,第88—95页。
② 李固:"生产资料生产增长更快与经济发展",《经济研究》,1988年第7期,第81页。

务,也未完成轻工业发展的任务,因此,更谈不上实现工业化,而且造成"产业结构中,重工业过重、轻工业过轻、农业基础落后、第三产业发展薄弱"的不良产业格局,这也就促使中国在改革开放初期,必须重新发展农业和第三产业,以弥补改革开放伊始工业化的缺陷,因此,需要在21世纪再次重视重工业的发展。消费结构的升级、装备制造业发展的落后、基础设施建设的落后、城市化历程的加速、轻工业的优化升级、农业产业技术的革新、国防现代的需要、国际制造业发展的机遇等原因推动了重工业的发展,使得重工业的发展迈向重新重工业化的新时期,也是中国实现工业化和现代化的关键阶段。从工业各行业的产值增速也可以看出产业结构重型化的趋势(见表3-1)。

表3-1 中国工业各行业产值增速(1986—2011)　　　　　　单位:%

| | 1986—1992 | 1992—2000 | 2000—2011 |
|---|---|---|---|
| 工业总产值增速 | 1.48 | 2.09 | 7.15 |
| 煤炭开采和洗选业 | 1.60 | 1.09 | 16.32 |
| 石油和天然气开采业 | 1.64 | 4.12 | 2.17 |
| 黑色金属矿采选业 | 2.06 | 1.78 | 35.39 |
| 有色金属矿采选业 | 1.85 | 2.23 | 8.37 |
| 非金属矿采选业 | 2.04 | 1.85 | 7.67 |
| 其他采矿业 | — | — | — |
| 农副食品加工业 | — | — | 8.38 |
| 食品制造业 | 1.37 | 0.14 | 6.87 |
| 饮料制造业 | 2.38 | 2.08 | 4.22 |
| 烟草制品业 | 1.88 | 1.24 | 3.03 |
| 纺织业 | 1.49 | 0.78 | 4.54 |
| 纺织服装、鞋、帽制造业 | — | — | 4.38 |
| 皮革、毛皮、羽毛(绒)及其制品业 | 2.25 | 3.14 | 4.87 |
| 木材加工及木、竹、藤、棕、草制品业 | 1.45 | 3.18 | 10.26 |
| 家具制造业 | 1.24 | 2.24 | 10.93 |
| 造纸及纸制品业 | 1.78 | 2.23 | 5.56 |
| 印刷业和记录媒介的复制行业 | 1.81 | 1.35 | 4.78 |
| 文教体育用品制造业 | 2.37 | 3.19 | 4.07 |
| 石油加工、炼焦及核燃料加工业 | — | — | 5.60 |
| 化学原料及化学制品制造业 | 1.99 | 2.01 | 7.34 |
| 医药制造业 | 2.69 | 2.13 | 5.59 |

(续表)

| | 1986—1992 | 1992—2000 | 2000—2011 |
|---|---|---|---|
| 化学纤维制造业 | 2.74 | 2.35 | 2.99 |
| 橡胶制品业 | 1.57 | 1.13 | 6.27 |
| 塑料制品业 | 2.49 | 2.36 | 6.30 |
| 非金属矿物制品业 | 1.75 | 1.60 | 7.68 |
| 黑色金属冶炼及压延加工业 | 2.15 | 1.27 | 9.95 |
| 有色金属冶炼及压延加工业 | 2.05 | 2.07 | 11.90 |
| 金属制品业 | 1.92 | 2.17 | 6.93 |
| 通用设备制造业 | — | — | 10.53 |
| 专用设备制造业 | 1.61 | 3.16 | 8.83 |
| 交通运输设备制造业 | 3.45 | 2.47 | 9.34 |
| 电气机械及器材制造业 | 2.04 | 2.91 | 7.97 |
| 通信设备、计算机及其他电子设备制造业 | 2.85 | 7.13 | 6.28 |
| 仪器仪表及文化、办公用机械制造业 | 1.57 | 3.75 | 6.37 |
| 工艺品及其他制造业 | — | — | — |
| 电力、热力的生产和供应业 | 2.30 | 3.52 | 7.79 |
| 燃气生产和供应业 | — | — | 13.05 |
| 水的生产和供应业 | 2.66 | 3.03 | 2.49 |

注:"—"表示数据缺失。
资料来源:国家统计局工业统计司,《中国工业经济统计年鉴》,中国统计出版社,1987—2012年。

2000年,中国工业总产值为85 674亿元,2011年增加到846 189亿元,11年间增长了近10倍。其中,增速较快的行业主要集中在两类:一是基础工业,如煤炭开采和洗选业(16.32%)、黑色金属矿采选业(35.39%)、有色金属矿采选业(8.37%)、燃气生产和供应业(13.05%);二是高加工度产业,例如黑色金属冶炼及压延加工业(9.95%)、有色金属冶炼及压延加工业(11.90%)、通用设备制造业(10.53%)、专用设备制造业(8.83%)、交通运输设备制造业(9.34%)。这些产业发展强劲,有效带动了产业结构优化升级。统计数据显示,2011年,中国人均GDP已经达到5 432美元,工业占国民经济的比重为39.8%,重工业产值占工业总产值比重高达71.68%,制造业增加值占总商品增加值的比重为57.21%。根据国际经验,2011年,中国已经进入工业化的中后期阶段(见表3-2)。

表 3-2　工业化不同阶段主要指标的标志值

| 基本指标 | 工业化实现现阶段 | | | | | 2011中国相关指标数值 |
|---|---|---|---|---|---|---|
| | 前工业化阶段 | 工业化初期 | 工业化中期 | 工业化后期 | 后工业化阶段 | |
| 1. 三次产业产值结构 | A>I | A>20% | A<20% | A<10% | A<10% | A=10.04 |
| | | A<I | I>S | I>S | I<S | I>S |
| 2. 第一产业就业人员比重 | 60%以上 | 45%—60% | 30%—45% | 10%—30% | 10%—30% | 34.80% |
| 3. 制造业增加值占总商品增加值比重 | 20%以下 | 20%—40% | 40%—50% | 50%—60% | 50%—60% | 56.21% |

注:(1) 划分工业化阶段的标准,基于库兹涅茨(1989)、钱纳里(1995)、郭克莎(2000)、陈佳贵和黄群慧(2008)等的研究确定;(2) 表中 A、I、S 分别代表第一、第二、第三产业产值占 GDP 比重;总商品增加值是指第一、第二产业产值之和。

资料来源:国家统计局,《中国统计年鉴》,中国统计出版社,2012 年。

(二)城市化正处在加快发展时期

2001 年中国正式加入了 WTO,中国经济进入新一轮的高速增长时期,一些沿海地区由于工业化的快速发展,需要大量的社会劳动力,甚至出现了"民工荒",大量的农民工涌入第二、第三产业。许多地方由于城市发展而快速膨胀,发展空间不断加大,城市化发展中的圈地运动导致了不少农村被城市吞噬,不少农田被城市占用,极大地损害了农民工的利益。一些地方在城市化发展规划中迫于发展的需要,不少文物被摧毁,同时也有不少地方因为开发商的"圈地运动"而导致大片土地荒芜,生态环境破坏严重,社会腐败之风盛行,社会危机四伏。

在城市化极度膨胀的过程中,房地产业发展异常迅速,逐渐成为不少城市的支柱产业,房地产业的快速发展促使城市面貌不断地改观。房地产业出现了少数人垄断性经营的现象,不少城市的楼盘建造得越来越多,许多人高价买了房子并不是为了自己住,而是为了转手卖出去后获得房价增值后的高额经济利润,导致了城市的房子有人买却无人住的现象,甚至出现了不少城中"鬼城"。

在城市化膨胀的过程中,中国房地产陷入了一个经济发展的怪圈:随着城市房地产业的快速发展,城市和郊区建设起来的楼房增多,人们对住房的需求日益增大,对住房标准的要求逐渐提高,这就使得城市的建设用地愈发紧张,推高了地皮、建材的价格,物价上涨的幅度和楼盘建设的成本加大,开发商建楼盘和政府搞基础设施建设所欠的债务增多(银行债务大都是以亿元为单位),地方政府的财政日渐紧张,导致干部和职工发不下来工资,农民工不能按时发放工钱,民生问题严重,百姓怨声载道。同时,随着城市住房的开发,"豆腐渣"工程增多,经济犯罪和腐败问题严重。另外,人们由于消费需求的不断提高,买房买车的透支性消费也相应提高,透支性消费人数日渐增多,导致了经济发展迅速但人们生活质量下降的一个城市发展的社会怪圈。

城市的快速发展导致就业年龄段内的劳动力人口从农村流入城市从事非农就业的人数猛增,许多地方的青壮年劳动力大量外流,不少农村里只有老人、妇女与儿童,农村人口结构形成了所谓的"99(老人)、38(妇女)、61(儿童)"现象。社会劳动就业人员与家庭的分离,导致城市化率并没有明显提升。同时,原有城乡二元结构的产业支撑、人居环境、社会保障制度、生活方式、公共服务等方面也阻碍了"农民工"的市民化,阻碍了农民工由"乡"到"城"的转变。[①] 2004年,《中共中央国务院关于促进农民增加收入若干政策的意见》明确指出,利用农村劳动力、资本等生产要素,加快发展乡镇企业,引导更多的农民工进入小城镇实现就业,增强小城镇吸纳农村劳动力的能力,繁荣小城镇经济;着力改善农民工进城就业环境,提高农民工外出务工收入。同时,充分利用农村各种资源,加快推进乡镇企业改革,扩大农村内部的就业空间,对于法律上没有明确禁止的行业和领域,农村个体私营企业皆可以进入,大力发展农村个体工商户和私营企业等非公有制经济。通过发展农村第二、第三产业,接地气地实现非农就业,拓宽农民的增收渠道。

在市场经济条件下,城市应该是开放的,必须消除就业歧视,实现城乡就业一体化。对"民工潮",堵是难以奏效的,应充分利用市场机制进行引导,疏通农民工求职及用工通道。在城市化发展战略上,"十五"规划已经明确指出:发展小城镇是加快推进城镇化的有效途径,发展小城镇的关键在于加快小城镇经济的繁荣,引导农村各类企业实现合理集聚、逐步完善农村市场体系、发展农业产业多元化经营,实现农业产业社会化服务与小城镇建设的有效融合。为了加快小城镇建设,"十五"规划还强调,把一些县城和基础条件较好、发展潜力较大的建制镇作为小城镇发展的重点;打破城乡分割体制,建立适应市场经济体制的新型城乡关系;改革户籍制度,确保城乡人口的有序流动;引导农村剩余劳动力在城乡之间的有序流动,取消农村劳动力进入城镇就业的不合理限制;改革完善城镇用地制度,妥善解决城镇建设用地;建立城镇建设投融资新体制,广辟投融资渠道;通过发挥市场机制作用建设小城镇,改进城镇化的宏观管理。中国的城市化建设必须结合中国的国情,走中国特色的城市化道路,发展大中小城市、小城镇协调发展的战略。

首先,总体上来看,2001—2011年中国城市化步入了一个新的发展阶

---

[①] 陈佳贵、黄群慧:《工业大国国情与工业强国战略》,社会科学文献出版社,2012年,第164—168页。

段。中华人民共和国成立之初,曾经有一段时期城市化发展较快,城市化率从 1953 年的 13.3% 提高到 1960 年的 19.8%。随后,中国城市化发展就陷入了发展停滞阶段,甚至出现倒退、徘徊不前的状态。而且,这一滞后发展的状态一直持续十多年,直到改革开放之后才再次开始启动。1978—1990 年中国城市化率年均提升 0.71%;1991—2000 年中国城市化率年均提升 0.98%。进入 21 世纪以来,随着市场化程度的进一步提高,中国城市化呈现出加快发展的态势,2001—2011 年中国城市化率每年增加 1.36 个百分点,部分年份如 2007 年、2010 年中国城市化率提高超过 1.5%。[①] 这一时期的城市化发展开始具有人性化、现代化、信息化、生态化、区域化、功能化的发展特点,城市建设规划更加趋于合理、和谐、协调。许多城市里建起了高新技术工业园区、文化教育园区、商业园区、生活服务园区、城市生态园区、行政新区、休闲娱乐园区、城市住宅园区等。城市发展逐渐向人性化城市、文明城市、绿色环保城市、信息化城市、创新型城市发展的方向发展。

世界各国城市化发展的规律告诉我们,城市化发展具有明显的阶段性特征。第一,当城市化率低于 30% 时,城市化水平增长缓慢;第二,当城市化率在 30%—50% 时,城市化水平提升较快,而且以递增的速度增加;第三,当城市化率在 50% 时,城市化发展出现拐点,在 50%—70% 时,城市化水平以递减的速度提升;第四,城市化率超过 70% 以后,城市化水平发展增速开始放缓(见图 3-1)。中国城市化率 2000 年为 36.22%,2011 年为 51.27%。基于此,我们不难判断,中国城市化发展速度目前应该是提升最快的时期。

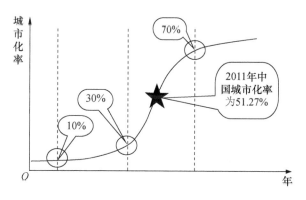

**图 3-1 城市化水平演进的"S"形曲线**

其次,城市群、城市圈发展迅猛。作为城市发展到一定阶段的最高空间组织形式,城市群、城市圈是大都市区的联合体。从经济发展的战略意义上

---

① 易善策:《产业结构演进与城镇化》,社会科学文献出版社,2013 年,第 191 页。

来看,中国的城市群主要有:京津冀城市群、珠三角城市群、长三角城市群、长江中游城市群、中原城市群、关中城市群、海峡西岸城市群、辽中南城市群、成渝城市群、长株潭城市群和"家族经济"崛起中的山东半岛城市群。京津冀城市群,包括北京、天津两个直辖市和河北省的 8 个中心城市。珠三角城市群,以广东省的广州和其他 8 个次中心城市为主体,辐射珠江三角洲区域。长三角城市群,包括上海和江、浙 2 省,以上海为核心,涵盖"一核九带"[①]的空间格局。长江中游城市群,以 1 个城市圈与 2 个城市群(武汉城市圈、环长株潭城市群、环鄱阳湖城市群)为主体的特大城市群,是区域发展格局中占重要地位的长江经济带三大跨区域城市群支撑之一。中原城市群,以郑州为中心,以洛阳为副中心,涵盖河南、安徽、山西、河北、山东等 5 省 30 个地级城市的紧密联系圈,既是促进中部崛起的增长极,也是带动中西部发展的核心增长极。关中城市群,以西安为中心,以宝鸡为副中心,包括渭南、商洛、铜川及杨凌示范区的城市群,该区域既是西部地区唯一的高新技术产业开发带,也是中国西部地区唯一的星火科技产业带。海峡西岸城市群,以福州、泉州、厦门、温州、汕头 5 大中心城市为核心,包括福建、浙江、江西、广东等 4 省共计 20 个地级市所组成的城市群,该区域的目标是加快海峡西岸经济区建设,推进祖国统一。辽中南城市群,以沈阳、大连为中心,包括鞍山、抚顺、本溪、丹东、辽阳、营口、盘锦等次中心城市,该区域城市高度密集,而且大城市所占比例较高。成渝城市群,以成都、重庆两城市为核心,包括重庆全域和四川的 11 个次中心城市,以及所辖的 73 个县(市)和 1 636 个建制镇,该区域的目标是构建具有国际竞争力的国家级城市群,融入"一带一路"建设,打造新的经济增长极。长株潭城市群,以长沙、株洲、湘潭 3 个市为中心,包括岳阳、常德、益阳、娄底、衡阳 5 个省辖市在内的城市聚集区。山东半岛城市群,以济南、青岛为区域双中心,构建济南、青岛都市圈和烟威、东滨、济枣菏、临日四个都市区,即"两圈四区"的发展格局,是黄河中下游广大腹地的出海口。在中国东部地区,2000—2011 年,京津冀、珠三角和长三角三大城市群发展已经相对成熟,成为三大增长极,已经成为拉动中国东部地区经济增长的巨大引擎。

最后,城市转型逐步显现,城市功能进一步提升。伴随着城市群、城市圈的发展,尤其是中国东部三大城市群,其中心城市均呈现以服务经济为主的产业结构调整态势,大大促进了城市功能向后工业化阶段转型。例如,1999 年上海的第三产业比重已经超过 50%,达到 50.9%。随着城市现代服务业

---

[①] "一核九带"是指沿沪宁和沪杭甬线、沿江、沿湾、沿海、沿宁湖杭线、沿湖、沿东陇海线、沿运河、沿温丽金衢线为发展带的空间格局。

的快速发展,2009年上海的第三产业增加值比重已经达到59.4%,达到中华人民共和国成立以来第三产业发展的最高水平。在第三产业发展的推动下上海的金融产业也呈现快速发展的趋势,2009年上海金融市场交易总额累计超过250万亿元,股票成交额大幅度增加,跃居全球第三;2009年股票沪市总市值创历史新高,位居全球第六,总市值高达18.4万亿元;2009年上海期货市场成交额火爆,占全国份额的58%;同年上海港货物吞吐量增加到5.92亿吨,位居全球第一;同时上海国际集装箱吞吐量达到2500万标箱,名列全球第二;上海服务贸易总额超过800亿美元,占全国总份额的25%。显然,上海逐渐由以第二产业为主体向第三产业为主体转型,并且上海正朝着以稳固的实体产业作为基础,产业结构以城市服务业为主导的方向发展。上海正朝着国际贸易中心、国际金融中心和国际航运中心等迈进,世界性城市的地位逐步提升。中国城市群的范围不断扩大、城市圈和城市群发展迅猛,实力日益增强,城市产业发展逐渐以服务业为主导,城市功能进一步加强。

2000—2011年,中国城市化发展并不是单一的工业化对城市化的推进,而是城市向多元化发展。比如,城市在商业、基础建设、政治、文化、教育、医疗卫生、生态环保等均取得快速发展。当然,在城市化发展过程中,由于地域、资源和环境的不同,也形成了不少颇具特色的城市。比如,电子工业城市(深圳),航天工业城市(西昌和酒泉),新兴城市(威海、三亚、鄂尔多斯)等。中国城市化快速推进顺应了时代发展的潮流,城市群越来越多,规模也越来越大,为社会经济发展提供了足够的空间,有力地保证了国民经济的发展,优化了社会环境,调整了经济结构,促进了工业化发展,增加了劳动者的就业机会,提高了劳动者的就业能力,城市化服务水平不断得到提高,人们的生活水平不断得以改善。

## 第三节 中国工业化与城市化发展的主要特点

从城市本身的发展来讲,无论是工业化发展还是城市化发展,都应该也必须促进社会经济的健康发展。工业化和城市化发展的道路应当是一条"致富路",既要注重城市建设,又要注重发展内涵。有些城市只有负债发展的城市建设能力,而没有技术创新和创造社会财富的能力。一个城市发展的创富能力跟它的"自我造血"能力是息息相关的,如果"只长骨头不长肉",造不出什么社会财富,就会缺乏发展的实力和后劲,不可能持续发展。

改革开放以来,中国工业化与城市化发展迅速,产业结构不断得以优化,人民生活需求不断提高,有力地促进了制造业尤其是轻工业的发展。同时,第三产业发展迅速,市场机制在国民经济发展中发挥了重要作用,城市化发展推进了工业化发展,尤其是城市建设推进了重工业发展。工业化和城市化发展过程中的协调程度总体上不断提高,衡量工业化与城市化的主要指标——工业化率与城市化率之间的差距也不断缩小,二者之间的互动发展呈现出一些新的时代特征。

## 一、工业化带动城市化的强劲发展

从最初的矫正畸形工业结构,到工业产业结构呈现轻型化特征,再到工业结构进一步调整过程中逐步实现高加工度化、重型化,并伴随着第三产业的发展和层次的提升,整个工业化过程对城市化发展产生了巨大的带动作用。

### (一)产业结构与就业结构

从提升城市化率水平的角度看,改革开放之后的30年,轻工业以及第三产业等劳动密集型产业的发展,创造了大量的就业机会,对吸纳农村劳动力发挥了积极的作用,正是这一持续扩大的就业需求有力地带动了农村劳动力从"农"民转变为"市"民。改革开放前,城市化发展水平的滞后导致农村囤积了大量的剩余劳动力。按照刘易斯的二元经济理论,"大量边际劳动生产率为零的农村剩余劳动力形成了无限供给的状态"。因此,改革开放之后,国家允许劳动力向小城镇流动,在较短的时间内,这种积累了很久的存量得到了释放,尤其是在20世纪90年代前后,大量农村劳动力集中涌入城市,造成城市劳动供给量的急剧增加,仅1993年中国农村劳动力外出就业数量就新增加800万人。显然,中国城市化发展水平的滞后以及严格的人口限制流动策略,使中国城市劳动力供给在改革开放前集聚了一股巨大的"势能"。从理论上来说,改革开放以来,随着这股"势能"的不断释放,农村劳动力冗余数量应该逐渐减少。然而,表3-3中的统计数据显示,1993—2006年中国农村劳动力外出就业数量不仅没有减少,反而呈现出逐年上升趋势。1997年之前,中国农村劳动力外出就业年新增数量确实呈现出下降趋势,然而,从2001年这一指标却又出现了逐年增加的趋势。2007年上半年,农村外出务工劳动力数量就比上年同期增加860万人,同比增长8.1%。显然,积攒的"势能"只能提供一部分解释。而农村劳动大量流入城市的根本原因不是由于农村劳动力的大量剩余,而是由于城乡差别、地区差别、贫富差别和"三农问题"。

表 3-3  中国农村劳动力外出就业情况(1993—2006)

| 年份 | 外出就业(万人) | 年新增(万人) | 年份 | 外出就业(万人) | 年新增(万人) |
|---|---|---|---|---|---|
| 1993 | 6 200 | 800 | 2002 | 9 430 | 479 |
| 1995 | 7 000 | 400 | 2003 | 9 820 | 390 |
| 1996 | 7 223 | 223 | 2004 | 10 260 | 440 |
| 1997 | 7 722 | 499 | 2005 | 10 824 | 564 |
| 2001 | 8 961 | 348 | 2006 | 11 490 | 666 |

资料来源:(1) 1995—2003 年数据来自毛德文、蔡昉、高文书,"全球化与中国国内劳动力流动:新趋势与政策含义",《开放导报》,2005 年,第 6—12 页;(2) 2004—2006 年的数据来自农业部农村经济研究中心。

事实上,农村劳动力外出就业数量的扩大与城市劳动密集型产业的快速发展密不可分。这一判断可以从农村劳动力从业分布的变化得到印证。从事制造业和建筑业的农村劳动力比重逐年上升,而且随着时间的推移上升幅度不断加大。2002 年从事制造业的农民工所占比重为 22%,2003 年、2004 年分别为 25.2% 与 30.3%,到 2007 年年初这一数据高达 42.1%;2002 年从事建筑业的农民工所占比重为 16.6%,2003 年、2004 年分别为 16.8% 与 22.9%,到 2007 年年初这一数据达到 36.7%。这些数据表明,农民工进城务工大多从事的是劳动强度大、劳动条件艰苦的体力劳动和简单的技术劳动,并且已经成为城市化建设的主力军。随着产业结构逐步高加工度化和重型化,劳动密集型产业增速与工业总产值增速相比呈略微下降趋势(见表 3-4),尤其是进入 21 世纪之后,劳动密集型产业的绝对增长速度始终保持着增长的态势,并且其与工业总产值增长速度的差距不大。

从表 3-4 还可以看出,城市服务业的快速发展吸纳了大量农村劳动力。1991—2003 年,批发、零售业和餐饮业、社会服务业等劳动密集型产业一直保持较高的增长速度。显然,制造业和服务业中的劳动密集型产业成为吸纳农村冗余劳动力的重要渠道。农村劳动力向城市经济市场和服务行业不断渗透,在城市人民生活中发挥了重要作用。

(二) 第三产业与城市发展

城市化是中国实现现代化历史进程的重大战略,城市化发展意味着农村人口不断向城市转移和农村人口的逐渐城市化,第二、三产业不断向城市聚集,但城市化不仅仅是简单的城市人口比例增加和城市面积扩张,而是要在收入、教育、医疗、环境、养老等方面实现由"乡"到"城"的转变。第三产业的发展对城市功能产生了举足轻重的影响。1979—2011 年中国第三产业产值占 GDP 比重总体上保持持续上升的趋势。这一时期又可以分为两个阶段:

表 3-4 中国服务业增加值构成(1991—2003)

增加值较上一年增长率(%)

| 行业\年份 | 1991 | 1992 | 1993 | 1994 | 1995 | 1996 | 1997 | 1998 | 1999 | 2000 | 2001 | 2002 | 2003 |
|---|---|---|---|---|---|---|---|---|---|---|---|---|---|
| 服务业 | 8.8 | 12.4 | 10.7 | 9.6 | 8.4 | 7.9 | 9.1 | 8.3 | 7.7 | 8.1 | 8.4 | 8.7 | 7.8 |
| 农林牧渔服务业 | 10.7 | 10.4 | 2.2 | 10.3 | 8.7 | 5.8 | 32.5 | 13.4 | 6.3 | 3.0 | 11.7 | 12.0 | 3.2 |
| 地质勘查和水利管理业 | 10.9 | 15.1 | 11.2 | 16.3 | 5.4 | 5.1 | 4.3 | 0.7 | 6.2 | 4.1 | 3.7 | 4.8 | -3.4 |
| 交通运输和仓储业 | 8.6 | 7.9 | 5.9 | 7.1 | 5.0 | 3.8 | 5.3 | 2.0 | 5.6 | 5.0 | 4.8 | 4.5 | 1.6 |
| 邮电通信业 | 35.5 | 30.3 | 53.3 | 20.1 | 39.0 | 34.1 | 23.1 | 27.4 | 20.1 | 20.4 | 17.5 | 12.9 | 12.9 |
| 批发、零售业和餐饮业 | 4.5 | 13.1 | 6.6 | 7.7 | 5.9 | 5.4 | 8.5 | 7.7 | 7.2 | 8.2 | 7.5 | 8.1 | 9.1 |
| 金融保险业 | 2.3 | 8.0 | 10.9 | 9.4 | 8.5 | 7.5 | 8.5 | 4.9 | 4.8 | 6.5 | 6.4 | 6.9 | 7.0 |
| 房地产业 | 12.0 | 34.7 | 10.8 | 12.0 | 12.4 | 4.0 | 4.1 | 7.7 | 5.9 | 7.1 | 11.0 | 9.9 | 9.8 |
| 社会服务业 | 26.8 | 19.3 | 18.9 | 8.3 | 5.8 | 5.0 | 7.9 | 10.6 | 8.1 | 8.7 | 10.9 | 11.2 | 9.3 |
| 卫生体育和社会福利业 | 14.9 | 9.4 | 11.8 | 8.2 | 6.4 | 10.3 | 8.1 | 7.8 | 4.6 | 6.3 | 11.6 | 9.2 | 7.2 |
| 教育和文化艺术及广播电影电视业 | 7.8 | 8.0 | 14.9 | 15.0 | 8.0 | 13.9 | 14.8 | 10.2 | 7.2 | 5.3 | 8.6 | 11.0 | 7.5 |
| 科学研究和综合技术服务业 | 12.0 | 15.3 | 6.9 | 17.9 | 10.5 | 14 | 12.1 | 10.8 | 10.5 | 6.9 | 7.4 | 12.1 | 7.8 |
| 国家机关、政党机关和社会团体 | 14.5 | 8.6 | 7.7 | 8.3 | 6.0 | 6.2 | 7.0 | 8.3 | 8.6 | 7.7 | 7.3 | 8.4 | 7.9 |
| 其他行业 | 14.8 | 19.5 | 17.9 | 10.6 | 8.6 | 9.5 | 10.2 | 8.1 | 6.5 | 5.6 | 4.4 | 5.7 | 4.5 |

第三章 体制转轨时期中国工业化与城市化的历史演进(1979—2011) 115

(续表)

| 行业 \ 年份 | 1991 | 1992 | 1993 | 1994 | 1995 | 1996 | 1997 | 1998 | 1999 | 2000 | 2001 | 2002 | 2003 |
|---|---|---|---|---|---|---|---|---|---|---|---|---|---|
| 服务业 | 100 | 100 | 100 | 100 | 100 | 100 | 100 | 100 | 100 | 100 | 100 | 100 | 100 |
| 农林牧渔服务业 | 0.7 | 0.7 | 0.7 | 0.7 | 0.6 | 0.6 | 0.8 | 0.8 | 0.8 | 0.8 | 0.8 | 0.8 | 0.8 |
| 地质勘查和水利管理业 | 1.1 | 1.1 | 1.2 | 1.3 | 1.4 | 1.4 | 1.3 | 1.2 | 1.2 | 1.1 | 1.0 | 1.0 | 0.9 |
| 交通运输和仓储业 | 17 | 16.3 | 16.1 | 14.8 | 13.2 | 12.9 | 11.7 | 11.5 | 11.3 | 11.4 | 10.9 | 10.3 | 8.8 |
| 邮电通信业 | 2.0 | 2.1 | 2.6 | 3.2 | 3.8 | 4.2 | 4.8 | 4.9 | 5.2 | 6.7 | 7.1 | 7.5 | 8.2 |
| 批发、零售业和餐饮业 | 28.9 | 29.8 | 27.3 | 27.1 | 27.5 | 27.2 | 26.7 | 26.1 | 25.6 | 24.5 | 23.9 | 23.5 | 23.6 |
| 金融保险业 | 17.8 | 17.5 | 18.2 | 18.5 | 19.4 | 19.7 | 19.7 | 18.6 | 17.9 | 17.4 | 16.8 | 16.5 | 16.5 |
| 房地产业 | 5.1 | 5.7 | 5.7 | 5.8 | 5.9 | 5.6 | 5.5 | 5.8 | 5.7 | 5.7 | 5.8 | 5.8 | 6.1 |
| 社会服务业 | 6.2 | 6.6 | 7.9 | 8.1 | 8.6 | 8.4 | 9.3 | 10.5 | 10.7 | 10.9 | 11.6 | 12.1 | 12.4 |
| 卫生体育和社会福利业 | 3.0 | 2.9 | 2.9 | 2.9 | 2.7 | 2.8 | 2.7 | 2.7 | 2.7 | 2.8 | 3.0 | 3.0 | 3.0 |
| 教育和文化艺术及广播电影电视业 | 6.0 | 6.0 | 6.3 | 6.5 | 6.3 | 6.6 | 5.8 | 7.2 | 7.7 | 8.0 | 8.3 | 8.6 | 8.7 |
| 科学研究和综合技术服务业 | 2.1 | 1.4 | 1.3 | 1.4 | 1.6 | 1.7 | 1.9 | 1.9 | 2.1 | 2.1 | 2.1 | 2.2 | 2.2 |
| 国家机关、政党机关和社会团体 | 9.2 | 8.9 | 8.7 | 8.6 | 8.0 | 7.9 | 7.7 | 7.8 | 8.1 | 7.9 | 7.8 | 7.9 | 8.0 |
| 其他行业 | 0.9 | 1.0 | 1.1 | 1.1 | 1.0 | 1.0 | 1.1 | — | 1.0 | 0.9 | 0.9 | 0.8 | 0.8 |

资料来源:(1)陈宪、殷凤、程大中,《中国服务经济报告2009》,上海大学出版社,2010年;(2)国家统计局,《中国统计年鉴》,中国统计出版社,1994年,2004年。

第一阶段,2000年之前,中国第三产业比重提升相对较快,年均提升1.26个百分点,第三产业对经济增长的贡献率始终维持在30%左右。这一时期,第三产业的快速发展,逐步改变了改革开放之前城市生产功能占绝对压倒优势的状况,"骨"和"肉"的关系逐渐协调,城市功能逐渐呈现多元化。

第二阶段,进入21世纪以来,中国第三产业比重提升缓慢,2000—2011年中国第三产业年均仅提高0.37个百分点。这一时期,第三产业对经济增长的贡献率达到40%以上,最高年份达到48.2%。这一贡献率的提高无疑与第三产业内部结构的变化有直接联系。从表3-4可以看出,相对于服务业整体而言,交通运输和仓储业,批发、零售业和餐饮业等传统服务业增速较低,所占比重也一直处于下降状态。与传统服务业形成鲜明对比的是,邮电通信业则呈现出爆发性增长,虽然增速略有下降,但仍显著地高于服务业整体增速,所占比重持续提高。

表3-5　中国服务业增加值构成(2004—2010)　　　　　单位:%

| | 2004 | 2005 | 2006 | 2007 | 2008 | 2009 | 2010 |
|---|---|---|---|---|---|---|---|
| 交通运输和仓储业和邮政业 | 14.4 | 14.2 | 13.8 | 13.1 | 12.5 | 11.3 | 11.0 |
| 批发零售业 | 19.3 | 18.6 | 18.7 | 18.8 | 19.9 | 19.6 | 20.7 |
| 住宿餐饮业 | 5.7 | 5.6 | 5.4 | 5.0 | 5.0 | 4.8 | 4.7 |
| 金融业 | 8.4 | 8.1 | 9.1 | 11.1 | 11.3 | 12.0 | 12.1 |
| 房地产业 | 11.1 | 11.4 | 11.7 | 12.4 | 11.2 | 12.6 | 12.9 |
| 其他 | 41.1 | 42.1 | 41.3 | 39.6 | 40.1 | 39.7 | 38.6 |

资料来源:国家统计局,《国际统计年鉴》,中国统计出版社,2008—2012年。

2000年以前,金融业、房地产业、卫生体育业和社会福利业等现代服务业比重处于下降状态。然而,2000年以后,金融业、房地产业、卫生体育业和社会福利业等现代服务业改变了以往比重下降的趋势,随着时间的推移这一比重逐步得以提升。而且2004年以后,这一比重提升的趋势尤为明显。如表3-5所示,金融业增加值占第三产业的比重由2004年的8.4%提高到2011年的12.1%。房地产业也从2004年的11.1%提高到2010年的12.9%。现代服务业比重的提升推动了中心城市逐步实现功能化向服务化的转型与再造。

## 二、城市化发展支撑工业化的发展

1979—2011年间,在工业化发展的带动下,中国城市化发展水平提升较快。同时,快速提升的城市化也为中国的产业结构优化升级提供了强有力的支持。具体表现在以下三个方面:

## (一) 城市化为工业化发展提供了充足的要素供给

在市场机制作用下,资本、劳动力、技术和信息等生产要素根据市场信号在部门和行业之间合理流动,推动了城市化的快速发展。因而,城市化发展必然会对城市产业提供强有力的支撑。改革开放以来,中国农村劳动力大批涌入城市,国内外资本也大批流向城市,尤其是国外资本、技术等批量涌入,中国城市化发展存在要素供给侧效应。同时,这种供给侧效应又不仅限于此,中国城市化发展吸引了农村人口向城市流动,这就为工业化提供了大量的廉价劳动力,这一廉价劳动力要素自然也就成为工业化发展重要的人力资源,有力地支撑了中国的低价工业化发展模式。

《2011年中国农民工调查监测报告》显示,2011年,中国农民工的总量已经超过2.53亿人,其中外出农民工达到1.59亿人,这是一个庞大的数字。由于中国的户籍制度不同于西方发达国家,也不同于外国城市化过程中的人口流动模式。相比之下,中国农村劳动力实现由"乡"到"城"的转变过程更为曲折与复杂。一般来讲,外国农村人口在城市化过程中实现由"乡"到"城"的地域转移与从农民变为工人的职业转变是同时完成的。然而,中国户籍制度上的差异导致中国农村劳动力与城市市民又多了一重身份上的差异。中国要真正实现劳动力从"乡"转移到"城",难度自然就增加了。因此,要实现农民工彻底的城市化,必须确保农民工实现地域转移和职业转变同时完成(见图3-2)。20世纪80年代,中国冗余劳动力首先经历了"离土不离乡、进厂不进城"的就地转移,这一过程虽然实现了职业转变,但并未实现地域上的转移。到了20世纪90年代,涌入城市的农民工又掀起了"离土又离乡、进厂又进城"的异地流动潮,这虽然实现了地域上的转换,但由于户籍制度问题,不少农民工在城市就业时遭到歧视与排挤,遭受到"同工不同酬、同工不同时、同工不同权"的社会不平等待遇,结果造成进入城市的农村人口难以完全融入城市,农民工的权益受到侵害。

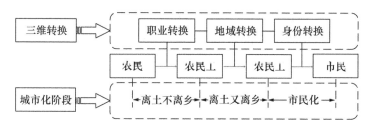

图 3-2 中国农村劳动力向城市流动的阶段划分

中国的城市化已经进入半城市化时期,大量农村劳动力涌入城市,然而他们在半城市化生活状态下收入偏低、享受的公共服务和社会福利待遇也得不到相应的保障,这也造成了农民工进入城市之后尚未完全融入城市。即农民工的身份是农民,从事的职业是工人,却遭受与城市市民不同、不公正和不平等的待遇。显然,半城市化是农村人口向城市"市民"转换的一种不完整状态。就其表现来看,农民已经离开家乡到城市就业,不少农民工已经长期生活在城市,似乎已经是城市"市民"。然而,他们在子女教育、劳动报酬、社会保障、选举权、住房等方面无法享受真正的"市民"待遇,无法享受与城市市民同等的社会福利、公共服务和各项权利,从始至终都不能真正融入城市社会,并未真正成为城市市民。在半城市化状态下,农民工在高强度劳动的同时,却不得不承受较低的工资和福利待遇。从工资福利的水平来看,与城市居民相比,在绝对水平上,农民工的劳动条件差,但劳动强度高,尤其是体力劳动强度很高,但工资收入偏低,公共服务和福利保障缺失,不少农民工在城里劳动缺乏基本的生活保障。

为了生存的需求,许多农民工由于厂家和公司不提供住宿,只能通过租赁房子度日。在深圳、珠海、厦门等地,河南农民工居住密集的地方,形成了"河南村"。当地居民把对外租赁房屋作为一种致富门路。当地房东低价建造简陋狭小的房子,基础设施条件差,租赁给外地来的打工族,收取高额的房租,获得丰厚的经济利润。因为大部分农民工无社会保障,政府和企业节省了需要支付的高额成本。2004 年中国仅雇用农村劳动力一项就节省了11 500 亿元的开支,相当于当年中国 GDP 的 8.42%。[①] 值得说明的是,在工业化和城市化发展中,国民经济增长的幅度较快,而农民工劳动报酬增长的幅度却十分缓慢。对调查数据进行分析发现,在农民工流向比较集中的广东省,从 1995 年至 2004 年的 9 年间,扣除物价水平上涨,农民工实际工资的平均增长速度仅为 4.8%,与广东省 12.9% 的经济增长速度相比差距甚大。[②]因此,这一时期的工业化和城市化发展在一定意义上是以牺牲农民工的切身利益为代价的。工业化和城市化的飞速发展不仅依赖农业生产为工业提供充足的生产资料,而且政府还从农民微薄的农业经济收入中征收一定数额的农业提成款。在国际市场上,这一城市化模式下形成的廉价劳动力优势使中国制造业可以获取更多的利润,形成较强的竞争能力,进而加快资本积累,为产业结构的高级化演进奠定基础。

(二) 城市建设需求推动工业化发展

城市化对城市周边近郊地域有较强的辐射带动效应。城市化发展必然

---

[①] 辜胜阻、易善策、郑凌云:"基于农民工特征的工业化与城镇化协调发展研究",《人口研究》,2006 年第 5 期,第 1—8 页。

[②] 易善策:《产业结构演进与城镇化》,社会科学文献出版社,2013 年,第 199 页。

会不断对城市基础设施提出新的、更高的要求,交通、医疗、文化、生态环境等城市基础设施建设也必然会产生推动产业结构调整的投资需求。自20世纪90年代以来,城市房地产业迅速崛起,并在城市化推进的快速发展阶段成为重要的经济支柱行业。1978年,中国城市的数量还相对较少,全国仅有161个城市、2 900个集镇。然而,1995年中国城市的数量已经达到640个,建制镇数量也增加到16 992个,无论是城市还是建制镇均增加了3—5倍。在城市化推进的过程中,房地产行业无疑是利润空间最大的行业之一。然而,房地产开发势必需要占用大量的土地,而且不少房地产开发缺乏长期规划,带有一定程度的盲目性、随意性,甚至为了获取短期利益,强制挤占农业耕地,不少地方政府部门为了增加地方财政收入,低价从市民和农民手里征购土地,然后高价出售给开发商,从中获取大量的所谓"土地转让费",地方财政演变为"土地财政",开发商与政府联合占用大面积的土地,甚至是可耕地,造成城市无限制扩张,导致国家农业用地越来越少,影响到第一产业的发展。根据国家统计局的数据,1980—1985年,中国农业耕地面积年均减少738万亩;1986—1990年,中国年均流失耕地353万亩;20世纪90年代开始,中国土地审批权开始下放,正是由于这一层层下放的土地审批权,导致各级管理部门多头批地,一度造成管理失控。1991—1995年,中国耕地流失量继续增加,年均达到500万亩。总体上来说,1980—1995年,仅15年间中国农业耕地流失面积不低于8 100万亩。

城市房地产业进入发展的快车道之后,为工业化发展带来了明显的产业关联效应,有力地带动了水泥、建材、钢铁、重型机械等多个行业的飞速发展。城市化对于产业结构调整,尤其是向重工业化发展发挥了重要作用。图3-3显示,重工业产值增速与城市建成面积增速之间存在着比较显著的相关关系。随着城市建成面积增速的波动,重工业产值增速也相应地发生变化。城市建成面积与重工业产值增速先后在1999年、2000年降到波谷,随后两者都开始新一轮的高速增长。2003年城市建成面积增速达到8.24%,重工业产值增速在2003年也有了显著提高,并在2004年增速达到波峰50.26%。应该说,这一轮城市化扩张形成的需求对工业化发展的作用十分显著。自1998年以来,中央政府一方面大规模地投资基础设施以推动城市化进程;另一方面启动住房消费信贷,将消费者与城市化进程对接,作为城市化最重要标志的房地产业已经成为支撑经济增长的重要因素。

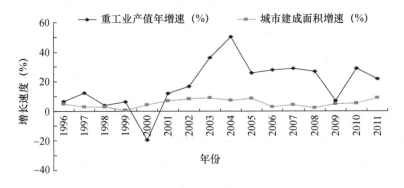

图 3-3 中国重工业发展与城市化建设(1996—2011)
资料来源:国家统计局,《中国统计年鉴》,中国统计出版社,1997—2012 年。

(三) 城市群、都市圈的出现加快了新型产业分工

城市化与工业化之间关系密切,工业化是城市化的内容,城市化是由工业化推动的,城市化是工业化的必然结果。随着中国经济的快速发展,产城融合程度愈来愈高,城乡人口流动频繁,工业化水平提高的同时,城市化发展步伐明显加快。在经济比较发达、经济区位明显、城市分布相对集中的区域,迅速涌现出一批城市群。1995 年,珠江三角洲城镇建成区占地 9 500 平方公里,可以容纳 1 亿城镇人口。可以说,在中国不足 1% 的土地上完全可以承载超过 7% 的人口。城市群是区域产业发展与城市化相互作用的结果,随着工业化与城市化进程的加快,大量生产要素迅速涌入城市和城市群区域,城市群也已成为中国人口密度、经济密度和城市密度最高的区域。统计结果显示,截止到 2007 年,中国城市群占全国国土面积的 21.13%,集聚了全国 51.4% 的城市人口和 46.7% 的城市数(见表 3-6)。

表 3-6 2007 年中国城市群基本情况

| 城市群名称 | 城市数量(个) | 百万以上特大城市数量(个) | 人口规模(万人) | 城市化水平(%) | 人均 GDP(美元) | 经济外向度(%) |
| --- | --- | --- | --- | --- | --- | --- |
| 京津冀城市群 | 10 | 5 | 7 184.94 | 52.12 | 4 985 | 30.46 |
| 山东半岛城市群 | 8 | 6 | 4 010.56 | 61.08 | 6 094 | 30.40 |
| 辽东半岛城市群 | 13 | 7 | 3 891.39 | 62.92 | 4 537 | 24.24 |
| 长江三角洲城市群 | 15 | 11 | 7 798.89 | 63.96 | 8 268 | 34.10 |
| 珠江三角洲城市群 | 11 | 10 | 2 868.02 | 70.88 | 12 754 | 33.61 |
| 海峡西岸城市群 | 6 | 4 | 2 575.63 | 39.38 | 4 143 | 33.42 |

资料来源:傅志寰、朱高峰,《中国特色新型城镇化发展战略研究》,中国建筑工业出版社,2013 年。

然而,由于不同地区的经济发展水平、区位条件、产业结构、投资水平、科教支出、自然环境和产业劳动密集度等因素的不同,不同地区在工业化发展和城市化进程的阶段性上存在较大差异。一般来说,城市布局与人口、工业发展水平呈现出正相关关系,但由于人口、工业布局与资源禀赋存量高度相关,东部、中部、西部和东北四大区域的城市化率也表现出与工业发展水平一致的差异(见表3-7)。①

表3-7 区域城市化水平变化　　　　　单位:%

| 年份 | 全国 | 东部 | 中部 | 西部 | 东北 |
| --- | --- | --- | --- | --- | --- |
| 1979 | 18.96 | 35.46 | 12.34 | — | 35.46 |
| 1980 | 19.39 | 37.34 | 12.94 | 11.19 | 37.34 |
| 1985 | 23.71 | 46.44 | 15.22 | — | 46.44 |
| 1990 | 26.41 | 52.36 | 17.09 | 20.79 | 52.36 |
| 1995 | 29.04 | 58.32 | 19.76 | — | 58.32 |
| 2000 | 36.22 | 52.76 | 30.00 | 28.73 | 52.76 |
| 2005 | 42.99 | 55.15 | 31.25 | 34.82 | 55.15 |
| 2010 | 49.95 | 57.67 | 45.42 | 41.44 | 57.67 |
| 2011 | 51.27 | 60.75 | 45.48 | 42.99 | 58.74 |

资料来源:牛凤瑞、潘家华、刘治彦,《中国城市发展30年》,社会科学文献出版社,2009年。

事实上,都市圈并不是单个城市的简单加总,其内部也存在着竞争、分工与协作。在全球化背景下,受益于现代交通和通信技术的迅猛发展,在中国东部、东南沿海等发达地区,尤其是在一些大都市圈内的城市间及城市内部,出现了由传统分工向新型分工转变的趋势,也就是由产业间分工拓展到产品间分工,再到产业链不同环节的分工,是一种更为细化的分工和专业化。②以长三角地区为例,上海市中心区正逐步成为跨国公司和浙江民营企业的集聚区,同时上海郊区与江浙地区也发展成为生产制造业基地。进而,长三角地区内部的城市间已经形成一体化的产业链分工体系,该产业链分工可以整合区域内城市的整体竞争优势,实现优势互补、合理分工,形成良性互动、互

---

① 根据国家统计局2011年6月13日发布的划分办法,为科学反映中国不同区域的社会经济发展状况,为党中央、国务院制定区域发展政策提供依据,根据《中共中央、国务院关于促进中部地区崛起的若干意见》《国务院发布关于西部大开发若干政策措施的实施意见》以及党的十六大报告的精神,将中国的经济区域划分为东部、中部、西部和东北四大地区。东部包括:北京、天津、河北、上海、江苏、浙江、福建、山东、广东和海南;中部包括:山西、安徽、江西、河南、湖北和湖南;西部包括:内蒙古、广西、重庆、四川、贵州、云南、西藏、陕西、甘肃、青海、宁夏和新疆;东北包括:辽宁、吉林和黑龙江。
② 魏后凯:"大都市区新型产业分工与冲突管理——基于产业链分工的视角",《中国工业经济》,2007年第2期,第28—34页。

相促进和错位竞争的产业发展格局(见表3-8)。

表 3-8　2010 年上海都市圈制造业区域配置系数与区域专业系数

单位:%

| 行业 | 上海市 | | 江苏省 | | 浙江省 | |
|---|---|---|---|---|---|---|
| | S1 | S2 | S1 | S2 | S1 | S2 |
| 农副食品加工业 | 0.94 | 0.45 | 2.63 | 1.26 | 1.75 | 0.84 |
| 食品制造业 | 1.59 | 2.01 | 0.48 | 0.61 | 0.89 | 1.12 |
| 饮料制造业 | 0.61 | 0.80 | 0.71 | 0.93 | 0.97 | 1.27 |
| 烟草加工业 | 1.94 | 2.62 | 0.40 | 0.55 | 0.63 | 0.86 |
| 纺织业 | 1.49 | 0.20 | 6.95 | 0.92 | 12.60 | 1.66 |
| 纺织服装、鞋、帽制造业 | 1.67 | 0.56 | 3.06 | 1.02 | 3.74 | 1.24 |
| 造纸及纸制品业 | 0.22 | 0.16 | 1.30 | 0.92 | 2.37 | 1.68 |
| 石油加工、炼焦及核燃料加工业 | 4.89 | 1.84 | 1.74 | 0.65 | 3.06 | 1.15 |
| 化学原料及化学制品制造业 | 8.22 | 0.87 | 10.69 | 1.13 | 7.93 | 0.84 |
| 医药制造业 | 1.48 | 0.90 | 1.65 | 1.00 | 1.74 | 1.06 |
| 化学纤维制造业 | 0.15 | 0.07 | 1.96 | 0.86 | 4.20 | 1.85 |
| 非金属矿物制造业 | 1.85 | 0.64 | 3.04 | 1.05 | 3.30 | 1.14 |
| 黑色金属冶炼及压延加工业 | 6.20 | 0.91 | 8.30 | 1.22 | 4.31 | 0.63 |
| 有色金属冶炼及压延加工业 | 1.60 | 0.49 | 3.39 | 1.03 | 4.15 | 1.26 |
| 金属制品业 | 3.26 | 0.80 | 4.13 | 1.02 | 4.45 | 1.09 |
| 通用设备制造业 | 8.62 | 1.10 | 7.21 | 0.92 | 8.54 | 1.09 |
| 专用设备制造业 | 3.88 | 1.07 | 3.87 | 1.07 | 3.01 | 0.83 |
| 交通运输设备制造业 | 16.11 | 1.75 | 7.52 | 0.82 | 8.16 | 0.89 |
| 电气机械及器材制造业 | 7.06 | 0.72 | 10.20 | 1.04 | 10.62 | 1.09 |
| 通信设备、计算机及其他电子设备制造业 | 21.69 | 1.64 | 15.07 | 1.14 | 4.44 | 0.34 |
| 仪器仪表及文化办公用机械制造业 | 1.28 | 0.72 | 2.01 | 1.13 | 1.66 | 0.93 |
| 电力、热力的生产和供应业 | 5.24 | 1.04 | 3.70 | 0.74 | 7.48 | 1.49 |

注:S1=(某区域某行业产值/该区域所有行业总产值)×100%;S2=(都市圈内某区域某行业产值/该区域所有行业总产值)/(都市圈某行业产值/都市圈所有行业总产值)×100%。

资料来源:(1)傅志寰、朱高峰,《中国特色新型城镇化发展战略研究》,中国建筑工业出版社,2013年;(2)国家统计局,《中国统计年鉴》,中国统计出版社,2011年。

## 三、市场机制成为工业化与城市化互动发展的主导力量

改革开放以来,虽然产业结构演进与城市化的互动多次受到政府宏观调控的影响,但是基于市场机制形成的动力逐步主导着产业结构的演进及城市化的发展,与改革开放前比较单一的计划方式有着本质区别。

(一)市场机制与政府干预共同推动工业化与城市化的发展

改革开放以来,中国开辟了一条具有中国特色的社会主义道路,经济体制改革不断深入,高度集中的计划经济体制逐步向市场经济体制过渡,在计划经济体制的边缘出现了自发的制度变迁,在传统模式的外围萌发了诱致性的制度创新,农村城市化就是自发的诱致性制度创新,"温州模式"和"苏南模式"可以说是这一方面的典型代表。以温州模式为例:温州模式被钟朋荣称作"小狗经济",反映了温州遍地开花的小微企业。温州模式产业集中,以家庭为单位进行生产,分工明确,以专业化方式发展非农产业,能够与家族模式进行有效结合,生产环节都分散到独立的企业完成,从而形成小商品、大市场的规模化发展格局。温州模式的市场机制是:经济形式家庭化,商品生产以家庭为单位进行,能够形成有效的激励;经营方式专业化,原来由一个企业进行生产的,现在每个工序都分别由不同的企业进行生产,出现了产品的工艺分工、门类分工和区域分工;生产要素市场化,按市场供求关系组织生产与流通,用市场取代企业内部管理关系,产权明晰,生产要素可以自由流动。温州模式的特点有:一是资本可以自由流动,实现资本流动区域化;二是产权比较清晰,能够充分发挥家族模式的优势;三是专业化的分工和协作,大大提高劳动生产率;四是用外配取代内配,有利于形成市场竞争机制。"小狗经济"的优势来源于体制优势、产业集中优势、竞争优势,也来源于协作与专业化优势。正是这些优势,"小狗经济"优于"斑马经济"。① 事实上,跨国公司并不惧怕中国的"斑马经济",他们怕的是具有深度分工与协作的小微企业,怕的是中国的"小狗经济"。20世纪90年代以来,温州拥有市级行业协会80多家,其他地区也涌现出200多家温州行业协会。

无论区域大小,只要在一定范围内第二、第三产业产生集群,而且各种文化相互融合形成达到一定程度,都可以称为城市。改革开放之后,农业劳动生产率迅速提升,农民有了更多的粮食,自然要求生产更多的工业产品。同时,市场化程度也不断提高,一些地区开始出现农民集资建镇,以基层组织和个人为发动主体,开始创办企业,工业化带动城市化,拉开了"市场拉动型"城市化的序幕。随后,一大批小城镇逐步建设起来,城市化水平开始迅速提高。而且,随着冰封的"二元制"开始融化,劳动力流动频繁,无论在数量方面还是规模方面,城市均发生了前所未有的变化,以前停滞不前的城市化率逐年提高。表3-9显示,在具有中国特色的市场经济体制下,人口的流动来自计划

---

① "斑马经济"是在政府的主导下将不少不相关的中小微企业捆在一起,实行"拉郎配",规模瞬间膨胀,企业很快进入困境,竞争力不但没有增加,反而下降了。

和市场的共同作用,而且来自市场的驱动力持续增强。

表 3-9 中国人口流动原因对比(1982—1990) 　　　　单位:%

| 类型 | 1982—1987 年 | 1985—1990 年 |
| --- | --- | --- |
| 计划型 | 45.8 | 42.2 |
| 市场型 | 46.7 | 48.6 |
| 其他 | 7.5 | 9.2 |
| 合计 | 100.0 | 100.0 |

资料来源:辜胜阻,《人口流动与农村城镇化战略管理》,华中理工大学出版社,2000年,第 211 页。

改革开放以来,政府也频繁使用产业政策调节经济运行。然而,政府在产业政策的制定方面,以及对产业结构的调控力方面越来越依赖于消费需求。国家"七五"计划明确指出产业结构的调整必须以消费需求结构及变化为导向,即国家对产业的管理逐步由以直接控制为主转向以间接控制为主,采用经济政策、法律手段和必要的行政手段,以及价格、税收、信贷和工资调节等手段进行宏观调控,引导消费结构向合理化方向发展。国家"八五"计划也提出,按照国民经济逐步现代化的要求和居民消费结构的变化积极调整产业结构,促进产业结构合理化并逐步走向现代化。显然,这些方案使得政府干预与市场机制紧密结合起来,共同推动着工业化与城市化的发展。

(二)消费结构升级推动了工业化与城市化的互动发展

除商品本身的价格之外,收入水平无疑是影响消费需求的重要因素。随着中国经济发展水平的提高,人们的可支配收入不断增加,对商品的需求自然而然地就会增加,推动消费结构不断升级。统计结果显示,中国人均 GDP 从 1978 年的 381 元提高到 2010 年的 29 992 元,居民可支配收入也不断提高,而居民收入水平的提高必然会带动消费结构的升级。表 3-10 显示,在居民消费结构中,与第一产业密切相关的食品、衣着产品等所占比重总体呈现下降趋势。相比之下,与第二、三产业相关的居住、家庭设备用品及服务、交通及通信、医疗保健、娱乐教育文化服务所占比重呈逐步上升趋势。值得一提的是,2000 年之前,家庭设备用品支出及服务的高速增长带动了当时以电视机、洗衣机、电冰箱等为代表的家电工业发展。2000 年之后,家用电器升级,照相机、手机、计算机等耐用消费品需求旺盛,导致家庭设备用品和通信用品支出增速相对较高。同时,住房需求旺盛,轿车消费也逐步进入大众化时代,这一变化迅速带动了重化工业的发展。

表 3-10　中国城市居民消费结构与增长速度(1985—2009)

| | | 1985 | 1990 | 1995 | 2000 | 2005 | 2009 |
|---|---|---|---|---|---|---|---|
| 居民消费 | 所占比重(%) | 100 | 100 | 100 | 100 | 100 | 100 |
| | 消费增速(倍) | — | 0.88 | 1.6 | 0.41 | 0.54 | 0.55 |
| 食品 | 所占比重(%) | 54.02 | 55.68 | 52.27 | 40.94 | 38.83 | 37.61 |
| | 消费增速(倍) | — | 0.94 | 1.44 | 0.1 | 0.46 | 0.5 |
| 衣着产品 | 所占比重(%) | 13.01 | 11.61 | 11.74 | 8.75 | 9.04 | 9.33 |
| | 消费增速(倍) | — | 0.68 | 1.63 | 0.05 | 0.59 | 0.6 |
| 家庭设备用品及服务 | 所占比重(%) | 3.33 | 3.04 | 3.68 | 7.55 | 5.31 | 6.1 |
| | 消费增速(倍) | — | 0.72 | 2.16 | 1.88 | 0.08 | 0.78 |
| 居住 | 所占比重(%) | 11.69 | 11.26 | 9.88 | 12.08 | 11.23 | 12.51 |
| | 消费增速(倍) | — | 0.81 | 1.28 | 0.72 | 0.43 | 0.73 |
| 交通及通信 | 所占比重(%) | 6.11 | 6.48 | 7.15 | 7.63 | 11.83 | 12.83 |
| | 消费增速(倍) | — | 1 | 1.87 | 0.5 | 1.39 | 0.68 |
| 医疗保健 | 所占比重(%) | 2.22 | 3.19 | 4.4 | 5.95 | 7.32 | 7.04 |
| | 消费增速(倍) | — | 1.7 | 2.59 | 0.9 | 0.9 | 0.49 |
| 娱乐教育文化服务 | 所占比重(%) | 4.51 | 4.95 | 7.27 | 12.5 | 13.27 | 11.15 |
| | 消费增速(倍) | — | 1.06 | 2.82 | 1.43 | 0.63 | 0.03 |
| 其他商品及服务 | 所占比重(%) | 5.11 | 3.8 | 3.6 | 4.56 | 3.17 | 3.43 |
| | | — | 0.4 | 1.46 | 0.78 | 0.07 | 0.68 |

注:"—"为缺失数据。
资料来源:国家统计局,《中国统计年鉴》,中国统计出版社,1988—2012年。

## 第四节　对中国工业化与城市化关系的判断与分析

中华人民共和国成立以来,随着经济社会的快速发展、资源配置方式的转变,以及经济结构的调整,中国工业化与城市化发展取得的成绩是相当惊人的。中国共产党带领全国各族人民仅仅用了近70年的时间,顺利跨越了西方发达国家几百年走过的道路。然而,由于中华人民共和国成立时间还比较短,在经济基础、经济结构、科技教育以及综合国力等方面与发达国家均有所不同,与发达国家的工业化和城市化发展模式也存在较大差异。因此,中国工业化、城市化与其他国家表现出不同的特征。

### 一、城市化率低于同一发展阶段的发达国家

历史上,中国是农业大国,城市化率低于西方的发达工业化国家。在同一发展阶段的城市化率自然也低于发达国家。1966年,美国人均GDP首次达到4 000美元,到1970年人均GDP超过5 000美元。图3-4显示,1960年

美国城市化率就达到70%。相比之下,中国经济发展落后,2010年中国人均GDP为4 682美元,直到2011年才突破5 000美元。与同一水平的人均GDP相比,中国城市化发展水平更加落后,2010年仅为49.5%,到2011年才略微超过50%,达到50.5%。显然,这一城市化率远远低于美国在5 000美元发展阶段的城市化水平。当然,美国在同一个时期的城市化率和人均GDP也存在发展关系不协调的问题。事实上,早在20世纪20年代初,美国城市化率就已经超过50%,1920年达到51.2%。然而,1920年美国的人均GDP也仅有830美元。

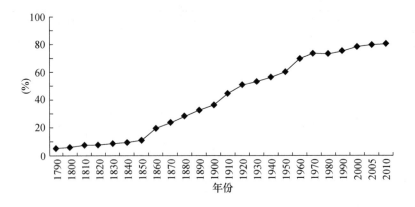

**图 3-4　美国主要年份的城市化率(1790—2010)**

资料来源:1790—1950年数据来自美国统计局1960年人口普查数据以及1992年的统计概要;1960—2010年数据来自世界银行WDI数据,并对数据进行了整理。

与美国的不同发展阶段相比,中国城市化滞后于工业化。同样,与外国不少其他国家或地区相比,也是如此。1986年,美国经济学家钱纳里借助多国模型,通过对100多个国家进行实证考察,发现城市化率与人均GDP相关关系的一般规律。其基本结论为,一般而言,人均GDP越高,城市化水平也越高。当人均GDP超过1 000美元时,城市化水平将提升到65%左右。2011年,中国人均GDP已经达到5 432美元,但与钱纳里的"标准模式"相比,城市化水平相差约14个百分点。如果考虑到美元币值的时间变化,即使将中国现阶段与人均800美元的标准模式相比,中国的城市化水平也相差10个百分点。值得注意的是:中国是一个农业大国,农业人口在全国人口的比重大。2011年,中国非农就业人口占总就业人口的比重仅为65.2%,只相当于人均GDP为500美元的国家的比重(见表3-11)。

表 3-11 钱纳里标准产业结构与中国的对比　　　　单位:%

| 人均 GDP | 工业增加值占 GDP 的比重 | 非农产业增加值占 GDP 的比重 | 非农产业就业比重 | 城市化率 |
|---|---|---|---|---|
| 100 美元以下 | 17.8 | 49.2 | 30.2 | 12.8 |
| 100 美元 | 21.0 | 56.4 | 35.8 | 22.0 |
| 200 美元 | 28.7 | 69.5 | 48.5 | 36.2 |
| 300 美元 | 33.0 | 75.9 | 53.6 | 43.9 |
| 400 美元 | 36.1 | 80.0 | 59.0 | 49.0 |
| 500 美元 | 38.3 | 82.7 | 63.4 | 52.7 |
| 800 美元 | 42.9 | 87.7 | 73.3 | 60.1 |
| 1 000 美元 | 44.9 | 89.9 | 78.2 | 63.4 |
| 1 000 美元以上 | 48.8 | 91.0 | 87.8 | 65.8 |
| 中国(2011)(5 000 美元以上) | 39.8 | 90.0 | 65.2 | 51.3 |

资料来源:(1)〔美〕霍利斯·钱纳里、谢尔曼·鲁宾逊、摩西·塞尔奎因,《工业化和经济增长的比较研究》(吴奇、王松宝等译),上海三联书店,1989 年;(2)国家统计局,《中国统计年鉴》,中国统计出版社,2012 年。

## 二、城市化率低于发展水平相当的国家

按照 WDI 的统计数据,2011 年中国按照购买力平价计算的人均 GDP 为 8 394 美元,而一个位于南美洲西北部的国家——厄瓜多尔的人均 GDP 为 8 335 美元。显然,这一经济发展水平与中国基本一致。然而,厄瓜多尔的城市化率却高达 62.89%。厄瓜多尔的经济发展可以分为三个时期,即"可可时期""香蕉时期"和"石油时期"。厄瓜多尔以香蕉闻名于世,自 20 世纪 50 年代开始,香蕉已经取代可可成为该国最重要的产品,出口量占据世界第一位。同时,厄瓜多尔具有较丰富的矿产资源,主要有石油和采矿业、制造业、建筑和电力工业等。2011 年,制造业、建筑业、采矿业产值分别为 57.78 亿美元、72.26 亿美元和 89.95 亿美元。2011 年厄瓜多尔石油产量为 1.83 亿桶。表 3-12 显示,厄瓜多尔城市化率发展水平较高,中国城市化率相对比较滞后。当然,与人均 GDP 仅有 5 900 美元的国家——约旦相比,中国的城市化发展水平就更加落后了,2011 年约旦的城市化率高达 82.72%。约旦是一个比较小的阿拉伯国家,人口只有 663 万,人民生活较为富裕,国民经济主要支柱之一是旅游业,佩特拉古城、死海和瓦迪拉姆沙漠等景点是世界各国游客探险旅行和休闲度假的首选目的地。约旦与世界 100 多个国家和地区有贸易往来,对外经济贸易发展迅速。主要进口原油、机械设备、电子电器、钢材、化学制品、粮食、成衣等,主要进口国为沙特阿拉伯王国、中国、美国、德国和

埃及。主要出口服装、磷酸盐、钾盐、蔬菜、医药制品和化肥等,主要出口国为美国、伊拉克、印度、沙特阿拉伯王国、叙利亚和阿拉伯联合酋长国。从城市化率的发展速度来看,厄瓜多尔 1980 年城市化率是 46.96%,2000 年是 60.30%,2011 年是 62.89%。约旦 1980 年化率是 60.03%,2000 年是 79.81%,2011 年是 82.72%。而中国 1980 年城市化率是 19.39%,2000 年是 36.22%,2011 年是 51.27%。中国城市化率的起点比厄瓜多尔和约旦要低得多,尽管 2011 年的城市化率与上述国家尚存在差距,但发展速度还是相当快的。

表 3-12 发展中国家城市化率的比较(1980—2010)　　　　单位:%

| 年份<br>国家 | 1980 | 1990 | 2000 | 2005 | 2006 | 2007 | 2008 | 2009 | 2010 | 2011 | 2011年人均<br>GDP(PPP)<br>(美元) |
|---|---|---|---|---|---|---|---|---|---|---|---|
| 厄瓜多尔 | 46.96 | 55.09 | 60.30 | 61.71 | 61.91 | 62.10 | 62.30 | 62.50 | 62.69 | 62.89 | 8 335 |
| 牙买加 | 46.74 | 49.44 | 51.81 | 52.81 | 53.00 | 53.18 | 53.37 | 53.56 | 53.74 | 53.93 | 9 003 |
| 乌克兰 | 61.69 | 66.76 | 67.15 | 67.79 | 67.97 | 68.15 | 68.33 | 68.50 | 68.69 | 68.88 | 7 198 |
| 伯利兹 | 49.37 | 47.47 | 47.66 | 46.31 | 46.04 | 45.77 | 45.50 | 45.23 | 44.96 | 44.72 | 8 275 |
| 萨尔瓦多 | 44.06 | 49.32 | 58.91 | 61.65 | 62.19 | 62.72 | 63.25 | 63.77 | 64.29 | 64.79 | 7 595 |
| 安哥拉 | 19.77 | 25.58 | 32.42 | 36.17 | 36.94 | 37.72 | 38.51 | 39.30 | 40.10 | 40.90 | 5 910 |
| 约旦 | 60.03 | 73.29 | 79.81 | 81.18 | 81.44 | 81.70 | 81.96 | 82.22 | 82.47 | 82.72 | 5 900 |
| 亚美尼亚 | 66.05 | 67.42 | 64.67 | 64.18 | 64.15 | 64.12 | 64.00 | 63.79 | 63.58 | 63.37 | 5 395 |
| 中国 | 19.39 | 26.41 | 36.22 | 42.99 | 44.34 | 45.89 | 46.99 | 48.34 | 49.95 | 51.27 | 8 394 |

资料来源:根据世界银行 WDI 数据整理。

### 三、城市化率滞后于工业化率Ⅰ与工业化率Ⅱ

(一)体制转轨时期:与工业化率Ⅰ相比,城市化率仍然滞后

1979 年以来,随着改革开放和工业化进程的不断推进,中国城市化发展也逐渐步入发展的快车道,以经济建设为中心的发展战略使中国经济发展加快,经济结构进一步趋于合理。1979—2011 年,中国工业化率(非农产值比重)与城市化率(城市人口比重)的历史演进见表 3-13。

表 3-13 中国城市化率、工业化率Ⅰ与二者差距(1979—2011)

| 年份 | 城市化率<br>城市人口比重(%) | 工业化率Ⅰ<br>非农产值比重(%) | 二者差距(%) |
|---|---|---|---|
| 1979 | 18.96 | 68.73 | −49.77 |
| 1980 | 19.39 | 69.83 | −50.44 |
| 1981 | 20.16 | 68.12 | −47.96 |
| 1982 | 21.13 | 66.61 | −45.48 |

(续表)

| 年份 | 城市化率<br>城市人口比重(%) | 工业化率Ⅰ<br>非农产值比重(%) | 二者差距(%) |
| --- | --- | --- | --- |
| 1983 | 21.62 | 66.82 | −45.20 |
| 1984 | 23.01 | 67.87 | −44.86 |
| 1985 | 23.71 | 71.56 | −47.85 |
| 1986 | 24.52 | 72.86 | −48.34 |
| 1987 | 25.32 | 73.19 | −47.87 |
| 1988 | 25.81 | 74.30 | −48.49 |
| 1989 | 26.21 | 74.90 | −48.69 |
| 1990 | 26.41 | 72.88 | −46.47 |
| 1991 | 26.94 | 75.47 | −48.53 |
| 1992 | 27.46 | 78.21 | −50.75 |
| 1993 | 27.99 | 80.29 | −52.30 |
| 1994 | 28.51 | 80.14 | −51.63 |
| 1995 | 29.04 | 80.04 | −51.00 |
| 1996 | 30.48 | 80.31 | 49.83 |
| 1997 | 31.91 | 81.71 | −49.80 |
| 1998 | 33.35 | 82.44 | −49.09 |
| 1999 | 34.78 | 83.53 | −48.75 |
| 2000 | 36.22 | 84.94 | −48.72 |
| 2001 | 37.66 | 85.61 | −47.95 |
| 2002 | 39.09 | 86.26 | −47.17 |
| 2003 | 40.53 | 87.20 | −46.67 |
| 2004 | 41.76 | 86.61 | −44.85 |
| 2005 | 42.99 | 87.88 | −44.89 |
| 2006 | 44.34 | 88.89 | −44.55 |
| 2007 | 45.89 | 89.23 | −43.34 |
| 2008 | 46.99 | 89.27 | −42.28 |
| 2009 | 48.34 | 89.67 | −41.33 |
| 2010 | 49.95 | 89.90 | −39.95 |
| 2011 | 51.27 | 89.96 | −38.69 |

资料来源:国家统计局,《中国统计年鉴》,中国统计出版社,1981—2012年。

根据中国城市化率与工业化率Ⅰ,可以进一步得出改革开放之后两者背离的变动趋势,见表3-13的最后一列。我们不难发现,20世纪80年代以来,中国城市化率与工业化率Ⅰ(非农产值比重)的偏差逐年缩小,到2011年这一偏差降到了最低,即38.69个百分点。1996—2011年,中国工业化发展速度仍然高于城市化发展的速度,但二者之间的差距越来越小,最终呈现出逐渐趋同的发展趋势。如图3-5所示,1979—2011年中国的城市化率曲线相对平稳,而同一时期中国工业化率I曲线却伴随着波动。相对于城市化率而言,中国工业化率I的发展并不稳定。通过分析还可以看出,随着经济体制的变革以及市场化程度的加深,中国工业化率I的发展速度逐渐变慢。相比之下,中国城市化的发展速度则明显加快,而且二者之间的偏差逐渐缩小。从中国工业化率I的数据来看,中国已经进入工业化的中后期阶段,而城市化率则进入加速发展阶段。本研究以计划经济向市场经济转型为分界点,将这一时期工业化与城市化之间的发展关系分为两个阶段。

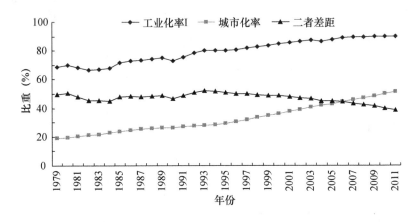

图 3-5　中国工业化率I、城市化率与二者差距(1979—2011)
资料来源:国家统计局,《中国统计年鉴》,中国统计出版社,1981—2012年。

第一阶段是1979—1992年。这一时期是中国经济转型之前的改革时期。由表3-13可以看出,1979年中国工业化率I为68.73%,1992年这一数据上升到78.21%;1979年中国城市化率为18.96%,1992年这一数据则上升为27.46%。显然,中国城市化已经进入快速发展的推进时期。中国工业化率I与城市化率之间的偏差由1979年的49.77%上升为1992年的50.75%。1978年的经济体制改革,形成了中国工业化与城市化互动发展的基本动力,一方面是由于农民长期被压抑的积极性被大大释放,而且城乡之间收入差距的扩大以及日益增加的对城市建设的新要求,使得农村劳动力大量涌入城市,推动了城市化的快速发展;另一方面,具有中国特色的农村工业化模式和乡镇企业的异军突起,也成为推动城市化发展的另一支重要力量。

这一阶段,中国城市化发展速度较快。1984—1992年间,中国的改革开放事业前进与徘徊并存,外延式与内涵式经济增长方式并存,经济起伏与经济波动密集,宏观调控与市场调节并存。然而,也正是这一时期,政府、企业与市场的边界愈来愈清晰,中国工业化与城市化呈现出良性互动的发展趋势。从表3-13也可以看出,在1987—1992年间,中国城市化水平尽管有所提升,但发展速度却明显变慢。当然,造成这一结果的因素很多,主要体现在以下两个方面:一方面是随着改革进程的不断加深,乡镇企业吸纳剩余劳动力的能力不足,提供的就业岗位数量下降,乡镇企业越来越难充当城市化发展的主力军,城市化发展速度开始放缓。另一方面,农村工业化与城市化的互动发展在许多方面还不够成熟,受到诸如体制等因素的限制,也导致了城市化发展速度的减慢。

第二阶段是1992—2011年,这一时期中国确立了市场经济的发展目标,逐步开始进入由计划经济向市场经济的全面转型。表3-13显示,1993年中国工业化率Ⅰ为80.29%,2011年这一数据增加到89.96%,而且其发展相对稳定。相比较而言,1993年中国城市化率为27.99%,2011年这一数据提升到51.27%,而且发展速度明显加快。1993年中国工业化率Ⅰ与城市化率之间的偏差为52.30%,2011年这一数据下降为38.69%。显然,随着时间的变迁,中国工业化Ⅰ与城市化率之间的偏差进一步缩小,而且呈现出趋同趋势。

(二)体制转轨时期:与工业化率Ⅱ相比,城市化率仍然滞后

与计划经济体制时期一样,体制转轨时期的中国工业化率Ⅱ与城市化率之间差距扩大的趋势一直持续到1995年。1996年,在中国城市化进程加快发展之后,工业化率Ⅱ与城市化之间的差距才开始逐渐缩小。事实上,即便是到2011年,中国工业化率Ⅱ与城市化之间的比率仍高达1.27。显然,这一数据表明,中国城市化水平远远滞后于工业化(见表3-14)。

表3-14 中国城市化率、工业化率Ⅱ与二者差距(1979—2011)

| 年份 | 城市化率 | 工业化率Ⅱ | 二者差距(%) |
|---|---|---|---|
| | 城市人口比重(%) | 非农就业比重(%) | |
| 1979 | 18.96 | 30.20 | −11.24 |
| 1980 | 19.39 | 31.30 | −11.86 |
| 1981 | 20.16 | 31.90 | −11.74 |
| 1982 | 21.13 | 31.90 | −10.74 |
| 1983 | 21.62 | 32.90 | −11.30 |
| 1984 | 23.01 | 36.00 | −12.94 |
| 1985 | 23.71 | 37.60 | −13.87 |
| 1986 | 24.52 | 39.10 | −14.53 |
| 1987 | 25.32 | 40.00 | −14.69 |
| 1988 | 25.81 | 40.70 | −14.84 |
| 1989 | 26.21 | 39.90 | −13.74 |
| 1990 | 26.41 | 39.90 | −13.49 |
| 1991 | 26.94 | 40.30 | −13.36 |

(续表)

| 年份 | 城市化率<br>城市人口比重(%) | 工业化率 II<br>非农就业比重(%) | 二者差距(%) |
| --- | --- | --- | --- |
| 1992 | 27.46 | 41.50 | −14.04 |
| 1993 | 27.99 | 43.60 | −15.61 |
| 1994 | 28.51 | 45.70 | −17.19 |
| 1995 | 29.04 | 47.80 | −18.76 |
| 1996 | 30.48 | 49.50 | −19.02 |
| 1997 | 31.91 | 50.10 | −18.19 |
| 1998 | 33.35 | 50.20 | −16.85 |
| 1999 | 34.78 | 49.90 | −15.12 |
| 2000 | 36.22 | 50.00 | −13.78 |
| 2001 | 37.66 | 50.00 | −12.34 |
| 2002 | 39.09 | 50.00 | −10.91 |
| 2003 | 40.53 | 50.90 | −10.37 |
| 2004 | 41.76 | 53.10 | −11.34 |
| 2005 | 42.99 | 55.20 | −12.21 |
| 2006 | 44.34 | 57.40 | −13.06 |
| 2007 | 45.89 | 59.20 | −13.31 |
| 2008 | 46.99 | 60.40 | −13.41 |
| 2009 | 48.34 | 61.90 | −13.56 |
| 2010 | 49.95 | 63.30 | −13.35 |
| 2011 | 51.27 | 65.20 | −13.93 |

资料来源:国家统计局,《中国统计年鉴》,中国统计出版社,1981—2012 年。

表 3-14 显示,1979 年以后,中国的工业化进程飞速发展。与 1979 年相比,1995 年中国工业化率II提高了 17.60 个百分点。同一时期,中国城市化水平提高了 10.08 个百分点。显然,这一数据远远低于中国工业化率II的提高速度,而且相差了 7.52 个百分点。1996 年,中国城市化率和工业化率II之间的差距达到最大,高达 19.02 个百分点。因此,从总体上来看,改革开放之后,中国城市化水平一直是滞后于工业化水平的,到 1996 年这种滞后程度达到最大(见图 3-6)。然而,从 1997 年开始,中国工业化与城市化的关系呈现出新的特征,城市化进程滞后于工业化进程的状况逐渐得以改善。1996—2000 年间,中国工业化率II提高了 0.50 个百分点,城市化率提高了 5.74 个百分点。2000 年,中国城市化率与工业化率II之间的差距从 19.02 个百分点降低到 13.78 个百分点。图 3-6 显示,1996—2000 年间中国工业化与城市化之间的差距逐步缩小。2001—2011 年,中国工业化进程继续保持快于城市化进程的态势,2001—2011 年,中国工业化率II提高了 15.20 个百分点,而城

市化率仅提高了13.61个百分点。值得注意的是,2003年中国城市化率与工业化率Ⅱ之间的差距缩小到中华人民共和国成立以来的最低水平,仅有10.37个百分点。由于1996—2011年间中国城市化的快速发展,逐渐缩小了城市化与工业化之间的差距,中国城市化滞后于工业化水平的状态,已经逐渐从以往的严重滞后走向轻微滞后,并向基本适应状态转化。然而,从总体上来看,中华人民共和国成立以来形成的中国城市化滞后于工业化的基本格局并没有得到彻底改变。

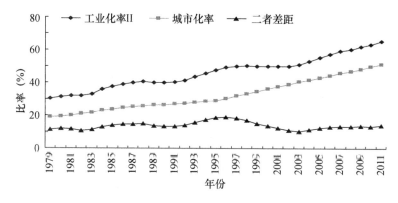

图3-6 中国工业化率Ⅱ、城市化率与二者差距(1979—2011)
资料来源:国家统计局,《中国统计年鉴》,中国统计出版社,1981—2012年。

## 第五节 中国工业化与城市化协调发展的制约因素

中国工业化与城市化协调发展要注重内涵式发展,才会具有强大的生命力和稳固的发展基础。而且,中国必须走具有中国特色的自主创新的工业化与城市化协调发展道路。在国民经济发展中,引进外资、外商、国外设备、国外先进科学技术、国外高精尖科学技术人才、国外高技术产品和国外管理模式等,对国内经济发展起到了很好的促进作用。然而,什么都依赖国外,就会使一些人产生很强的依赖心态,不论做什么都习惯于采取"拿来主义"的态度,缺乏内涵式的发展。在国民经济发展问题上,要实现稳定的、快速的可持续发展,就要使我们自己具有强大的综合国力,具有雄厚的经济实力、大批的高精尖科学技术人才、巨大的创造力、在世界上领先的科学技术、核心的技术成果、科学的管理模式、巨大的商业团队和广阔的世界经济市场等。

通过对改革开放以来中国工业化与城市化发展历程的经济史考察,我们不难发现,1979年以来,随着改革开放步伐的不断加快以及工业化进程的加速,中国城市化逐渐步入快速推进的发展阶段。中国工业化与城市化发展的互动关系得到明显改善,二者之间的协调性也大大增强。然而,当前中国工业化与城市化之间的互动发展仍然存在着一些突出问题,尤其是在开放之初,互动发展能力的不足导致二者协调发展仍处于亚健康的状态。

## 一、对外过度依赖严重影响互动系统的内生性

改革开放以来,中国工业化与城市化的互动发展从封闭逐步走向开放,外资、外贸无疑成为推动工业化与城市化发展的重要动力。在一些人的思想意识中出现了崇洋媚外、依赖外援,从而丧失了民族自信。不少人为了追求物质享受,物欲膨胀,唯物质主义、拜金主义使一些人出现了自轻自贱、丧失人格、国格的不良心态。随着国内外融合程度的提高,开放经济极大地推动了中国工业化与城市化的发展,但对外资、外贸的依赖在一定程度上弱化了工业化与城市化之间的互动关系,当前两者互动的内生性依然不足。

在开放经济条件下,外资、外贸有力地推动了中国工业化的发展,也为城市化提供了产业基础,增强了工业化对城市化的推动效应。"珠三角""长三角"的经济发展历程已经很好地证实了这一过程。然而,改革开放以来,中国在引进外资发展外贸的同时逐渐形成了对外需和技术引进的依赖。对外需的依赖大大弥补了国内需求的不足,对产业结构演进的拉动作用不可小觑。当然,在一定程度上也掩盖了国内需求的不足,削弱了城市化对消费的积极作用,使得中国经济增长的动力主要来自工业的推动。图3-7显示,除个别年份外,工业增加值的增速都高于经济增速。从需求来看,出口拉动工业增长的作用比较显著,出口增速虽然波动幅度较大,但总体上处于高位,而且大多年份均高于社会消费品零售总额的增速。在2001年之后,这种情况尤为突出。经历了世纪之交的通货紧缩之后,中国社会消费品零售总额并没有出现20世纪80年代中期、90年代初期相对于经济增速和工业增加值的快速增长,而基本上与这两者的增速相当,或略微偏高。数据还显示,出口增速一

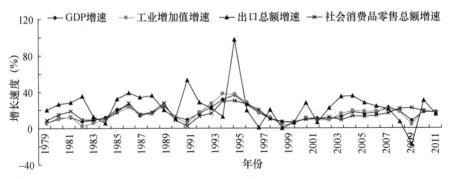

图3-7 中国GDP、工业增加值与国内外需求增速(1979—2011)
资料来源:国家统计局,《中国统计年鉴》,中国统计出版社,1985—2015年。

直保持在较高增速水平上,并与它们形成较大的差距。

20世纪60—70年代,世界经济史上最震撼人心的事件莫过于日本经济的迅速崛起。1966—1970年,日本实际经济增长率分别为10.2%、11.1%、11.9%、12.0%、10.3%,如此长时间的高速增长,被称为经济增长的历史奇迹。当时,日本按照关贸总协定的要求,在外部经济环境方面逐步放宽了对外贸易,贸易活动原则上不再实行外汇管制,该时期日本经历了出口的高速增长。根据《世界统计年鉴》的相关数据,我们不难得出,1961—1970年日本GDP年均增速为10.4%,工业产值年均增速为13.4%,出口年均增速则为15.8%。然而,尽管日本出口增速较高,对经济增长的拉动作用也较强,但其出口占GDP的比重却始终维持在20%以内。从表3-15还可以看出,美国出

表3-15 中国、日本、美国出口占GDP比重的比较(1960—2011)　　单位:%

| 年份 | 中国 | 日本 | 美国 | 时间 | 中国 | 日本 | 美国 |
|---|---|---|---|---|---|---|---|
| 1960 | 3.14 | 10.72 | 5.19 | 1986 | 10.41 | 11.10 | 6.99 |
| 1961 | 3.01 | 9.28 | 5.11 | 1987 | 14.59 | 10.15 | 7.47 |
| 1962 | 3.19 | 9.13 | 5.00 | 1988 | 15.36 | 9.76 | 8.46 |
| 1963 | 3.29 | 9.04 | 5.08 | 1989 | 15.28 | 10.24 | 8.91 |
| 1964 | 3.25 | 9.49 | 5.32 | 1990 | 17.40 | 10.29 | 9.23 |
| 1965 | 3.20 | 10.52 | 5.21 | 1991 | 18.95 | 9.87 | 9.64 |
| 1966 | 3.12 | 10.58 | 5.24 | 1992 | 20.10 | 9.77 | 9.68 |
| 1967 | 2.97 | 9.65 | 5.26 | 1993 | 20.83 | 9.06 | 9.52 |
| 1968 | 3.00 | 10.11 | 5.31 | 1994 | 21.64 | 9.00 | 9.86 |
| 1969 | 2.79 | 10.56 | 5.33 | 1995 | 20.44 | 9.05 | 10.61 |
| 1970 | 2.47 | 10.59 | 5.55 | 1996 | 17.64 | 9.70 | 10.71 |
| 1971 | 2.68 | 11.48 | 5.39 | 1997 | 19.19 | 10.73 | 11.08 |
| 1972 | 3.07 | 10.38 | 5.52 | 1998 | 18.02 | 10.78 | 10.48 |
| 1973 | 4.26 | 9.84 | 6.67 | 1999 | 17.99 | 10.17 | 10.23 |
| 1974 | 4.89 | 13.33 | 8.18 | 2000 | 20.79 | 10.88 | 10.63 |
| 1975 | 4.50 | 12.54 | 8.21 | 2001 | 20.09 | 10.45 | 9.68 |
| 1976 | 4.52 | 13.29 | 7.96 | 2002 | 22.40 | 11.25 | 9.15 |
| 1977 | 4.40 | 12.84 | 7.64 | 2003 | 26.71 | 11.87 | 9.06 |
| 1978 | 6.58 | 10.90 | 7.93 | 2004 | 30.72 | 13.21 | 9.64 |
| 1979 | 7.73 | 11.34 | 8.74 | 2005 | 33.76 | 14.31 | 10.01 |
| 1980 | 9.57 | 13.42 | 9.81 | 2006 | 35.72 | 16.17 | 10.67 |
| 1981 | 11.34 | 14.40 | 9.51 | 2007 | 34.93 | 17.75 | 11.50 |
| 1982 | 11.00 | 14.20 | 8.47 | 2008 | 31.64 | 17.71 | 12.52 |
| 1983 | 9.73 | 13.63 | 7.61 | 2009 | 24.08 | 12.70 | 10.98 |
| 1984 | 10.15 | 14.72 | 7.48 | 2010 | 26.60 | 15.17 | 12.32 |
| 1985 | 8.92 | 14.09 | 6.98 | 2011 | 25.93 | 15.13 | 13.53 |

资料来源:《世界银行数据库》和中国历年统计年鉴整理得到的。

口占GDP的比重更低,即使最高的年份也仅为13.53%;相比之下,中国出口占GDP的比重较高,2006年已经超过35%。显然,在拉动经济增长的"三驾马车"中,出口做出的贡献较大。这种过度依赖出口的情况虽然是内需不足情况下的不二选择,但是进一步掩盖了内需不足的问题。

长期以来,中国一直重视技术引进,甚至依赖国外技术,而忽视国内技术创新,进而影响到技术创新对产业结构演进的推动作用,当然也制约了产业结构的优化与升级。中华人民共和国成立以来,曾经有过三次大规模的技术引进,即"156项工程""43方案"与"78亿计划"。① 改革开放以来,在"以市场换技术"的战略下,中国进行了大规模的技术引进,技术引进合同数量及合同金额都出现了快速增长。尤其是在20世纪90年代中期和进入21世纪以来,技术引进的增长速度显著提高(见图3-8)。虽然引进的技术对产业升级发挥了积极作用,但是也造成了中国的核心技术缺乏、重大技术设备和关键零部件对外依赖度相对较高等一系列问题。就发明专利来看,国外发明专利授权量长期以来一直高于国内。2008年发明专利授权数为93 706件,其中50.28%的专利为国外申请。就技术引进本身来讲,如果根据国际上科学技术发展水平有计划地引进一些高新技术和设备,本无可厚非。然而,一些急功近利的人目光短浅,只顾眼前利益,不顾长远利益,在科学技术和设备的利用中主张拿来主义,不愿意培养自己的人才,认为培养自己的人才,研发自己的科学技术周期太长,投入的成本太高,没有从国外直接买来省事省钱。

如果只是通过引进国外技术,并依赖引进的科学技术获取技术进步,这必然会抑制整个国家的创造性,会失去自主创新的能力,无法掌控整个国家的前途和命运,可能会产生非常严重的社会发展问题。从发展战略的角度来看,我们对国外先进科学技术的引进只是一种发展的途径和手段,最终目的是获取科学技术的信息和知识,提高我们自主创新的能力。然而,国内大多企业只重视引进,而轻视对引进技术的消化吸收,只知道"吃现成饭",不知道在国外先进技术和技术设备的使用过程中形成自己的先进技术和技术设备,这是一种寄生性的发展模式。相比之下,日本、韩国等国家同样也经历过类似的技术引进阶段,但这些国家更重视消化吸收。由于急功近利,不少管理者的发展观念是注重技术引进经费的投入,而忽视技术消化经费的投入,导

---

① 中华人民共和国成立以来有三次大规模的技术引进,通常用三个数字代表,即"156""43""78"。其中,"156"是指20世纪50年代初引进苏联援助的156项重点工程,1952年第一批50个重点项目,1953年第二批91个项目,1954年第三批15个项目,实际施工项目为150个,简称"156项工程";"43"是指20世纪70年代初从国外引进设备和新技术的方案,共动用外汇43亿美元,简称"43方案";"78"是1978年从西方发达国家引进的78亿美元成套技术设备,曾经一度被称为"洋跃进",简称"78亿计划"。

致了中国的消化吸收经费比技术引进经费低。而日本、韩国等国家的消化吸收经费比技术引进经费高。因此,长期以来,中国陷入了"引进—落后—再引进"的发展怪圈,对技术引进产生过度依赖,难以摆脱这一窘境。在目前缺乏自主创新能力的情况下,通过技术引进缓解国内技术进步供给不足的问题是一种无奈之举。这种对外依赖在中国产业结构层次较低的发展阶段能够有力地推动产业的发展,但伴随着技术差距的缩小,中国后发优势逐渐减弱,依靠技术引进推动的产业结构高级化将逐渐走到尽头,缺乏潜力。而且,在国际竞争中,随着经济实力的逐渐增强,外国科学技术的垄断,尤其是高精尖和核心技术的垄断,对中国技术进口的管制也更加严格,一些关键领域的核心技术是无法通过引进获取的,缺乏自主创新能力势必严重制约中国产业持续升级的能力。

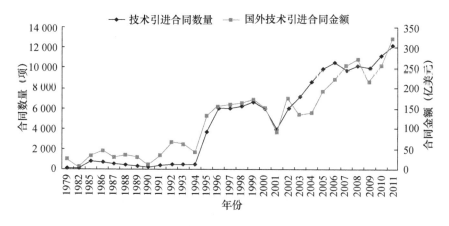

**图 3-8 中国技术引进合同数量与金额(1979—2011)**
资料来源:中国对外经济贸易年鉴编委会,《中国对外经济贸易年鉴》,中国经济出版社,1983—2012年。

显然,在开放经济条件下,中国过度依赖外国的境况已经严重制约着互动系统的内生性。基于互动生成的内源性的消费需求和技术创新动力,很大程度上被出口需求和技术引进所替代,城市化的积极效应既无法完全发挥也不受到重视,产业结构实现进一步演进的内生动力不足。

## 二、第三产业发展滞后导致城市化发展的后劲不足

在城市化发展中,第三产业是城市化发展的支柱产业,也是城市化发展的重要活力来源。加快发展第三产业可以有效推进中国的工业化和城市化发展,可以扩大城市人口就业,保证社会安定,提高人民生活水平和生活质量,推动社会主义精神文明建设。当前,中国三次产业结构仍存在一定的偏

差,突出表现为第三产业比重偏低,主要表现在以下两个方面:

第一,与同中国经济发展水平相当的国家相比,中国第三产业比重偏低。2010年和2011年中国人均GDP分别为4 283美元和5 414美元。根据世界银行的划分标准,中国正处于由中等偏下收入国家向中等偏上收入国家过渡的阶段(见表3-16)。中国2008年三次产业结构为10.1∶46.8∶43.1。从这一结构比例来看,中国服务业比重不论与中等收入国家总体水平,还是中上收入国家、中下收入国家相比都较低,分别低大约7个百分点、14个百分点和8个百分点。

表3-16 不同收入水平国家的产业结构(2009) 单位:%

| 组别 | 人均GDP或区域划分 | 农业 | 工业 | 服务业 |
| --- | --- | --- | --- | --- |
| 世界平均水平 | — | 3 | 27 | 70 |
| 高收入国家 | ≥12 276美元 | 1 | 26 | 73 |
| 中等收入国家 | 1 006—12 275美元 | 10 | 35 | 55 |
| 中上收入国家 | 3 976—12 275美元 | 7 | 36 | 57 |
| 中下收入国家 | 1 006—3 975美元 | 17 | 31 | 51 |
| 低收入国家 | ≤1 005美元 | 26 | 24 | 50 |
| 中低收入国家 | ≤12 275美元 | 10 | 35 | 55 |

资料来源:世界银行,《世界发展报告》,中国财经出版社,2012年。

第二,从日本、韩国等新兴工业化国家的发展历程来看,其第三产业(服务业)所占比重始终保持在较高的水平上,并在后工业化阶段显著提高。第二次世界大战后日本经济发展迅速,1960—1970年,工业产值比重提升了3个百分点,同时服务业比重提升了4个百分点,达到54%。之后,工业所占比重持续下降,服务业所占比重持续提升。韩国在工业化的过程中,工业比重从1960年的19%提升至1995年的42%,同时服务业也呈现缓步升高,从41%提高至49%。之后进入后工业化社会,工业比重开始下降,服务业比重进一步快速升高(见表3-17)。从这一过程可以发现两个基本特点:第一,在工业化起步时,服务业所占比重已达到一定水平;第二,尽管在工业化阶段其工业比重提升较快,但是服务业所占比重都保持在相当水平。对比中国的发展情况,改革开放以来,中国第三产业起点较低,虽然经历了20世纪80年代的恢复性发展,并在90年代后期有显著提高,但是总体上与这些国家工业化过程中的服务业所占比重相比仍然偏低。而且,进入21世纪以来,第三产业所占比重徘徊不前,并呈现出略微下降的状况。

表 3-17 日本、韩国的产业结构(1960—2010)　　　单位:%

| 年份 | 日本 | | | 韩国 | | |
|---|---|---|---|---|---|---|
| | 农业 | 工业 | 服务业 | 农业 | 工业 | 服务业 |
| 1960 | 13 | 42 | 45 | 40 | 19 | 41 |
| 1965 | 9 | 43 | 48 | 39 | 21 | 39 |
| 1970 | 6 | 45 | 49 | 29 | 26 | 45 |
| 1975 | 5 | 41 | 54 | 27 | 29 | 44 |
| 1980 | 4 | 41 | 56 | 16 | 37 | 47 |
| 1985 | 3 | 39 | 57 | 14 | 39 | 47 |
| 1990 | 2 | 39 | 58 | 9 | 42 | 49 |
| 1995 | 2 | 34 | 64 | 6 | 42 | 52 |
| 2000 | 2 | 32 | 66 | 5 | 38 | 57 |
| 2005 | 2 | 30 | 68 | 3 | 38 | 59 |
| 2010 | 1 | 28 | 71 | 3 | 39 | 58 |

资料来源:根据世界银行 WDI 数据库整理。

当前,中国就业弹性下降是一个不争的事实。从产业结构演进的角度来看,就业弹性下降背后的原因是中国进入重化工业阶段,资本投入对经济的拉动作用大大增强。这是资本技术密集型的重化工业发展的必然结果。因而,在进入重化工业阶段以后,如果第二、第三产业发展相对不足,"有增长、无就业"的状况将使城市化的发展面临后续动力不足的问题。中国目前的城市化率水平刚刚超过 50%,发展任务仍然十分艰巨。但是,当前第三产业发展的不足势必制约城市化的持续发展,推进第三产业发展,是中国城市化发展的必然趋势。

## 三、自主创新能力不强阻碍着产业结构的优化

自主创新能力和科学技术实力是强大的生产力。自主创新能力是工业化和城市化发展的内在动力,也是可持续发展的基本保障。长期以来,由于中国的科学技术实力比西方发达国家落后,在世界科技竞争中显得底气不足。与改革开放之前相比,长期以来中国依靠廉价的劳动力资源形成的优势——低成本、低价格、低利润,即所谓的低价工业化模式,在竞争较为激烈的国际市场上赢得了一些优势,尤其在不少轻工业产品方面,也确立了"世界加工厂"的地位。然而,伴随着经济发展和经济结构的演进,低价工业化的弊端逐渐显露。一方面,中国的经济发展付出了高能耗、高物耗、高排放、高污染的巨大代价。另一方面,由于缺乏创新动力,产业升级缓慢,经济发展缺乏后劲。

当前,中国产业结构演进的技术创新动力相对不足突出表现在自主创新能力不强。从表 3-18 的几项创新能力指标来看,在研发投入强度较高的高

技术产业,中国R&D经费占工业总产值的比重也仅仅为1.29%,与美国的16.41%、日本的10.64%差距巨大。

表3-18 中国自主创新能力的国际比较

|  | 中国 | 美国 | 日本 | 韩国 |
| --- | --- | --- | --- | --- |
| R&D经费占GDP比重(%) | 1.44 | 2.68 | 3.44 | 3.47 |
| 高技术产业R&D经费占工业总产值比例(%) | 1.29 | 16.41[a] | 10.64[a] | 5.98[a] |
| 每百万人口发明专利授权数(项目) | 70.20 | 575.0[b] | 941.5[b] | 742.1[b] |
| 每万人劳动力中从事R&D活动人员(人) | 22.00 | — | 141.00 | 111.00 |
| 每万人劳动力中科学家工程师(人) | 18.00 | 94.00[a] | 107.00 | 92.00 |
| R&D活动人员人均国际发表论文(篇) | 0.12 | 0.44 | 0.18 | 0.23 |

注:a为2006年数据、b为2002年数据;其余为2007年数据。
资料来源:国家统计局社会科技和文化产业司、科学技术部创新发展司编,《中国科技统计年鉴》,中国统计出版社,历年。

从中国500强企业研发投入来看(见表3-19),通过2006年与2009年的比较,研发投入在1%以下的企业数量有所增加,10%以上、5%—10%、1%—5%三个档次中的企业数量都存在不同程度的下降。

表3-19 中国企业500强研发投入分布

| 年份 | 按研发投入(研发费用/销售收入) | 10%以上 | 5%—10% | 1%—5% | 1%以下 | 总数 |
| --- | --- | --- | --- | --- | --- | --- |
| 2009年 | 分类的企业数目(个) | 4 | 18 | 171 | 233 | 426 |
|  | 企业数目比例(%) | 0.9 | 4.2 | 40 | 54.7 | 100 |
| 2006年 | 分类的企业数目(个) | 6 | 37 | 206 | 199 | 448 |
|  | 企业数目比例(%) | 1.3 | 8.3 | 46 | 44.4 | 100 |

资料来源:中国企业联合会、中国企业家协会课题组,《中国500强企业发展报告》,企业管理出版社,2006年、2009年。

近年来,中国高技术产业发展迅猛,高技术产业总产值、销售收入、利润以及在出口中所占比重都有很大幅度的提高(见表3-20)。然而,与发达国家相比,中国的技术创新仍不具有比较优势,部分高技术产业依靠引进,自主创新能力并没有真正取得实质性提高。通过对中国高技术产业出口及利润情况的分解可以看出,中国高技术产业受外商投资企业——中外合资经营企业、中外合作经营企业和外资企业的影响巨大。这三种企业数量在中国高技术产业中不到40%,但利润占比一直在60%左右,在出口中占比高达90%左右。这说明中国高技术产业的快速发展仍然是在外资的推动作用下实现的。自主创新能力相对较低直接导致了产业的低附加值。发达国家高技术产业的增加值率大多在30%以上,美国2000年达到了42.6%。

**表 3-20 中国高技术产业中的三资企业(1995—2008)**

| 指标＼年份 | 1995 | 2004 | 2005 | 2006 | 2007 | 2008 |
|---|---|---|---|---|---|---|
| 高技术产业企业数(个) | 18 834 | 17 898 | 17 527 | 19 161 | 21 517 | 25 817 |
| 三资企业数(个) | 4 581 | 3 046 | 6 560 | 6 999 | 8 028 | 9 296 |
| 三资企业数占比(%) | 24.32 | 31.22 | 36.65 | 36.53 | 37.31 | 36.01 |
| 高技术产业总利润(亿元) | 178 | 673 | 1 245 | 1 777 | 2 396 | 2 725 |
| 三资企业利润(亿元) | 107.79 | 406.38 | 873.5 | 1 155.99 | 1 485.53 | 1 557.81 |
| 三资企业利润占比(%) | 60.56 | 60.38 | 70.16 | 65.05 | 62.00 | 57.17 |
| 高技术产业出口交货值(亿元) | 1 125.23 | 3 388.38 | 14 830.9 | 23 476.46 | 28 422.79 | 31 503.94 |
| 三资企业出口交货值(亿元) | 830.16 | 13 827.4 | 13 827.4 | 20 942.5 | 25 892.98 | 28 324.45 |
| 三资企业出口交货值占比(%) | 73.78 | 85.06 | 93.23 | 89.21 | 91.10 | 89.91 |

资料来源:国家统计局、科学技术部,《中国高技术产业统计年鉴》,中国统计出版社,2010年。

1995—2007年间,中国高技术产业利润率与增加值率数据显示,在中国高技术产业中,电子及通信设备制造业、电子计算机及办公设备制造业是两个主要行业,两个行业的产值占全部高技术产业的约70%。从这两个行业来看,利润率都不高。2007年中国电子及通信设备制造业的利润率仅为4.17%,与之相比,电子计算机及办公设备制造业的利润率更低,只有2.98%,其中电子计算机整机制造的利润率占到1.78%。同样,从增加值率来看,2007年中国电子及通信设备制造业的增加值率为23.15%,电子计算机及办公设备制造业的增加值率则更低,而且均呈现下降趋势(见表3-21)。

**表 3-21 中国高技术产业分行业利润率与增加值率(1995—2007)** 单位:%

| | 行业＼年份 | 1995 | 2000 | 2003 | 2004 | 2005 | 2006 | 2007 |
|---|---|---|---|---|---|---|---|---|
| 利润率 | 电子及通信设备制造业 | 5.35 | 7.25 | 4.64 | 4.66 | 3.91 | 4.21 | 4.17 |
| | 通信设备制造 | 8.78 | 9.76 | 5.54 | 6.65 | 4.76 | 4.75 | 3.74 |
| | 雷达及配套设备制造 | 11.83 | −0.38 | 6.09 | 7.76 | 7.06 | 7.10 | 8.82 |
| | 广播电视设备制造 | 2.82 | 4.89 | 4.41 | 5.51 | 4.67 | 4.09 | 5.87 |
| | 电子器件制造 | 10.78 | 8.99 | 4.28 | 4.67 | 2.21 | 3.09 | 4.11 |
| | 电子元件制造 | 3.26 | 6.59 | 5.08 | 5.63 | 5.03 | 5.25 | 5.02 |
| | 家用视听设备制造 | −0.06 | 2.78 | 2.65 | −0.22 | 2.11 | 2.13 | 2.84 |
| | 其他电子设备制造 | 0.48 | 9.29 | 8.35 | 5.60 | 5.13 | 5.88 | 5.77 |
| | 电子计算机及办公设备制造业 | 1.76 | 4.74 | 2.71 | 2.32 | 2.45 | 2.19 | 2.98 |
| | 电子计算机整机制造 | 1.84 | 5.52 | 2.34 | 1.82 | 1.82 | 1.43 | 1.78 |
| | 电子计算机外部设备制造 | 1.66 | 4.41 | 2.98 | 2.76 | 3.05 | 2.92 | 4.38 |
| | 办公设备制造 | 1.94 | 3.27 | 4.02 | 4.37 | 4.16 | 3.86 | 4.92 |

(续表)

| 行业 | 年份 | 1995 | 2000 | 2003 | 2004 | 2005 | 2006 | 2007 |
|---|---|---|---|---|---|---|---|---|
| 增加值率(%) | 电子及通信设备制造业 | 24.09 | 24.60 | 25.17 | 24.03 | 23.81 | 24.12 | 23.15 |
| | 通信设备制造 | 32.33 | 25.74 | 28.35 | 24.69 | 22.18 | 22.95 | 20.67 |
| | 雷达及配套设备制造 | 24.42 | 25.48 | 29.66 | 32.40 | 32.14 | 31.32 | 28.37 |
| | 广播电视设备制造 | 27.31 | 25.77 | 26.06 | 24.88 | 29.85 | 27.92 | 26.33 |
| | 电子器件制造 | 34.72 | 26.16 | 26.62 | 27.12 | 27.53 | 28.34 | 26.43 |
| | 电子元件制造 | 23.26 | 25.86 | 25.45 | 24.50 | 25.75 | 25.17 | 24.32 |
| | 家用视听设备制造 | 13.41 | 19.75 | 18.37 | 18.62 | 19.10 | 18.82 | 20.39 |
| | 其他电子设备制造 | 22.53 | 30.83 | 29.94 | 31.14 | 29.84 | 27.18 | 26.32 |
| | 电子计算机及办公设备制造业 | 26.15 | 22.32 | 17.06 | 14.11 | 17.10 | 16.88 | 15.30 |
| | 电子计算机整机制造 | 31.37 | 23.26 | 12.16 | 10.40 | 14.15 | 13.29 | 11.69 |
| | 电子计算机外部设备制造 | 23.21 | 21.44 | 20.68 | 17.47 | 20.15 | 20.40 | 19.17 |
| | 办公设备制造 | 19.38 | 22.65 | 30.34 | 23.80 | 21.78 | 22.32 | 21.64 |

资料来源：国家统计局、科学技术部，《中国高技术产业统计年鉴》，中国统计出版社，2010年。

总之，高技术产业是工业化发展中的核心产业，在国际科技竞争中处于重要地位，一个国家的自主创新能力和高新技术水平，在一定的意义上可以决定工业化发展的速度和前途命运。改革开放以来，尽管高技术产业在中国发展迅速，并在经济中的比重显著提升，但是这并未带来中国自主创新能力的实质提高，产业结构的高级化呈现一定程度的虚高。从社会发展、科技发展、工业化发展和经济发展的长远角度来看，培养大批的高精尖人才，提高中国的自主创新能力和高技术水平，提高中国高技术在国际科学技术竞争中的实际能力，对社会发展具有重要的发展战略意义。

### 四、消费需求不足阻碍着工业化水平的提高

工业化需要消费需求的拉动。如果工厂生产出来的大量产品不能够转化为商品，积压在仓库里卖不出去，工厂就自然会倒闭。然而，商品是依赖市场销售出去的，中国产品有两个市场，一个是国际市场，另一个是国内市场。市场销售要依靠消费群体，消费者的消费需求和消费能力决定市场商品销售的数量。长期以来，人民的消费需求不足一直是中国经济增长中的"软肋"。中国人传统的消费观念是影响消费需求的重要因素。人们在艰苦朴素、勤俭节约观念的支配下，养成了简单的日常生活方式和厉行节约的生活习惯。不少人不是将原本就不多的收入用来消费，而是用来做家庭经济积累，比如，给子女上学、就业、结婚、买房和自己养老等，这是影响社会物质消费的重要因素之一。中国消费的全面提升不仅仅需要城市居民进一步提高消费水平，还需要数量上超过城市居民人口的农村人口也提高消费能力。改革开放以来，

城市居民收入增长较快,消费的升级对产业的升级发挥了积极作用。随着时代的发展,人们的消费观念发生了重大变化,许多年轻人在生活中贪图享受,追求高消费、超前消费,尽管收入不高,却是"月光族",甚至透支消费,在一定意义上促进了工业和商业的发展。相比之下,超前消费一方面促进了工业化和城市化的跨越式发展,另一方面也形成了不少家庭由于低收入、高消费而出现的负债生存的生活模式。由于农村居民收入增长缓慢,与城市居民收入差距不断扩大,其消费观念、消费能力和消费升级相对滞后。显然,城市化有助于提高农村居民与流动人口的收入,进而提高农村居民与流动人口的消费水平。然而,由于人民的实际经济收入没有达到中国社会发展的实际消费能力,当前中国城市化发展的消费需求效应并未得到充分发挥。

当前,中国的城市流动人口与农民工是具有社会身份世袭特征的城乡"两栖"型群体,这一部分群体工作很不稳定,各种权益无法得到保障,经济收入极不稳定,在经济上处于弱势地位,他们的实际经济收入严重制约了他们的实际消费能力。这主要表现为两个方面:第一,城乡"两栖"生存状态下的农民工,在城市的"城式化",即由农村居民转变为城市居民的生活方式,具有高价特征,农民工改变生活方式的机会成本非常高。近年来,农民失地现象非常严重,政府和商家廉价强行从农民手中征收大量的土地,造成的直接结果是失地农民人数出现连年攀升。截止到2011年,中国失去全部土地或部分土地的农民人数已经高达4 000万—5 000万人,而且每年还会新增200万—300万人。另外,农村土地流转的收益过低,而且收益分配长期失衡。调查结果显示,以江苏省为例,其农地转用增值的土地收益分配中,政府获得2/3,农村集体经济组织获得1/4,甚至高于1/4,而农民只获得1/10,甚至是1/20。第二,当前,中国农村居民人均纯收入仅为6 977.3元/年,城镇居民人均可支配收入为21 809.8元/年。显然,不仅农民收入水平低,而且城乡收入差距大。改革开放以来,中国物价水平上升较快,农民工生活在城市的成本极其高昂,农民工"城式化"的成本高得难以想象。2005年5月27日,《北京晨报》刊登了牛文元的一个测算。牛文元估计,一个农民进入城市的平均成本不低于2.5万元。因为,一个农民进入城市生活必须支付个人成本,这一成本为1.45万元,同时他还需要分享公共设施费用,需要支付公共成本1.05万元。当然,不同层次的城市"城式化"的成本是不同的。一般地说,小城市为2万元;中等城市为3万元;大城市为6万元;特大城市为10万元。此外,进入城市生活的农民不得不面临"三座大山"——城市房价、子女教育费和医疗费,这其中的任何一个都可能使农民"望城却步",导致农民生活方式变革的代价极高,把多数农民拒城市之门外。

这种城市化发展势必形成两种截然不同的结果:较高的城市建设投入将产生强劲的投资拉动效应,但高昂的城市化代价将不利于消费需求的扩大。当前,城市化的消费需求拉动效应相对较弱,可以从两个方面来进行具体分析。第一,从向城市流动的农民工群体来看,在低价工业化模式下,农民工获得的是低工资,享受的是低福利,综合收入水平低下直接就制约了其消费能力。同时,农民工在城市生活往往面临着住房、医疗以及子女教育等固定的高额支出,这势必挤占其他方面的消费。实际上,在城里打工的许多农民工的经济收入低,连基本的日常生活消费也要精打细算,更别提在城里进行高消费了。有人对部分城市的农民工收入进行统计,2012年农民工月平均收入水平为2290元[①],与城市职工的月平均收入3897.417元[②]还有一定的相距。农民工在城市务工的平均月消费支出也与城市居民之间存在较大的差距。因而,城市化对流动人口消费的增强效应并不十分显著。第二,从农村未转移人口来看,由于缺乏有效的土地流转途径和方式,土地抛荒与种田能手无地可种之间仍存在矛盾,城市化发展对农业的规模化经营、提高农业生产效率的积极作用十分有限。

20世纪90年代中后期以来,中国供不应求的矛盾似乎有所缓解,随之而来的是供过于求,消费不足。当然,可能是人们已经习惯了短缺,习惯了节俭,尽管政府曾尝试采取一系列措施,但消费仍然难以增长,至少没有像预期的那样有效。除了消费需求,还有投资需求。对于一个经济体来说,消费需求与投资需求是不可分割的统一体。从二者对经济增长的拉动作用来说,投资需求是引致需求,或者说是由消费需求派生出来的。当然,经济增长取决于最终需求。中国是世界上人口最多的国家,13亿人口都是消费者。可以说,中国是当今世界上巨大的"消费超级市场",不仅能够拉动中国的消费市场,也足以拉动世界经济的增长。然而,由于占中国人口过半的农民存在着消费需求不足,人数上的优势并未能使其成为消费市场上的真正"主导者"。2001年,汪利娜研究员[③]指出,从消费总量分析来看,中国农村人口占绝大多数,大约是城市人口的3倍。然而,农村居民的消费总量仅为城市居民的91%,对中国经济增长的贡献率也仅为城市居民的12.5%。就消费结构而言,中国城乡居民的恩格尔系数逐年下降,1998年城镇居民恩格尔系数为44%,按照国际标准应属于小康水平;农村居民恩格尔系数为55%,这一数

---

① 国家统计局:《2012年全国农民工监测调查报告》,2013年。
② 国家统计局人口和就业统计司、人力资源和社会保障部规划财务司:《中国劳动统计年鉴》,中国统计出版社,2013年。
③ 汪利娜:"加快城市化:启动消费的现实选择",《经济学动态》,2001年第9期,第37—40页。

据较高,应属于温饱水平。中国农村居民的消费支出仍以生活必需品——衣、食、住等为主,对于耐用品——电器、汽车等消费需求仍相当低。统计数据显示,1998年中国彩电、冰箱和洗衣机在城镇的普及率分别为105%、90.57%和76%。相比之下,同一商品在中国农村的普及率就比较低,彩电、冰箱和洗衣机在中国农村的普及率分别为32.59%、9.25%和22.81%,远远低于城镇的普及率。当然,我们仅考虑了实物商品,就发现城乡消费差距很大。如果我们再考虑到文化、教育和服务等非实物商品,那么城乡消费差距可能会超出我们的想象。

统计资料也为上述见解做出了佐证:1998年的消费水平显示,中国城镇居民人均消费支出为6 201元/年,而农村居民人均消费支出仅为1 893元/年。显然,中国农村居民人均消费支出仅为城市居民的31.98%;1999年中国城镇居民人均消费支出为6 665元/年,而农村居民年均人均消费支出仅为1 973元,农村居民人均消费支出为城市居民的29.60%。从耐用品的城乡拥有量看,1999年中国农村居民每千户拥有洗衣机243台、彩电382台、电冰箱106台,这一数据仅相当于10年前,即1988年中国城镇居民的平均拥有量。由此可见,中国农村居民的需求不足,是导致国内有效需求不足的主要原因。无论是消费数量,还是消费质量,中国农村居民的消费水平至少要落后于城市居民10年以上。基于此,我们很容易理解,为什么中国如此庞大的人口,却难以消化经济增长中释放出来的生产力。既然中国农村居民的消费水平如此低,扩大农村居民消费需求必然是扩大国内有效需求的重中之重,扩大农村居民的消费需求必须千方百计扩大农民收入,否则化解国内过剩的产能就成了一句空话。

## 五、城市功能滞后弱化了工业化的支撑能力

近年来,中国的城市转型相对缓慢。从整体上来看,伴随着第三产业在经济中比重的提高,城市功能出现了向服务化转变的趋势。但是,从各个规模等级城市来看,其中还存在着一些问题。表3-22根据2004年和2009年《中国城市统计年鉴》数据,分类统计了中国不同人口规模的城市①各个行业的就业人口比重。

第一,就全国水平来讲,2008年制造业仍在城市经济中占主导地位。从2003年到2008年,农林牧渔业、制造业、交通运输仓储及邮政业、批发和零售业的就业比重都出现了下降,分别下降了0.66、1.37、0.54、0.73个百分点,

---

① I类城市:人口规模大于200万;II类城市:人口规模在100万—200万;III类城市:人口规模在50万—100万;IV类城市:人口规模小于50万。

表 3-22 中国不同规模城市的就业分布

| | 城市规模（万人） | 农林牧渔业 | 采矿业 | 制造业 | 建筑业 | 电力燃气及水生产供应 | 交通运输仓储及邮政业 | 批发和零售业 | 住宿餐饮业 | 金融业 | 房地产业 |
|---|---|---|---|---|---|---|---|---|---|---|---|
| 2008年城市规模 | 全国水平 | 0.88 | 4.27 | 32.11 | 9.15 | 2.32 | 6.01 | 5.28 | 2.25 | 3.99 | 2.02 |
| | >200 | 0.52 | 1.50 | 32.27 | 9.07 | 1.68 | 7.26 | 6.16 | 2.87 | 3.83 | 2.60 |
| | 100—200 | 0.77 | 6.24 | 34.37 | 9.83 | 2.70 | 4.71 | 4.01 | 1.41 | 4.01 | 1.42 |
| | 50—100 | 1.81 | 9.02 | 30.89 | 8.78 | 3.41 | 4.18 | 4.46 | 1.57 | 4.26 | 1.25 |
| | <50 | 2.16 | 9.38 | 24.66 | 8.31 | 3.88 | 4.43 | 4.07 | 1.50 | 4.71 | 0.98 |
| 2003年城市规模 | 全国水平 | 1.54 | 4.65 | 33.48 | 8.81 | 2.51 | 6.55 | 6.01 | 2.21 | 3.45 | 1.55 |
| | >200 | 0.77 | 1.52 | 34.37 | 8.65 | 1.82 | 7.41 | 6.84 | 2.83 | 3.40 | 1.95 |
| | 100—200 | 1.34 | 4.75 | 33.49 | 10.31 | 2.80 | 6.22 | 5.28 | 1.78 | 3.40 | 1.47 |
| | 50—100 | 2.34 | 10.74 | 33.13 | 7.76 | 3.26 | 5.46 | 5.33 | 1.51 | 3.52 | 0.96 |
| | <50 | 5.31 | 6.81 | 28.08 | 7.75 | 3.96 | 5.13 | 5.10 | 1.65 | 3.73 | 0.88 |
| 2008年与全国水平差值 | >200 | −0.36 | −2.77 | 0.16 | −0.08 | −0.64 | 1.25 | 0.88 | 0.62 | −0.16 | 0.58 |
| | 100—200 | −0.12 | 1.98 | 2.26 | 0.68 | 0.38 | −1.30 | −1.27 | −0.84 | 0.02 | −0.60 |
| | 50—100 | 0.92 | 4.76 | −1.22 | −0.37 | 1.09 | −1.83 | −0.82 | −0.67 | 0.27 | −0.77 |
| | <50 | 1.27 | 5.12 | −7.45 | −0.84 | 1.56 | −1.58 | 1.21 | −0.75 | 0.72 | −1.04 |
| 2003年与全国水平差值 | >200 | −0.77 | −3.13 | 0.90 | −0.17 | −0.70 | 0.86 | 0.83 | 0.62 | −0.05 | 0.40 |
| | 100—200 | −0.20 | 0.09 | 0.01 | 1.49 | 0.29 | −0.32 | −0.73 | −0.43 | −0.04 | −0.08 |
| | 50—100 | 0.80 | 6.09 | −0.34 | −1.05 | 0.75 | −1.08 | −0.69 | −0.70 | 0.07 | −0.58 |
| | <50 | 3.76 | 2.16 | −5.40 | −1.06 | 1.45 | −1.41 | −0.92 | −0.56 | 0.29 | −0.67 |

(续表)

| | 城市规模(万人) | 农林牧渔业 | 采矿业 | 制造业 | 建筑业 | 电力燃气及水生产供应 | 交通运输仓储及邮政业 | 批发和零售业 | 住宿餐饮业 | 金融业 | 房地产业 |
|---|---|---|---|---|---|---|---|---|---|---|---|
| 2008年各规模城市与2003年差值 | 全国水平 | -0.66 | -0.39 | -1.37 | 0.34 | -0.19 | -0.54 | -0.73 | 0.04 | 0.54 | 0.47 |
| | >200 | -0.25 | -0.02 | -2.10 | 0.42 | -0.13 | -0.15 | -0.69 | 0.04 | 0.43 | 0.66 |
| | 100—200 | -0.57 | 1.50 | 0.88 | -0.47 | -0.10 | -1.52 | -1.27 | -0.38 | 0.61 | -0.05 |
| | 50—100 | -0.53 | -1.72 | -2.24 | 1.03 | 0.15 | -1.28 | -0.86 | 0.06 | 0.74 | 0.28 |
| | <50 | -3.15 | 2.57 | -3.42 | 0.56 | -0.08 | -0.70 | -1.03 | -0.14 | 0.98 | 0.10 |

| | 城市规模(万人) | 租赁商务服务 | 信息传输计算机服务软件业 | 科研技术服务和地质勘查业 | 水利环境和公共设施管理业 | 居民及其他服务业 | 教育 | 卫生社会保障福利 | 文体娱乐业 | 公共管理和社会组织 |
|---|---|---|---|---|---|---|---|---|---|---|
| 2008年城市规模 | 全国水平 | 3.10 | 1.83 | 2.96 | 1.57 | 0.64 | 8.53 | 3.99 | 1.26 | 7.83 |
| | >200 | 4.09 | 2.17 | 3.84 | 1.43 | 0.82 | 8.06 | 3.79 | 1.51 | 6.53 |
| | 100—200 | 1.91 | 1.21 | 2.63 | 1.61 | 0.45 | 9.41 | 4.26 | 0.92 | 8.74 |
| | 50—100 | 1.87 | 1.45 | 1.65 | 1.80 | 0.40 | 8.55 | 4.12 | 0.94 | 9.51 |
| | <50 | 1.81 | 2.08 | 1.84 | 2.13 | 0.29 | 9.80 | 4.61 | 1.11 | 12.26 |
| 2003年城市规模 | 全国水平 | 2.20 | 1.37 | 2.85 | 1.58 | 0.67 | 8.30 | 3.64 | 1.32 | 7.31 |
| | >200 | 3.06 | 1.59 | 3.85 | 1.51 | 0.95 | 8.24 | 3.58 | 1.56 | 6.11 |
| | 100—200 | 1.56 | 1.15 | 2.59 | 1.63 | 0.54 | 8.86 | 3.77 | 1.23 | 8.04 |
| | 50—100 | 1.31 | 1.06 | 1.54 | 1.62 | 0.32 | 7.74 | 3.53 | 0.91 | 7.97 |
| | <50 | 1.40 | 1.70 | 1.74 | 1.77 | 0.29 | 8.49 | 3.96 | 1.33 | 10.93 |

（续表）

| | 城市规模（万人） | 租赁商务服务 | 信息传输计算机服务软件业 | 科研技术服务和地质勘查业 | 水利环境和公共设施管理业 | 居民及其他服务业 | 教育 | 卫生社会保障福利 | 文体娱乐业 | 公共管理和社会组织 |
|---|---|---|---|---|---|---|---|---|---|---|
| 2008年与全国水平差值 | >200 | 0.99 | 0.34 | 0.89 | -0.14 | 0.18 | -0.47 | -0.20 | 0.25 | -1.30 |
| | 100—200 | -1.20 | -0.62 | -0.92 | 0.05 | -0.18 | 0.87 | 0.26 | -0.34 | 0.91 |
| | 50—100 | -1.24 | -0.37 | -1.31 | 0.23 | -0.24 | 0.02 | 0.13 | -0.32 | 1.68 |
| | <50 | -1.29 | 0.25 | -1.12 | 0.57 | -0.35 | 1.27 | 0.62 | -0.15 | 4.43 |
| 2003年与全国水平差值 | >200 | 0.86 | 0.22 | 1.00 | -0.07 | 0.28 | -0.07 | -0.06 | 0.24 | -1.19 |
| | 100—200 | -0.64 | -0.22 | -0.46 | 0.05 | -0.13 | 0.55 | 0.13 | -0.09 | 0.73 |
| | 50—100 | -0.89 | -0.32 | -1.32 | 0.04 | -0.35 | -0.56 | -0.11 | -0.41 | 0.66 |
| | <50 | -0.80 | 0.33 | -1.11 | 0.19 | -0.37 | 0.18 | 0.32 | 0.01 | 3.62 |
| 2008年各规模城市与2003年差值 | 全国水平 | 0.90 | 0.45 | 0.11 | -0.01 | -0.03 | 0.23 | 0.35 | -0.06 | 0.52 |
| | >200 | 1.03 | 0.57 | -0.01 | -0.08 | -0.13 | -0.17 | 0.21 | -0.05 | 0.42 |
| | 100—200 | 0.34 | 0.06 | -0.35 | -0.01 | -0.09 | 0.55 | 0.48 | -0.31 | 0.70 |
| | 50—100 | 0.56 | 0.40 | 0.11 | 0.18 | 0.08 | 0.81 | 0.59 | 0.03 | 1.54 |
| | <50 | 0.41 | 0.37 | 0.10 | 0.36 | -0.01 | 1.31 | 0.65 | -0.22 | 1.33 |

资料来源：易善策，《产业结构演进与城镇化》，社会科学文献出版社，2013年，第220页。

其中制造业下降幅度最为显著。这说明，整体上农业、制造业等就业所占比重在下降，城市中传统服务业比重也在下降。

第二，从不同规模城市的制造业就业来看，通过与全国水平的比较可以发现，2008年Ⅱ类和Ⅰ类城市的制造业就业比重比全国水平分别高出2.26个和0.16个百分点。而Ⅳ类和Ⅲ类城市则分别低7.45个和1.22个百分点。与2003年数值比较，后两种城市制造业就业比重低于全国水平的幅度在扩大，Ⅱ类城市制造业就业比重高于全国水平的幅度也在扩大，而Ⅰ类城市高于全国水平的幅度微弱减小。这表明，当前制造业正在从第一类城市和后两类城市向第二类城市集聚，并且从幅度上来看后两类城市减少得更快。从2003年到2008年，Ⅰ类、Ⅲ类和Ⅳ类城市的制造业就业比重分别减小2.10、2.24和3.42个百分点。

第三，从不同规模城市的传统服务业就业来看，伴随着城市规模的提高，传统服务业在Ⅱ类城市集中的趋势比较明显。2003年和2008年交通运输仓储及邮政业、批发和零售业、住宿餐饮业的就业比重大体上都呈现这种规律。2003—2008年，虽然比重的变化整体都在下降，但是Ⅰ类城市下降幅度最低，并且其住宿餐饮业就业比重还有略微升高。

第四，不同规模城市的现代服务业就业表现出较大差异。2003年和2008年，只有Ⅰ类城市的房地产业、租赁商务服务的就业比重超过了全国水平，其他三类城市都低于全国水平。并且，超过的幅度还在进一步扩大。从2003年到2008年的变动来看，Ⅰ类城市的增长幅度远高于其他城市，这表明房地产业等服务业部门在特大城市发展迅速。但是，这一规律在金融业就业比重上发生了完全的颠倒。金融业就业比重的高低以及提高幅度的大小都与城市规模的大小相反。这与发达工业化国家的一般规律完全相悖。信息传输计算机服务软件业的就业比重以及提高幅度呈现出Ⅰ类城市和Ⅳ类城市较高而Ⅱ类城市较低的特征；科研技术服务和地质勘查业的就业比重虽然符合与城市规模同向的变化规律，但是在变化趋势上出现了Ⅰ类、Ⅱ类城市比重下降，Ⅲ类、Ⅳ类城市比重升高的现象。

从上面的分析可以看出，当前中国城市的生产中心仍是制造业工业。同时，这一趋势正在发生变化。制造业和传统服务业的比重都在降低，尤其是在信息化快速发展的社会背景下，现代服务业的比重都在提升，经济正在向着后工业化方向迈进，城市功能呈现综合服务化趋势。但是，这一趋势仍存在着一定的问题。在制造业总体就业比重下降的同时，Ⅱ类城市的制造业比重却在上升；Ⅰ类城市服务化的功能和优势还只能在传统服务业和房地产业等一些服务业部门上有所表现；对于金融业等具有重要指示意义的服务业部门来说,其在Ⅰ类、Ⅱ类城市发展的速度并不理想,这对于经济服务化过程中城市功能的转型势必产生不利影响。

中国城市功能还存在支撑体系不完善的问题,城市建设还不能很好满足发展的需要。与城市化率快速提高相比,中国的城市建设还相对滞后,比如基础设施陈旧、市政公用设施超负荷运转、城市污染严重、生存环境质量下降、城市交通拥挤、绿地面积不足、住房紧张等问题比较突出。尤其在轿车进入大众化消费时代后,城市交通拥堵日益严峻。从公共卫生设施来看,根据世界银行数据,中国城市的公共卫生设施只能覆盖58%的城市人口。而世界平均水平为76.5%,中等偏下收入水平国家这一数字为63.3%,中等偏上收入国家则为89.9%,高收入国家则接近100%。这些问题成为城市经济健康发展的重要障碍。

改革开放以来,中国工业化和城市化发展迅速,但还存在着许多制约工业化和城市化发展的瓶颈,主要表现为:过分依赖外国的技术和设备,三种类型的外资企业成为高科技支柱产业,阻遏了国企的健康发展;过分引进外国高新技术,而不注重消化吸收外国高新技术,阻遏了中国自主创新能力和高新技术的发展,而自主创新能力不足影响了企业国际竞争能力的提升。第三产业发展滞后影响了城市的服务功能,同时也制约了工业化和城市化发展。城市功能滞后影响了工业化发展,消费需求制约了工业化和城市化发展。总之,在以经济发展为中心的社会大背景下,由于唯物质主义等原因导致了过分依赖引进外资和外国高新技术,使中国在社会发展中缺乏自主创新能力,可持续发展能力不足,社会经济分配不平衡、城乡贫富差距加大、物价上涨等原因导致了社会消费需求低下,影响了工业化和城市化的协调发展。

# 第四章　中国工业化与城市化的互动机制研究

"机制"(regime)一词最早源于希腊语,原指机器的构造和工作原理。把机制的本义引申到不同的领域,就产生了不同的概念。20世纪50年代,西方学者率先将"机制"这一概念引入经济学领域,主要用于分析各个生产部门实现资源合理配置的规律,以及这些规律发生作用的经济体制和运行手段。① 然而,"机制"的内涵具有多重属性特征,因此人们在寻找与之对应的词汇时出现分歧也就不可避免。据统计,对"regime"一词有"规范""体制""规则""制度""政体""管理方式""系统设置"等至少十余种译法。② 本章所讨论的机制主要侧重于规律发生作用的经济体制和运行手段。

工业化与城市化相互依存,共同发展。工业化是推动城市化发展的重要力量,城市化是工业化发展的空间载体。城市化发展需要工业化的推动,又必须以工业化为基础。城市化通过吸引生产要素源源不断地向城市集中,促进资源的有效配置,带动产业结构的调整与优化升级,既可以有效吸纳劳动力、提供就业机会,又可以加快经济增长方式的转变。通过城市化可以承接农村冗余劳动力,增加农民收入,缓解农村"人地紧张"的窘境。当然,城市化也有利于实现国家总体发展战略,缩小城乡差距,统筹城乡协调发展。

## 第一节　工业化带动城市化的机制研究

工业化是现代化的核心内容,其本质是实现一系列结构的转型,包括产业结构、技术结构、市场结构及空间结构等。工业化不仅可以实现传统农业社会向现代工业社会的转变,而且也是"新常态"下带动城市化的主要力量。

### 一、工业化带动城市化的一般逻辑

钱纳里和赛尔昆(1989)选择100多个国家或地区作为样本,对城市化与

---

① 王展祥:《中国信息化与工业化互动发展机制研究》,武汉理工大学硕士学位论文,2005年,第27页。
② 王逸舟:《当代国家政治析论》,上海人民出版社,1995年,第369页。

工业化的互动关系进行研究。他们认为,随着人均国民收入水平的提高,工业化推动产业结构的变化,产业结构变动带动城市化水平的提高。张培刚在其博士论文《农业与工业化》中指出,工业化是一系列生产函数从低到高演变的过程,该演变可能最先发生于某一生产函数,随后逐渐演变成社会性生产函数,而且这种生产函数具有一定支配地位。为此,我们不难发现,工业化的本质是产业结构升级的过程,不仅包括产业内部结构的变化,而且也包括不同产业之间比重的变动。随着工业化的发展,更多的生产要素涌入生产领域,第一、第二与第三产业中的劳动力结构必然会发生变化,各个产业的增加值比重也必然会发生变化。显然,工业化就是一个不断吸纳劳动力的过程。而且,工业化必然遵循轻工业—重工业—服务业的发展顺序。当然产业对劳动力的吸纳能力也随之变化,相对于轻工业,重工业对劳动力的吸纳能力较弱,但随着工业化进程的推进,服务业很快兴起,服务业属于劳动密集型产业,此时有更多的人口转移到城市,发展成为一批新的劳动力大军。

  城市化的产生与发展,必然伴随着工业化的推进和产业比重的变化。从人类发展的历程来看,工业化与城市化基本上呈现出对应的阶段性发展关系。在工业化初期,城市化也必然处于初期阶段,而且发展水平很低;在工业化中期,生产要素开始向城市集中,大批劳动力向城市转移,产业集群规模变大,城市由少变多,城市化水平提升较快;在工业化后期,城市化发展到"波峰"阶段,开始出现拐点,逆城市化现象初见端倪,表现出明显的后期城市化特征。毫无疑问,城市化是工业化发展的必然结果,工业化发展到一定阶段,城市化也必然会达到一定的水平。事实上,在工业化之前,就已经有了城市化的萌芽与缓慢发展。然而,这些并不能称为真正意义上的城市化。可以认为,随着经济社会的发展,工业革命开始出现,人类社会只有进入工业文明之后,才算是存在了真正意义上的城市化。工业化不仅使得大批生产资料聚集到城市,实现了机器对手工劳动的替代,而且进一步产生了分工和协作,使生产走向专业化。随着农业现代化水平的提高,农业劳动生产率得到提高,农业产出也随之得到提高,农村劳动力必然出现剩余,只要城市预期收入高于农村,农村劳动力涌入城市就势不可挡,城市化水平的提高便水到渠成。此外,城市往往处于人类文明发展的前沿地带,工业的兴起必然会引起价值观念和文化等的广泛接受与认同,无论是城市数量还城市规模都将不断扩大。[①] 翻开人类的发展史,我们不难发现,那是一部工业革命史,工业革命之前是不存在城市的。可以说,工业革命之前,人口基本上都集中在农业区域,

---

[①] 徐馨:《我国城市化与工业化协调性的理论与实证分析——基于城乡二元结构转化的视角》,西北大学硕士学位论文,2012年,第12—13页。

当时不存在所谓的城市,更谈不上城市化。统计数据显示,早在工业革命之前,城市人口还不足总人口的3%。然而,发展到工业革命之后,城市人口比重每50年提升一倍。1850年世界城市人口比重占总人口的6.4%,1900年就已经增长到13.6%,到了1950年达到28.2%,人类社会发展到2000年,全球城市人口比重高达60%。①

## 二、工业化对城市化的作用机制

### (一)工业化通过物质、资本积累带动城市化

城市化是生产力发展到一定历史阶段的产物,工业革命大大解放和发展了生产力,农业生产率得到提高,农村就自然而然地出现了大量冗余劳动力,进入城市从事第二、第三产业。工业化是物质文明达到一定程度的产物。马克思指出,生产决定分配、交换和消费,但分配、交换与消费反作用于生产,生产是核心。人类社会发展到一定程度之后,第一产业所占比重很小,第三产业所占比重较大,第二产业的发展任何时候都不可忽视,因为一个国家或地区如果没有第二产业尤其是工业作为支撑,必然会造成产业结构空心化,给经济发展带来严重的隐患。如果没有一定程度的工业化,城市化发展就缺乏相应的物质技术基础,城市化也根本发展不起来,正是工业化的快速发展,才能够带来社会生产力的迅速提高,为社会积累大量的物质财富,进而为城市化发展提供大量的物质基础。从西方社会发展历史来看,18世纪中叶,第一次产业革命——蒸汽机的广泛应用,人类开始进入蒸汽时代,实现了工场手工业顺利向机器大工业的过渡;19世纪中后期,第二次产业革命——电力的出现和普及,人类开始进一步进入电气时代;20世纪后半期,第三次产业革命——人类进入科技时代。无论是第一次产业革命,还是第二次、第三次产业革命,都引起了制造业的全面变革。第一次产业革命大大促进了轻工业——纺纱与织布的发展,第二、第三次产业革命促进了信息技术、资讯产业的发展,开启了电话、电气化和电子通信行业以及计算机互联网技术的快速发展。显然,每一次产业革命都促进了工业化水平的提高,工业化所取得的进步为城市化的发展提供了雄厚的物质基础。当然,人类社会所取得的任何一次进步都是需要付出成本的,城市化也不例外。城市化发展需要大量资金的支持,工业化发展实现的资本积累无疑为城市化的快速发展提供有力的支持。简而言之,如果没有工业化所提供的先进交通运输设备、现代电力系统、现代能源系统和完善的基础设施,那么城市数量的增加和城市规模的扩大就

---

① 谢文惠:《城市经济学》,清华大学出版社,1996年,第153—155页。

必然缺乏物质技术基础，城市化建设是不可想象的，城市化发展就是一句空话。

### (二) 工业化通过劳动力转移推动城市化

人类社会发展的历史告诉我们，如果一个国家或地区的农业生产力发展水平较低，产业结构不协调，产业发展过于单一，则必然会把农民束缚在生产力低下的农业生产中，不可能有冗余的劳动力从事第二、第三产业，不可能促进城市化的发展。在中国长久的农耕文明下，城市的发展大部分只是局限于政治、军事等需求，城市化发展相当缓慢。然而，西方工业革命之后，第二产业尤其是制造业获得了跳跃式发展，工业化水平提升较快，为城市化发展提供了物质基础，城市化随之取得快速发展。当然，相对于传统的农业和手工业而言，工业凭借较高的劳动生产率为劳动力提供了较多的就业机会，城市自然会对农村剩余劳动力产生很强的吸引力，农民预期从事第二、第三产业可以获得更高的收入，农民进行乡—城的地域转移成为必然，愈来愈多的农村人口由潜在的市民转变为真正意义上的城市主体——市民。进入城市的非农就业人口并不具备自给自足的能力，必然会形成对各类商品——餐饮、金融、保险、娱乐、通信、文化教育、医疗卫生等的消费需求，与之相适应的基础设施也必须建设。基于此，城市规模一定会不断扩大，工业化逐步推动城市化发展，并带动城市化水平的不断提升。

### (三) 工业化通过土地非农化促进城市化

土地非农化是指土地用途由农业用地向非农用地的转变过程。工业化发展需要依托包括土地在内的生产要素，即需要一定的空间作为支撑，随着工业用地的扩张，原有工业用地无法满足日益增长的工业发展的需要，大量的农业用地被挤占用于发展工业已经成为一种必然。当然，随着工业化水平的提高，从事第二、第三产业的劳动力既然生活在城市，必然会对城市生活产生新的需求，新的需求也必然会带动相应的供给侧结构性改革，与之配套的城市服务设施建设也必须跟得上才能满足需求。城市地域范围必须进一步扩大，进而服务业特别是新兴服务行业——金融、保险、交通、通信等一定会突飞猛进地发展起来。此时，服务业发展必然会赋予已有城市新的活力，把城市化推向更高的发展层次和发展阶段。与此同时，无论土地非农化的主体是国家、集体还是个人，为工业生产提供空间的用地必然随之扩张，随之而来的是农业用地向非农用地的转化。随着工业行业聚集效应的扩大，非农用地大量被征用，城市数量不断增加，原有城市规模不断扩大。毫无疑问，工业化通过土地非农化扩大了城市空间，促进了城市化进程。

(四)工业化通过社会分工推动城市化

工业化的本质就是社会分工。随着工业化的发展,社会生产的产业链必然被拉长,社会分工愈来愈细,生产环节也越来越多。同时,随着流水线作业的出现,必须进一步完善社会分工体系,分工协作加强,让更多的部门专门从事生产过程的某一部分,才能提高生产能力,创造出巨大的经济效益。可见,专业化的分工与协作能够增加单位时间内的使用价值,不仅能够提高生产率水平,而且能够降低生产成本,甚至带来企业之间的正外部性,在企业相互接触或接近时产生"溢出效应",能给双方相互带来好处。① 产业聚集无疑会带来城市商业的繁荣,而城市商业的繁荣又进一步形成新的商业中心,反过来又导致人口的集中,进而带来城市规模的扩大,或城市数量的增加,最终带来城市化的螺旋式上升。显然,工业化通过精细的分工带来城市化水平的提升,其顺序为:城市化水平上升—工业化发展—分工体系完善—生产中心—商业中心。从某种程度上可以说,与专业化分工相联系的有利的外部性和与多样化经济相联系的范围经济是产业聚集效应必不可少的两个方面,聚集经济是通过规模经济和范围经济来提高生产效率和降低成本的决定力量。

(五)工业化是城市化进一步发展的基础和源泉

现代化的实质无疑是工业化,现代化是落后国家或地区实现工业化的过程。一个国家是否是经济强国,取决于其经济发展水平。然而,如果没有一定程度的城市化水平,没有城市化提供足够的空间载体,工业化的发展就会受到约束,工业化也就不可能顺利实现。当然,工业化得不到充分发展,没有工业化作为支撑,城市化就缺乏实质性内容,城市化进一步发展就无从谈起。因此,工业化是城市化进一步发展的基础,尤其是在工业化和商业化的城市里,如果工业化发展出现问题,那么已经城市化了的农村人口可能因为在城市缺乏安全感,或因为"市民"身份得不到巩固,会重新流向农村从事第一产业,导致城市化水平的倒退。事实上,城市化发展的核心内容是"市",而不是"城"。因为,"城"可以根据实际需要进行建设,而"市"却离不开工业化所提供的产品,无论是工业生产还是由工业生产形成的产业链,都可以为城市居民提供就业机会,城市居民自然可以获得赖以生存的收入。"城"的建设可大可小,一旦建立起来,必须由"市"才能带来兴旺和繁荣。显然,只有工业化的发展和进步作为支撑,城市化水平才能进一步提高,才会有发展的后劲。反之,如果离开工业化作为基础和支撑,城市化根本发展不起来,即使勉强有所

---

① 胡爱华:《工业化与城市化互动机制发展研究》,华中科技大学硕士学位论文,2004年,第22页。

发展,也不可能会持久,甚至很快就会消亡。说到底,城市化发展的特点就是产业集聚,不仅包括人口和资源的集聚,而且也包括政治和文明的集聚。人无疑是城市发展的主体,城市是人气聚集的地方,如果城市没有了人气,财气也就会随之消失,城市也就不复存在。翻开人类社会发展的历史,我们不难发现,历史上一些城市的消亡就说明了这一点,如古代丝绸之路上的楼兰古城,古代楚国郢城等。

从以上分析可以看出,工业化为城市化发展奠定了基础,工业化是城市化发展的动力和支撑条件。工业化的顺利推进能够保障城市化的持续稳定发展,否则,城市化发展必然会受到制约;作为人口、资源、政治和文明的聚集地,城市化推进的质量和数量对工业化发展有较强的反作用,因此工业化与城市化发展必须协调,二者产生一致的合力,才能实现国民经济又好又快的发展。可以说,工业化是城市化发展的原动力,也是城市化发展的内容。城市化是工业化发展的结果,也是工业化发展的空间载体。无论过去、现在还是将来,工业化始终是城市化发展的"发动机"。

## 第二节　城市化促进工业化的机制研究

### 一、城市化促进工业化的一般逻辑

城市化的本质是人的城市化,城市化可以扩展工业化的发展领域。工业化作为城市化发展的引擎,当它带来了城市化的发展之后,城市化自身的特征又反过来可以促进工业化的进一步发展。因为,城市化为产业聚集提供了足够的发展空间,产业与上下游价值链之间必然形成外部经济,进而可以拓展工业化的规模效应,而规模效应又反过来促进产业集聚,城市数量的增加与城市规模的发展壮大为工业化的顺利推进提供了足够的空间。同时,工业化为城市化发展提供了动力,城市化为生产要素集中提供了空间,而生产要素集群的外部经济必然惠及工业化,无论是聚集效应的放大还是城市需求的增加,都能够促进工业化发展。城市化的直接表现是劳动力从第一产业转移到第二、第三产业,第二产业则必须以第一产业为原材料,劳动力、原材料等生产要素涌入城市产生聚集效应,城市化的聚集效应和规模效应为工业发展提供有利的环境,城市的资源优势必然能够吸引愈来愈多的企业。显然,城市化必须以工业化为基础,又反作用于工业化。

相对于城市而言,农村土地、劳动力等生产要素成本非常低,但为什么很多产业不愿意在农村生产,而愿意到城市去生产呢?原因很简单,因为城市尤其是大城市交通便利,基础设施比较完善,地下管道可以上下水,企业可以大大降低成本。相对于大城市,中小城市基础设施方面完善的空间还比较大,但是把中小城市都发展得像北京、上海一样,肯定是不可能的,当然也不经济。值得说明的是,大城市也存在着不少问题,一些制造业、低附加值产业因为大城市的高成本而无法获取利润,从而很难在大城市里生存。但是这也会促进产业转移,结果大城市就成为服务业、高端制造业等高附加值产业的聚集地,产业结构得到调整与优化。城市群不是随意建设的,也不是政府规划的,而是城市化发展到一定阶段的产物。事实上,城市化本身不仅包含了极其丰富的内涵,而且作为一个系统,是社会进步的表现,更是社会经济发展的必然结果。城市的集中不仅表现为产业的集群、人口的集中,还体现为软环境上的集中,如财富的集中、消费的集中、政治文明的集中等。毫无疑问,要素的集中为工业化发展提供了充分的条件,工业化与城市化协调发展是工业化顺利推进的条件,只有工业化不断得到提升,经济发展水平才能不断提高。[①]

## 二、城市化对工业化的作用机制

### (一) 城市化通过"消费聚集"推动工业化

德国经济学家阿尔弗雷德·韦伯(Alfred Weber)认为,聚集经济是将同一产业集中带来规模经济或将不同产业集中带来外部经济,以带来更高的经济效益。[②] 聚集经济效益首先表现为企业规模的扩大,然后表现为在生产和销售等环节上有密切联系的企业向地理上同一地点的集中。城市化的本质内涵是人的城市化,人既是生产者又是消费者。第一,城市化的发展实现了人口的聚集,由此也带来了消费的聚集。工业的发展离不开一定的产品市场,否则无法扩大再生产,而城市化发展的巨大消费空间正满足了工业化发展的这一需求。第二,消费对生产具有引导作用,随着居民消费水平的升级,需求不断拉动供给侧结构性改革,进而引导产业结构的优化升级,尤其是第三产业的发展能够为工业化的发展提供服务支撑,有利于工业化发展。第三,城市化对市场需求的拉动既表现为直接拉动,也表现为间接拉动。其中,直接拉动主要是由于城市人口的绝对增加或相对增加所带来的消费需求的迅速扩张。城市人口的变化与城市消费需求必须相适应,否则城市化发展就会受到遏制。城市化本身就是社会进步的体现,就是农村低级消费群体向城市高级消费群体转化的过程。间接拉动主要是指由于城市人口的绝对或相

---

① 徐馨:《我国城市化与工业化协调性的理论与实证分析——基于城乡二元结构转化的视角》,西北大学硕士学位论文,2012年,第16—17页。
② 〔德〕阿尔弗雷德·韦伯:《工业区位论》(李刚剑、陈志人、张英保译),商务印书馆,1997年。

对增加而必然带来的城市基础设施的增加。城市人口的变化必须与城市基础设施相匹配,否则就会阻碍城市化的顺利推进,甚至会出现"逆城市化"现象。城市化为基础设施发展提供市场,而且是不断升级的商品和劳务市场,城市化所形成的对工业产品和劳务市场的有效需求,进一步推动了工业化发展。

(二)城市化通过"要素聚集"推动工业化

城市是经济社会发展的综合体,城市发展越充分,相应的就业、待遇、医疗、公共卫生条件及其他社会福利就越有保障。根据人才流动的推拉定律,农村劳动力会从落后的农村地区流出,而城市由于条件的优越自然会吸引农村中大批高素质的就业队伍——技术工人和专业人才向城市聚集。根据1979年诺贝尔经济学奖获得者,美国经济学家西奥多·舒尔茨(Theodore Shultz)的人力资本理论①,人力资本是蕴含在人身上的资本存量总和,也是接受教育的机会成本等的总和,可以通过对生产者进行教育提高人力资本,也可以通过职业培训提高人力资本。当然,人力资本积累必须通过人力资本投资来实现。与其他投资一样,人力资本投资也必须追求效率。城市与农村相比,城市的人力资本投资效率显然高于农村,因此劳动力、资本、土地等生产要素向城市集中是必然的,城市化涉及人、财、业、地和房五大要素,其中人是出发点和归宿点,人才是城市化的核心。人才的聚集能够为工业的发展提供咨询、策划、法律、培训等中介服务功能,按照发展集约、资源共享原则,打造服务业集聚区,拓展服务业发展空间,真正实现"服务聚集"。与此同时,工业化发展离不开一定程度的基础设施,例如水电、交通、通信等,城市在这些方面具有集聚优势。因此,在城市发展过程中通过要素聚集效应,优化资源配置来助推工业化的发展。

(三)城市化通过"规模经济"推动工业化

城市化通过"规模经济"推动工业化主要体现在三个方面:第一,城市化是产业的聚集地,为产业集中提供了良好的外部环境和空间依托,产业集中形成了外部经济、规模经济,进而实现了产业效率的提高。由于人口、资本、土地、企业、基础设施和市场等在一个特定的空间范围内密集地集中在一起,使产品供给和产品需求形成规模经济,达到供给和需求两个方面经济效率的提高。第二,城市中工业发展到一定程度之后,必然会引起结构升级,服务业的比重将不断上升。而且,随着服务业的发展,服务业为了取得更高的经济效益,必然实现集中化、规模化,使得服务业成本大大降低。同时,根据人类社会发展的规律,城市劳动力素质不断提高,知识外溢现象经常发生,从而不

---

① 〔美〕西奥多·舒尔茨:《论人力资本投资》(吴珠华等译),北京经济学院出版社,1990年。

断刺激创新,进而成为城市提高效率的源泉。第三,工业化与城市化相互作用,二者在相互作用中出现螺旋式上升,不断推进各种生产要素向城市流动,要素之间相互融合,有着密切联系的企业之间必然产生溢出效应,不仅可以降低企业的生产成本,使得企业的利润最大化,而且能够提高企业之间的分工与协作,使生产愈来愈专业化,有力地推动工业化发展。

(四)城市化通过"外部影响"推动工业化

外部影响的概念是由阿尔弗雷德·马歇尔(Alfred Marshall)和庇古(Pigou)在20世纪初提出的,分为有利的外部影响和不利的外部影响。有利的外部影响是指经济主体的行为使其他经济主体受益,而受益者无须支付任何成本。不利的外部影响是指经济主体的行为使其他经济主体受损,而造成不利的外部影响的行为主体并未为此承担任何代价。制造厂商设在城市,有许多有利的外部影响。第一,城市为产业集群发展提供了相对富足的空间载体,为形成大规模的集中生产提供了可能。第二,城市产业集群有利于信息的扩散与知识的传播,实现资源共享,有利于高度专业化劳动力的形成,为资本积累提供便利,也有利于劳动力面对面的交流而形成新思想。第三,基础设施也是衡量城市经济发展水平的标志,城市中的基础设施往往相对完善。第四,相对于农村而言,高度专业化的投入在城市更易取得。米尔顿·弗里德曼(Milton Friedman)指出,创新往往以地域群集的方式出现在城市地区,聚集在城市的各种资源又能够进一步刺激城市创新能力的提高。随着城市规模的扩大,工业生产能力出现大幅度提高,工业生产率与城市规模往往表现出正相关关系。研究结果显示,某一城市规模与工业规模每翻一番,当地企业的生产率可以提高5%—10%。[①]

(五)城市化通过"结构效应"推动工业化

城市化可以吸引生产要素从乡村向城市流动,促进产业结构升级。尤其在自由市场机制作用下,生产要素所有者是理性的,总是把资源配置在效率最大化的地方,城市自然是最佳的选择。从而,无论是产业结构,还是就业结构,都必然得到有效调整与优化。当然,工业化也能得到更好的发展。从城乡需求的角度看,城市化为工业化发展提供了有利的发展空间。随着城市化的推进,城市文明逐渐向农村渗透,城市消费模式也开始影响农村消费模式,大大缓解了城乡消费方面的断裂,将农村低水平的消费向城市高水平的消费提升,提高农民的消费规模和消费层次。城乡融合的趋势势不可挡,长期以来农村封闭的经济一旦被打破,农村蕴含的消费潜力必将得到释放,购买力

---

[①] 世界银行:《1999/2000年世界发展报告:迈进21世纪》,中国财政经济出版社,2000年,第120页。

必然大大增强。而且,城市化发展具有极强的辐射功能,能够有效带动近郊村镇的建设,可以为工业化进一步发展提供条件。① 从地域空间发展来看,城市空间发展密集,而农村空间发展则相对孤立与分散。也就是说,与农村相比,城市以集中和集聚为特色。城市人口、市场、信息、观念、服务等方面的集中和集聚决定着城市必然是工业化的空间载体,城市功能为工业化发展提供保障。如果没有城市提供的外部经济和集聚效应,工业化发展就会受阻或停滞不前,甚至有可能出现非真正意义上的工业化。②

从城市化的生成机制来看,城市化与工业化存在着较强的正相关性。也就是说,城市化归根结底取决于一个国家和地区的工业化或经济发展状况。工业化是城市化发展的动力,工业化水平决定着城市化水平,城市化发展反作用于工业化。在一定程度上,工业化与城市化交织、融合在一起,加速了工业化进程,当然工业化也推动着城市化发展。只有实现工业化,才能实现城市化;同时,也只有实现城市化,才能最终实现工业化。③ 根据上述研究结果,可以将工业化与城市化的互动机制用一个流程图表示(见图4-1)。

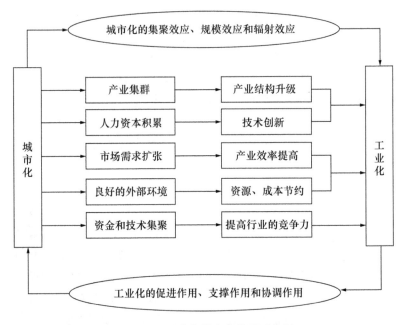

图 4-1　工业化与城市化的互动机制

---

① 徐馨:《我国城市化与工业化协调性的理论与实证分析——基于城乡二元结构转化的视角》,西北大学硕士学位论文,2012年,第14—19页。
② 李容根:《论中国工业化与城市化的协调发展——及广东省的经验和启示》,南开大学博士学位论文,2006年,第78—80页。
③ 龚海涛、翟佳林:"新疆城市化与新型工业化关系的研究",《新疆财经》,2013年第2期,第51页。

## 第三节 中国工业化与城市化互动机制的形成与演变

工业化其实就是一个发展过程。工业为国民经济中其他各部门提供生产工具，提供技术装备和原材料等中间产品，也为人们提供最终产品，是推动城市化的直接动力。城市化通常是指人口由乡村向城市转移的过程，表现为城市人口比重的提升与乡村人口比重的下降。工业化与城市化相互作用、相互影响、互动发展，工业化推动城市化发展，城市化为工业化提供发展空间，城市化水平的提高支撑着工业化的进一步发展。

### 一、计划经济体制时期中国工业化与城市化发展的互动机制

从中华人民共和国成立之初至改革开放之前，中国实行的是高度集中的计划经济体制，以这一资源配置方式控制资源配置，主观因素作用明显，随意性较大，中国工业化与城市化的互动发展机制并未真正形成。改革开放之初，中国工业产业比重虽然已经占据半壁江山，但由于工业体系内部的结构性问题，农业与轻、重工业的隔离，城市与乡村的二元制结构，都反映出当时的中国经济尚未形成一个有机的整体。当时的农村经济发展落后，很难为城市提供足够的生产要素，城市工业发展的阻力较大，轻工业与重工业比例失调严重影响着工业化进程。因此，导致中国工业化与城市化不协调的根本原因就是传统体制时期形成的独特工业化战略及基于这个战略而制定和实施的相配套的制度和政策。

传统体制时期，中国的农业与非农产业以及农村与城市，基本上是封闭的系统，农村是农业发展的空间载体，形成农村系统，城市是非农业发展的空间载体，形成城市系统。基于当时的工业化与城市化完全处于计划经济体制的支配之下，农村与城市两个系统内部循环通畅，但系统之间客观的互动机制根本无法形成。任何产业的发展都离不开土地、资本、劳动力等生产要素，在中华人民共和国工业化过程中，农业曾一直是工业部门扩张所需资金积累的重要来源。中华人民共和国成立之初的经济发展战略主要以重工业为主导，而且重工业发展的有效空间载体无疑是城市，因此国家把重工业发展大都限制在城市。这一时期重工业投入资金的主要来源是政府投资和农业资金积累。其中，政府投资资金主要依赖于对非农产业的税收，而农业为工业提供资金的来源主要由税收方式、工农业产品的"剪刀差"方式和农业储蓄方式组成。[①] 据统计，1952—1978年间农业为工业提供大量的资金，其资金积

---

[①] 冯海发、李徽：“我国农业为工业提供资金积累的数量研究”，《经济研究》，1993年第9期，第60—64页。

累的数量结构体现为:农业为工业化提供的资金总量达到4 352.97亿元,年均所占国民收入累积额的43%,其中税收方式所占比重是24%,工农业产品"剪刀差"方式所占比重高达72%,农业储蓄方式所占比重为4%。1952—1978年农业资金净流出量达到3 832.44亿元。因此,计划经济时期农业为中国工业化发展提供大量的资金积累,对工业化发展做出了重要贡献。可以肯定地说,如果没有农业的这种资金贡献,中国工业化能发展到今天这样的水平基本上是不可能的。然而,任何事情都有两面性,在赞誉农业所做出的这种资金贡献的同时,我们也应该充分认识到这种资金外流对农业发展所造成的影响,这一实践的结果使农民工作的积极性大大降低,也破坏了农业发展的基础地位和作用,带来的直接后果是农业对城市化的基础作用并没有得到充分发挥,进而造成这一时期农村与城市发展的互动性非常微弱。图4-2中的虚线显示,重工业提供给农业的投资品数量很少,轻工业发展不仅不能满足城市居民消费需求,也不能满足农村居民消费需求;推动非农产业发展的劳动力主要来自城市,农村劳动力进入城市受到一定程度的限制,因此,劳动力的就业空间和自由流动受到限制,不能为非农产业提供大量的劳动力,使得非农产业发展相对滞后,导致中国就业结构转换远远滞后于产值结构的转换,大量的农村劳动力并未随着工业化进程的推进而得到就业,这也是造成中国城市化滞后于工业化的重要原因。

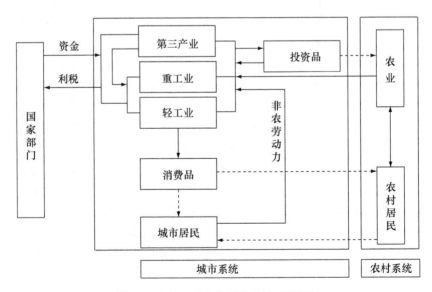

图4-2 传统工业化与城市化的运行机制

体制转轨时期,在城市系统内部,经济发展的重心偏向重工业,而对第三产业、轻工业以及农业发展实施限制,同时,城市自身的发展与性质也受到抑制,倡导"生产性城市",城市的职能仅仅是为工业的发展尤其是重工业的发展提供聚集空间载体,城市自身的建设和发展被政府忽视,工业的发展并不是由于城市良好的区位条件、完善的基础设施、较低的生产成本,而是因为重大项目的发展或者企业的发展,大大增加了工业化与城市化的运行成本,出现了低效率运行,也阻滞了中国工业化与城市化的发展进程。同时,工业化的发展推动了中西部大量城市的进步。中华人民共和国成立之后,特别是在国民经济得到恢复以后,中国开始了大规模的工业建设,并且,由于工业尤其是重工业是国家投资建设的重点,为配合国家工业化发展和建设,大量的工业新城市不断涌现。[①]

然而,农村系统和城市系统处于隔离状态,城乡人口也由于受到户籍制度的限制不能自由流动,并且受到传统体制时期相对应的就业、福利等一系列制度严格的约束,这个时期的城市化长期处于较低水平,并且提升十分缓慢。1949—1978年,城市率仅仅提高了7个百分点,若以1957年为起点,1957—1978年,城市化率才仅提升2个百分点。因此,传统体制时期中国工业化与城市化的发展基本上是彼此隔离的,二者之间的互动机制也主要受政府的控制,这成为中国工业化与城市化协调发展的主要障碍。

## 二、体制转轨时期中国工业化与城市化发展的互动机制

1979—1991年,伴随着经济建设指导思想的转变和演进,经济调整与经济体制改革相继启动,中国经济发展也逐步进入一个新的历史时期。在这个历史时期,经济增长模式与经济体制模式也开始了历史性的转变。其中,1979年以来,中国农村实施了以家庭联产承包责任制为核心的经济体制改革。这一改革拉开了20世纪70年代末以来中国经济体制改革的序幕,也推动了城市经济体制乃至整个经济体制的改革,启动并强有力地推动了中国农村经济由传统计划经济体制向市场经济体制的转变,有效促进了农村经济的全面发展和现代化水平的提升。在农村经济体制改革与农村经济发展的推动下,农村工业化迅速发展,并且带动了城市工业的进步,它标志着中国工业化进程再次被启动。1985年以后,以建立有计划的商品经济体制为导向,以城市为重点的全面经济体制改革展开,推动着城市化的进程。工业化与城市化的互动发展呈现出逐渐协调的趋势,其最明显的特点就是二者互动发展的二元机制,即农村工业化与城市化的互动发展,以及城市工业化与城市化的互动发展的相互交织。农村经济和农村工业化的发展,拉动了工业化和城市

---

① 景普秋:《中国工业化与城镇化互动发展研究》,经济科学出版社,2003年,第135页。

化的又一次飞速发展。

在工业化发展初期阶段,工业化成为城市化发展的基本动力,推动着城市化历史进程的演进。这主要体现为以下两个方面:第一,产业的空间集聚有效地促进城市的形成和发展;第二,产业结构的演进、升级改变城市规模和形态进而对城市化的过程产生影响。工业化自身具有的基本特征即工业生产的集中性、连续性以及产品的商品性,要求工业化进程中劳动力、资本和技术等一系列生产要素在空间上应形成高度集聚,进而促进城市化历史进程的推进。并且,这个阶段劳动密集型产业成为工业化历史进程中的主导产业,如纺织业、服装业等。各产业彼此之间的联系并不紧密,产业间依存度相对较低,这就使得城市规模和形态较小,城市化发展过程也很缓慢。在工业化发展的中期阶段,主导产业也逐渐向资本密集型转变,如钢铁、冶金、电力、石油化工以及机械制造等,产业之间的联系比较紧密,依存度也大大提升,引起产业高度集聚,促进城市化历史进程快速发展。在工业化发展的后期阶段,主导产业转变为技术密集型,工业的生产和服务更加现代化,其机械化和自动化程度较高,资源能耗低,劳动生产效率很高,因此,在工业化历史进程中对劳动力的需求较低,但对科技人员和有能力、有较高职业素质的劳动力需求持续不断上升,为城市居民提供了丰富的工业消费品和轻工业品。城市基本建设和基础设施逐渐完善,进而使得城市地域范围进一步扩张,第三产业迅速崛起,城市化的历史进程逐渐向高层次迈进。当然,不同地区的城市化发展状况和城市化水平存在着较大差异,在城市化水平发展程度较高的特大城市或沿海发达地区,工业化后期的发展特征表现显著,然而,城市化发展水平较低的广大中小城市、城镇或中西部欠发达地区,却呈现出明显的工业化发展初期和中期阶段特征。

改革开放以来,城市化对工业化的推动作用从时序上稍稍滞后于工业化的进程,但从发展的结果来看,二者基本上是互为动力、共同发展的。城市化对工业化的推动作用表现在:城市产业结构的升级与换代,需要将原有的传统和初级产业转移到郊区和乡村地区,而乡村工业的发展总是要借助城市的技术、产业联系,以及市场。而位于乡村地区的小城镇往往就成为乡村工业的集中点,可以借助小城镇的基础设施降低生产成本,借助小城镇加强与大中城市的联系,借助小城镇的交通优势增强与外界的流通。城市本身的基础设施与生活设施的优越,会吸引乡村剩余劳动力的集聚,为城市工业的发展提供充足的劳动力,会吸引资金的集聚,利用城市优越的投资环境和广阔的消费市场,给投资者带来丰厚的利润,促进工业发展的同时推动城市规模的扩大。

显然,体制转轨时期中国工业化和城市化互动发展进程既不同于传统体制时期,又区别于其他欠发达国家和地区,其最明显的特点为:二者互动发展的二元机制即农村工业化与城市化的互动发展、城市工业化与城市化的互动发展彼此相互交织在一起。农村经济和农村工业化的发展,一方面推动着工业化与城市化的再次快速发展和二者共同进步,另一方面,二者之间的互动发展也产生了一些新的矛盾。

### 三、中国工业化与城市化发展的互动机制已初步形成

改革开放后,中国农村工业化的兴起与发展推动了农村城市化的进程。在农村经济体制改革和农村生产迅速发展与结构变动的推动下,乡镇企业迅速发展,深层次地改变了中国农村经济结构,农村工业化也逐渐兴起,推动着农村城市化的进程。

1979—1983年是乡镇企业的前身——社队企业的发展时期,1984—1988年,是乡镇企业迅猛发展时期。1984年乡镇企业数量达到607个,其中,户办、联办和组办企业占到69.3%,乡镇企业总产值达到1709.89亿元。[1] 1985年,中共中央发布了《关于制定国民经济和社会发展第七个计划的建议》,确定了乡镇企业发展的基本方针和具体的发展原则,并指出发展乡镇企业是振兴中国农村经济的必由之路。1985—1988年,乡镇企业发展进入高速增长时期,但也在发展进程中出现了一些问题。1989—1991年,乡镇企业经过调整之后进入新的发展时期。2000年,中国乡镇企业就业人员已经达到12 820万人,基本上占据非农从业人员的1/3,即比重达到35.56%,占乡村从业人员的比重达到26.20%;乡镇企业增加值达到27 156.23亿元,所占GDP的比重为27.37%,占非农产值的比重达到32.22%;其中乡镇工业增加值达到18 812.41亿元,占中国工业增加值的比重为47%,基本上与城市工业的比重相同。[2] 同时,乡镇企业的发展推动大批的小城镇逐渐兴起,也推动着中国农村城市化的进程。

然而,由于农村非农就业人员大部分是兼业型的,并且这种就业在产业之间的转换并不稳定,若乡镇企业经济效益好,那么,农村非农就业人员的数量就比较多,而若乡镇企业经济效益差,将会导致部分非农就业人员重返农业,使得农业劳动生产率低下,农业剩余劳动力也必然增加。这种职业的不稳定性,成为制约中国城市化进程的主要因素。1980年以来,建制镇的数量和人口快速增长,市镇总人口中,建制镇人口所占的比重在1981—2000年

---

[1] 国家统计局:《中国统计年鉴》(1985—1999),中国统计出版社,1985—1999年。
[2] 国家统计局:《中国统计年鉴》(2001),中国统计出版社,2001年。

间,由28.92%增长至41.92%。然而,非农就业人口比重的提升却十分缓慢,建制镇非农就业人口占市镇总人口中的非农就业人口的比重由1980年的45.73%降至2000年的25.23%[①],这不仅有设市和镇标准变化的影响,而且工作和生活在城市的农民工群体也是造成非农产业就业人口下降、建城镇人口上升这一现象的主要原因。因此,由于受到传统的体制、观念和历史等因素的制约,中国农村工业化和城市化在互动发展进程中在很多方面尚不完善。

如图4-3所示,中国在1978年进行了经济体制改革,从农村地区开始,逐渐转向城市地区。大量的潜在需求得到激发,有利于促进工业化和城市化互动机制的形成。同时,与传统体制时期不同,体制转轨时期工业化与城市化互动发展机制,主要体现为以下两个方面:一是二者互动发展机制的动力来源发生了转变,传统体制时期互动机制的动力来源主要是行政命令与计划的强制执行,政府以税收为手段,通过工农业产品的"剪刀差",为工业提供积累和发展基金;而体制转轨时期二者互动发展机制的动力来源为经济体制改革之后,市场机制日趋完善,市场需求也逐渐旺盛,农业劳动生产率快速提升,刺激了投资,促进了农村工业和城市工业的发展,提升了城市居民的收入,使消费需求增加,推动了城市非农产业的进步,也将农村非农产业和城市非

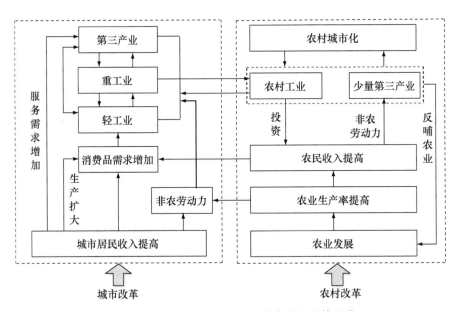

图4-3 中国工业化与城市化互动发展机制的形成

---

① 景普秋:《中国工业化与城镇化互动发展研究》,经济科学出版社,2003年,第139页。

农产业紧密相连在一起。二是传统体制时期工业化与城市化主要是由政府推动的一元模式,而在体制转轨时期,转变为政府与民间力量共同推动的二元工业化与城市化模式。

二次工业化城市化模式为中国工业化城市化发展做出了巨大贡献,但其中存在的两大障碍仍然延缓了工业化与城市化进程。[①] 一是所谓制度性制约因素,主要是城乡之间人口流动和农村剩余劳动力的转移受体制和制度等方面的制约,尤其是户籍制度、乡镇企业改制的影响。二是技术性制约因素,比如在农村工业化与城市化发展中,小城镇的集聚效应能否降低运行成本,是否足以推动第三产业发展,能否为农村剩余劳动力供给充足的就业机会等。体制转轨时期与传统体制发展机制不同,城市、农村系统完全隔离的状况已经得到很大程度的改善,市场经济的发展有效促进了城乡之间的流通和生产要素的自由流动。然而,最根本的问题是尚未将工业化与城市化融入同一个系统,随着信息化、现代化以及产业技术改造升级,应加大城乡两大系统之间生产要素、产品的自由流动和配置,激发城乡发展的最大优势。

如上所述,中国工业化与城市化发展的互动机制在改革开放的社会背景下已初步形成。从工业化与城市化发展的互动机制的演变来看,主要是在经济体制改革中实现了由计划经济向市场经济体制的改变。在计划经济体制下,工业与农业相隔离,城市与乡村相隔离。经济体制改革是从农村开始的,集体经济体制向个体经济体制的转化由农村影响到城市。经济体制改革推动了农业和乡镇企业的发展,也促进了工业化和城市化的发展。经济体制改革使人们的思想观念发生了重大变化,进而使人们的思维方式和行为方式发生了变化。市场经济为农村经济发展和城市经济发展带来了机遇,同时也改变了工农隔离和城乡隔离的社会局面,形成了中国工业化与城市化互动发展的机制。然而,经济体制改革的现实中仍存在很多问题——"三农问题",工业化、城市化问题,城市信息化、农业现代化、产业技术改造、农村工业化等问题。因此,深化经济体制改革,推进中国工业化与城市化协调发展,增加人民经济收入,扩大消费需求,提高人民生活水平,促进国民经济协调发展是未来社会发展的必然趋势。

---

[①] 景普秋:《中国工业化与城镇化互动发展研究》,经济科学出版社,2003年,第134页。

# 第五章　中国工业化与城市化协调发展的实证研究

工业化与城市化协调发展，并不是指二者发展的速度绝对一致，而是工业化和城市化之间的偏差不能太大，当然亦不能太小，二者之间的差距必须处在一个合理的区间内。在这一区间内，工业化与城市化应当呈现出显著的正相关关系，城市人口的变化与工业从业人员的需求相统一，农业劳动力转移与非农产业提供的就业数量大体平衡，从而使工业化与城市化稳步推进，产生一致的合力，共同推动国民经济又好又快地发展。

## 第一节　工业化与城市化协调发展的指标体系

仅对工业化与城市化协调发展进行定性研究是不够的，是不够客观、全面的，当然也不利于对二者互动发展中存在的问题进行调整。本章试图对工业化与城市化的协调程度进行定量分析，不仅可以厘清中国工业化与城市化协调发展的脉络，还可以深化理解工业化与城市化协调发展中每一指标体系的发展状态，便于找出协调发展中存在的关键问题和症结所在。

### 一、工业化与城市化协调发展指标体系的设置原则

对于工业化与城市化协调发展指标体系的设置，必须遵循一定的原则，必须结合中国的实际，并兼顾到中国不同区域之间的可比因素，力求简明扼要，不仅要考虑到中国工业化与城市化发展的基本情况，而且能够反映出工业化与城市化之间错综复杂的关系，力求选择主导性的目标，具有正确的描述评价与分析功能。此外，选取的指标体系应当具有一定的可行性与相对的稳定性，又必须具有灵敏性与有效性，能够及时、准确地反映出特定历史时期的政策效果以及可能出现的一系列问题。为此，指标选取应遵循以下五条原则：科学性原则、完备性原则、独立性原则、动态性原则、可操作性原则。

## 二、工业化与城市化协调发展指标体系的构建

### （一）指标体系的构建流程

根据指标体系的设置原则，工业化与城市化协调发展指标体系的设计一般需经过三个阶段：第一个阶段是评价对象的系统分析，也就是在设计评价指标体系时，必须具有一定的目的性，从宏观上把握评价对象，对研究对象进行全面系统的分析，从微观上把握评价体系的构成要素。从系统论的意义而言，可以把工业化与城市化指标体系的构建看作是一个完整的体系。当然，工业化与城市化协调发展的指标体系又可以分为两个子系统——工业化子系统和城市化子系统。为了反映两个子系统中丰富的内容，评价指标体系应采用多个指标进行研究。第二个阶段是指标体系的初步拟定。对评价对象进行系统分析之后，可以利用统计学方法，初步筛选出能够反映工业化与城市化发展的指标，这一做法也满足科学性和完备性原则。然后对于工业化与城市化测度指标的文献资料进行频度统计，从中挑选出使用频率较高的一些指标，并考虑指标数据的可得性，从工业化水平、工业化质量、工业化效率和工业化发展潜力四个方面选取工业化指标体系，从人口城市化、经济城市化、空间城市化、社会城市化四个方面选取城市化系统指标体系。第三个阶段是指标体系的筛选优化。经过前两个阶段的工作之后，并不意味着指标体系构建的完成，仍需进一步将拟定的指标体系进行严格的筛选和优化，利用统计学或计量经济学等学科的相关分析、回归分析、主成分分析等进行处理，以确保指标体系的完善，最终确定指标体系。

### （二）指标体系的构成

根据工业化与城市化协调发展的框架，从定量的角度进一步衡量中国工业化和城市化之间的互动关系，首先应构建工业化指标体系和城市化指标体系。其中，工业化发展水平不仅仅体现为工业产值比重和工业劳动力比重的变化，更应该重视工业化质量、效率的提升，尤其是新兴工业化发展。因此，全面衡量工业化发展应采用多维度综合分析的方法，工业发展的指标系统主要从工业化水平、工业化效率、工业化发展潜力三个方面，共13项指标进行衡量；城市化发展也不仅仅体现为城市化人口比重的变化，同时还包括城市自身功能提升、城市建设发展等改善经济社会的过程，因此综合衡量城市化发展包括人口城市化、经济城市化、空间城市化、社会城市化四个方面，17项指标进行衡量(见表5-1)。

表 5-1 工业化与城市化指标体系

| 系统层 | 子系统层 | 准则层 | 指标层 |
| --- | --- | --- | --- |
| 工业化与城市化协调发展度（D） | 工业化综合发展指数（X） | 工业化水平 | $x_1$：人均 GDP（元） |
| | | | $x_2$：非农产值比重（%） |
| | | | $x_3$：第三产业产值比重（%） |
| | | | $x_4$：非农产业就业比重（%） |
| | | | $x_5$：工业增加值占 GDP 比重（%） |
| | | 工业化效率 | $x_6$：单位 GDP 能耗（吨/万元） |
| | | | $x_7$：工业全员劳动生产率（元/人） |
| | | | $x_8$：工业废水排放达标率（%） |
| | | | $x_9$：工业固体废弃物综合利用率（%） |
| | | 工业化发展潜力 | $x_{10}$：全社会 R&D 投入比重（%） |
| | | | $x_{11}$：信息产业增加值占 GDP 比重（%） |
| | | | $x_{12}$：百万人专利授权数（项） |
| | | | $x_{13}$：外贸依存度（%） |
| | 城市化综合发展指数（Y） | 人口城市化 | $y_1$：非农产业从业人员比重（%） |
| | | | $y_2$：人口自然增长率（‰） |
| | | 经济城市化 | $y_3$：城市居民家庭人均可支配收入（元） |
| | | | $y_4$：城市居民人均消费性支出（元） |
| | | | $y_5$：人均全社会固定资产投资额（元/人） |
| | | | $y_6$：人均地方财政一般预算收入（元/人） |
| | | | $y_7$：人均社会消费品零售总额（元/人） |
| | | | $y_8$：职工平均工资（元/人） |
| | | 空间城市化 | $y_9$：城市建成区面积（平方公里） |
| | | | $y_{10}$：城市人均住宅建筑面积（平方米） |
| | | | $y_{11}$：城市人均公园绿地面积（平方米） |
| | | | $y_{12}$：建成区绿化覆盖率（%） |
| | | 社会城市化 | $y_{13}$：每千人口医生数（人） |
| | | | $y_{14}$：城市居民恩格尔系数（%） |
| | | | $y_{15}$：城市登记失业率（%） |
| | | | $y_{16}$：城市维护建设支出占 GDP 比重（%） |
| | | | $y_{17}$：公共教育支出占 GDP 比重（%） |

## 第二节 工业化与城市化协调发展水平评价

两个或两个以上的系统之间存在一种良性的互动关系即为协调。协调度是对协调程度的一种度量。根据工业化与城市化协调发展的内涵，以构建的指标评价体系为基础，对工业化与城市化协调发展进行定量测度。基于已有的理论研究可知，协调度评价模型由功效函数、协调度函数和序参量体系三部分组成。

## 一、功 效 函 数

将工业化系统与城市化系统的所有要素对系统发展的贡献视为系统发展的目标,也就是将工业化与城市化协调发展看成是一个多目标问题。为此,根据多目标系统决策技术,设系统发展有 $M$ 个目标 $g_i(x)(i=1,2,3,\cdots,M)$,其中 $M_1$ 个目标要求愈大愈好,$M_2$ 个目标要求愈小愈好,余下的 $M-M_1-M_2$ 个目标要求不大不小,接近某一值为限。分别给这些目标以一定的功效系数 $U_i$,$0 \leqslant U_i \leqslant 1(i=1,2,3,\cdots,M)$,当目标最满意时,取 $U_i=0$。描述 $U_i$ 和 $g_i(x)$ 关系的即为功效函数,即 $U_i=g_i(x)(i=,1,2,3,\cdots,M)$。总功效函数 $d=d(U_1,U_2,\cdots,U_M)$ 可以用来反映系统的总体功能,$0 \leqslant d \leqslant 1$,$d$ 值越大,说明系统越协调。

记 $U_{ij}(i=1,2;j=1,2,\cdots,n)$ 是工业化—城市化系统中第 $i$ 个子系统的第 $j$ 个序参量,其值为 $r_{ij}(i=1,2;j=1,2,\cdots,n)$,$\alpha_{ij}$ 和 $\beta_{ij}$ 是系统稳定临界点上的序参量的上、下限值,则工业化—城市化系统序参量对系统有序的功效函数可表示如下:

对于正功效指标,指标值越大,它对系统的正贡献越大,有:

$$U(u_{ij})=\begin{cases}1, & x_{ij} \geqslant \alpha_{ij} \\ \dfrac{x_{ij}-\beta_{ij}}{\alpha_{ij}-\beta_{ij}}, & \beta_{ij}<x_{ij}<\alpha_{ij} \\ 0, & x_{ij} \leqslant \beta_{ij}\end{cases}$$

对于负功效指标,指标值越小,它对系统的正贡献越大,有:

$$U(u_{ij})=\begin{cases}1, & x_{ij} \leqslant \beta_{ij} \\ \dfrac{\beta_{ij}-x_{ij}}{\beta_{ij}-\alpha_{ij}}, & \beta_{ij}<x_{ij}<\alpha_{ij} \\ 0, & x_{ij} \geqslant \alpha_{ij}\end{cases}$$

其中:$U(u_{ij})$ 为变量 $u_{ij}$ 对系统有序的功效函数。$U(u_{ij})$ 反映各指标达到目标的满意程度,$U(u_{ij})=0$ 表示最不满意,$U(u_{ij})=1$ 表示最为满意,所以有 $0 \leqslant U(u_{ij}) \leqslant 1$。

利用上面的计算公式,进一步通过集成方法可以计算工业化、城市化以及整个二者系统内各个序参量有序程度的"总贡献"——综合评价得分,分别用 $g_1(x,t)$,$g_2(y,t)$ 和 $T$ 来表示。本研究的工业化与城市化指标体系的指标数据要经过无量纲化处理,因此采用加权算术平均法计算工业化综合评价得分和城市化综合评价得分。计算公式如下:

$$g_1(x,t) = \sum_j^n W_{1j}U(u_{1j})$$

$$g_2(y,t) = \sum_j^n W_{2j}U(u_{2j})$$

$$T = \alpha g_1(x,t) + \beta g_2(y,t)$$

其中 $W_{1j}$ 为工业化子系统中各序参量的权重,$W_{2j}$ 为城市化子系统中各序参量的权重;$\alpha$、$\beta$ 分别为工业化子系统和城市化子系统的变动对整个系统发展影响的权重。$\sum W_{1j} = 1$、$\sum W_{2j} = 1$ 和 $\alpha + \beta = 1$。

## 二、工业化与城市化系统指标权重的确定

### (一) 权重确定方法

指标权重是指某一指标在所有评价指标中所占的比重。权重的确定本质上是客观的,但也有一定的技巧。指标权重的分配状况,直接关乎评价的结果。根据多指标综合评价方法权重确定方式的不同,可以分为两类:一类是主观赋权法,如层次分析法、德尔菲法等;另一类是客观赋权法,如主成分分析法、因子分析法等。

### (二) 熵值法概述

如果对 $m$ 个年度进行考察,有 $n$ 项评价指标,则可以形成原始指标数据矩阵 $X = (x_{ij})_{m \times n}$,对于某项指标 $x_{ij}$,指标值 $x_{ij}$ 的差距越大,则该指标在综合评价中所起的作用越大;如果某项指标的指标值全部相等,则该指标在综合评价中不起作用。在信息论中,信息熵 $H(X) = -\sum [P(x_i)\ln P(x_i)]$ 是系统无序程度的度量,信息是系统有序程度的度量,二者绝对值相等,但符号相反。如果某项指标的指标值变异程度越大,信息熵越小,该指标提供的信息量越大,该指标的权重也应越大;反之,如果某项指标的指标值变异程度越小,信息熵越大,该指标提供的信息量越小,该指标的权重也越小。

### (三) 数据的标准化处理

考虑到原始指标数据的量纲不尽相同,因此要对原始数据进行标准化。设某地区第 $i$ 年第 $j$ 个指标值为 $x_{ij}$,并且该指标的最大值为 $x_{\max}$ 和最小值为 $x_{\min}$,可以基于功效函数采用极差值法对数据进行标准化处理。同时,为避免求熵值过程中对数据计算出现无意义情况,还需对数据进行非负化处理(统一加 0.01),最后可得到标准化值为:

对正向功能指标的处理: $x' = \dfrac{x_{ij} - x_{\min}}{x_{\max} - x_{\min}} + 0.01$

对负向功能指标的处理：$x' = \dfrac{x_{\min} - x_{ij}}{x_{\min} - x_{\max}} + 0.01$

对于正向指标，指标值越大，评估的分数越高；对于负向指标，指标值越小，评估分越高。$i=(1,2,\cdots,m)$为考察的年度，$j=(1,2,\cdots,n)$是评价指标数。

（四）熵值法计算权重的步骤

首先，将标准化后的数据按照熵值法的计算过程，计算第 $i$ 年第 $j$ 项指标的比重 $P_{ij}$：

$$P_{ij} = \dfrac{x'_{ij}}{\sum\limits_{i=1}^{m} x'_{ij}}$$

其次，计算第 $j$ 项指标的熵值 $H_j$：

$$H_j = -\dfrac{1}{\ln m} \sum\limits_{i=1}^{m} P_{ij} \ln P_{ij}$$

其中 $0 \leqslant H_j \leqslant 1$。

再次，计算第 $j$ 项指标的差异系数 $\alpha_j$：对于给定的 $j$，当 $x'_{ij}$ 之间的差距越小，则 $H_j$ 就越大，当 $x'_{ij}$ 都相等时，$H_j = H_{\max} = 1$，此时对于年度数据之间的比较，该指标没有任何作用；当 $x'_{ij}$ 之间的差异越大，则 $H_j$ 就越小，这时，对于年度数据之间的比较，该指标所起的作用就越大。因此，定义变异系数：

$$\alpha_j = 1 - H_j$$

当 $\alpha_j$ 越大时，说明该项指标就越重要。

最后，确定指标的权重 $W_j$：

$$W_j = \dfrac{\alpha_j}{\sum\limits_{j=1}^{n} \alpha_j}$$

## 三、工业化与城市化协调发展的评价模型

（一）耦合度模型

借鉴物理学中的耦合度概念，把工业化与城市化两个系统通过各自的耦合元素彼此产生影响的程度定义为工业化与城市化的耦合度，它的大小反映了工业化与城市化两者相互协调发展的程度。工业化与城市化的发展是两者相互协调作用的结果。协调是指系统演变过程中内部各要素之间的差异在组成一个统一整体时相互和谐一致的属性。假设 $I,U$ 分别代表工业化系统和城市化系统，$g_1(x,t)$ 和 $g_2(y,t)$ 分别是度量它们发展水平的函数，其中，$x,y$ 分别为工业化系统和城市化系统的特征向量，$t$ 是时间。工业化与城市

化的协调度则是指 $g_1(x,t)$ 和 $g_2(y,t)$ 的相对离差系数，$C$ 越小越好，则：

$$C = \frac{2\mid g_1(x,t) - g_2(y,t)\mid}{g_1(x,t) + g_2(y,t)}$$

变形后得：

$$C = 2\sqrt{1 - \frac{g_1(x,t) \times g_2(y,t)}{\left[\frac{g_1(x,t) + g_2(y,t)}{2}\right]^2}}$$

因为

$$g_1(x,t) \times g_2(y,t) \leqslant \left[\frac{g_1(x,t) + g_2(y,t)}{2}\right]^2，$$

所以 $\dfrac{g_1(x,t) \times g_2(y,t)}{\left[\frac{g_1(x,t) + g_2(y,t)}{2}\right]^2}$ 越大时，$C$ 值越小，$g_1(x,t)$ 和 $g_2(y,t)$ 之间的协调度越好。另 $d_1 = \dfrac{g_1(x,t) \times g_2(y,t)}{\left[\frac{g_1(x,t) + g_2(y,t)}{2}\right]^2}$，那么，$0 \leqslant d_1 \leqslant 1$。当 $g_1(x,t) = g_2(y,t)$ 时，$d_1$ 取最大值，$C=0$，离差最小。$g_1(x,t)$ 和 $g_2(y,t)$ 处于最好的协调状态。因此，$d_1$ 在一定程度上反映了 $g_1(x,t)$ 和 $g_2(y,t)$ 之间的协调程度。然而，$g_1(x,t)=g_2(y,t)$ 不是绝对意义上的相等，而是表示工业化与城市化处在同样的一个水平上。

设变量 $u_i(i=1,2,\cdots,m)$，$u_j(j=1,2,\cdots,n)$ 分别表示两个子系统，推广到多个系统相互作用的耦合度模型为：

$$C_n = n\left\{(u_1,u_2,\cdots,u_n)\bigg/\prod(u_i+u_j)\right\}^{\frac{1}{n}}$$

当只有两个系统时，可以直接得到它们的耦合度函数，表示为：

$$d_2 = 2\{(u_i,u_j)/(u_i+u_j)^2\}^{\frac{1}{2}}。$$

基于上述公式，可以定义工业化与城市化的协调度为：

$$d = \frac{2\sqrt{g_1(x,t) \times g_2(y,t)}}{g_1(x,t) + g_2(y,t)}$$

其中 $d$ 是 $d_1$ 对开平方之后得到的，即 $d = \sqrt{d_1}$，$d$ 是对 $d_1$ 的改进。当 $0 \leqslant d_1 \leqslant 1$ 时，对于 $(0,1)$ 的数值，取平方后，$d$ 的值将变小，而数值越小，说明两个子系统之间越不协调。因此，选取 $d$ 作为计算协调度的模型。

（二）耦合协调度模型

1. 工业化与城市化耦合协调度评价模型

工业化与城市化协调发展程度可以用 $d$ 来反映。然而，这一模型有时很难反映出二者的实际状态，单纯依靠协调度 $d$ 来判别有可能会产生偏差。

如果 $g_1(x,t)$ 与 $g_2(y,t)$ 的得分值都比较低,计算结果可能会出现协调度较高的结论,即协调度高于当两者是一高一低时的结果。也就是说,如果工业化与城市化得分相等,而且数值都比较低,仍有可能得到较高的协调度,这显然与研究的结果相违背。为此,可以进一步构建一个工业化与城市化的耦合协调度模型,真实反映出工业化与城市化协调发展程度的高低。根据前述对协调发展的定义,将度量二者协调发展水平高低的指标称为耦合协调度:

$$D = \sqrt{d \cdot T}, \quad T = \alpha g_1(x,t) + \beta g_2(y,t)$$

其中,$D$ 为耦合协调度,$d$ 为协调度,$T$ 为工业化与城市化的综合评价指数,$\alpha,\beta$ 为待定参数。在实际应用中,一般会使 $T\in(0,1)$,这样可以保证 $D\in(0,1)$,以便于使用。

2. 工业化与城市化耦合协调度类型与评判标准

为更好地反映工业化水平与城市化耦合协调发展的程度,可以借助已有的文献对耦合协调度进行等级划分。按照耦合协调度 $D$ 的大小,采用均匀分布函数法,将耦合发展类型划分为 3 大类 7 个小类,并根据工业化综合评价得分 $g_1(x,t)$ 与城市化综合得分 $g_2(y,t)$ 的对比关系分为 21 个基本类型。因为工业化与城市化的协调发展不仅意味着 $T$ 值和耦合协调度 $D$ 值较大,而且要求 $g_1(x,t)$ 与 $g_2(y,t)$ 之间差异较小,因此,在划分的过程中,若 $g_1(x,t)$ 与 $g_2(y,t)$ 之差不超过 0.1,则视二者为同步发展,若 $g_1(x,t)$ 与 $g_2(y,t)$ 之差超过 0.1,则视为非同步发展(见表 5-2)。

## 第三节 中国工业化与城市化协调发展的定量测度

本节通过对 1985 年以来中国工业化与城市化协调发展的程度进行实证研究与检验,对中国工业化与城市化关系在不同发展阶段表现出的特征进行分析,可以分为两个部分进行研究:第一部分是用对中国 1985 年以来的工业化与城市化之间的关系做 Granger 因果检验,检验二者之间是否存在互动关系;第二部分是基于构建的耦合协调度模型,对中国工业化与城市化的耦合协调发展状态进行定量测度。1978 年以来,随着改革开放步伐的加快,改革开放成为工业化与城市化的重要推动力,中国工业化与城市化逐渐步入加速发展的阶段。改革开放以来中国经历了 1978—1984 年以农村改革为主的体制改革阶段与 1991—2011 年以城市改革为主的体制改革阶段。与改革的进程相对应,本节将评价体系应用于 1985—2011 年中国工业化与城市化协调发展水平分析。

表 5-2 工业化与城市化协调发展分类体系及其判别标准

| 大类 | 耦合协调度 $D$ | 小类 | 基本类型 | | |
|---|---|---|---|---|---|
| | | | $g_1(x,t)-g_2(y,t)>0.1$ | $0\leq|g_1(x,t)-g_2(y,t)|\leq 0.1$ | $g_2(y,t)-g_1(x,t)>0.1$ |
| 协调发展类 | $0.8<D\leq 1.0$ | 优质协调发展类 | 优质协调发展类城市化滞后型 | 优质协调发展类同步型 | 优质协调发展类工业化滞后型 |
| | $0.7<D\leq 0.8$ | 良好协调发展类 | 良好协调发展类城市化滞后型 | 良好协调发展类同步型 | 良好协调发展类工业化滞后型 |
| | $0.6<D\leq 0.7$ | 中等协调发展类 | 中等协调发展类城市化滞后型 | 中等协调发展类同步型 | 中等协调发展类工业化滞后型 |
| 勉强协调发展类 | $0.5<D\leq 0.6$ | 勉强协调发展类 | 勉强协调发展类城市化滞后型 | 勉强协调发展类同步型 | 勉强协调发展类工业化滞后型 |
| 失调衰退类 | $0.4<D\leq 0.5$ | 失调衰退类 | 失调衰退类城市化滞后型 | 失调衰退类同步型 | 失调衰退类工业化滞后型 |
| | $0.3<D\leq 0.4$ | 中度失调衰退类 | 中度失调衰退类城市化滞后型 | 中度失调衰退类同步型 | 中度失调衰退类工业化滞后型 |
| | $0<D\leq 0.3$ | 严重失调衰退类 | 严重失调衰退类城市化滞后型 | 严重失调衰退类同步型 | 严重失调衰退类城市化滞后型 |

## 一、变量与样本数据

对 1985—2011 年中国工业化与城市化综合指标体系数据初步计算后，得到标准化后的工业化水平和城市化水平综合得分以及两者之间的耦合协调度情况(见表 5-3,图 5-1)。

## 二、工业化与城市化协调发展的耦合协调度分析

在工业化发展初期,工业化水平的提高必然推动生产要素向城市集中，这一时期工业化综合得分应当高于城市化。在工业化中期阶段,工业化与城市化表现出相互作用、互动发展的关系,工业化进一步推动城市化,城市化对工业化发展的空间进一步拓展,为工业化发展提供了有利的环境。在这一阶段的前期,工业化与城市化得分应该同时增长,然而,到了这一阶段的后期，城市化发展不断加快,城市化得分将超过工业化。在工业化后期阶段,工业化对城市化的推动作用逐渐淡化,城市化将成为经济发展的重心,而且城市化与工业化综合得分的差距逐渐变大。1985—2011 年中国工业化与城市化综合评价得分以及二者的耦合协调度 $D$ 情况见表 5-3。

表 5-3　中国工业化、城市化综合得分与耦合协调度(1985—2011)

| 年份 | 工业化综合得分 | 城市化综合得分 | $D$ | 基本类型 |
| --- | --- | --- | --- | --- |
| 1985 | 0.1487 | 0.1834 | 0.4064 | 失调衰退类同步型 |
| 1986 | 0.1616 | 0.1966 | 0.4222 | 失调衰退类同步型 |
| 1987 | 0.1568 | 0.2021 | 0.4219 | 失调衰退类同步型 |
| 1988 | 0.1671 | 0.1826 | 0.418 | 失调衰退类同步型 |
| 1989 | 0.1763 | 0.1982 | 0.4324 | 失调衰退类同步型 |
| 1990 | 0.1495 | 0.2153 | 0.4236 | 失调衰退类同步型 |
| 1991 | 0.1822 | 0.2222 | 0.4486 | 失调衰退类同步型 |
| 1992 | 0.1992 | 0.2206 | 0.4579 | 失调衰退类同步型 |
| 1993 | 0.2324 | 0.2176 | 0.4742 | 失调衰退类同步型 |
| 1994 | 0.2468 | 0.2266 | 0.4863 | 失调衰退类同步型 |
| 1995 | 0.2649 | 0.2385 | 0.5013 | 勉强协调类同步型 |
| 1996 | 0.2355 | 0.2551 | 0.4951 | 失调衰退类同步型 |
| 1997 | 0.2657 | 0.2655 | 0.5154 | 勉强协调类同步型 |
| 1998 | 0.2708 | 0.2767 | 0.5232 | 勉强协调类同步型 |
| 1999 | 0.3104 | 0.2863 | 0.5460 | 勉强协调类同步型 |
| 2000 | 0.3691 | 0.2933 | 0.5736 | 勉强协调类同步型 |
| 2001 | 0.3966 | 0.3249 | 0.5992 | 勉强协调类同步型 |
| 2002 | 0.4243 | 0.3475 | 0.6197 | 中等协调类同步型 |

(续表)

| 时间 | 工业化综合得分 | 城市化综合得分 | D | 基本类型 |
| --- | --- | --- | --- | --- |
| 2003 | 0.4847 | 0.3790 | 0.6547 | 中等协调类城市化滞后型 |
| 2004 | 0.5381 | 0.4155 | 0.6876 | 中等协调类城市化滞后型 |
| 2005 | 0.5800 | 0.4487 | 0.7142 | 良好协调类城市化滞后型 |
| 2006 | 0.6274 | 0.4758 | 0.7392 | 良好协调类城市化滞后型 |
| 2007 | 0.6615 | 0.5458 | 0.7752 | 良好协调类城市化滞后型 |
| 2008 | 0.6841 | 0.6211 | 0.8074 | 优质协调类发展同步型 |
| 2009 | 0.7200 | 0.6895 | 0.8394 | 优质协调类发展同步型 |
| 2010 | 0.7873 | 0.7586 | 0.8791 | 优质协调类发展同步型 |
| 2011 | 0.8461 | 0.8600 | 0.9236 | 优质协调类发展同步型 |

资料来源：国家统计局，《中国统计年鉴》，中国统计出版社，1988—2012年。

为了配合表5-3数据的解释，更清晰地显示工业化综合评价指数得分（$g_1$）、城市化综合评价指数得分（$g_2$）与耦合协调度（$D$）的变动趋势，下面将上述3个指标用图形进行表示（见图5-1）。

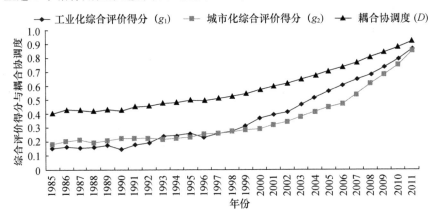

图5-1 中国工业化与城市化的耦合协调度(1985—2011)

资料来源：(1) 国家统计局工业统计司，《中国工业经济统计年鉴》，中国统计出版社，1987—2012年；(2) 国家统计局，《中国统计年鉴》，中国统计出版社，1988—2012年；(3) 国家统计局国民经济综合统计司，《新中国六十年统计资料汇编》，中国统计出版社，2010年；(4) 国家统计局城市社会经济调查司，《中国城市统计年鉴》，中国统计出版社，1986—2012年。

从表5-3的计算结果与图5-1的耦合协调度可以得出以下几个方面的结论：

第一，从工业化与城市化协调发展类型来看，中国1985—2011年工业化与城市化之间的协调关系基本分为五个阶段：1985—1996年为失调衰退类型；1997—2001年为勉强协调发展类型；2002—2004年为中等协调发展类型;2005—2007年为良好协调发展类型;2008—2011年进入优质协调发展类型。研究结果显示,1985—2011年中国工业化与城市化发展由严重不协调逐步走向基本协调,然后再趋于良好协调。也就是说,这一时期中国工业化与城市化的互动关系走向良性发展的轨道。

第二,比较1985—2011年中国工业化与城市化两个子系统历年的综合发展指数可以发现,虽然两者的协调发展程度随时间的推移呈现上升趋势,但它们的发展速度并非是完全同步的。图5-1显示,1985—2002年间中国工业化与城市化之间的差距相对较小,基本上属于同步发展。然而,从2003年开始一直到2007年,中国工业化综合得分与城市化综合得分之差超过了0.1,呈现出非同步的发展模式,即城市化发展滞后于工业化的发展模式。值得说明的是,中国工业化与城市化非同步的发展模式,并未影响到二者协调发展水平的提高。2003—2007年间,中国工业化与城市化之间的耦合协调度从0.6547提高到0.7752。从这一期间的耦合协调度可以看出:进入21世纪,中国工业化和城市化发展愈来愈趋于协调,整个国民经济也渐入佳境,逐步进入飞速发展的快车道。

第三,非同步发展模式并未持续太久,图5-1显示,从2000年开始,中国工业化发展步伐开始明显加快。与1999年相比,2000年中国工业化综合发展指数提高了0.0587。2000年之后,中国工业化快速发展的步伐并没有止步,当然工业化发展离不开城市化提供的空间,也得益于城市化水平的快速推进。毫无疑问,该时期的发展类型也逐步演变到协调发展类的初等层次。同时,我们不难发现,整个系统以1999年为转折点,最后几年的协调发展速度明显快于最初几年。

在选取的三十多年里,中国城市化综合指数和工业化综合指数呈上升趋势。尽管在1985—1997年间有一定幅度的波动,但耦合协调度总体上却仍然呈现上升趋势。在1998—2011年,中国工业化与城市化综合指数快速上升,这表明中国工业化子系统和城市化子系统水平较高,虽然城市化总得分略低于工业化总得分,但是两者总体保持了稳步的上升态势,发展势头良好。从数据角度分析,由于只选取了1985—2011年,该时期是中国和平发展时期,国内外形势有利于国民经济的发展,期间没有出现大幅度的政治动荡和政策变化,中国工业化发展不再以重工业为导向,而是重工业、轻工业、电子工业、信息化工业、航天工业等多元化工业均衡发展,特别是十六大以来提倡新型工业化道路,城市化建设也突破了原有的二元制体制,以往对劳动力流动限制的体制不复存在,各种生产要素可以在城乡之间自由流动,产城融合速度加快,城市化进程平稳地向前推进。

## 三、工业化与城市化的 Granger 因果关系检验

统计学中的一些变量之间显著相关,在经济学中未必都是有意义的。判断经济学中的因果关系,是计量经济学中常见的问题。诺贝尔经济学奖得主克莱夫·格兰杰(Clive Granger)开创了一个分析变量之间因果关系的方法,即 Granger 因果检验。由于数据的局限,本研究通过对 1985—2011 年中国工业化与城市化的关系在不同的发展阶段表现出不同特征的分析,找出其协调发展过程中存在的问题。在本节中,对中国工业化与城市化的协调发展存在的问题做实证检验。第一,对中国 1985—2011 年的工业化与城市化(综合评价得分)之间的关系做 Granger 因果检验,检验二者之间是否存在统计意义上的相关关系,为进一步研究工业化和城市化长期动态演进奠定基础。第二,依据耦合协调度模型和耦合协调度等级评价模型,对全国样本时间内工业化与城市化的耦合度发展状态进行衡量和判断,并指出目前二者之间互动发展中存在的问题。改革开放之后,中国工业化和城市化呈现出新的发展趋势,二者之间的互动特征最为显著,因此,与改革的进程相对应,并且基于工业化系统和城市化系统的指标数据的限制,本节将评价体系应用于中国 1985—2011 年的工业化与城市化协调发展水平分析。

(一)检验思路

无论从全国整体来讲还是分区域看,中国的工业化与城市化都取得了很大的成绩,然而,许多工业化和城市化协调发展的障碍仍然存在,并且制约着中国经济和社会的协调发展。关于目前中国工业化与城市化二者之间关系的研究,国内现有的研究主要是从定性角度出发,而定量分析尚不多见。依据前面建立的工业化和城市化指标体系,首先,采用 Granger 模型衡量并评价它们二者之间是否存在统计上的相关关系;其次,进一步运用耦合协调度模型定量测算 1985—2011 年二者之间的耦合协调度;最后,对中国样本期限内的工业化和城市化之间是否协调及协调的程度,进行衡量和判断。

检验工业化与城市化之间是否协调,仅仅从工业化率和城市化率的单一指标进行研究尚不全面,应将一些代表性的指标联合起来构建工业化与城市化指标系统进行衡量。因此,工业化指标系统计算出的工业化综合评价得分反映工业化水平,城市化指标系统计算出的城市化综合评价得分反映城市化水平。样本时间段为 1985—2011 年,样本指标数据依据《中国统计年鉴》《中国工业经济统计年鉴》和《中国城市统计年鉴》等。1953 年"一五"计划以来,中国的工业化和城市化呈现大致相似的发展趋势。然而,工业化综合评价得分和城市化综合评价得分这两个序列之间是否存在统计上的相关关系还必

须进行 Granger 因果关系检验,而只有具备协整关系的同阶单整序列的变量才可以进行 Granger 因果关系检验。因此,检验分为以下三个步骤:第一,检验工业化综合得分变量和城市化综合得分变量的单整性;第二,检验这两个变量相互之间是否存在协整关系;第三,检验这两个变量之间是否存在统计意义上的 Granger 因果关系。

(二)检验结果

对中国工业化系统的工业化综合(评价)得分和城市化系统的城市化综合(评价)得分分别进行平稳性和协整关系检验。运用 ADF 检验法对工业化综合(评价)得分和城市化综合(评价)得分的平稳性进行检验。其中,IND 是工业化综合(评价)得分,代表中国工业化水平;URB 表示城市化综合(评价)得分,代表中国城市化水平。对工业化综合(评价)得分数据和城市化综合(评价)得分数据进行平稳性检验后的结果见表 5-4。

表 5-4 工业化与城市化综合(评价)得分序列的平稳性检验

| 变量 | ADF 检验统计量值 | $P$ 值 | 检验结论 |
| --- | --- | --- | --- |
| IND | −0.5970 | 0.9706 | 非平稳 |
| dIND | −5.1197 | 0.0019 | 平稳 |
| URB | −0.2160 | 0.5958 | 非平稳 |
| dURB | −4.8161 | 0.0013 | 平稳 |

注:d 表示变量序列的一阶差分。

从表 5-4 可知,在 10% 的显著性水平下,代表工业化水平的序列 IND 是一阶单整 I(1) 序列,代表城市化水平的序列 URB 也是一阶单整 I(1) 序列。进一步对 IND 序列和 URB 序列进行协整检验,该研究运用 Eviews7.2 软件对 IND 序列和 URB 序列进行协整检验,检验结果见表 5-5 所示。

表 5-5 工业化与城市化综合(评价)得分序列的协整检验

| Hypothesized No. of CE(s) | Eigenvalue | Trace Statistic | 0.05 Critical Value | Prob.** |
| --- | --- | --- | --- | --- |
| None* | 0.645974 | 25.96456 | 15.49471 | 0.0009 |
| At most 1 | 0.000197 | 0.004936 | 3.841466 | 0.943 |

注:Trace test indicates 1 cointegration at the 1% level;* denotes rejection of the hypothesis at the 1% level.

由表 5-5 可知,IND 序列和 URB 序列具有协整关系。因此可以对其进行 Granger 因果检验。本研究分别对 IND 序列和 URB 序列进行了从滞后 2 期到滞后 5 期的 Granger 因果性检验。结果如表 5-6 所示:

表 5-6　工业化与城市化综合(评价)得分序列的 Granger 因果关系检验

| 滞后长度 $q$ | Granger 因果性 | $F$ 值 | $F$ 值的 $P$ 值 | LM(1) 的 $P$ 值 | AIC 值 | 结论 |
|---|---|---|---|---|---|---|
| 2 | IND does not granger cause URB | 5.0515 | 0.0098 | 0.0507 | −7.5091 | 拒绝 |
|   | URB does not granger cause IND | 3.1815 | 0.0496 | 0.1102 | −4.4617 | 拒绝 |
| 3 | IND does not granger cause URB | 3.8053 | 0.0156 | 0.3751 | −7.4931 | 拒绝 |
|   | URB does not granger cause IND | 2.4908 | 0.0709 | 0.5242 | −4.4740 | 拒绝 |
| 4 | IND does not granger cause URB | 5.2945 | 0.0013 | 0.1494 | −7.5919 | 拒绝 |
|   | URB does not granger cause IND | 1.6918 | 0.1677 | 0.0098 | −4.4030 | 不拒绝 |
| 5 | IND does not granger cause URB | 6.4567 | 0.0001 | 0.0390 | −7.7505 | 拒绝 |
|   | URB does not granger cause IND | 1.0398 | 0.4065 | 0.0081 | −4.3252 | 不拒绝 |

由表 5-6 可知,在 5% 显著水平下,原假设"IND does not granger cause URB"的结论具有完全的一致性,在滞后 2—5 期原假设均被拒绝,即工业化水平是城市化水平的 Granger 原因。而原假设"URB does not granger cause IND"随着滞后期数的增加基本上不能被拒绝,即不拒绝"城市化水平不是工业化水平的 Granger 原因"的结论。综上分析可得,由 Granger 因果关系检验 1985—2011 年以来中国工业化与城市化关系,其结果表明,工业化是城市化的 Granger 原因,而城市化不是工业化的 Granger 原因,工业化的发展直接带动了城市化的发展,城市化对工业化的促进作用却不明显,出现了城市化滞后于工业化的状况,即工业化与城市化没有形成良性互动和协调发展。通过用耦合协调度模型和协调度评价模型对中国工业化与城市化的耦合协调发展状况进行测度,结果表明:利用熵值法判断出 1985—2011 年中国工业化与城市化在绝大多数年份里都呈现协调发展的趋势;对耦合协调度的进一步定量分析反映出工业化与城市化二者不存在一方明显滞后另一方发展的情况。总体上看,耦合协调度呈上升之势,中国的工业化与城市化发展越来越协调,由低级向高级不断转化。

## 四、工业化对城市化影响的定量分析

根据配第-克拉克定律:随着经济发展水平的提高,劳动力将从第一产业向第二、第三产业转移。该定律既阐明了经济发展与产业或就业的关系,还说明了产业结构升级必然伴随着城市化水平的提高。工业化国家走过的现代化过程反映出城市化与经济现代化的关系:人口城市化从 10% 提升为 75%;劳动力逐步向非农产业转移,非农化率从 20% 提升到 90%;居民收入水平大幅度攀升;城市化率不足 10% 时,城市化发展缓慢,一旦城市化超过 20%,城市化发展步伐加快,一直持续提高到超过 70% 为止。研究结论说明:工业化和城市化只有相辅相成、协调发展,国民经济才能得以健康发展。

(一) 工业化率I对城市化的影响

使用工业化率I(即非农产业增加值占GDP的比重)对城市化率的影响时,还必须考虑城市化率自身的传导效应。该研究参照朱海玲和龚曙明(2010)的做法①,采用1979—2011年的数据,建立计量经济学模型,以测定中国工业化率I与城市化率之间的数量关系。通过逐步回归分析法,估计结果如下:

$$URB_t = -7.6451 + 0.8847 URB_{t-1} + 0.2127 NIF_{t-3}$$
$$(15.33) \quad (2.87)$$

$R^2$为0.9850, $F$统计量为1 036.21, DW为1.4851, Prob为0.0000,其中, URB代表城市化率; $URB_{t-1}$代表滞后1期的城市化率; $NIF_{t-3}$代表滞后3期的工业化率I。通过检验,该模型估计结果是合格的。研究结果表明:在1979—2011年间,工业化率I对城市化率具有显著的正向效应,而且城市化的推进与原有的城市化基础密切相关。在其他条件保持不变的条件下,滞后1期的工业化率I每提高1个单位,当期的城市化率将平均提高0.8847个单位;滞后3期的工业化率I每提高1个单位,当期的城市化率将平均提高0.2127个单位。

(二) 工业化率II对城市化的影响

同样采用1979—2011年的数据,建立计量经济学模型,测定中国工业化与城市化之间的数量关系。通过逐步回归分析法,估计结果如下:

$$URB_t = -5.1142 + 0.8953 URB_{t-1} + 0.1907 NFE_{t-3}$$
$$(26.77) \quad (4.01)$$

$R^2$为0.9910, $F$统计量为3 268.55, DW为1.7365, Prob为0.0000,其中, URB代表城市化率; $URB_{t-1}$代表滞后1期的城市化率; $NFE_{t-3}$代表滞后3期的工业化率II(即非农产业就业人数占总就业人数的比重)。通过检验,该模型估计结果是合格的。估计结果表明,滞后1期城市化率、滞后3期工业化率II与城市化率均具有显著的正向效应。具体来说,在其他条件保持不变的条件下,滞后1期工业化率II每提高1个单位,当期城市化将平均提高0.8953个单位;滞后3期工业化率II每提高1个单位,当期城市化率将平均提高0.1907个单位。

通过上述两个模型的实证研究,可以得出结论,工业化率I与工业化率II对城市化率具有显著的正向效应,而且当年的城市化率与上一年的城市化率呈显著的正相关关系。因此,要加快城市化进程,提高城市化水平,应当在上

---

① 朱海玲、龚曙明:"中国工业化与城镇化联动和互动的研究",《统计与决策》,2010年第13期,第112—114页。

一年城市化的基础上,充分发挥工业化的先导作用。①

## 五、影响工业化与城市化协调发展因素的定量分析

为了分析影响中国工业化与城市化协调发展的因素,并考察这些因素在多大程度上影响中国工业化与城市化的协调发展,这里把影响因素看作是投入要素,把中国工业化与城市化协调发展数值作为产出,借助柯布-道格拉斯生产函数,构建如下计量经济模型:

$$\ln Y_t = \alpha_0 + \alpha_1 \ln X_{1t} + \alpha_2 \ln X_{2t} + \alpha_3 \ln X_{3t} + \alpha_4 \ln X_{4t} + \alpha_5 \ln X_{5t} + \alpha_6 \ln X_{6t} + \mu_t$$

其中,$i=1,2,3,\cdots,N$ 分别代表不同个体;$t=1,2,3,\cdots,T$ 代表样本年度,$\alpha_i$ 代表待估参数,$\mu_t$ 为随机干扰项。$Y$ 为被解释变量,即衡量工业化与城市化协调发展的指标;$X_{1t}$、$X_{2t}$、$X_{3t}$、$X_{4t}$、$X_{5t}$、$X_{6t}$ 均为解释变量,即影响工业化与城市化协调发展的6个指标,分别代表第三产业比重、社会保障支出、医院病床数、工业化与城市化背离程度、农业劳动生产率和流动人口数。② 为了消除可能存在的自相关与异方差,对所有变量均取自然对数。

本节选取1978—2010年的样本数据,对模型进行恰当的估计③,估计结果如下:

$$\ln Y_t = -0.948 + 0.102 \ln X_{1t} + 0.072 \ln X_{2t} + 0.108 \ln X_{3t}$$
$$\qquad\qquad (2.266) \qquad (28.919) \qquad (2.286)$$
$$\qquad -0.010 \ln X_{4t} + 0.018 \ln X_{5t} + 0.043 \ln X_{6t}$$
$$\qquad (-3.609) \qquad (2.282) \qquad (5.702)$$

$R^2$ 为 0.987,$F$ 为 205.668,DW 为 2.040。可决系数 $R^2$ 为 0.987,说明解释变量联合起来对被解释变量的解释能力很强,可以解释总离差的 98.7%,该模型能正确地反映第三产业比重、社会保障支出、医院病床数、工业化与城市化背离程度、农业劳动生产率和流动人口数量整体对中国工业化与城市化协调程度的影响。通过检验发现,所有解释变量的 $t$ 统计量均显著,说明第三产业比重、社会保障支出、医院病床数、工业化与城市化背离程度、农业劳动生产率、流动人口数量整体和工业化与城市化协调度存在着显著的线性关系。估计结果显示,解释变量 $\ln X_{1t}$、$\ln X_{2t}$、$\ln X_{3t}$、$\ln X_{4t}$、$\ln X_{5t}$、$\ln X_{6t}$ 的系数估

---

① 朱海玲、龚曙明:"中国工业化与城镇化联动和互动的研究",《统计与决策》,2010年第13期,第112—114页。
② 李刚、魏佩瑶:"中国工业化与城镇化协调关系研究",《经济问题探索》,2013年第5期,第72—79页。
③ 如果对模型进行估计,需要对数据进行收集处理,进行单位根检验、协整检验、模型估计与相关检验等程序。为了节省研究的篇幅,上述步骤均省略,本研究直接借鉴了李刚和魏佩瑶的《中国工业化与城镇化协调关系研究》(2013年5月)的研究结果,在此对二位作者表示感谢。

计值分别为 0.102、0.072、0.108、−0.010、0.018 和 0.043，说明中国工业化与城市化的协调程度与解释变量——第三产业比重、社会保障支出、医院病床数、农业劳动生产率和流动人口数呈正相关关系，与解释变量——工业化与城市化背离程度呈负相关关系。显然，这些结论与实际情况相符。而且，第三产业比重、社会保障支出、医院病床数、农业劳动生产率和流动人口数每提高 1 个百分点，中国工业化与城市化协调程度将分别平均提高 0.102、0.072、0.108、0.018 和 0.043 个百分点；工业化与城市化背离程度每提高 1 个百分点，中国工业化与城市化协调程度将平均下降 0.010 个百分点。

工业化与城市化协调发展指标体系不仅要能够较全面地反映工业化和城市化发展的速度，而且要能够较为全面地体现工业化和城市化发展的水平。中国工业化与城市化协调发展的实证研究是经济学研究中的一项艰苦细致的研究工作，实证研究表明：从定量研究和定性研究的结果来看，不论工业化与城市化协调发展指标体系的设置原则，指标体系的构建流程，还是指标体系的构成，基本上能够较全面地反映出中国工业化与城市化协调发展的速度和水平的基本情况，能够为工业化和城市化内涵式发展提供可靠的理论依据。

在改革开放以后的近 30 年间，中国共产党领导中国人民在和平时期坚持以经济建设为中心，走出了一条工业化和城市化科学发展的、具有中国特色的、和平发展的社会主义道路。珍惜改革开放以来经济体制改革的各项重大成果，总结工业化和城市化发展中的经验，尤其是 2003 年中国工业化和城市化的多元化和综合化发展的成功经验，通过科学和客观的经济学分析和评价，正确看待和评价改革开放各个阶段中国工业化和城市化发展中存在的实际问题，对于深化经济体制改革，促进工业化和城市化协调稳步发展，具有重要的理论和实践意义。

# 第六章 中国对外国工业化与城市化互动发展模式的借鉴

随着科学技术的发展,尤其是信息技术、电子技术、通信技术等的快速发展,整个世界正在变成一个网络。当今的世界变得越来越小,社会交流越来越频繁,整个世界将会变成一个地球村,而每个城市将会成为地球上的人类活动的一个网点,每个网点由科学技术构筑起来的线路连在一起,国家之间的各种交流活动越来越频繁,东西方科学技术、政治、经济、军事、文化、教育等相互影响,相互渗透。因此,东西方工业化和城市化发展也有可以相互借鉴之处,从经济史视角考察国内外工业化和城市化演进的规律和发展的特点,对于认识和把握工业化和城市化发展的客观规律,实现东西方工业化和城市化的交互发展,具有重要的意义和作用。世界不同类型国家工业化与城市化的互动发展主要有三种模式:一是城市化水平高于工业化水平,称为"超前城市化"或"过度城市化",如印度、巴基斯坦、巴西、墨西哥等国家的城市化。该城市化模式是以牺牲发展农业为代价,表现为一种无工业化支撑的城市化,造成了严重的"城市化病",对于经济和社会健康发展极为不利。二是城市化水平低于工业化水平,称为"低度城市化"或"滞后城市化",如中国、泰国、越南等一些国家的城市化。该城市化模式是一种违背现代化发展规律的城市化,城市化水平明显滞后于经济发展,必然会制约经济发展和社会进步。三是城市化、工业化同步协调发展,称为"适度城市化"或"同步城市化",如美国、英国、德国等国家的城市化,这是一种比较合理的工业化与城市化互动模式,是以工业化带动城市化、以城市化促进工业化,两者相互推动,实现工业化与城市化同步发展。

## 第一节 西方发达国家的工业化与城市化

欧美发达国家工业化、城市化交互发展起步早,现已步入所谓的"后工业社会",这些经济体均经历了相对完整的工业化、城市化发展演变,其阶段性特征明显,为后来的发展中国家经济发展提供了一个可以借鉴和仿效的发展模式,而且西方不同国家和地区工业化和城市化发展的特征、规律、机制等也值得我们进行总结。同时,由工业化、城市化引发的许多经济问题、能源危机问题、社会安全问题、生态环境问题等值得我们关注和警惕。我们必须注意到,西方各国的工业化和城市化发展模式绝不是所谓经典的唯一发展模式,因为每个国家和地区在世界上所处的地理位置、自然环境、民族文化、社会背景等不同,各个历史时期经济发展的影响因素已经发生变化。它们在当时的历史背景下,抓住了有利时机,充分利用各种资源,工业化和城市化发展也走在了世界的前列。在当今和未来的工业化和城市化发展中,这些影响因素与发达国家工业化和城市化发展初期的影响因素完全不同,所以在发展模式上也可能表现出不同的特征。

## 一、影响因素

### (一)基础条件

第一是稳定、独立、自主的政治基础。大部分发达国家由于经济发展水平较高,综合国力较强,均未遭受殖民主义者的统治。而且,有相当一部分的发达资本主义国家,都曾是殖民统治者。例如,1939年,英国、法国、意大利、日本、美国等仍拥有大量的殖民地。第二是丰富的自然资源。在工业化初期,自然资源,尤其是矿产资源对工业化启动来说是非常重要的;西欧、北美等发达国家的自然资源都是比较丰富的。第三是资本、劳动力以及制度的国际流动。这些国家基本上都不存在人口和剩余劳动力的压力。英国"圈地运动"导致大量劳动力没有收入,这些劳动力一部分向城市转移,一部分向其他国家大量迁移,形成了美国、加拿大、澳大利亚等移民国家,缓解了英国国内人口与农业剩余劳动力的压力。美国工业化启动较晚,可以充分利用欧洲各国现成的技术成就和资金,而来自欧洲的移民,为美国提供了大量的熟练工人,他们在美国资本主义的发展中具有特殊的重要作用。加拿大和美国、澳大利亚、新西兰等国家一样,在资本主义国家对外扩张时期,是主要由资本主义相对发达的英国建立起来的移民国家。殖民者是在驱除这里原来的居民之后才大批从欧洲移民的,从殖民者的故乡带来的社会文化、科学技术和资本主义制度,得以在这块辽阔富饶的土地上发展。这里既没有前资本主义生产关系的阻碍,又能得到欧洲现成的资金、技术和劳动力,所以经济发展很快。

### (二)技术进步

技术进步是推动工业化发展的直接动力。翻开人类工业化发展的历史长卷,我们不难发现,工业化发展自始至终都离不开技术进步,工业化反过来也为科学技术的发展奠定了物质基础。无论是19世纪的英国、美国,还是20世纪中叶的日本,均发生了以机器大工业取代工场手工业的巨大变革,这些国家都是将科学技术作用于生产方式,而先后成为世界强国的。显然,科学技术可以加快社会生产力的飞速发展,促进工业化进程。

英国是率先实现工业化的国家。早在18世纪70年代,英国产业革命爆发,蒸汽机的出现以及应用带动了英国纺织业等轻工业的快速发展,机器大工业开始成为当时主要的生产方式,一大批制造工厂脱颖而出。到19世纪60年代,英国很快从一个农业国转变成为一个工业强国,并成为第一个"世界制造中心"。第一次产业革命率先在英国爆发后,法国紧随其后,经济进入空前繁荣时期,在1850—1870年的20年间,国民收入增加一倍,工业总产值几乎提高了两倍。美国在产业革命之前,近代工业很不发达,随着产业革命的进展,资本主义工厂制度也确立起来。在1810—1860年的50年间,工业总产值增加了将近9倍,并以空前的速度扶摇直上,开始与英国、法国这两个先进的资本主义国家争夺经济霸权。德国的工业化较英国、法国、美国等国家起步晚得多,当然经济发展也较之落后很多。然而,从19世纪30年代开始,德国只用了半个世纪就基本完成了工业化,也从一个农业落后的弱国一跃成为世界工业强国。19世纪末叶,其工业产值占世界总产值的16%,接近于英国。到20世纪初,就远远超过了英国,仅次于美国,居欧洲第一位,世界第二位。德国正是依靠重视教育和科学研究,最大限度地发挥科学技术对社会经济的杠杆作用而超越了英国和法国,快速实现了工业化。

(三)市场因素

无论是工业化还是城市化,其发展进程必然会受到资源配置方式的影响。一般来说,政府合理地配置资源能够加快工业化与城市化的推进速度。然而,市场作为"看不见的手"在政府失灵或者政府配置资源不合理的状况下能发挥一定的重要作用。长期以来,发达的资本主义国家都是崇尚市场的,国家对经济的直接干预较少,劳动力、资本等生产要素的流动基本上不受任何约束。只要政府无"城市偏向",城市人口就不会对乡村人口产生"乡村歧视",自然也就没有乡—城人口流动的障碍,城乡人口可以自由流动,哪里吸引力大,就流向哪里,城乡融合程度就会提高,城乡一体化速度也会加快。当然,人口流动的动力主要在于经济因素,尤其是收入因素。劳动力从农村向城市的流动,从国内向国外的迁移,不同地域之间的移动等,自由畅通,没有阻力,有助于劳动力在产业和地域间的转移,促进了产业和城市的融合,同时,有利于加快推进工业化、城市化进程。

从市场发育程度看,大部分工业化国家都曾经历过重商主义时期,商品经济相对发达,市场主体的地位已经确立,企业生产的目的就是追求自身利益最大化,劳动力流动的动机毫无疑问是为了获得尽可能多的收入。我们不难想象,高度发达的资本主义商品经济,可以大大加快生产要素在产业间和地域间的流动,由于城市往往具有较高的劳动生产率,城市的聚集效应就得到显现,劳动力、资本、技术等生产要素向城市集中无疑是大势所趋。当然,统治或占有殖民地,不仅为资本主义工业化提供了丰富的原材料,也为其积累了大量的资本,并开辟了广阔的国际市场,促进了资本主义国家的城市化发展。早期的资本主义国家在海外都拥有大量的殖民地,生产原材料非常富足,市场容量可以扩展到国外,产品供不应求,对外贸易依存度较高。例如,英国是率先实现工业化的国家,工业发展起步较早,19世纪中叶英国就已经成为世界工业强国,以"制造业中心""世界工厂"的地位自居。

(四)政府导向

无论在工业经济发展方面还是在城市经济推进方面,市场对资源的配置方式固然重要,但政府对资源的合理配置同样会加快工业化与城市化的推进速度。政府的支持主要表现在两个方面:一是政府推动生产要素在产业间和地域间合理流动,使私人经济活动合法化,这奠定了市场经济运行机制的物质基础,规范了市场行为,加快了市场机制的运行。在欧美等一些工业化国家的工业化、城市化发展中,政府引导作用无疑起到了极其重要的作用。美国之所以能够在短期内赶超英国、法国等率先崛起的国家,一跃成为头号工业强国,其中一个重要因素不可忽视,那就是政府所发挥的作用。美国政府首先妥善解决了土地问题,积极发展农业生产,为工业化发展奠定了坚实的基础。其次,美国政府重视基础设施建设,优先发展铁路、公路等交通运输业。美国政府发起并领导了世界交通运输业革命,鼓励民营企业向铁路投资,对投资铁路的民营企业给予一定的资金支持或为铁路公司提供银行信贷便利,允许其享有一定的免税特权,甚至还制定了相应的土地补贴制度。最后,美国政府还积极引进先进科技和人才,充分利用外资和海外人才,以此加速工业化步伐。正是由于美国政府在农业、工业和科技等领域制定了科学的政策,才使美国的工业化得到了高速发展。二是平衡经济发展地区差距及其带来的其他社会经济问题。政府可以弥补市场在工业化、城市化发展中的缺陷,但政府也会出现"失灵",带来许多社会经济问题,比如贫富差距加大、城市交通阻塞、环境污染严重,导致人们生活质量下降。为此,各国政府针对发展中出现的问题也采取了相应的应对措施。例如,法国巴黎的人口集中速度达到惊人的程度。1811年巴黎人口占法国城市人口总数的15%,以后逐年上升,1851年增至19.5%,1911年增至28.7%。一个世纪中,巴黎人口增至原来人口的6.28倍,最终造成住房拥挤,环境质量下降,城市死亡率高于农村死亡率。20世纪50年代之后,法国政府针对各种社会经济问题制定了相应政策,如领土整治计划和工业分散政策,目的在于发展地方的中、小城市和乡镇,缓解大城市人口集中和工业集中的压力。

## 二、发展特征

### (一) 产业结构演进规律与特征

任何一个国家的工业化进程,都伴随着产业结构的调整与优化。产业结构是否合理不仅直接关系到工业化能否顺利实现,也关系到整个国民经济的健康发展。欧美发达国家的产业结构演进一般都遵循以下规律:生产要素(如资本、技术、劳动力等)从农业、手工业向纺织业等轻工业流动,发展到一定程度之后再向采煤业、钢铁冶炼业、机器制造业等重工业流动,同时也向交通运输业、商业等服务业流动。这基本符合配第-克拉克定律,或者说,配第-克拉克定律正是从发达国家的产业演进顺序得出的一般规律。如英国产业结构演进的顺序为棉纺织业—毛纺织业—采煤业—钢铁冶炼业—机器制造业,同时伴随交通运输业的发展。美国、法国、德国等产业演进顺序基本相同。原因是当时的工业化国家毕竟是少数,轻工业品在国际市场上拥有广大的消费者。21世纪初期,发达国家的农业在GDP中所占份额平均已经下降到5%以下(见表6-1),并且还有进一步下降的趋势,到2009年大致下降到3%以下。农业就业比重所占份额平均也降到5%或者以下,略高于产值比重。无论是在产值还是就业方面,第二产业的主导地位已经让位于第三产业,第三产业的比重还在继续上升,产值与就业比重大致达到60%,甚至70%以上,并且就业比例要高于产值比例,说明第三产业对劳动力的吸纳能力较强。

美国工业化在产业结构演进中采取的是先发展消费品工业,后发展重工业的策略,其霍夫曼比例不断下降。美国的消费品工业是从棉纺织业开始的,经过几十年的发展,在19世纪60年代,美国的工厂制度已在棉毛、纺织、食品加工等工业部门占据支配地位,棉纺织业发展迅速,居世界第二,仅次于英国。1860年以后,美国逐渐进入重工业时期,高端制造业得到较快发展。1870—1900年,美国的石油、汽车、电气、化工等系列新兴工业部门得到迅速发展,钢铁业和机器制造业的工业产值已分别跃升为世界第一位和第三位,资本品工业开始在工业中起主导作用。美国的工业化演进加快了农业等基础产业的发展,为工业发展提供了物质基础,工农业相互促进、协调发展,产业结构得到有效调整,产业发展推动了城市化发展。

欧美发达国家的产业结构演进呈现以下特征:第一,在工业化初期,农业产业比重下降,非农产业比重上升。第二,在工业化中期,第二产业和第三产业比重持续稳步上升,而且二者保持相对稳定的比例关系,即两者呈现平行发展。统计资料显示,1831—1935年的英国与1799—1955年的美国,均出现上述特征。① 第三,在工业化后期,第三产业比重上升较快,第二产业比重下降较快。显然,产业结构与工业化的发展密不可分。

表 6-1　部分发达国家的产业结构　　　　　　　　　　单位:%

| 国家 | 2000年 | | 2009年 | |
|---|---|---|---|---|
| | 产值结构 | 就业结构 | 产值结构 | 就业结构 |
| 美国 | 1.2∶23.4∶75.4 | 2.6∶23.2∶74.3 | 1.2∶21.4∶77.4(2008) | 1.5∶19.9∶78.6(2008) |
| 日本 | 1.8∶32.4∶65.8 | 5.1∶31.2∶63.1 | 1.5∶28.0∶70.5(2008) | 4.2∶27.3∶67.3(2008) |
| 英国 | 1.0∶27.3∶71.7 | 1.5∶25.1∶73.1 | 0.7∶21.1∶78.2 | 1.1∶19.5∶78.6 |
| 法国 | 2.8∶22.9∶74.2 | 4.1∶26.3∶69.6 | 1.8∶19.0∶79.2 | 2.9∶22.5∶74.1 |
| 德国 | 1.3∶30.3∶68.5 | 2.6∶33.5∶63.8 | 0.8∶26.5∶72.7 | 1.7∶28.7∶69.5 |
| 意大利 | 2.8∶28.4∶68.8 | 5.2∶31.8∶63.0 | 1.8∶25.1∶73.1 | 3.7∶29.3∶66.9 |
| 澳大利亚 | 3.5∶26.9∶69.6 | 5.0∶21.7∶73.3 | 2.5∶29.1∶68.4(2008) | 3.3∶21.1∶75.5 |

资料来源:国家统计局,《国际统计年鉴》,中国统计出版社,2013年。

(二) 农业在经济发展过程中受到重视

西欧、北美发达国家的农业都比较发达,但从工业化初期来看,不同国家表现出不同的特征:美国农业机械化与工业化同步发展,法国在农业发展的基础上再发展工业,英国工业发展到一定程度之后开始反哺农业。事实上,美国一直都很重视农业发展,长期把发展农业放在首位,而且非常重视三次产业的协调发展。美国是最早推动农业机械化的国家,其农业也是世界上发展最快的。相比而言,英国、德国等一些欧洲国家对农业发展的重视程度及对农业的基础地位认识不足,导致大量乡村人口向城市转移,城市人口增长过快,最终造成严重的"城市病"。而且,忽视农业生产还导致乡村地区人口

---

① 陈耀:"世界发达国家二、三产业关系的演变与启示",《经济纵横》,2007年第8期,第53—57页。

稀疏、农业减产,不仅制约了非农产业的发展,也带来了城乡收入差距过大的问题。一些国家的政府后来意识到工业化、城市化发展中出现的问题,开始重视发展农业,在对其工业化、城市化政策进行调整的同时,开始推进农业现代化。例如,20世纪50年代,德国政府开始对其相对落后的第一产业——农业给予政策支持,对农业进行投资补贴、拨款,为保护农业或农场主的利益,采用农产品价格支持政策,甚至不惜采取贷款担保等措施,补救农业发展的短板。

(三) 人口城市化与非农就业之间基本同步

欧美发达国家工业化与城市化的发展是以农业人口迅速转变为非农业人口为特征的。由于世界各国具有不同的国情,不同国家人口迁移的特征均独具特色,形成的人口迁移效应各有不同,当然不同国家所经历的工业化与城市化道路也必然千差万别。对于英国、美国等工业化国家而言,工业化、城市化迅速推动了生产要素由农村向城市集中,农业生产的持续增长也为城市工业提供了足够的原材料,可以说,发达经济体的工业化、城市化与农村人口转移几乎是同步进行的。发达国家的城市化发展是一种产业推动型的内生城市化模式,其工业化道路基本上呈现渐进式的转变,从轻纺工业到重工业、机器制造业,再发展到第二次世界大战以后的以电子、核能源、化工、航天等组成的新兴工业,经历的时间较长,结构比较协调,效益较好。城市人口比重与非农就业比重之间保持着一定程度的稳固关系,如日本在第二次世界大战前非农就业比重基本上高出城市人口比重20个百分点(见图6-1)。

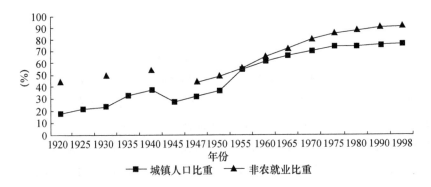

图 6-1　日本城市人口比重与非农就业比重(1920—1998)

资料来源:(1) 中国社会科学院,《苏联和主要资本主义国家经济历史统计集》,人民出版社,1989年;(2)〔日〕总理府统计局,《日本统计年鉴》,总理府统计局,1959年;(3) Government of Japan, *An Overview of Population of Japan*, 1997;(4) 1960—1998年数据根据世界银行 WDI 数据整理得出。

进入21世纪以来,大多数发达国家城市人口比重比较稳定,但非农就业比重稳步上升,二者偏差逐渐缩小。美国这一特征最为明显(见图6-2),从能够得到的历史数据(1840年)开始,非农就业比重与城市人口比重之间保持20个百分点差距基本不变。

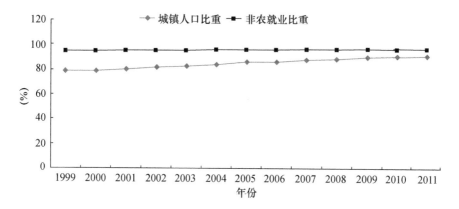

图6-2 美国城市人口比重与非农就业比重(1999—2011)
资料来源:国家统计局,《国际统计年鉴》,中国统计出版社,2013年。

(四)工业化与城市化基本同步

工业革命率先发生在西方发达国家,技术与产业有效融合,促进了产业的发展。产业发展促进资源与经济活动的集中,城市数量随之增加,城市规模也随之扩大。城市化带来的外部经济又促进了工业化发展。可见,西方国家的工业化与城市化基本上是同步发展的。17世纪中后期,英国最早开启了君主立宪制,从制度上奠定了经济发展的基础。到了18世纪60年代,英国抓住了第一次工业革命带来的成果实现了经济的繁荣,改变了英国的产业结构和就业结构,吸引了大批的农村人口涌入城市。19世纪中叶,英国已经发展成为第一个"世界制造业中心"。当时全球七大洲都有英国的殖民地,英国工业生产的原材料可以说是取之不尽用之不竭,工业产量远远超过本国需求,只能通过对外贸易出口海外市场。为此,英国非农产业比重大幅上升,农业产业比重相应下降。表6-2显示,英国第一产业——农业的比重从1801年的32.5%下降到1955年的4.7%。当然,农业就业比重也出现了大幅度下降,从1801年的35.9%下降到1955年的5.0%。正是工业化水平的发展,带来了英国城市化水平的提升。

表 6-2　英国的产业结构（1801—1955）　　　　　　　　　　单位：%

|  | 年份 | 农、林、渔业 | 制造业、矿业和建筑业 | 商业、交通运输业 | 政府、家庭和个人服务业 | 其他行业 |
| --- | --- | --- | --- | --- | --- | --- |
| 产业结构 | 1801 | 32.5 | 23.4 | 17.4 | 21.3 | 5.3 |
|  | 1851 | 20.3 | 34.3 | 20.7 | 18.4 | 8.1 |
|  | 1901 | 6.1 | 40.2 | 29.8 | 15.5 | 8.2 |
|  | 1955 | 4.7 | 48.1 | 24.9 | 19.2 | 3.2 |
| 就业结构 | 1801 | 35.9 | 29.7 | 11.2 | 11.5 | 11.8 |
|  | 1851 | 21.7 | 42.9 | 15.8 | 13.0 | 6.7 |
|  | 1901 | 8.7 | 46.3 | 21.4 | 14.1 | 9.6 |
|  | 1955 | 5.0 | 49.1 | 21.8 | 2.2 | 21.9 |

注：1955年数据包含北爱尔兰；就业结构为各产业的就业人口占总就业人口的比重。

资料来源：Deane, P., and Core, W. A., *British Economic Growth*（1688—1957），Cambridge University Press，1964，p.142。

与英国有所不同，尽管美国城市化也是在工业化发展下推动的，但美国工业化与城市化的发展路径具有自己的特色。19世纪中后期，美国进入有史以来技术创新的繁荣时期，新发明、新创造大量涌现，技术进步促进了制造业的快速发展，为城市化发展提供了足够的产业支撑。1889年美国钢产量居世界首位，钢铁作为原料迅速推动相关产业的发展。19世纪70—80年代，电力的应用大大提高了美国产业生产力，有力地促进了城市的发展。同时，这一时期美国农业机械化已经基本实现，农业产业发展较快，为工业化发展提供了足够的原料。第二次产业革命期间，美国交通运输业取得了重大突破，1870年美国铁路仅有5.3万英里[1]，但到19世纪末就已经增加到20万英里。便利的交通运输业、完善的电报电话系统加强了城市间的人员往来，促进了产城融合，推动了城乡间的经济交流，加快了美国城市化发展的步伐。然而，20世纪50年代以后，美国传统制造业已经走向衰落。随着网络经济、信息时代的到来，美国服务业等第三产业取得较快发展。1990年，美国第一产业就业比重已经下降到20%以内，第二、第三产业就业比重超过80%，非农产业发展迅猛，日益成为地方经济发展的支柱产业，美国产城融合进一步加快，在城市形态上形成了由中心城市和郊区构成的大都市区。

从19世纪中后期的明治维新开始日本就开启了工业化发展的第一个阶段。这一时期日本工业化主要依靠农业扶持工业发展。第一次世界大战之后，日本工业比重首次超过农业比重。可以说，从明治维新开始到20世纪

---

[1]　1英里＝1.609公里。

20年代,日本已经从一个农业国转变成为一个工业国,工业化为城市化发展提供了有力的产业支撑,城市化发展较快。1920—1930年,日本过半人数从事非农产业,居住在城市的人数高达25%。1920年,日本开始进入工业化发展的第二个阶段。当时的日本工业已经可以实现自我积累,大量劳动力开始涌入城市。1937年,日本大量劳动力开始向重工业城市流动,到1940年,日本的城市数量已经达到168个,城市人口比重达到37.7%。20世纪中叶开始,日本进入了工业化的第三个阶段。1950年朝鲜战争爆发,日本政府加快产业结构调整,迅速进入工业化与城市化的快速推进阶段。1956—1973年,日本工业产值增长8.6倍,已经基本实现工业化。1973年日本有近3/4的人口居住在城市之中。1977年之后,日本进入工业化发展的第四个阶段,即后工业化时期,日本经济增速开始放缓。20世纪70年代,日本农业比重开始下降,第三产业比重开始上升,第三产业都属于劳动密集型产业,自然也是吸纳劳动力最多的产业,日本的农村劳动力大批量地向城市转移。日本的工业化发展提高了农业现代化水平,农业劳动生产率得到提升,城市的"引力"与农村的"推力"交织在一起,有力地推动了城市化发展。

西方发达国家走过的产城融合道路,为世界工业化和城市化发展打上了历史的烙印。我们知道,欧美发达国家是率先实现工业化的区域,其发展历程为后发国家实现工业化提供了有价值的参考。第一,工业化和城市化同步发展。尽管发达国家的城市化发展道路也各不相同,但它们有一个共同的特点,就是工业化与城市化基本上是协调的,而且均是以农业人口转变为非农人口为标志。城市化必须以非农产业作为支撑,反过来推动工业化发展,为非农产业提供发展空间。第二,科学技术是工业化和城市化发展的内在动力。回顾世界工业化的历史,我们不难发现,工业化时刻都与科学技术融合在一起。科学技术的推广与应用不仅为工业生产创造出物质技术手段,而且可以大大拓宽工业化发展的空间。同样,科学技术可以推进城乡一体化,加快产城融合,推动城市化的发展。第三,重视农业在工业化和城市化发展中的作用。美国政府非常注重农业发展,较早地实现了农业机械化,大大提高了农业劳动生产率,农业发展为工业化提供了丰富的原材料,也为城市化提供了发展基础,加快了城市化进程。第四,注重基础设施建设。美国政府对交通运输基础设施建设关注较早,鼓励私人企业或个人参与基础设施建设,重视对交通、水利、教育、卫生和住房等部门的投资。第二次产业革命期间,美国就开始加快完善基础设施建设,交通运输业发展取得了重大突破,便利的交通运输毫无疑问可以使人与人之间的交流更为频繁,城市间的距离逐渐缩短,促进城乡一体化,产城融合的程度大大深化,加快了城市化发展的步伐。第五，谨防过度郊区化的负面效应。任何事情都有两面性，城市化演进中不可避免会带来各种各样的城市问题，然而，只要政府合理引导，并制定相对应的政策，那么"城市病"等问题就可以得到有效控制，实现工业化和城市化健康发展，实现二者良性互动。美国市场化程度较高，城市化成长相当自由，一方面加快了城市化发展，另一方面也带来了严重的"城市病"等问题。20世纪初期，美国开始出现城市"郊区化"问题，那些具有一定经济实力的社会阶层开始抛弃繁华的大城市，转移到那些工作和生活压力小、环境优美而浪漫的田园式郊区去生活。美国城市"郊区化"现象一定程度上缓解了大城市的人口过度密集、交通拥堵等城市病，但给城市和经济发展带来了一系列负面影响。随后，美国政府不得不开始重视城市"精明增长"和城市"理性发展"，强调对生态环境的保护，提升土地利用效率，对城市发展和城市规模进行适当的控制。就中国而言，目前中国正处于工业化、城市化发展的中期阶段，其发展速度必然较快。为此，我们应当谨防城市"郊区化"对工业化、城市化发展带来的不良影响，健全和完善城市规划体系，进一步推进工业化、城市化向更高层次发展。

## 第二节 拉丁美洲国家的工业化与城市化

拉丁美洲[①]国家的城市发展是典型的过度城市化，其城市化水平已经接近于西方工业化国家。然而，这些国家或地区的经济水平却只有西方国家的1/20—1/10，城市化水平虽然从数字上看不低，但发展质量很低。而且，拉丁美洲国家的城市化水平都与自身的经济发展水平不协调，城市化水平远远超过工业化水平，当然也远远超过经济发展水平。这种城市化被称为"过度城市化"。从拉丁美洲国家城市化的数据可以看出，它们均不同程度地表现出城市化水平过高即"过度城市化"。拉丁美洲国家出现"过度城市化"的原因，一是城市化发展与经济发展水平严重脱节。拉丁美洲国家的城市化发展有一个共同的特点，即都具有殖民地历史背景，这些国家的城市化属于非内生

---

① 拉丁美洲：又称拉丁亚美利加洲。拉丁美洲是指美国以南的美洲地区，包括墨西哥、中美洲、西印度群岛和南美洲。拉丁美洲是一个政治地理概念，就美洲居民的语言而论，英语和拉丁语占统治地位，由于本区都隶属拉丁语族，因此，美国以南的众多国家，被称为拉丁美洲国家，这个地区被称为拉丁美洲。拉丁美洲共有34个国家和地区：墨西哥、危地马拉、洪都拉斯、萨尔瓦多、尼加拉瓜、哥斯达黎加、巴拿马、古巴、海地、多米尼加、牙买加、特立尼达和多巴哥、巴巴多斯、格林纳达、多米尼加联邦、圣卢西亚、圣文森特和格林纳丁斯、巴哈马、圭亚那、法属圭亚那、苏里南、委内瑞拉、哥伦比亚、巴西、厄瓜多尔、秘鲁、圣基茨和尼维斯、玻利维亚、智利、阿根廷、巴拉圭、乌拉圭、伯利兹、安提瓜和巴布达，还有仍处于美国、英国、法国、荷兰统治下的十多个殖民地。

性城市化。与其他国家或地区的工业化有着本质的区别,拉丁美洲国家的城市化不是依靠自身的发展实现工业化,也不是依靠自身的经济发展去推动城市化,其工业化与城市化发展均有显著的"外力推动"这一特点,工业化发展的动力来自国外资本输入,对工业资本输入的依赖性很强,尚未形成有效的内在驱动机制。遗憾的是,这些国家的政府并未充分利用好外资发展自身的民族工业。拉丁美洲国家高度依赖外资驱动发展起来的工业化、城市化,必然存在由外部经济或外资波动带来的风险与隐患。二是忽视传统农业的改造与农村地区的发展。第二次世界大战以后,拉丁美洲国家土地愈来愈集中,大量农村剩余劳动力涌向城市,推进了这些国家的城市化。在西方发达国家,农村冗余劳动力随着工业化的发展自然而然地向城市转移,这是西方工业化国家的城市化发展路径。与西方发达国家的城市化发展路径不同,拉丁美洲国家农村中存在着根深蒂固的二元制——现代农业部门与传统农业部门,同时还有国外大量资本的渗透,加之不合理的土地占有制,最终导致工农业之间的发展不协调,也引起了城乡之间经济发展的不平衡,加剧了城乡差距,甚至把农村的贫困转移到了城市。毫无疑问,拉丁美洲国家的人口城市化提升过快,工业化需求严重不足,结果导致城市就业、居住、环境和教育设施不足的问题进一步恶化。

20世纪30—70年代,拉丁美洲国家城市化取得了迅猛发展。1920年,拉丁美洲国家城市化率仅有22%,但经过30年的发展,1950年拉丁美洲国家城市化率已经上升到41.8%;1950—1980年间,拉丁美洲国家城市人口增长了4倍;20世纪80年代,大部分拉丁美洲国家城市化率均超过了50%,也就是有超过半数人口已经成为城市居民。与同期的发展中国家相比,拉丁美洲国家毫无疑问是城市化水平最高的地区。1990年拉丁美洲国家的各国平均城市化率为71.9%,同期的意大利、芬兰、瑞士等工业发达国家城市化率仅为60%左右,拉丁美洲国家的城市化水平明显超过了这些发达国家。与欧洲相比,拉丁美洲国家较高的城市化水平在相对较短的时期内实现,欧洲经过半个多世纪才将城市化水平从40%提高到60%,而拉丁美洲国家仅用25年的时间就将城市化水平从40%提高到60%。值得说明的是,拉丁美洲国家人口转移有一个突出的特点,就是人口只集中在为数不多的几个大城市,而其他城市规模几乎没有变化。例如,秘鲁有占全国30%的人口集中在首都利马;墨西哥有占全国32%的人口集中在首都墨西哥城。联合国1995年的一份研究报告认为,在全球25个"超大城市"中,拉丁美洲国家占5个,其中圣保罗总人口1640万,居世界第二,墨西哥城总人口1560万,居世界第四;布宜诺斯艾利斯总人口1100万,居世界第十二位;里约总人口990万,居世界第十六位;利马总人口750万,居世界第二十五位。

城市化是经济发展到一定历史阶段的产物,城市化发展必须与工业化、经济发展水平相适应,否则城市化发展必然会出现问题。拉丁美洲国家城市化过度依赖外资驱动,工业基础较差,缺乏相应的产业作为支撑,根本无法形成内在的城市化驱动机制。同时,拉丁美洲国家没有妥善解决"三农问题",没有消除"二元制结构",孤立地发展大城市或超大城市,缺乏小城市或小城镇,城市发展质量出现问题,结果造成产业对劳动力的吸纳能力不足。而且,农村劳动力转移到城市之后,由于缺乏职业技能,无法从业于第二产业。我们不难发现,拉丁美洲国家第一、第二产业对劳动力的吸纳能力极其有限,劳动力只能流向第三产业。拉丁美洲国家第一产业发展薄弱,第二产业"空心化",第三产业发展没有基础。显然,拉丁美洲国家的这种没有工业化作为支撑的城市化模式——"过度城市化",出现问题(比如住房短缺、人口拥挤、环境污染等)是不可避免的。

## 一、影响因素

### (一)基础条件

在工业化和城市化过程中,拉丁美洲国家也有其自身发展的优势,虽然拉丁美洲国家曾属殖民地国家,但它们独立得相对较早。1822年巴西宣布独立,随后陆续建立了包括墨西哥、阿根廷在内的18个国家。这些国家独立后的100年间,封建、半封建的大庄园制得到扩展,一小部分大地主卷进了资本主义的国际分工,片面发展单一产品。如巴西在19世纪末的咖啡产量占世界总产量的2/3,阿根廷、乌拉圭成为粮食、肉类和皮毛的生产国和出口国,墨西哥等成为矿产品出口国。20世纪50年代以后,和平与发展成为世界的主流,许多国家的政局逐步稳定,不同国家、不同地区之间人员来往频繁,拉丁美洲国家对外国移民开始采取奖励政策,不少欧洲移民来到这里,其中不少移民是熟练工人,具备一定的工作技能,而且还带来了一定数量的资金。欧洲移民对阿根廷、巴西等拉丁美洲国家的经济发展起到了重要的推动作用。有不少移民到达拉丁美洲国家之后,先留在小市镇经商,进行资本积累,待发迹后迁入大中城市,开设工厂,从事第二产业生产,逐渐发展成为拉丁美洲国家较早的生产商。当然,也有一部分移民长期滞留在农村地区,逐步变成具有商品属性的农业劳动力,还有一部分移民扎根于城市,壮大了城市资本主义经济的阵地。

### (二)技术进步

拉丁美洲国家的工业化肇始于20世纪70年代,与发达国家不同,拉丁美洲国家的工业化从启动阶段起,就受到来自世界经济体系的不平等关系以及拉丁美洲国家内部不平衡的经济结构等多方面因素的制约。[①] 拉丁美洲国家的工业化经历了初级产品出口模式、进口替代模式、后进口替代模式三个发展模式。在拉丁美洲国家工业化过程中,科学技术也起到了很大的推动作用。但是和发达国家不同的是,拉丁美洲国家科学技术的发展主要是通过引进国外先进技术。20 世纪初期,阿根廷、墨西哥、智利等拉丁美洲国家从外国引进先进技术,发展本国的初级产品,推动了早期本土工业化的发展。20 世纪 30—50 年代,拉丁美洲国家为了发展民族工业,开始限制进口工业制成品,以促进本国工业化发展。伴随着进口替代模式的实施,一些先进技术以跨国公司为载体开始进入拉丁美洲国家制造业,拉丁美洲国家的科学技术取得了重大进步。可以说,到 20 世纪 60 年代末,拉丁美洲国家的科学技术仅次于西方发达国家,在发展中国家中遥遥领先。20 世纪 80 年代之初,一批东亚新兴工业化经济体开始崛起。然而,大西洋彼岸的拉丁美洲国家却普遍陷入发展危机,拉丁美洲国家的技术仍然停滞在原有的水平,未能始终保持领先地位。毫无疑问,从外国引进先进技术,以先进技术融入制造业,客观上促进了拉丁美洲国家的工业化进程。但遗憾的是,技术引进也带来了拉丁美洲国家的"技术依赖",造成这些国家缺乏技术创新的动力。20 世纪 90 年代,拉丁美洲国家开始推行自由的改革开放新政策,外商投资便接踵而至,该地区成为外国投资者青睐的场所。然而,东道国并没有像预期的那样获得跨国公司的关键技术,这意味着拉丁美洲国家通过"以资源换技术"或"以市场换技术"的梦想并未成为现实。

(三)市场因素

拉丁美洲国家的经济发展普遍过分依赖外部市场和资金,使其工业化进程深受海外市场影响。19 世纪上半叶到 20 世纪初,拉丁美洲国家纷纷独立。新独立的国家为了发展经济,急需大量资金,它们迫切希望通过出口初级产品来扩大资金来源。因此,在拉丁美洲各国独立后的数十年内,初级产品出口是它们取得外汇收入的主要渠道,对这些国家的国民经济发展起着举足轻重的作用。然而,以初级产品出口为主的经济具有很大的不稳定性,因为它过分依赖外部市场和外部资金,国际市场上的任何动荡都会使这种过分依赖出口贸易的经济遭受危险。第一次世界大战以及 20 世纪 20 年代末的世界性经济危机,使国际市场对拉丁美洲国家出口产品的需求急剧减少,拉

---

① 刘婷:"试析拉美工业化的启动时间及特点",《拉丁美洲研究》,2001 年第 6 期,第 43—49 页。

丁美洲国家的经济因此遭受了沉重的打击，甚至濒临崩溃。另外，拉丁美洲国家出口初级产品的高度专业化使其所需的一般消费品（主要是工业消费品）严重依赖进口，而它们出口的廉价原材料却为西方发达国家的工业化创造了有利条件。初级产品与工业消费品之间的"剪刀差"以及这种不平等交换，使拉丁美洲国家成为西方工业国家通过贸易进行掠夺的主要对象。深受经济危机影响的拉丁美洲国家设法克服单一产品生产及过分依赖外国市场的状况，采取保护和发展民族工业的措施，如保护关税、限制进口、管制外汇、发放国家津贴、低息贷款等。一些国家还将外国企业收归国有，进行土地改革，鼓励发展多种经济。从1934年起，拉丁美洲国家的民族经济又有较大发展。

（四）政府导向

20世纪30—70年代，拉丁美洲国家通过多种手段对经济进行直接干预，政府的干预涉及社会经济的各个领域，拉丁美洲国家均采取进口替代这一工业化发展模式。随着拉丁美洲国家经济的迅速发展，政府对经济进行强有力的干预，政府的作用不断扩大，一大批国有企业逐步建立起来，政府的财政投入也不断加大。由于拉丁美洲国家采取的是内向型工业化发展模式，20世纪80年代出现债务危机，随后愈发严重，引起全面的经济危机，结果导致拉丁美洲国家政府资金严重短缺，经济陷入恶性循环。拉丁美洲国家经济开始出现负增长，同时伴随着通货膨胀，即所谓的经济滞涨，积压的各种社会矛盾同时迸发。因此，拉丁美洲国家不得不开始转变发展模式和发展战略，对政府职能进行调整，重新修订发展策略，实行自由的开放经济，减少政府对经济的干预。[①] 随着拉丁美洲国家政府对经济干预的减少，市场对资源的配置力度不断加大，建立起"小政府、大市场"的以市场为导向的改革。然而，由于进口替代性工业化自身难以克服的缺陷，新自由主义的发展目标同时受挫，结果改革的预期目标并未真正实现，而且对拉丁美洲国家的政治、经济发展带来了一定的负面影响。

拉丁美洲国家长期实行的依赖进口替代的工业化发展模式，虽然也产生了一定程度的积极影响，但是，由于工业发展只集中在极少数的中心城市，国家对这些中心城市及工业部门投入大量资金，它们自然就成为经济高速增长的中心极，吸引了不少农村人口，甚至外国移民也移居到这些中心城市，造成中心城市规模过度膨胀、经济增长缓慢、城市化与工业化发展不协调、城市化

---

① 大部分国家转变经济发展模式，实行自由的经济开放政策，各国开放经济实施的具体时间和程度有所不同。

与经济增长不匹配等问题。正是基于这些原因,政府不得不向这些中心城市注入更多的资金,结果就进入了一个城市化发展的怪圈——城市规模过度膨胀与越来越多的资金投向中心城市。一个国家或地区的资金积累毕竟是有限的,大部分资金一旦投向中心城市,中小城市或中小城镇发展必然被忽视,中小城市也注定发展不起来,这种以牺牲中小城市和广大农村地区为代价的过度城市化发展模式,必然造成大城市过大,农村地区越来越边缘化,进一步推动农村人口向中心城市转移,中心城市像滚雪球一样越来越大,甚至超出中心城市的承受能力。我们不难想象,忽视第一产业发展,第二产业发展落后,第三产业缺乏发展基础,经济发展水平较低,拉丁美洲国家产生的经济和社会发展困扰无法根本解决,长期积压的矛盾迟早会发生。拉丁美洲国家随后发生的经济危机也证实了这一判断。接着,政府不得不转变职能、进行改革。由于改革偏重于私有化和市场化,导致改革未能像设想的那样奏效,甚至某些领域的问题还更加严重。阿根廷危机就是一个典型的例子。2001年,阿根廷发生了严重的金融危机,危机爆发的直接导火索是阿根廷政府的巨额财政赤字和长期形成的巨额债务。金融危机爆发之后,经济不断恶化,阿根廷政府对于当时的局面无能为力,总统不断更换,阿根廷被迫转变政府职能,进行改革与调整政策,结果不但未能使问题得到解决,反而激化了政府与市场的矛盾,也加剧了联邦政府与地方政府之间的矛盾,最终使这场危机演变成为阿根廷经济发展史上最为严重的一场全面危机。[①]

## 二、发 展 特 征

(一) 产业结构演进

从现代化发展的历程来看,在工业化前期,拉丁美洲国家与亚洲"四小龙"的发展道路比较接近。然而,进入工业化发展的中后期,拉丁美洲国家仍然固守原来的发展模式,产业结构未能及时得到调整,盲目推行自由开放的经济政策,结果陷入中等收入陷阱不能自拔,而亚洲"四小龙"很快摆脱中等收入陷阱,拉丁美洲国家发展的结果与亚洲"四小龙"发展的结果大相径庭。从产值结构来看(见表6-3),拉丁美洲国家的产值结构有点类似于发展中国家,第一产业产值比重大多已经降到10%以内,第二产业发展"空心化",第三产业比重较高,基本上都在65%以上,甚至接近于70%。从表面上看,尤其从第三产业比重上看,明显具有发达国家的特征。然而,如果从农业就业比重来看,我们不难发现,大多数国家的农业就业比重远远高于产值比重,其

---

① 吴国平:"拉美国家经济改革的经验教训",《拉丁美洲研究》,2003年第6期,第9—18页。

至高达两倍以上,农业现代化水平不高,农业劳动生产率水平低下,与发达国家的产值比重和农业就业比重有着本质的区别。事实上,我们还可以看出,第三产业也存在相似的问题,第三产业比重过高,就业比重更高。导致这一结果的原因在于,拉丁美洲国家第一、第二产业对劳动力的吸纳能力有限,劳动力只能从事传统服务业,结果造成第三产业就业比重过大,产业关联度较低,工业化发展水平低下,城市化缺乏产业支撑,形成了所谓的过度城市化,最终必然导致经济发展的后劲不足。

表6-3 拉丁美洲国家的产业结构　　　　　　　　　　　单位:%

| 国家 | 2000年 | | 2006年 | |
| --- | --- | --- | --- | --- |
| | 产值结构 | 就业结构 | 产值结构 | 就业结构 |
| 巴西 | 5.60:27.73:66.67 | 18.50:21.20:59.10 | 5.15:30.90:63.95 | 19.30:21.40:59.10 |
| 阿根廷 | 4.97:27.61:67.42 | 0.70:22.70:76.20 | 8.99:35.43:55.57 | 0.80:23.70:75.20 |
| 墨西哥 | 4.17:28.02:67.81 | 17.30:27.00:55.30 | 3.87:26.74:69.39 | 14.10:27.40:57.80 |

资料来源:国家统计局,《国际统计年鉴》,中国统计出版社,2010年。

(二) 忽视农业发展

农业是国民经济的基础,任何国家和地区在任何阶段都是如此。拉丁美洲国家经济发展过程中,长期忽视农业这一基础产业的发展,忽视农民的利益,"三农问题"久拖不决,资金投入不足,甚至实施了一些阻碍农业发展的政策,遏制了工农业的协调发展。比如:第一,投资政策方面。20世纪70年代中期至80年代中期,拉丁美洲国家大部分投资用于大城市建设,农业投入不断下降,1985年仅有4.7%投资用于农业。第二,产业政策方面。拉丁美洲国家对于亟须发展的行业给予多种优惠政策,但对于农业这一基础产业不但没有优惠,反而加重农业税收,类似于中国曾经实行的以农补工的"剪刀差"政策,损害了农场主的利益,大大挫伤了农场主工作的积极性,进而影响了农业产业的发展。第三,汇率政策方面。第二次世界大战之后,拉丁美洲国家普遍实行经济赶超的"进口替代"发展模式,高估汇率,这样有利于进口原材料,但不利于出口,进而农业生产受到严重影响。第四,保护政策方面。拉丁美洲国家普遍对民族工业体系进行保护,但对农业没有扶持政策,更没有采取相应的保护措施,相比之下,农业备受冷落。例如,1966年,巴西为防止民族工业受到冲击,开始对制造业采取保护措施,有效保护率高达127%。这一保护政策吸引了更多的生产要素从农村流向城市。第五,价格政策方面。拉丁美洲国家通过压低农产品(尤其是食品)价格的政策,来保证工业部门的发展,农民收入水平极低,被迫进入大城市。例如,1963—1973年,墨西哥发生了严重的通货膨胀,但是不少农产品的价格没有随着价格水平的上升而上升,反而出现了下降,玉米价格实际下降了33%,菜豆价格实际下降了15%。① 拉丁美洲国家在改革过程中,处理土地问题过于草率,大量土地集中在少数人手中,不惜牺牲农民利益,不少农民失去赖以生存的土地,不得不流入大城市,把贫困直接带入城市,造成城市贫民区人口过度膨胀,形成过度城市化。同时,失地农民大量涌入城市,造成投入农业生产的劳动力严重不足,农业发展滞后、基础薄弱,普通农民生活困难,农村社会极不稳定,导致很多社会问题,国民经济发展受到严重影响。

### (三) 工业化低于城市化水平

尽管拉丁美洲国家与亚洲"四小龙"最初的工业化道路类似,但亚洲"四小龙"却顺利跨过中等收入陷阱,很快实现了工业化。相反,拉丁美洲国家却一直被阻挡在工业化国家之外。通过对新兴工业经济体的经济史考察,我们发现,这些经济体的工业化与城市化发展比较协调,城市化发展与经济增长水平保持基本平衡。然而,通过对大多数发展中国家的工业化与城市化进行经济史考察,我们发现这些经济体的工业化与城市化发展是不协调的,甚至存在着严重的失衡。当然,存在的最突出问题是城市化超前于工业化,城市化水平超前于工业化水平,城市化水平也超前于经济发展水平。城市化由于缺乏经济基础,缺乏产业支撑,其发展的后劲不足,也必然会产生一系列的城市化病,即"过度城市化",拉丁美洲国家的工业化与城市化发展状况正是如此。

从表6-4与图6-3可以看出,2010年的数据显示各国城市化水平与人均国民总收入(GNI)之间存在着显著的正相关关系,人均总国民收入越高的国家,其城市化水平趋向于越高。发达国家的人均GNI都在2万美元以上,相应的城市化水平在80%左右。而绝大部分发展中国家和地区的人均GNI在5 000美元以下,但不少发展中国家的城市化水平在50%到70%之间,拉丁美洲国家的城市化水平达到甚至超越了发达国家的水平。这说明许多发展中国家在经济发展尚未达到相应水平的时候,其城市化水平已经达到了相当高的程度。这种建立于相对贫困和经济落后基础上的城市化进程,由于缺乏经济发展基础,造成了发展中国家中相当严重的城市问题。

---

① 赵慧英:"拉美和非洲地区工业化过程中农村人口迁移过程",《首都经济贸易大学学报》,2007年第1期,第111—115页。

表 6-4　部分国家或地区的人均 GNI 与城市化(2010)

| 国家 | 人均 GNI(美元) | 城市化率(%) | 国家 | 人均 GNI(美元) | 城市化率(%) |
| --- | --- | --- | --- | --- | --- |
| 安哥拉 | 3 870 | 58.379 | 马达加斯加 | 420 | 31.930 |
| 阿根廷 | 8 620 | 92.349 | 墨西哥 | 8 730 | 77.825 |
| 澳大利亚 | 46 510 | 89.046 | 蒙古 | 1 900 | 67.567 |
| 奥地利 | 47 170 | 67.454 | 莫桑比克 | 430 | 30.958 |
| 比利时 | 45 850 | 97.456 | 毛里塔尼亚 | 960 | 41.230 |
| 孟加拉国 | 690 | 27.894 | 马来西亚 | 8 150 | 72.006 |
| 玻利维亚 | 1 760 | 66.399 | 纳米比亚 | 4 300 | 37.818 |
| 巴西 | 9 520 | 84.335 | 尼日尔 | 370 | 17.616 |
| 中非共和国 | 490 | 38.849 | 尼日利亚 | 1 460 | 49.001 |
| 加拿大 | 44 450 | 80.554 | 荷兰 | 48 640 | 82.747 |
| 瑞士 | 73 620 | 73.638 | 挪威 | 86 830 | 79.102 |
| 智利 | 10 730 | 88.942 | 新西兰 | 28 990 | 86.194 |
| 中国 | 4 240 | 49.226 | 巴基斯坦 | 1 060 | 35.882 |
| 哥伦比亚 | 5 460 | 75.020 | 秘鲁 | 4 560 | 76.911 |
| 捷克共和国 | 18 450 | 73.464 | 菲律宾 | 2 740 | 48.648 |
| 德国 | 43 400 | 73.815 | 波兰 | 12 390 | 60.945 |
| 丹麦 | 59 480 | 86.795 | 葡萄牙 | 22 060 | 60.506 |
| 阿尔及利亚 | 4 340 | 72.024 | 俄罗斯 | 10 010 | 73.652 |
| 埃及 | 2 550 | 43.375 | 沙特阿拉伯王国 | 19 360 | 82.084 |
| 西班牙 | 31 150 | 77.284 | 苏丹 | 1 190 | 33.084 |
| 埃塞俄比亚 | 370 | 16.757 | 瑞典 | 50 870 | 85.056 |
| 芬兰 | 47 250 | 83.558 | 乍得 | 920 | 21.739 |
| 法国 | 42 390 | 85.229 | 泰国 | 4 320 | 33.730 |
| 英国 | 38 440 | 79.508 | 土耳其 | 9 980 | 70.487 |
| 希腊 | 26 840 | 61.219 | 坦桑尼亚 | 530 | 26.279 |
| 印度尼西亚 | 2 500 | 49.924 | 乌克兰 | 2 990 | 68.685 |
| 印度 | 1 290 | 30.930 | 美国 | 48 960 | 82.143 |
| 爱尔兰 | 41 900 | 61.898 | 委内瑞拉 | 11 520 | 93.314 |
| 以色列 | 29 280 | 91.823 | 越南 | 1 270 | 30.393 |
| 意大利 | 36 320 | 68.220 | 也门 | 1 300 | 31.742 |
| 日本 | 42 190 | 90.541 | 南非 | 6 000 | 61.546 |
| 哈萨克斯坦 | 7 440 | 53.732 | 刚果 | 320 | 33.727 |
| 肯尼亚 | 800 | 23.571 | 赞比亚 | 1 080 | 38.725 |
| 韩国 | 21 320 | 82.933 | | | |

注:按现价美元计算。

资料来源:(1) 国家统计局,《国际统计年鉴》,中国统计出版社,2011—2012 年;(2) World Bank, *World Development Indicators*, 2011。

$X$代表人均GNI,$Y$代表城市化率,将2010年67个国家的$Y$对$\ln(X)$做回归,回归结果、散点图与拟合线作在一个图形中(见图6-3)。显然,城市化水平与人均GNI之间呈正相关关系。

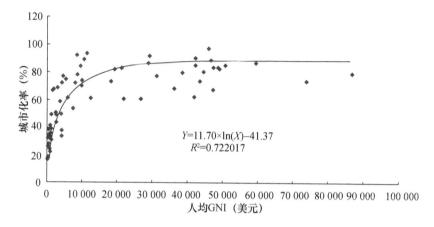

**图6-3 部分国家或地区的人均GNI与城市化率(2010)**

注:按现价美元计算。
资料来源:国家统计局,《国际统计年鉴》,中国统计出版社,2011—2012年。

从城市化与工业化互动关系上看,不少发展中国家的城市化明显缺乏产业支撑,相应的工业化基础薄弱。在数据可得的基础上,可以选用工业增加值占当年GDP的比重来表示工业化率($I$),将它与城市化水平($U$)之比(IU比)视作衡量工业化与城市化相互关系的一个指标。从表6-5中还可以看出,2005年、2010年发达国家的IU比普遍低于0.4,其原因在于一方面发达国家在20世纪50年代基本实现了城市化进程,之后又进一步实现了高度城市化,因而城市化水平很高;另一方面发达国家在实现了工业化后,经济以现代服务业为主,工业产值在GDP中所占比重较小。在表6-5中还能发现以拉丁美洲国家为代表的部分发展中国家的IU比达到了与发达国家类似的水平,这种现象并不意味着这些国家的工业化与城市化的关系类似于发达国家。事实上恰恰相反,这些国家的IU比较低,一方面说明了它们的城市化超前于工业化进程,工业产值在GDP中所占的比重与其城市人口在总人口中所占的比重严重失衡,另一方面也印证了这些国家的城市人口主要在一些非正式的传统服务行业就业,传统服务业在经济总量中所占比重较大。另外,以中国、印度、泰国等为代表的部分亚洲国家的IU比则明显偏高,中国1965年的IU比接近于2,目前仍然接近于1,这说明了这些国家的城市化进程滞后于其工业化进程,同样呈现出失衡的特征。

表 6-5　部分国家或地区的 IU 比(1965—2010)

| 国家＼年份 | 1965 | 1975 | 1985 | 1995 | 2005 | 2010 |
|---|---|---|---|---|---|---|
| 阿根廷 | 0.63 | 0.62 | 0.46 | 0.32 | 0.40 | 0.33 |
| 法国 | — | 0.47 | 0.39 | 0.33 | 0.27 | 0.22 |
| 英国 | — | 0.45 | 0.41 | 0.34 | — | 0.27 |
| 美国 | — | 0.49 | 0.45 | 0.36 | 0.29 | 0.24 |
| 希腊 | — | 0.56 | 0.49 | 0.37 | 0.35 | 0.28 |
| 缅甸 | 0.60 | 0.45 | 0.54 | 0.38 | — | 0.00 |
| 墨西哥 | 0.49 | 0.52 | 0.51 | 0.38 | 0.34 | 0.45 |
| 西班牙 | — | 0.57 | 0.46 | 0.39 | 0.38 | 0.35 |
| 加拿大 | — | 0.48 | 0.47 | 0.40 | — | — |
| 智利 | 0.56 | 0.49 | 0.46 | 0.42 | 0.53 | 0.44 |
| 德国 | — | 0.58 | 0.54 | 0.43 | 0.39 | 0.41 |
| 秘鲁 | 0.57 | 0.52 | — | 0.44 | 0.48 | 0.50 |
| 哥伦比亚 | 0.51 | 0.50 | 0.55 | 0.45 | 0.47 | 0.47 |
| 意大利 | — | 0.59 | 0.51 | 0.45 | 0.40 | 0.37 |
| 委内瑞拉 | — | 0.61 | 0.62 | 0.47 | — | 0.56 |
| 巴西 | 0.67 | 0.65 | 0.64 | 0.47 | 0.46 | 0.33 |
| 土耳其 | — | 0.48 | 0.52 | 0.48 | 0.35 | 0.38 |
| 俄罗斯联邦 | — | — | — | 0.50 | 0.52 | 0.47 |
| 日本 | — | 0.73 | 0.66 | 0.53 | — | 0.30 |
| 韩国 | 0.66 | 0.61 | 0.60 | 0.54 | 0.50 | 0.46 |
| 葡萄牙 | — | 0.78 | 0.65 | 0.56 | 0.43 | 0.40 |
| 中非 | 0.66 | 0.72 | 0.45 | 0.57 | 0.56 | 0.36 |
| 伊朗 | 0.81 | 1.20 | 0.50 | 0.57 | 0.67 | — |
| 波兰 | — | — | 0.86 | 0.57 | 0.49 | 0.52 |
| 菲律宾 | 0.87 | 0.97 | 0.82 | 0.59 | 0.51 | 0.67 |
| 刚果(金) | 1.24 | 1.26 | 1.11 | 0.60 | 0.79 | 2.23 |
| 阿拉伯 | — | 1.24 | 0.57 | 0.62 | — | 0.71 |
| 南非 | 0.84 | 0.86 | 0.88 | 0.64 | 0.51 | 0.49 |
| 坦桑尼亚 | — | 0.95 | — | 0.71 | 0.74 | 0.94 |
| 马来西亚 | 0.92 | 0.90 | 0.84 | 0.74 | 0.77 | 0.57 |
| 巴基斯坦 | 0.85 | 0.89 | 0.77 | 0.75 | 0.72 | 0.57 |
| 埃及 | 0.66 | 0.62 | 0.65 | 0.75 | 0.84 | 0.87 |
| 肯尼亚 | 2.11 | 1.57 | 1.12 | 0.84 | 0.90 | 0.79 |
| 阿尔及利亚 | 1.00 | 1.25 | 1.12 | 0.90 | 0.97 | 0.71 |
| 印度 | 1.10 | 1.05 | 1.09 | 1.06 | 0.95 | 0.88 |
| 印度尼西亚 | 0.80 | 1.73 | 1.37 | 1.17 | 0.95 | 0.94 |
| 尼日利亚 | 0.64 | 1.22 | 0.95 | 1.18 | 1.18 | 0.53 |
| 越南 | — | — | 1.40 | 1.30 | 1.55 | 1.26 |
| 泰国 | 1.13 | 1.08 | 1.13 | 1.34 | 1.36 | 1.32 |
| 中国 | 1.99 | 2.63 | 1.88 | 1.50 | 1.18 | 0.95 |

注：按现价美元计算；"—"表示数据缺失。

资料来源：(1) 国家统计局，《国际统计年鉴》，中国统计出版社，2000—2012 年；(2) World Bank, *World Development Indicators*, 2011。

以巴西为例,可以清楚地看出拉丁美洲国家城市化与经济发展和工业化的不同步、不协调的特征(见表6-6)。从发展经济学来看,工业化推动城市化,城市化为工业化发展提供空间载体,城市为劳动力创造大量的就业机会,吸引着农村劳动力不断向城市转移,进而又促进了城市化的发展。然而,巴西的工业化与城市化发展并不是遵循这一原则。巴西的土地所有权过于集中,农民生活长期得不到改善,农民向城市转移不是工业化发展带动的,而是由政府对"三农问题"忽视引起的。农民失去土地,为了生存,不得不进城。由于巴西对农村投入不足,进城农民素质不高,缺乏专业技能,无法从事现代工业生产。同时,巴西长期形成的收入差距过大造成内需不足,工业品即使能够生产出来,也会出现滞销。可见,巴西的城市化不仅没有促进工业化,反而阻碍了工业化的发展。表6-6显示,巴西经济从1965年开始加速发展,人均GDP(按照2005年不变价美元)从1965年的1859美元提升到1980年的4217美元,年均增长5.61个百分点;同期,巴西城市化水平也从1965年的51.04%提升到1980年的65.47%,年均增长0.96个百分点。20世纪80年代,巴西陷入债务危机,经济出现反复波动,甚至出现衰退,其中部分年份经济出现负增长。巴西城市化也从1980年的65.47%提升到1990年的73.93%。20世纪90年代至今,巴西经济开始进入缓慢增长阶段,2010年人均GDP达到5618美元,城市化水平高达84.34%。这一城市化水平已经与发达国家处于相同的程度,但经济发展水平远远低于发达国家。显然,巴西城市化明显超前于经济发展水平,城市化缺乏经济基础,必然会成为经济发展的阻力。

表6-6 巴西的城市化与经济发展水平

| 年份 | 城市化率(%) | 人均GNI(美元) | 人均GDP(美元) | 人均GNI(2005年不变价美元) | 人均GDP(2005年不变价美元) | GDP增长率(%) | 人均GDP增长率(%) |
|---|---|---|---|---|---|---|---|
| 1960 | 46.14 | — | 208 | 1 727 | 1 727 | — | — |
| 1965 | 51.04 | 270 | 258 | 1 859 | 1 859 | 3.05 | 0.17 |
| 1970 | 55.91 | 440 | 441 | 2 339 | 2 373 | 8.77 | 6.11 |
| 1975 | 60.79 | 1 170 | 1 143 | 3 387 | 3 435 | 5.21 | 2.75 |
| 1980 | 65.47 | 2 180 | 1 931 | 4 078 | 4 217 | 9.11 | 6.59 |
| 1985 | 69.86 | 1 570 | 1 637 | 3 758 | 3 977 | 7.95 | 5.68 |
| 1990 | 73.92 | 2 700 | 3 087 | 3 893 | 3 999 | −4.30 | −5.94 |
| 1995 | 77.61 | 3 730 | 4 750 | 4 238 | 4 300 | 4.42 | 2.83 |
| 2000 | 81.19 | 3 860 | 3 694 | 4 285 | 4 407 | 4.31 | 2.81 |
| 2005 | 82.83 | 3 960 | 4 739 | 4 603 | 4 739 | 3.16 | 1.97 |
| 2010 | 84.34 | 9 520 | 10 978 | 5 513 | 5 618 | 7.53 | 6.59 |

注:以2005年不变价美元计算;"—"表示数据缺失。
资料来源:(1)国家统计局,《国际统计年鉴》,中国统计出版社,1999—2012年;(2) World Bank, *World Development Indicators*, 2011。

从工业化与城市化的关系来看,巴西的城市化也体现出缺乏工业化基础的特征。图6-4显示,巴西城市化水平自1965年以来几乎呈直线上升趋势,但工业化率一直在40%左右波动,其中1996—2000年间明显下降。这种状况造成巴西的IU比从1961年的0.91持续下降到1999年的0.36,尽管在此期间IU比也有所波动,但总体呈现下降趋势;1995—2011年巴西的IU比相对稳定在0.35左右。对于发展中国家而言,IU比过低,反映了该国城市化进程中的工业基础薄弱,工业发展不足。

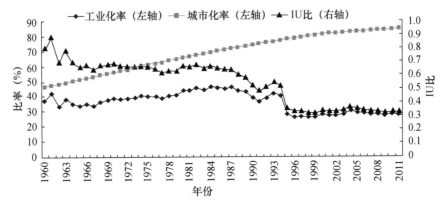

图6-4 巴西的工业化率、城市化率与IU比

注:按现价美元计算。
资料来源:国家统计局,《国际统计年鉴》,中国统计出版社,1995—2012年。

从三次产业的就业人口分布情况来看,巴西接近60%的劳动力就业于服务业,工业领域的就业人口比重与农业相当,均在20%上下波动(见表6-7)。而在巴西2003年城市劳动人口中,17%的人口从事农业,从事矿业、制造业的分别占0.3%和15.5%,电力、天然气和水务行业的占0.5%,建筑业的占8.2%,商业的占20.1%,交通行业的占5.5%,金融服务业的占8.1%,服务业的占33.9%,其他行业的占0.3%。[1]

表6-7 巴西的就业结构(1990—2003)  单位:%

| 年份 | 农业 | 工业 | 服务业 |
| --- | --- | --- | --- |
| 1990 | 19.8 | 23.4 | 56.8 |
| 1995 | 24.4 | 19.8 | 55.8 |
| 2000 | 22.8 | 19.4 | 57.8 |
| 2003 | 17.0 | 21.6 | 58.6 |

资料来源:(1) 国家统计局,《国际统计年鉴》,中国统计出版社,1995—2004年;
(2) United Nations, *Statistical Yearbook for Latin America and the Caribbean*, 2004。

---

[1] 这也印证了巴西工业发展不足,城市人口主要在传统服务业和商业部门就业。

巴西作为拉丁美洲最大的国家,其工业化与城市化和经济发展的关系带有拉丁美洲国家的典型特征,即城市化水平超前于经济发展水平,在没有达到发达国家的经济发展水平的时候却已经实现了类似于发达国家的高度城市化。

综上所述,拉丁美洲国家的工业化和城市化发展对我们具有借鉴意义:第一,坚实的经济基础、良好的外部和平发展环境、安定的国内社会环境对工业化和城市化发展具有重要作用。第二,对于科学技术不是非常发达的国家而言,引进先进的科学技术对工业化和城市化发展具有推进作用,然而如果过分依赖引进技术来发展自己,只能够取得暂时的技术优势和短期的快速发展,而缺乏可持续稳步发展的底气和后劲。第三,在经济发展中,经济独立有助于国家安全。对外贸易中产品出口是取得外汇收入的主要渠道,对这些国家的国民经济发展起着举足轻重的作用,然而,产品出口为主的经济却具有很大的不稳定性,因为它过分依赖外部市场和外部资金。国际市场上的任何动荡都会使这种过分依赖出口贸易的经济遭受冲击。深受经济危机影响的拉丁美洲各国设法克服单一产品生产及过分依赖外国市场的状况,采取保护和发展民族工业的措施,如保护关税、限制进口、管制外汇、发放国家津贴、低息贷款等。这对维护国家经济安全具有重要的意义和作用。第四,过度城市化会带来社会经济发展失衡。建立于相对贫困和经济落后基础上的城市化进程,由于缺乏经济发展基础,会造成发展中国家相当严重的城市问题。工业化与城市化的同步发展对保持社会经济发展具有重要意义,一旦出现工业化与城市化发展失衡,就会出现经济危机。第五,三次产业发展必须协调。第三产业提升不是越快越好,第三产业发展必须有第一、第二产业作为基础。第三产业比重过大必然会产生过度城市化,不但会造成经济发展问题,而且会引发一系列的社会问题。

## 第三节 亚非转型国家的工业化与城市化

城市化是工业化发展的必然结果,工业化是城市化发展的必要条件。一些发展中国家普遍重视工业化发展,而忽视城市化建设,结果造成工业化水平偏高,城市化发展缓慢,甚至徘徊不前。城市化发展滞后,难以为产业发展提供足够的发展空间,也无法吸纳足够的农村冗余劳动力,必然会妨碍工业化水平的进一步提高。显然,工业化与城市化发展会相互牵制,只要有一个发展不好,另一个也就发展不好,自然会引起一系列的经济社会问题。例如,中国、泰国、越南、印度等就属于这种发展模式。

中华人民共和国成立至今，中国城市化一直滞后于工业化。钱纳里和塞尔昆(1989)通过对100个国家或地区的经济发展进行研究发现，城市化是随着工业化的发展而发展的，工业化以人均GDP为标志，与城市化水平有一定的对应关系。基于钱纳里和塞尔昆(1989)的研究结果，人均GDP达到800美元时，城市化应当达到60.1%。统计数据显示，当中国的人均GDP达到800美元时，城市化水平仅有30.4%，与钱纳里的城市化标准相差近30个百分点。世界银行的数据显示，1997年中国人均GDP仅为860美元，选取同年人均GDP位于630—1090美元的12个国家，这些国家与中国的人均GDP都比较接近，但他们的平均城市化水平达到41.3%，中国比这一数据低了11个百分点，而且当年中国的城市化率与工业化率之比仅为0.69，与合理范围1.4—2.5相比，相差甚远。2008年，中国城市化率为40.3%，仍然比世界平均水平47%低得多，更低于发达国家的平均城市化水平75%。当前，中国已经进入工业化中期，迫切要求城市化发展与之相适应，为工业化发展提供足够的空间载体。

工业是一个比较复杂的生产系统，无论是生产需要的原材料还是生产工具，均来源于系统的外部。工业也必须集中在一些特定的区域，便于工业产品的运输和销售，于是在工业集群区域产生了服务业，这个区域也就形成了城市。20世纪50年代中期开始，泰国就开始进行工业化建设，其工业化发展经历了四个阶段：第一阶段是1954—1960年由国家资本主导的进口替代工业化阶段，第二阶段是1961—1971年由民间资本主导的进口替代工业化阶段，第三阶段是1971—1980年的面向出口工业化时期，第四阶段是1981年之后的面向出口工业化与重视发展重工业时期。可以说，泰国从20世纪60年代开始，以持续、稳定增长的态势，创造了举世瞩目的经济奇迹，显示出发展的活力。尤其是进入20世纪80年代之后，泰国一跃成为东南亚地区发展最快的经济体之一，随后顺利跨越中等收入陷阱，以稳健的步伐跨入"新兴工业化国家"。尽管泰国的工业化发展迅猛，但城市化发展滞后。20世纪60年代之后，泰国的城市化发展模式是一种畸形城市化发展模式，缺乏农业作为基础，缺乏发展的根基，其城市化主要是源于城市的"拉力"而不是来自农村的"推力"。与中国城市化类似，泰国也是通过以农补工的发展方式，城市发展是以牺牲农业为代价的。20世纪60年代中期，泰国城市化率只有13%。1990年泰国城市化率也只有23%，而且城市人口基本上都集中在首都曼谷，人口分布极不平衡。

20世纪60年代之前，泰国城市中几乎没有现代化的制造业。1954年泰国制定了"工业投资鼓励条例"，以此为起点，泰国开始发展工业。随着时间的变迁,泰国的经济结构也逐渐发生变化。然而,尽管泰国工业化有明确的发展战略,但泰国工业技术水平不高,缺乏自己的核心技术,生产技术几乎全部依赖于西方发达国家。泰国与西方发达国家的国情不同,西方发达国家技术先进而劳动力短缺,因此西方发达国家的技术密集型产业具有相当程度的比较优势。但是,这种工业化发展模式根本不适合泰国国情,结果导致泰国就业岗位严重不足,城市对劳动力的吸纳能力有限,泰国也因此出现"城市病"。亚洲金融危机之后,由于泰国实体产业发展"空心化",虚拟经济很快破裂,城市出现大量失业,大批城市人口开始返回农村,出现逆城市化现象。

1947年,印度取得独立。当时的印度农业经济十分落后,工业基础异常薄弱,独立后的印度政府迅速开始规划工业化发展战略。1948—1956年印度政府基于公私混合经济思路完成工业恢复。1956年之后,印度实施的是政府主导下的优先发展重工业战略,逐步建立了重工业化积累体制。20世纪80年代,印度开始放松对私营企业的管制,实行进口替代出口与推动相结合的经济发展战略。1990年,受海湾危机的冲击,印度经济濒临崩溃,印度也日益演变成为一个贫穷落后的人口大国。当然,经过数十年的发展,印度取得了巨大的成就。1991—2005年,印度经济结构得到调整,经济增长年均超过6%。当前,印度已经成为轻重工业全面发展的国家,印度工业位居全球前十。印度的工业基本集中在城市地区,大大促进了城市的发展。然而,由于城市化发展的动力不足,多年来印度城市化一直徘徊不前。1991年,印度城市化率仅有25.7%,明显落后于同时期不太发达的其他亚非转型国家的城市化率34%,更远远落后于同时期发达国家的城市化率66%—85%。因此,无论是与同时期的发达国家相比较,还是与同时期的发展中国家相比较,印度的城市化水平都是比较落后的。

## 一、影响因素

作为转型国家①,亚非一些国家与拉丁美洲的大部分国家历史上曾经属于西方列强的附属国或殖民地,长期受到西方列强的奴役与剥削,均属于第三世界国家;都存在人口压力,人口基数大;"三农问题"严重,农民生活长期得不到改善;工业化与城市化发展互动性差,关系不协调;市场经济不发达,主要依靠计划经济体制配置资源等。可以说亚非转型国家与大部分拉丁美洲国家具有相同的发展背景与历史特征。然而,与拉丁美洲国家相比,亚非转型国家在很多方面仍存在独特的发展特征。

---

① 这里的转型国家是指在经济体制与经济结构各个方面需要转型或正在经历转型的国家。

### (一) 基础条件

亚非转型国家长期生产力水平低下,经济发展水平不高,早期多为西方发达国家的殖民地或附属国。与拉丁美洲国家相比,民族独立较晚,20世纪50—70年代,亚非殖民地国家纷纷进行民族独立运动,殖民主义体系土崩瓦解,亚非转型国家先后获得独立。然而,由于亚非转型国家长期受到西方列强的掠夺,工业化基础薄弱,城市缺乏产业支撑,发展水平低下,工业化与城市化不协调,经济结构不合理,国民经济比例失调。印度是世界四大文明古国之一,具有灿烂的印度河文明和丰富的文化遗产。印度于1947年获得了民族独立,独立后的印度面临着一系列的发展问题。长期作为英国的殖民地,印度经济发展受到英国发展模式的影响,且保留封建土邦制度和种姓制度。印度乡村地区的封建和半封建生产关系相当严重,土地占有比较集中,类似于拉丁美洲国家的土地特点,农业发展比较落后,工业化发展需要的原料匮乏,城市化发展受到严重的制约。

### (二) 市场发育与需求

亚非转型国家从封建社会直接迈入公私混合的经济社会。由于经济发展落后,工业化水平不高,无论是产品供给还是市场需求,都存在着严重不足,市场发育不成熟,商品经济不发达。而且,由于封建社会遗留下来的"毒瘤"短期内难以消除,在短期内根本无法摆脱自给自足的小农意识。亚非转型国家普遍存在人口基数大、资源丰富等对工业化、城市化建设有利的条件,国内市场容量大,可开拓的潜力也很大。然而,亚非转型国家普遍发展时间较短,从民族独立至今也往往只有数十年的时间,农业劳动生产率较低,农民收入不高,为工业、服务业提供的原材料严重不足,非农产业发展缓慢,对农村劳动力的吸纳能力不足。在工农业从业人员收入较低的情况下,市场需求不足是必然的,也因此决定了亚非转型国家有限的市场容量。由于西方发达国家对亚非转型国家实行经济封锁,所以亚非转型国家不得不自力更生、自主创新,甚至关起门来搞建设。而且,亚非转型国家长期实行进口替代的方针,国外市场无法开拓,在国际竞争中自然处于不利地位。

### (三) 技术进步

工业化是一个国家或地区迈入发达国家的必经之路。大量资本涌入,有利于亚非转型国家进行技术引进、模仿、创新,带动上下游产业发展。然而,经过数十年的发展,亚非转型国家制造业的机械设备、重要原料已经形成技术依赖,必须依靠进口,生产技术仍然落后,工业发展滞后,产业链断裂,产品附加值低。不少国家采取"市场换技术"的策略,结果市场被发达国家挤占,但技术仍没有换过来。技术难以引进,亚非转型国家必须自主创新。技术创新必须有人才,因此人才培养和人才引入就变得愈来愈重要。遗憾的是,亚非转型国家普遍存在劳动力素质不高,教育水平落后,研发投入不够等问题。在亚非转型国家中,印度教育和科技算是比较发达的。1987—1988年,印度教育经费支出占总预算支出的23.3%,占GDP的3.9%。各类科技创新人才高达250万人,数量上仅次于美国和苏联,位居全球第三位。印度"七五"计划的5年期间,对科技研发的投入,接近GDP的1%。近年来,印度每年在科研方面的经费支出大约为115亿美元。

(四)政府的作用

亚非转型国家的工业化进程始于第二次世界大战之后,工业化发展基础明显不如拉丁美洲国家,工业化进程也晚于拉丁美洲国家。然而,经过第二次世界大战后初期的恢复,亚非转型国家先后进入经济的快速发展时期。20世纪60—70年代,亚非转型国家普遍推行政府主导下的重工业发展战略。亚非转型国家政府干预的特点都非常突出:第一,政府建立国有企业或公营企业直接控制一些关键领域的发展,政府为工业发展创造有利条件。第二,政府通过计划经济体制配置资源,通过产业政策以及其他政策手段调节经济运行。第三,政府采取行政手段进行资本积累与工业投资,引导农村冗余劳动力转向工业生产。第四,政府确定经济发展目标,在产业、部门内部与产业、部门之间进行有选择的保护,提升生产效率和竞争力。可以说,亚非转型国家长期普遍实行的是"弱市场、强政府"的资源配置方式,市场化程度不高,政府在工业化、城市化发展中起决定性作用。

## 二、发展特征

(一)产业结构演进及特征

就产业结构而言(见表6-8),亚非转型国家的产业结构均亟待调整与升级,与发达国家的产业结构水平相差甚远,即使与拉丁美洲等国家的产业结构发展水平相比也存在较大差距。亚非转型国家产业结构水平低下的突出表现为:第一产业在国民经济中所占份额普遍较高,即使进入21世纪之后,这一比重仍然高达20%—30%,是西方发达国家的十多倍,也是拉丁美洲国家的3—5倍。如果考察亚非转型国家的就业结构,我们发现这一差距就更大了。2000年左右,亚非转型国家平均第一产业就业比重占全部就业人数的50%左右,不少国家甚至超过65%。无论从产业结构还是就业结构来看,亚非转型国家的工业化、城市化水平都应该是比较低的,当然,亚非转型国家之间的经济发展水平差异较大,工业化、城市化水平也不尽相同。然而,从整体上看,在今后较长的一段时期内,工业化与城市化发展仍然是这些国家经济发展的主旋律。如果没有产业结构、就业结构、空间结构等经济结构的转换,就不可能有经济发展的提高,也不会有国民收入水平的提高,人民的生活水平难以得到改善。亚非转型国家与拉丁美洲国家在经济结构方面有一个共同的特点——就业结构远远滞后于产值结构,滞后水平超过1倍以上。可见,亚非转型国家与拉丁美洲国家普遍劳动生产率较低,农业发展落后,农民增收困难,不可能为工业提供足够的原材料,第二产业发展不起来,产业出现空心化,第三产业的数量与质量都难以保证,城市化也发展不起来,即使发展起来也会带来一系列的城市化病。而且,亚非转型国家二元制结构尤为明显。

表6-8 亚非转型国家的产业结构  单位:%

| 国家或地区 | 2000年 | | 2008年 | |
|---|---|---|---|---|
| | 产值结构 | 就业结构 | 产值结构 | 就业结构 |
| 中国 | 14.83:45.92:39.25 | 50.00:22.50:27.50 | 11.30:48.60:40.10 | 39.60:27.20:33.20 |
| 孟加拉国 | 25.51:25.28:49.20 | 62.10:10.30:23.50 | 19.10:28.06:52.30 | 48.10:14.50:37.40② |
| 印度 | 23.36:26.18:50.46 | 59.80:16.10:24.10 | 17.60:29.00:53.40 | 55.80:19.00:25.20② |
| 印度尼西亚 | 15.60:45.93:38.47 | 45.30:17.40:37.30 | 14.40:48.10:37.50 | 39.70:18.80:41.50 |
| 巴基斯坦 | 26.17:22.62:51.21 | 48.40:18.00:33.50 | 20.40:26.60:53.00 | 44.70:20.10:35.20 |
| 泰国 | 9.02:41.99:48.99 | 48.80:19.00:32.20 | 10.80:43.08:45.30① | 41.50:19.50:38.90 |
| 越南 | 24.53:36.73:38.73 | 65.30:12.40:22.30 | 20.90:41.00:38.20② | 51.70:20.20:28.20① |
| 埃及 | 16.74:33.13:50.13 | 29.60:21.30:49.10 | 14.10:36.40:49.60 | 31.60:23.00:45.30 |

注:①为2006年数据,②为2005年数据。
资料来源:国家统计局,《国际统计年鉴》,中国统计出版社,2010年。

(二)劳动生产率的比较

对发达国家的比较劳动生产率①进行估算并比较可以发现,其比较劳动生产率之间的差距不大或者说比较接近,第二、第三产业的比较劳动生产率大体相当。美国、日本的第二产业比较劳动生产率明显高于第三产业。与此相反,法国、意大利的第二产业比较劳动生产率却低于第三产业。另外,亚非转型国家的农业比较劳动生产率水平都比较低,但相对于拉丁美洲等其他发展中国家,相差一倍左右。可见,亚非转型国家工业化推进的同时,农业劳动生产率也得到不断提高。然而,亚非转型国家的第一产业比较劳动生产率与

---

① 即一个部门的产值比重同在此部门就业的劳动力比重的比率,它反映该部门1%的劳动力所生产的产值在整个国民生产总值中的比重。比较劳动生产率是测度二元经济结构的主要指标之一。

第二产业差距显著,竟高达 6—9 倍,与第三产业比较劳动生产率相差 2—3 倍。我们还可以看出,亚非转型国家的第二产业比较劳动生产率与第三产业也存在较大的差距,第二产业高出第三产业 1 倍多。显然,亚非转型国家的二元制结构特征非常突出,农业基础薄弱,工业发展较快,当然与这些国家普遍重视重工业发展有关。

表 6-9 显示,无论哪个产业,亚非转型国家的劳动生产率均远远低于西方发达国家。如果对发达国家的产业劳动生产率进行比较,我们可以看出,第二产业劳动生产率略高于第一产业劳动生产率。与之形成鲜明的对比,亚非转型国家的第二产业劳动生产率远远高于第一产业劳动生产率。可见,发展中国家第一产业生产力发展水平极低,发展基础薄弱,工业化水平有待提高。在 1980 年前后,西方发达国家已经实现人均 9 000—21 000 美元的农业劳动生产率。1996—1998 年西方发达国家达到人均 20 000—40 000 美元的农业劳动生产率。数据还显示,平均来看,西方发达国家农业劳动生产率是拉丁美洲国家的 7 倍多,超过亚非国家 50 倍。如果将亚非转型国家农业劳动生产率与拉丁美洲国家进行比较,我们不难发现,尽管拉丁美洲国家农业劳动生产率与西方发达国家不具有可比性,却是亚非转型国家的 7—8 倍,农业劳动生产率差距还是比较明显的。相比较而言,西方发达国家、拉丁美洲国家与亚非转型国家的第二产业劳动生产率虽然也存在明显差距,但这一差距还是比农业生产率要小很多。

表 6-9　部分国家或地区的劳动生产率(1979—1998)

| 国家 | 第一产业劳动生产率 | | 第二产业劳动生产率 |
|---|---|---|---|
| | 1979—1981 | 1996—1998 | 1980 |
| 美国 | — | 39 001 | 29 626 |
| 日本 | 15 698 | 31 094 | 22 691 |
| 法国 | 14 956 | 36 889 | 29 223 |
| 意大利 | 9 993 | 20 031 | 22 963 |
| 澳大利亚 | 20 880 | 30 904 | — |
| 阿根廷 | 7 375 | 9 579 | — |
| 巴西 | 2 047 | 4 081 | 9 170 |
| 墨西哥 | 1 882 | 2 164 | — |
| 土耳其 | 1 743 | 2 959 | — |
| 伊朗 | 2 570 | 4 089 | — |
| 中国 | 161 | 307 | 1 269 |
| 印度 | 275 | 406 | — |
| 巴基斯坦 | 394 | 626 | — |

(续表)

| 国家 | 第一产业劳动生产率 | | 第二产业劳动生产率 |
|---|---|---|---|
| | 1979—1981 | 1996—1998 | 1980 |
| 孟加拉国 | 212 | 276 | — |
| 印度尼西亚 | 610 | 749 | 4 649 |
| 泰国 | 634 | 932 | 3 999 |
| 埃及 | 721 | 1 189 | 4 284 |
| 尼日利亚 | 414 | 624 | 5 920 |

注:"—"表示数据缺失。
资料来源:(1)国家统计局,《国际统计年鉴》,中国统计出版社,1999—2012年;(2)第二产业生产率(每个劳动力创造的国内生产总值)根据《国际统计年鉴》数据计算得到;(3)第一产业生产率(每个农业工人创造的农业附加值,1995年美元)来自2000年和2001年《世界发展报告》。

### (三)人口增长速度快于经济增长速度

人口增长速度超过经济增长速度,人均收入必然减少,人民生活水平必然会下降;劳动力增长速度超过就业岗位增速,劳动力就业压力很大。塞缪尔·普雷斯顿(Samuel Preston)指出,人口自然增长可以解释城市数量增加与城市规模的扩张,解释能力可以达到60%。第二次世界大战之后,发展中国家人口增速较快,可以说在历史上是独一无二的,城市增长率也是史无前例的。20世纪50年代至70年代中叶,发展中国家城市人口比率的增长与3/4世纪之前欧洲城市转换的特征基本类似。可见,发展中国家城市化水平的提升,不是由农村人口向城市转移引起的,而是由人口总量增加引起的。西方发达国家于1875—1990年城市人口增长达到100%,乡村人口增长18%;发展中国家于1950—1975年城市人口增长188%,乡村人口增长49%。事实上,两类经济体、两个时间段的城市人口比例并没有发生明显的变化,但城市人口总量都发生了显著的增长。显然,这一现象在发展中国家内部更是如此,而且,经济发展水平越高的国家城乡人口转移可能更为显著。实证研究发现,经济发展水平最高的20个国家年均乡城净移出率为1.9%,亚非转型国家平均为0.8%,拉丁美洲国家平均为2.5%。[①] 显然,这一指标与经济发展水平具有高度的正相关性。亚非转型国家城市化水平尽管有所提高,但增速一直不快。事实上,城市化的提高大部分源于人口的自然增长。

### (四)城市化滞后于工业化

以印度为例,能够清楚地看出亚非转型国家城市化与工业化互动发展的

---

① 景普秋:《中国工业化与城镇化互动发展研究》,经济科学出版社,2003年,第71页。

状况。印度民族独立数十年来,城市化水平提高相当缓慢,这与印度的经济发展水平密切相关,当然也与印度倾向于优先发展重工业有关。印度从1947年独立之后,实施了"赶超战略"——优先发展重工业,重工业一般是资本密集型或技术密集型产业,对劳动力的吸纳能力非常有限。为了尽快建立起比较独立和完整的工业体系,印度采取了政府管制下的"混合"经济体制配置资源的模式。为克服计划经济体制的弊端,1991年印度开始进行大刀阔斧的改革,将私营企业发展作为工业发展的主力军,实行对外开放,发展外向型经济,积极参与国际市场竞争,主动融入全球化进程,经过数十年的改革开放政策,经济发展成效显著。印度人均GDP(按照2005不变价美元)很快从1960年的228.34美元提升到1995年的469.47美元,增长超过了1倍,人民的生活水平得到一定程度的提高。遗憾的是,长期以来印度轻工业发展缓慢,产业对劳动力的吸纳能力极其有限,加之印度人口增长过快,农村发展落后,经济结构严重失衡。因此,印度城市化缺乏产业支撑,吸引农村劳动力向城市转移的动力不足,至今仍是一个收入水平较低的农业大国,工业化水平不高,城市化也低于发展中国家的平均水平(见表6-10)。

表6-10 印度的经济发展水平(1960—2010)

| 年份 | 城市化率(%) | 人均GNI(美元) | 人均GDP(现价美元) | 人均GNI(2005年不变价美元) | 人均GDP(2005年不变价美元) | GDP增长率(%) | 人均GDP增长率(%) |
|---|---|---|---|---|---|---|---|
| 1960 | 17.92 | — | 83.81 | — | 228.34 | — | — |
| 1965 | 18.79 | 110 | 121.70 | 242.69 | 244.08 | −2.64 | −4.66 |
| 1970 | 19.76 | 120 | 114.40 | 271.63 | 273.26 | 5.16 | 2.84 |
| 1975 | 21.33 | 190 | 161.03 | 280.36 | 281.17 | 9.15 | 6.65 |
| 1980 | 23.10 | 270 | 271.25 | 292.48 | 291.82 | 6.74 | 4.30 |
| 1985 | 24.35 | 300 | 302.65 | 333.91 | 335.55 | 5.25 | 2.97 |
| 1990 | 25.55 | 390 | 375.89 | 397.94 | 403.09 | 5.53 | 3.41 |
| 1995 | 26.61 | 380 | 383.55 | 464.21 | 469.47 | 7.57 | 5.62 |
| 2000 | 27.67 | 460 | 457.28 | 572.09 | 578.22 | 3.84 | 2.12 |
| 2005 | 29.24 | 740 | 740.11 | 734.88 | 740.11 | 9.28 | 7.68 |
| 2010 | 30.93 | 1 290 | 1 417.07 | 1 020.52 | 1 031.56 | 10.26 | 8.84 |

注:"—"表示数据缺失。
资料来源:国家统计局,《国际统计年鉴》,中国统计出版社,1999—2011年。

利用1960—2011年的数据,可以计算出印度的工业化率、城市化率与IU比,并做出其曲线图(见图6-5)。

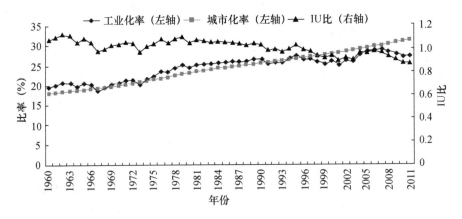

**图 6-5　印度的工业化率、城市化率与 IU 比（1960—2011）**
注：按现价美元计算。
资料来源：国家统计局，《国际统计年鉴》，中国统计出版社，1995—2012 年。

从工业化与城市化的关系看，自 1960 年以来，印度的工业增加值占 GDP 的比重一直维持在 20%—30%，而城市化水平增长缓慢，2011 年也仅为 31.30%。印度工业化率长期高于城市化水平，直到 1998 年之后城市化水平才超过工业化率，进而造成印度的 IU 比长期较高，2011 年为 0.87。这一比值不仅明显高于发达国家，也高于很多发展中国家。从就业结构看，2004 年印度劳动力在农业领域的就业比重仍高达 54%，而工业的就业比重仅为 19%（见表 6-11）。这些数据说明了印度经济结构的偏差，尤其是工业发展不足，是导致印度城市化水平偏低的重要因素。

**表 6-11　印度产业劳动力就业比重与产值比重的比较（1950—2010）**　单位：%

| 产值比重 | 1950—1951 | 1960—1961 | 1970—1971 | 1980—1981 | 1990—1991 | 2004 | 2010 |
| --- | --- | --- | --- | --- | --- | --- | --- |
| 农业 | 59.20 | 54.75 | 48.12 | 41.82 | 34.93 | 22 | 18.21 |
| 工业 | 13.29 | 16.61 | 19.91 | 21.59 | 24.49 | 27 | 27.16 |
| 服务业 | 28.03 | 29.01 | 32.18 | 36.59 | 40.58 | 51 | 54.64 |
| 就业比重 | 1950—1951 | 1960—1961 | 1970—1971 | 1980—1981 | 1990—1991 | 2004 | 2010 |
| 农业 | 79.55 | 75.37 | 72.64 | 69.53 | 64.02 | 54 | 51.10 |
| 工业 | 7.97 | 10.53 | 11.82 | 13.06 | 16.02 | 19 | 22.40 |
| 服务业 | 12.48 | 14.10 | 15.54 | 17.41 | 19.96 | 27 | 26.60 |

资料来源：(1) 国家统计局，《国际统计年鉴》，中国统计出版社，1995—2012 年；(2) World Bank, *World Development Indicators*, 2011。

20 世纪 90 年代以前，印度的软件产业几乎还是一片空白。但印度政府采取了一系列特别的措施，使其软件产业得到了飞速发展，尤其是在软件出口方面。1990—1991年,印度软件产业的收入仅为1.5亿美元,而在1998—1999年剧增为39亿美元。2000—2001年,该产业的收入水平已升至84亿美元,2001—2002年则达到101亿美元。在全球经济减速的2001—2002年,印度软件业逆流而上,其收入仍保持着20%的增幅。1992年印度的计算机软件出口收入还只有74亿卢比,到1996年已增至411.3亿卢比,2002年增至650亿卢比,10年间增加8.78倍。截至1999年,印度软件的出口已覆盖世界上91个国家,其中,61%出口到美国,23%出口到欧洲。此外,日本、澳大利亚、新西兰以及东南亚、西亚等国家和地区也是印度软件出口的主要市场。同时,印度的服务外包业也获得了突破性进展。在中国被誉为"世界工厂"的同时,印度也赢得了"世界办公室"的美称。值得说明的是,印度的软件产业和服务外包业主要是在国际市场巨大需求的带动下发展起来的,这些高端产业实际上与印度本国经济,尤其是农村经济和农村劳动力转移就业的联系很小,因而造成印度更加显著的现代与传统并存的二元经济特征,不利于城市化的健康发展。

总而言之,发展中国家普遍经历的是一条城市化和工业化与经济发展不协调、城乡关系失衡、收入分配差距过大、市场和政府双重失灵的工业化和城市化道路。这是一条存在严重不足的、不成功的工业化与城市化发展道路,不仅不能有效地实现工业化与城市化,而且会导致畸形的城市化,即"过度城市化"或"滞后城市化",即使达到很高的城市化率,仍然会存在严重的"城市病",实现的不是"健康城市化",而是"病态城市化"。在经济发展中,对于人口大国和农业大国而言,人口自然增长在城市增长中具有重要作用,人口增长速度超过经济增长速度,劳动力增长速度超过制造业就业容纳量,人口就业压力很大,就会造成人均经济发展水平滞后,甚至会因为就业问题、职业问题和社会保障等一列生存问题引起社会的混乱,影响社会稳定。在市场经济发展中,人口大国的国内是一个巨大的消费市场,然而,单纯地开辟利用国内市场,忽视国际市场的开发会阻碍市场经济发展。在一个农业大国中,农业在经济发展中的作用是不可忽视的,可以说工业化、城市化和农业现代化是国民经济发展的三大经济支柱,缺少任何一个方面,就会出现国民经济发展的不稳定,甚至会给社会带来灾难。在第三产业发展中,科学技术含量低的服务行业虽然在短时间内能够促进社会经济发展,但随着社会发展和人民生活需求的提高,如何提高服务性能和质量是未来发展的一个突出问题。印度的经济发展给我们提供了一个值得借鉴的案例,在信息化社会中,电子信息技术飞速发展,计算机软件、智能化机器人、高新技术在社会经济发展中会发挥越来越大的作用。

## 第四节 中国对外国工业化与城市化发展的借鉴

西方发达国家工业化起步较早,工业化水平也比较高,有力的产业支撑推动了城市化快速发展。当然,发达国家在工业化与城市化发展中具有非常有利的条件,例如,通过攻城略地攫取资源,对外发动侵略战争,拥有大量的殖民地,从殖民地获得大量的资源,在殖民地强行倾销各类产品,获取高额的经济利润,而且,发达国家自身拥有充足的自然资源与较好的生态环境,拥有先进的科学技术、开放的社会和文化环境等优势。总体上来说,发达国家的工业化与城市化互动发展是比较成功的,其成功经验对后发国家实现工业化富有借鉴意义。而且,后发国家工业化与城市化所经历的教训以及所付出的代价,值得反思。作为最大的发展中国家,中国必须借鉴发达国家工业化与城市化发展的成功经验,同时吸取发展中国家的经验、教训,反思中国走过的工业化、城市化道路,为推进中国工业化与城市化协调发展提供有价值的参考。

### 一、中国对发达国家工业化与城市化的借鉴

城市化是一个经济体实现工业化和现代化的必然趋势,城市化对工业化和经济发展产生巨大的推动作用。城市化离不开工业化提供的产业支撑,没有产业作为支撑的城市化必然会带来严重的城市化病。通过研究发现,西方发达经济体的城市化发展,都建立在工业化发展的基础之上。因此,推进中国城市化发展,必须正确认识工业化与城市化之间的互动关系,将城市化与工业化有机结合起来,循序渐进,实现协调发展。

(一)统筹城乡一体化发展

"三农问题"关系到农业的增收和农村的稳定。农业是国民经济的基础,也是工业化与城市化发展的基础。农业可以为工业化与城市化提供生产资料,推动城市工业产品和服务业发展。反过来,工业化与城市化为农业发展提供科学技术、生产资料、信息、人才等,提高农业劳动生产率,只要城市预期收入高于农村收入,农业冗余劳动力就会自动向城市转移。长期以来,美国政府非常重视农业发展,重视第一、第二、第三产业同步推进,努力改善乡村基础设施,农村生活方式与城市相差不大,城乡接近一体化,产城融合程度较高。然而,不少发展中国家在城市化过程中盲目强调城市的扩张,忽略了城市发展的基础产业——农业,甚至一些国家不惜以牺牲"三农"为代价来发展城市,结果导致城市人口膨胀、交通拥堵、生态恶化等一系列发展问题,不仅

产生严重的城市化病,也加重了城乡二元制结构。从正反两方面的经验教训,我们可以看出,第一、第二、第三产业的发展必须循序渐进,共同协调发展。为此,必须采取城乡一体化、协调发展的对策,不断改善农业生产条件,夯实农业基础,增加农民收入,为第二、第三产业发展打好基础;进行技术创新与技术引进,重视轻重工业协调发展,防止第二产业"空心化";在第一、第二产业的基础上,着力推进第三产业发展,积极推进农村冗余劳动力向城市有序转移,实现产城融合、城乡一体化。

(二)重视基础设施建设

基础设施是工业化、城市化得以发展的前提条件,基础设施完善与否直接关系到工业化与城市化的发展速度,以及城乡一体化的融合程度。城市人口必须与基础设施协调发展,否则就会阻碍工业化、城市化发展,甚至会产生劳动力由城市向农村回流的"逆城市化"现象。事实上,农村人口之所以离开农村到城市去生活,一个重要原因在于城市尤其是大城市交通便利,基础设施比较完善,企业生产成本低。城市化为基础设施发展提供市场,而且是不断升级的商品和劳务市场,而城市化所形成的对工业产品和劳务市场的有效需求,进一步推动了工业化发展。有学者认为,德国工业化与城市化之所以发展水平很高,发展比较协调,其中一个重要的原因为德国的交通设施是世界上最完善的,交通设施是德国经济发展的动力因素。在城市化过程中,德国政府既重视大中城市间的交通运输等基础设施建设,也非常重视城乡之间的交通设施建设,有力地促进了城乡一体化。德国政府还认为,解决大城市人口过密、发展失控的重要途径在于提升城乡交通的层次,因此必须加大中小城市与乡村道路建设方面的投资。美国、日本也都很重视公路、铁路、港口等基础设施建设。美国不仅重视三次产业协调发展,更注重城乡一体化发展,以促进城乡基础设施均衡发展。进入城市化发展中后期,日本不断加强城乡道路建设,以促进城乡之间的均衡发展。显然,城市化顺利推进一方面离不开城市内部的交通设施基础建设,另一方面也离不开城际和省际道路系统的完善。当然,还必须加大对乡村公路建设的投资,确保城乡之间要素流动顺畅,提高资源的利用率。

(三)谨防过度郊区化

人口过度膨胀、环境恶化、大气污染、水资源短缺、噪音污染、交通拥堵、治安恶化等是城市发展带来的副产品,严重影响到人们的生活。然而,如果政府制定好城市发展规划,制度合理,措施有力,城市化发展过程中产生的一系列经济社会问题至少可以控制在一定范围之内,甚至可以完全避免或者最终消除,实现城市化与经济发展的良性循环,带来城市化与工业化的协调互动发展。20世纪初期，信奉市场万能的美国采取了自由放任式的城市化发展模式，由于没有及时解决城市化过程中产生的问题，导致了"大城市病"，进而不少极具经济实力的阶层离开了中心城区移居到郊区。当然，美国城市"郊区化"确实缓解了大城市中心区人口数量过度膨胀、人口过度集中、住宅紧张、水资源短缺和交通拥挤的状况，促进了人口、环境与城市空间的和谐。然而，城市"郊区化"是城市过度发展的产物，同样也会产生一系列负面影响。为了应对城市"郊区化"带来的负面效应，美国政府及时提出了"精明增长""理性发展"的城市发展理念，坚持在提高土地利用效率的基础上控制城市扩张，保护生态环境。

作为人数最多的发展中国家，中国当前正处于工业化、城市化的快速推进阶段，城市化率已经超过50%，既要推进城市化发展，又要守住18亿亩农业耕地红线，不能因为发展工业化、城市化而使农业耕地减少。为此，中国政府必须制定强有力的城市发展规划，谨防由过度城市化带来的城市"郊区化"，尤其是对于人多地少、资源分布严重不均衡的中部地区，一旦出现城市"郊区化"，必然会使得大量的城市人口分散到周边的郊区居住，挤占农业耕地无法避免，所带来的经济、社会、环境等成本要比美国高得多。

(四) 加快科技创新

科学技术是一种生产力，科学技术与生产要素融合，可以形成推动社会发展的动力。西方发达国家之所以率先实现工业化，一个重要的原因在于其科学技术的领先地位。西方发达国家充分利用国家科学技术引起的两次工业革命以及信息技术、纳米技术、生物技术、电子技术等引起的第三次科技浪潮，使其在经济、政治、军事等领域长期处于领先地位。不论是工业化社会，还是信息化社会，发达国家均掌握着生产中的核心技术，拥有大量的科学技术研究成果、发明专利和知识产权，而且能够很好地应用于各个领域。在工业化和城市化发展中，先进的开采技术、机器制造技术、工程设计技术、电子工程技术、航天航空技术、智能控制技术、信息化管理技术等均发挥了巨大的作用。美国、日本、英国、法国、德国等国家由于科学技术发达，工业化与城市化迅速发展，均具有较强的综合国力。中国作为人口大国，必须激发出民众的创新精神，要在960万平方公里的中华大地上掀起"大众创业""草根创业"和"万众创新"的新浪潮，凭借丰富的自然资源与人力资源，形成创新文化，一定可以将巨大的人力资源和文化资源转化为创造力，促进工业化和城市化的协调发展，推动国民经济又好又快的发展，实现中华民族的伟大复兴。

## 二、中国对发展中国家工业化与城市化的借鉴

无论是拉丁美洲国家,还是亚非转型国家,发展中国家的工业化和城市化发展均受到发展基础、技术条件、市场发育以及政府导向等因素的制约,还会受到发展中国家的时代背景、体制以及文化传承等方面的影响。当然,发展中国家的内部因素也存在着千差万别。发达国家城市化是有产业支撑的,是具有一定程度的经济发展作为基础的,是在第一、第二和第三产业相对协调、不断进步的基础上向前推进的。可以说,西方发达国家的城市化是一种自发的演变过程。与西方发达国家不同,发展中国家普遍存在农业发展基础薄弱,农业劳动生产率较低,农民生活长期得不到改善,农村人口被迫"推向"城市,工业化水平发展不高,城市基础设施不完善,"城市病"比较严重,或出现"过度城市化"等问题,城市化成为经济发展的包袱和障碍。[①] 总体来看,发展中国家农业、工业与服务业发展不协调,缺乏一定程度的经济发展作为基础,工业化与城市化发展不协调。比较发展中国家的工业化与城市化,能够获得以下启示。

### (一) 农业和农村发展是城市化健康发展的基础

农业劳动生产率的提高带来了农产品剩余,交换和社会分工应运而生,农业为工业发展提供了要素和市场[②],进而奠定了工业化和城市化发展的物质基础。然而,大量的发展中国家在摆脱殖民统治并宣布主权独立后,违背经济发展规律,依靠政府力量加大力度发展重工业或者发展和建设城市,普遍忽视农业发展,造成农业发展基础薄弱。没有农业作为基础,工业化与城市化发展必然缺乏原材料;而工业发展不起来,第二产业"空心化",进一步导致第三产业没有工农业基础,没有实体产业作为支撑,使得城市化也不可能得到发展。城市缺乏对农村劳动力的吸引力,靠农村对冗余劳动力的推力,大量农村人口过度向城市聚集,造成城市人口规模膨胀或者中心城市规模过大,表面上看是重工业比重大和人口城市化率上升。然而,这种城市化实际上是一种虚假城市化,它会对城市住房、交通、生态、就业等产生非常严重的负面影响,造成"城市病"泛滥,工业化和城市化不可能协调发展。因此,必须增加农业投入,推进农业现代化,提升农业的劳动生产率,产生更多的农产品剩余,为工业化和城市化发展提供充足的农产品剩余与劳动力。

---

① 成德宁:《城市化与经济发展:理论、模式与政策》,科学出版社,2004年,第151—152页。
② 刘传江:《中国城市化的制度安排与创新》,武汉大学出版社,1999年,第52页。

### (二)工业化与经济发展是城市化健康发展的根本动力

基本上所有的国家均必须经历工业化的演进才能实现其经济结构的转变和现代社会的进步。然而,拉丁美洲国家的城市化发展进程超越其工业化发展水平和其当时的经济发展水平,因缺乏工业化作为产业支撑而产生了"过度城市化";与拉丁美洲国家形成鲜明对比的是,亚非转型国家普遍通过行政手段过度发展重工业,忽视农业和农村发展,城市发展也没有得到足够重视,造成工农业发展不协调,产城发展表现为"两张皮",融合程度明显不够,没有形成城乡一体化。在工业化与城市化发展不协调、经济发展水平较低的情况下盲目推行工业化,造成亚非转型国家工业化、城市化均未得到充分发展,经济发展水平仍然很低,人们的生活仍然未得到较大改善。大批乡城转移的冗余劳动力难以实现充分就业,城市中出现大批失业人口和贫困人口,这一状况必然造成城市社会动荡、交通拥堵、生态恶化等一系列的城市化病。为了克服城市化带来的负面影响,必须加快发展农业,为工业化发展提供物质基础,并在推进工农业发展的同时,适度发展第三产业,实现三次产业协调发展,以提高经济发展水平。

### (三)市场机制与政府治理相互补充是城市化健康发展的重要保障

无论是工业化还是城市化,它们本身都是极其复杂的经济社会系统,必须有完善的市场机制、强有力的政府保障,才能确保其健康发展。然而,大多数发展中国家均缺乏完善的市场机制,市场发育不成熟,不利于工业化与城市化顺利推进,主要体现为:第一,产品市场不完善,不仅带来产品交易成本的提高,交易效率的低下,还会进一步阻碍城市经济的发展,导致就业岗位不足,失业率上升。第二,一般拥有特定知识的技能型人才或专业人员才能够获得正规部门的就业岗位,但这部分群体数量毕竟有限,也就是说,正规部门的从业人员数量必然会受到一定程度的限制。毫无疑问,绝大部分就业群体只能就职于非正规部门,而非正规部门的实际收入——工资、福利待遇远远低于正规部门,结果导致发展中国家出现大量的失业人口。第三,生产要素市场不健全,利益集团往往占有绝大部分资源,凭借权力掠取资源,甚至采取非正当的竞争手段,垄断相关市场,从而攫取超额垄断利润,而其他群体不但无法分享市场收益,而且还必须为此支付较高的各种成本。因此,发展中国家市场机制的不健全造成其产业和城市发展进程中资源配置的低效率或无效率,进而引起收入分配的两极分化,然后通过遏制社会有效需求,制约工业化与城市化发展。工业化和城市化推进不仅需要成熟的市场作为支撑,同时还需要政府合理的引导作为保障。20世纪40—70年代,发展中国家通过斗争获得民族独立之后,必然面对经济自由化和市场化带来的一系列问题——

城乡收入差距悬殊、物价水平不稳定、经济结构畸形等，这些问题严重阻碍了经济发展和社会的进步，使得工业化和城市化发展陷入恶性循环，市场机制无法有效发挥作用，不少领域出现市场失灵。为此，必须有理性的政府采用行政手段适时采取宏观调控政策，治理和规避发展中产生的经济社会问题，将"看不见的手"（市场）和"看得见的手"（政府计划）进行有机的结合，才能确保工业化和城市化协调发展，国民经济又好又快的发展。

（四）城市化健康发展是经济社会协调发展的基本要求

城市化是一个系统性问题。当一个城市发展到一定规模之后，必然会对人口产生无形的引力，引起城市人口数量极度膨胀等问题，拉丁美洲国家、亚非转型国家等城市化发展的历史已经证实了这一点。如果没有中小城市作为"拦水坝"，农村人口必然就会像洪流一样涌入大城市；如果没有小城市提供的就地城市化或"离土不离乡、进厂不进城"的就地城市化，农民进入城市必然会出现"贫民窟"。为此，必须发展健康城市化，不同地域之间经济发展尽量保持平衡，不同城市之间保持协调发展，不同阶层之间收入分配要合理，不同部门之间必须互利互助、保持协调。城乡发展水平差别过大、城乡收入差距悬殊、城市人口贫富不均、基尼系数过大，都不符合健康城市化的基本要求。不少拉丁美洲国家或亚非转型国家的城市化推进中，曾经出现过各种各样的"城市化病"——工业化滞后于城市化、城乡收入差距过大、城市人口贫富不均、城市环境恶化等，结果导致经济社会发展的不均衡，城市功能无法发挥出来，城市化产生的规模经济、集聚经济或范围经济都显得无能为力，城市也不可能成为经济发展的引擎，甚至城市发展成为"罪恶之都""混乱之源"。拉丁美洲国家大城市中曾经存在规模庞大的贫民窟，这些贫民窟逐渐演变为藏污纳垢的场所，暴力犯罪、流行疾病、制售假冒伪劣产品等层出不穷，成为社会冲突的源头，城市化发展过程中产生的"副产品"不断侵蚀着城市的发展空间，注定城市化会陷入各种恶性循环之中。因此，无论是工业化还是城市化，必须选择适合本国国情的发展模式。城市化是经济社会结构逐渐变革的过程，城市化不是到处出现城市，而是使现代城市的一切城市化成果惠及全民，带来全民生活方式、生活观念和文化教育素质等的巨大转变。健康城市化必须实现城乡空间的融合发展——产业融合、就业融合、环境融合、文化融合、社会保障融合、制度融合等，基于相应的工业化、城市化战略，处理好工业与城市、大城市与中小城市之间的关系，真正实现全民的共同富裕、共同发展和共同进步。

# 第七章 研究结论与历史启示

工业化与城市化是人类社会发展达到一定阶段的产物,是社会文明的重要标志。中国工业化和城市化发展问题,是社会主义建设中的生态文明、物质文明、精神文明和政治文明建设的重要问题,是一个非常重要的国家社会发展战略问题。中国共产党领导中国人民,通过艰苦创业、历经磨难,仅仅用了不到70年的时间,走过了西方国家几百年才走完的道路,从一穷二白、贫穷落后的国家,发展到经济繁荣的全球第二大经济体,走出了一条具有中国特色的工业化和城市化发展道路。当前,中国已经进入工业化中期阶段,全面且完善的工业体系已经建立,工业化水平不断提高;同时,在城市数量不断增加、规模不断扩大的同时,城市化发展取得突破性进展。显然,取得的成效是非常显著的,但仍存在较多问题有待完善。为此,本研究通过对1953—2011年中国工业化与城市化发展进行经济史考察,结合其中的经验、教训,趋利避害,以史为鉴,试图为"新常态"下中国工业化与城市化协调发展提供有价值的参考。

## 第一节 研 究 结 论

工业化与城市化是人类社会发展的历史过程,工业化是城市化发展的动力,为城市化发展提供产业支撑;城市化是工业化发展的必然结果,反过来又促进工业化发展,为工业化提供空间载体。工业化与城市化相互作用,相互影响,共同推动国民经济又好又快的发展,最终实现共同富裕。推进城市化进程健康发展,全面提升城市化质量和内涵,必须处理好工业化与城市化之间的关系。中华人民共和国成立以来,中国工业化与城市化既出现过关系失调的情况,也曾经历过互动发展的历史过程。通过对1953—2011年中国工业化和城市化发展的历史演进进行经济史考察,本研究得出以下结论。

### 一、计划经济体制时期工业化与城市化互动发展严重失调

1953年,"一五"计划开始实施,政府开始推进重工业优先发展战略,集中资源致力于工业化发展,在较短的时期内迅速建立了相对完整的工业体

系。基于当时中国的国情以及国内外的政治压力，中国实施了高度集中的计划经济体制配置资源，在经济发展水平极低的基础上推行重工业优先发展战略，在较短的时间里取得了巨大的成绩，工业化水平不断提升。然而，由于忽视了"三农问题"，农业发展举步维艰；轻工业也没有得到应有的重视，造成轻工业产品供给严重不足；城市化发展长期被忽略，城市化徘徊不前，尤其是以户籍制度为核心的城乡二元体制造成城市人口增长极为缓慢，体制上的城乡分割导致农村人口无法向城市转移，城市与农村、工业与农业互相隔离，产城无法有效融合，城乡无法形成一体化，相互形成各自循环的系统。传统计划经济体制时期的工业化与城市化互动发展受到主观因素的影响比较明显，两者之间客观的互动机制尚未形成，轻重工业比重严重不合理，国民经济严重失调。广大的农村地区经济发展落后，农民生活长期得不到改善，城乡二元制以及城市与农村的户籍隔离制度等是当时中国工业化与城市化协调发展的巨大障碍。

结合中国工业化与城市化发展的实际情况，从"一五"计划开始可以将中国工业化和城市化的发展历程大致分为两个阶段：计划经济体制时期工业化与城市化的背离阶段（1953—1978），与体制转轨时期工业化与城市化的初步协调阶段（1979—2011）。其中，前一个阶段由于工业化发展的波动起伏和城市化的缓慢发展，二者之间呈现较大的偏差，它们之间的互动发展呈现出严重失调的状况。而且，这一时期（1953—1978）二者的互动发展又具体细分为三个历史时期。第一，工业化与城市化的起步阶段（1953—1957）；第二，工业化与城市化的剧烈波动阶段（1958—1965）；第三，工业化的曲折发展与城市化的停滞阶段（1966—1978）。总体上看，传统计划经济体制时期中国的工业化和城市化发展是曲折前进的，二者之间的互动发展呈现出严重失调的状况。

从 1949 年起，中国开始学习苏联模式建立了计划经济体制，并迅速开展了国民经济的恢复建设。以"一五"计划期间苏联援华的 156 个重点项目为基础，开始启动优先发展重工业的战略方针，从而初步奠定了中国工业化的基础。当然，这些大型工业项目的建设使得大量农村人口进入城市和厂矿工作，城市数量不断增加，城市规模也不断增大，有力地推动了城市化发展。同时，通过大批工业基地建设，一批新兴工业城市先后建立起来。这些城市依托坚实的产业基础，规模不断扩大，促进了产业链不断延伸，提供了大量的就业岗位，吸纳了大量的就业人口。而且，土地改革的顺利推进大大释放了农村生产力，农业生产连年丰收，为工业化发展提供了原材料，为城市化发展奠定了良好的物质基础。这一时期，中国的工业化水平增速加快，城市化水平也有所提高。

　　1958年以后,中国开展了全国性的"大跃进"运动。无论是城市还是农村,小工厂、小钢炉、小煤窑遍地开花,城市人口逐渐增加,城市化水平开始提升。遗憾的是,中央政府主导的重工业优先发展战略,使得资源集中投向了重工业,盲目、急速、粗放的工业发展模式导致经济结构比例严重失调。1960年,重工业产值占工业总产值的比重高达66.6%。资源总是有限的,由于投向重工业的资源过多,轻工业和农业投入自然过少,同时轻工业与农业没有引起政府足够的重视,结果造成农业与轻工业均出现负增长。另外,由于只求数量不求质量,工业产品质量开始出现下降,大批的不合格工业品被生产出来。重工业的超高速发展不仅耗费了大量资源,而且也严重破坏了生态环境,农业生产受到抑制,粮食产量连年减产,农产品供应严重不足,城市人口与当时的经济发展水平极不协调,城市人口规模超过了经济的承载力,急剧发展的工业化与高速推进的城市化导致了经济发展根本不可能持续。

　　1962年年初召开的"七千人大会"对"大跃进"进行了反思,中央政府开始统一思想,提出"调整、充实、巩固、提高"的经济调整思路,开始大规模地精简城市人口,压缩基本建设支出。1961—1963年,在中央政府的指导下,全国共精简职工1940万人,压缩城市人口2600万人。显然,人口城市化开始出现倒退,大批城市职工开始离开城市到农村去下乡务农,进而降低了城市需求对农业带来的压力,当然也压缩了工业就业支出。的确,城市人口从城市向乡村回流,大大提高了工业生产效率,为工业化与城市化可持续发展创造了有利的条件,但这只是政府短期行为所带来的一种表象,长期来看问题没有彻底解决,随着时间的推移,反而进一步恶化。

　　1966年"文化大革命"开始爆发,国民经济遭受严重破坏,经济增长几乎陷入停滞。由于社会动乱,工农业生产受阻,农村经济和小城镇迅速衰落。同时,基于当时的国际形势,为了备战备荒,"三线"建设加快推进,一大批基础设施开始建设,大规模的工业迁移开始进行,大量企业被分散布局在交通不便的深山之中,工业化对城市化的产业支撑开始减弱。而且,随着"上山下乡"运动大规模的开展,城市职工有计划、有步骤地被安排到农村工作,城市人口比重保持相对稳定,这一时期中国的经济发展和城市化进入低水平徘徊阶段。

　　可见,改革开放之前中国工业发展呈现出极大的不稳定性,城市化推进步伐缓慢。1953—1978年中国工业化与城市化发展呈现出的主要特点是:第一,以重工业为主导的工业化具有资金投入大、劳动力吸纳能力不足的特点,整体上对农业人口转移的带动作用不足。第二,传统计划经济时期的工业化主要通过工农业"剪刀差"来积累工业发展资金,为保证这种资源流动的可持续性,控制城市基础设施和公共服务业,中央政府实行了严格的户籍管理制度,城市规模被严格限定,城市化发展受到了人为的约束。第三,城市作为区域经济增长"发动机"的功能未能得以充分发挥。人为限制城乡之间的生产要素流动,导致城乡分割严重,城市更多地作为完整的经济体系运行,与周边乡村的互动明显不足,城乡发展差距过大。第四,中华人民共和国成立之初,经济建设的经验不足,"摸着石头过河"搞建设是需要花费成本的,遭受挫折也是难以避免的,"大跃进""三年困难时期""文化大革命"等对国民经济发展的影响是巨大的,教训是非常沉痛的。因此,在经济发展水平落后,缺乏产业支撑的条件下,城市化发展不可能取得快速发展。

总而言之,改革开放之前中国经济发展整体态势不好,无论是城市建设还是城市运营,城市发展效率低下,而且缺乏来自农村地区的需求刺激,造成中国工业化和城市化互动发展的动力严重不足,工业化与城市化发展根本不可能协调,二者互动发展的机制也不可能形成。

## 二、体制转轨时期工业化与城市化协调发展程度不断提升

体制转轨时期(1979—2011)中国工业化和城市化发展开始呈现出稳步推进的特征,逐渐形成良性互动和协调发展的新格局。然而,事物的发展总是需要一个过程的,由于受到传统计划经济体制时期经济发展模式的影响,体制转轨时期仍然存在许多制约中国工业化与城市化协调发展的障碍。改革开放以来,随着经济发展水平的不断提高,中国工业化与城市化的互动不断加强,但二者发展仍不协调,尤其是在1992年之前,失调状况仍然比较严重,只不过与改革开放之前的传统计划经济体制时期相比,二者已经逐渐呈现出协调发展的趋势,不再出现工业化大起大落、城市化徘徊不前的现象。最明显的特点就是中国工业化与城市化互动发展的机制逐步形成,即农村工业化与城市化、城市工业化与城市化的互动发展相互交织、融合在一起,产生一致的合力,共同推动国民经济的快速发展。

1979年以后,经济发展战略由传统计划经济体制时期的赶超战略转向比较优势战略,同时逐步放宽了农村人口进城政策,城乡二元制结构开始有所触动,工业化对城市化的产业支撑作用日益强化,城市化水平也逐步得以提高。然而,在改革开放之后的前20年里,中国工业增加值占GDP的比重与人口城市化率之间的相关性仍比较弱。值得一提的是,进入21世纪以来,中国城市化水平增速较快,工业化与城市化之间互动性不断增强,二者之间也逐渐趋于同步、协调发展的状态。

其中,以农村改革为开端的改革开放极大地释放了农村生产力。1978—1982年间,第一产业增加值占GDP的比重由28.2%提升到33.4%,第二产业增加值占GDP的比重则由47.9%下降到44.8%。农村经济的飞速发展激活了农村劳动生产率,为工业化发展提供了足够的原材料,为城市化快速推进提供了基本的物质保障,整个国民经济逐渐活跃起来,中国逐步告别了农产品尤其是粮食短缺的时代。而且,农业劳动生产率的提高产生了较多的剩余劳动力,进而更多的农村剩余劳动力开始离开农村向城市非农产业转移,到城市就业、生活。然而,当时的城乡二元制结构并没有消除,城乡分割的制度仍没有破解,农村人口向城市转移仍然受到诸多条件的制约,许多剩余劳动力只能流向乡镇企业,过着"离土不离乡"或"进厂不进城"的生活。在大量廉价劳动力的支撑下,中国农村乡镇企业迅速崛起,农民创造了农村工业化,就地城市化发展模式逐渐成形,一大批小城镇和农村集镇也在此基础上迅速发展起来。

1980年,中央政府正式确立"合理发展中等城市,控制大城市规模,积极发展小城市"的方针。1984—1986年中国已经告别人民公社,开始实施"撤社建乡"、降低建制镇的标准等行政措施,建制镇数量迅速增加;1984年,中央政府开始实行新的户籍管理制度,允许农民自带口粮进城务工,可以经商和进城落户,这些措施的实施大大促进了农村人口向城市的流动。而且,随着"拨乱反正"政策的实施,城乡分割制度逐步被打破,中央政府先后开始允许知青返城、下放干部返城,城市人口增长较快。

在农村经济蓬勃发展的同时,城市前进的步伐也在加快,城市经济体制改革的局面逐步打开,市场经济体制不断得到加强,企业经营自主权不断加大,商品经济取得快速发展,城市自我发展能力迅速增强。同时,中央政府开始推进行政区划管理体制改革,城市数量不断增加、城市规模不断扩大,推进了城市化水平的提高。20世纪80年代中期,国家开始实行"市管县"制度,全国各地纷纷撤地建市,1995年全国已有各种城市640个。其中,人口少于20万的小城市有323个。全国有35 174万人长期居住在城市,人口城市化已达29.04%,比1979年增长10.10%。[①] 1979—1995年,中国农业增加值由1 270.2亿元增加到12 135.8亿元,工业增加值由1 913.5亿元增加到28 679.5亿元,服务业增加值由878.9亿元增加到19 978.5亿元。[②] 同期,产城融合程度不断提高,产业对劳动力的吸纳能力也不断增强,1995年中国第

---

① 国家统计局:《中国城市统计年鉴》,中国统计出版社,1996年。
② 国家统计局:《中国城市统计年鉴》,中国统计出版社,1983—1995年。

一、第二、第三产业就业比重分别比1978年提高25％、117％和226％。① 1979—2011年中国人口城市化率与产业发展相关系数如表7-1所示。

表7-1　1979—2011年城市化率与产业发展的相关系数

| 指标 | 第二产业 | 第三产业 | 非农产业 |
| --- | --- | --- | --- |
| 产值 | 0.9294 | 0.9208 | 0.9255 |
| 产值比重 | 0.4335 | 0.9371 | 0.9518 |
| 就业 | 0.9416 | 0.9737 | 0.9685 |
| 就业比重 | 0.8804 | 0.9773 | 0.9739 |

资料来源：国家统计局，《国际统计年鉴》，中国统计出版社，2000—2012年。

第一，人口城市化率与非农产业就业的相关性最高，其中，城市化水平与非农产业就业人数的相关系数为0.9685，与非农产业就业比重的相关系数为0.9739。

第二，人口城市化率与第三产业增加值的相关系数较高，意味着第三产业发展对城市化有较强的促进作用。

第三，人口城市化率与第三产业从业人员比重的相关系数略微高于人口城市化率与非农从业人员比重的相关系数，说明非农产业就业与城市化发展的同步性更强，而第三产业在促进城市化中的作用也得到充分发挥。

体制转轨时期，中国实行了以建设小城镇为主的发展战略，这一战略能够在城乡二元制结构尚未完全被摒弃的背景下，挖掘农村经济发展的潜力；通过发展乡镇企业，引导农民"离土不离乡"，实现农民生产、生活方式的就地转换。毫无疑问，这可以使国家制度变革成本和农民迁移成本大大降低，也日益成为加快中国工业化和城市化发展的有效途径。然而，随着时间的推移，以构建小城镇为主的城市化发展战略很快暴露出其弊端——小城镇集聚效率低、规模经济不明显。随着城市改革的不断深入，源于城市产业发展对乡镇企业造成的巨大竞争压力，使乡镇企业进入工业园区成为必然趋势，农民"离土不离乡"或"进厂不进城"的就地城市化模式难以持续发展。

"八五"时期，中国的经济体制改革不断深化，尤其是邓小平"南方谈话"之后，市场化程度不断加深，工业化与城市化发展逐步开始趋于协调。然而，1997年东南亚金融危机对中国经济发展产生了一定的冲击，乡镇企业发展遇到较大的困难，国有企业也不得不进行产权明晰、减员增效的改革。在此背景下，中央政府一方面鼓励下岗职工自谋职业或自主创业，并出台各种援助政策促进下岗职工再就业。另一方面，积极发展非公有制经济，大力发展

---

① 国家统计局：《中国城市统计年鉴》，中国统计出版社，1996年。

劳动密集型、出口导向型企业以吸纳大批城市失业劳动力。随着民营经济的壮大,不仅城市剩余劳动力就业明显增加,农村剩余劳动力向城市转移的步伐也日益加快,城市化发展突飞猛进。20世纪90年代,随着多种所有制经济的蓬勃发展,中国逐渐告别物资供应短缺时代。而且,为提升经济增长的动力,扩大内需也成为当时宏观经济政策的重要取向。为此,一方面中央政府通过积极的财政政策来筹集社会资金,进行基础设施投资,为国民经济的持续增长打下基础,同时也可以为城市化提供足够的物质保障;另一方面,中央政府也开始对房地产业进行改革,确定了"住宅产业成为新的消费热点和经济增长点"的方针。房地产业对上下游产业的带动性极强,水泥、钢材、家居用品等行业迅速繁荣起来,居民消费需求迅速得到释放,经济日趋繁荣。当然,房地产业的发展也直接推动了城市化,城市的居住环境得以改善,城市对劳动力的吸纳能力不断提升,为农村劳动力提供了大量的就业岗位。

进入21世纪,中国于2001年正式加入WTO,外部需求和内部需求双轮驱动,工业化开始再次进入重化工业阶段,从2003年开始国民经济迈入快速增长的通道,钢铁、建材、石化、化工等重化工行业出现产能扩张,汽车、机械、电子信息等行业发展势头迅猛,服装纺织、鞋帽、造纸等轻纺工业也迎来发展的机遇期。与产业政策相配套,2001年"十五"规划提出"有重点地发展小城镇,完善区域性中心城市功能,发挥大城市的辐射带动作用,引导城市密集区有序发展"。2002年,十六大报告强调"坚持大中小城市协调发展,走中国特色的城镇化道路"。毫无疑问,这一系列城市化发展战略的实施,在一定程度上不仅放松了对原来大城市发展的限制,也逐步确立了大中小城市协调发展的战略。2006年,"十一五"规划进一步提出,"要把城市群作为推进城镇化的主体形态""具备城市群发展条件的区域,要加强统筹规划,以特大城市和大城市为龙头,形成要素集聚能力强、人口分布合理的新城市群"。2011年,"十二五"规划进一步明确了"两横三纵"的城市化格局。此时,中国已经形成大中小城市协调发展,工业化与城市化协调发展、共同促进的新格局。[①]

改革开放以来,伴随着经济体制的转变,中国工业化和城市化发展取得了突破性进展,成绩斐然。然而,城市化严重滞后于工业化的状况仍然存在,城市化与经济发展水平仍不匹配,城市化与工业化发展还不完全协调。而且,制约着中国工业化和城市化协调发展的不少现实问题尚未真正解决,比如长期存在的半城市化问题仍未根本解决,产业结构有待进一步升级,第三产业发展仍然滞后,区域发展不平衡问题仍然严重。当然,这些问题可能都

---

① 方创琳:"中国城市群形成发育的政策影响过程与实施效果评价",《地理科学》,2012年第3期,第257—264页。

是发展中国家发展过程必须经历的"阵痛",只有加快解决这些问题,才能够推进中国工业化与城市化协调、科学发展。

## 第二节 中国工业化和城市化互动发展的历史启示

中国工业化和城市化发展问题,是社会主义建设中的生态文明、物质文明、精神文明和政治文明建设的重要问题,是一个非常重要的国家社会发展战略问题。"一五"计划之后,中国推行了重工业优先发展战略,工业尤其是重工业比重不断上升,非农产业就业比重增长缓慢,城市化发展波动起伏,工业化与城市化失衡严重。20世纪70年代,城市化发展徘徊不前,城市基础设施建设基本处于停滞状态。改革开放以后,党和政府出台了一系列的强国富民政策,国民经济发展迅速。城乡隔离政策有所松动,农村改革不断提升农业发展水平,一大批冗余劳动力开始向大中城市流动,促进了大中城市规模的扩大。同时,乡镇工业的崛起开辟了中国工业化的"第二战场",一批小城镇与小城市平地而起,中国工业化与城市化开始良性方向。当前中国已经进入工业化中期阶段,全面而完善的工业体系已经建立,工业化水平不断提高,城市化稳步推进。改革取得的成效是非常显著的,但发展中仍存在较多的问题亟待解决。2016年,中国第一、第二、第三产业比重依次为8.6%、39.8%和51.6%,即中国的产业城市化已经高达91.4%。事实上,中国早就已经进入以非农产业为主导的现代城市型社会。然而,按照官方的统计结果,中国人口城市化仅有57.35%。显然,人口城市化水平远远落后于产业或经济的城市化水平,表明中国的经济发展不是靠人这一要素创造出来的,更多的是靠投资驱动的。中国目前城市发展的逻辑是限制一线城市发展,加快推进三、四线城市,发展特色中小城市。各个地方政府也都在做规划、搞预算、上项目,比如产城联合、工业园区、孵化中心、城市群,向中央政府争取资金,国家也真的把更多的资金投在三、四线城市,希望以此带动城市化发展。当前,中国工业化与城市化朝着良性的方向发展,朝着协调的方向推进,并不是真正已经实现协调。中华人民共和国成立至今也不过近70年的时间,与西方发达国家相比,中国最缺的仍然是时间。当然,如果"两化"发展不协调,"三化"融合、"四化"同步科学发展、"五化"协同也都是不可能实现的。因此,实现"两化"——工业化与城市化协调发展是基础。为此,本研究一方面通过对1953—2011年中国工业化与城市化协调程度进行考察与反思,另一方面对外国部分国家工业化与城市化互动发展模式进行研究,得出以下几点启示。

## 一、注重人力资源,充分发挥创造能力

马克思主义认为,人是社会关系的总和,在社会发展中,劳动创造了人,劳动创造了文明。人是最宝贵的财富,是一种动态的有生命的资源。中华人民共和国成立的头30年中,人力资源无论在体力还是智力方面都得到了最大限度的发挥。在当时的社会背景下,人们的文化知识程度和实际能力水平的科技含量不高,但人们的政治思想觉悟高,工作意识、社会主人翁意识、历史的使命感和责任感都很强。

改革开放以后,随着改革开放和体制改革的不断深入,人们越来越意识到人是一种宝贵的社会资源,逐渐认识到了人生、人权、人性、人格、人智、人本的意义和价值。在工业化和城市化发展中强调"以人为本",在管理上讲究人性化管理,在企业发展中把人的因素摆放在突出的重要地位,在市场经济发展中提出了"顾客就是上帝",在消费需求中领悟到了只有在有人的地方才会有消费需求,才会有市场,才会有经济效益。

在工业化和城市化建设中,建设人性化厂矿企业和城市是未来社会发展的必然趋势,城市是人口密集的地方,没有人的工厂是废弃的工厂,没有人的城市是废弃的城市。不论是生活环境、生活方式还是生活习惯,都是以人为本的,人性化是工业化和城市化发展的基本要求。人性不仅包括人的自然属性,也包括人的社会属性,是人之所以为人,是万物之灵的基本特性。工业化和城市化发展的基本道路,实质上就是要走"天道"和"人道",对自然和人都要具有敬畏之心。如果违背"天道",就会受到大自然的惩罚,违背"人道",就会受到社会的惩罚。因此,工业化和城市化发展都要遵循自然生态化城市、人性化城市的规律。

## 二、注重文化发展,推进文明进步

文化是一个民族的灵魂,也是人类创造的所有财富的总和。在工业化和城市化发展中,要注重文化发展,推进文明进步,增强文化自信,维护国家和民族文化安全。中国是一个伟大的文明古国,有着丰富灿烂的文化资源。工业化和城市化是人类文明发展到一定历史阶段的产物,是一个时代物质文明和精神文明程度的反映。工业化和城市化发展的过程,实质上是当代文化与古代文化、东方文化与西方文化、企业文化与城市文化、人文文化与科技文化、社会文化与经济文化、自然生态文化与社会科学文化等相互交融的过程。在工业化和城市化发展中,要注重文化建设。企业文化是指企业的历史渊源,发展过程的文化积淀,是企业的生命和灵魂,是一种宝贵的资源,是一个

伟大的宝库。企业文化具有导向功能、凝聚功能、品牌功能、激励功能和辐射功能。企业文化是企业的信念力量、道德力量和心理力量。

城市实质上是文化的一种符号，是历史文明的标志。城市文化是能够激发人们思想感情活动的城市形态和精神特征，是城市形态文明、物质文明、精神文明和政治文明的体现，是人们的城市生活环境、生活方式和生活习俗的总和。中国有许多历史文化名城，每一个历史名城都具有厚重的历史文化积淀，有美好的传说、生动的故事、珍贵的文物、文明的风尚，是城市发展的软实力，是城市化发展的宝贵的资源。然而，在城市化建设过程中，尤其是在那些历史文化名城的旧城改造过程中，一些人在思想意识中喜新厌旧，破坏了大量的文物，造成了难以弥补的损失。城市是历代社会"人气"汇聚的地方，是人口密度较大的地方，所以也是能够聚集财富的地方，可以说每一座城市都是一个巨大的"聚宝盆"，都是"风水宝地"。一个城市能够存在几百年甚至几千年，凭的就是人气和财气。城市文化具有地域性、集聚性、兼容性等基本特征。在城市化发展中，要大力发展文化产业，开拓文化市场，发展文化经济，注重文明传承、文化积淀、文化交流、文化创新及文化资源的开发和利用。

### 三、注重科技创新，推动科技进步

科学技术是第一生产力，也是推动社会发展的动力。科技进步与创新是生产力发展的决定因素，也是促进工业化和城市化发展的内在动力。工业革命源于科学技术上的重大突破，第一次工业革命使工场制代替了手工制，用机器代替了手工劳动，使英国工业实现了机械化。第二次工业革命以电力应用为代表、电灯发明为标志，人类跨入了"电气时代"。第三次工业革命以原子能、电子计算机、空间技术和生物工程应用为标志，不仅把现代科技发展推向了一个新阶段，也使西方发达国家实现了高度工业化。无论是在工业化社会，还是在信息化社会，发达国家掌握着科学技术的核心技术，拥有大量的科学技术研究成果和创造发明专利，拥有大量的知识产权，并应用于各个领域。在工业化和城市化发展中，先进的开采技术、机器制造技术、遥感勘测技术、工程设计技术等发挥了很大的作用。科学技术革命引起的三次工业革命都给社会发展带来了财富，人类走进了工业化和城市化的社会。

进入21世纪以来，网络技术革命把人类带入了信息化的网络时代。在世界科技激烈竞争的环境中，谁能够创造和掌握世界最新最先进的科学技术，谁就能够掌握和决定世界发展的前途和命运。在社会的快速发展和激烈的世界竞争中，中国要在世界民族之林长期立于不败之地，担当起大国的重任，引领时代的发展，就要成为一个创造型国家。中国具有丰富的人力资源，悠久的历史文化,丰富的创造文化,要把巨大的人力资源和文化资源转化为科学技术的创造力和社会的推动力,把科学技术创新、引领世界科技进步当作一项大国的重任,就要有很强的民族自信和文化自信,大力培养创新型人才,着力打造创新型国家,推进工业化和城市化又快又好的协调发展。

### 四、正确处理产业与就业的关系

在工业化和城市化发展中,产业与就业不仅是经济发展问题,而且是关系到国计民生的重大问题。产业发展为劳动者提供了就业机会,产业升级对劳动者素质不断提出新的要求。在经济发展过程中,产业发展不断增加就业岗位,是为人民创造福祉的重要途径。首先,加快发展第三产业,增加劳动力就业机会。随着经济发展水平的不断提高,第三产业比重不断提升,因为该产业属于劳动密集型产业,所以如果第三产业比重得到提升,就可以吸纳更多的劳动力实现就业。事实上,大量农村冗余劳动力转移到城市,一般都转移到第三产业就业,因为第二产业从业人员往往需要一定的职业技能,而农村劳动力又普遍缺乏职业技能,相比较而言第三产业从业人员进入的门槛相对较低。同时,产业结构升级的重点是提高第三产业的比重,因为工农业升级也依赖于高层次服务业的发展。历史经验表明,制造业的资本、技术深化趋势是不可逆转的,为增加就业而发展劳动密集型产业,并不是在第二产业发展中扩大劳动密集型产业,而是在提高第二产业劳动生产率的基础上,集中力量发展劳动密集型服务业。因此,要加快制度改革,实现产城融合,推进城乡一体化,破除劳动力流动的体制障碍,引导劳动力向第三产业转移。其次,大力发展中小微企业,千方百计扩大就业。一般来说,中小微企业大多以轻工业和服务业为主导,基本上都是劳动密集型产业,对劳动力的吸纳能力极强,可以创造更多的就业机会。据统计,从改革开放至20世纪末,中国服务业和工业部门新增从业人员2.5亿人,其中85%以上都进入中小微企业实现了就业。① 因此,必须转变观念,淡化所有制意识,赋予中小微企业平等的地位,对中小微企业发展给予必要的支持,用法律和制度作为中小微企业发展的保障。最后,大力发展教育事业。劳动力作为一种宝贵的人力资源,劳动者的素质直接关系到工作的效率,自然也关系到经济社会的发展速度。事实上,产业结构能否顺利实现升级取决于劳动力素质的提升。因此,实现教育公平,提高教育质量,改善劳动者的综合素质,就变得愈来愈重要;加强技能培训,增强低素质从业人员的就业能力,以就业为导向,加快应用型、技

---

① 孙祖芳:"中国发展劳动密集型产业的经济学思考",《社会科学》,2003年第10期,第23—27页。

能型人才的培养;重视对下岗职工的培训,使他们具备一定的从业技能,促进其再就业的能力;加强对在岗职工的文化教育,以适应产业发展,推进企业文化和城市文化建设,打造企业文化和城市文化品牌,促进城市文明发展。

### 五、正确处理城乡统筹与城市级别的关系

国家大计,民生为本。一个国家或地区的城市化水平越高,农村人口所占比重就相对越小,当然这不是要消灭农村,而是要促使城乡和谐,实现城乡协调发展。深化经济体制改革,最根本的是要彻底解决贫困问题,尤其是要解决中国广大农村人口的贫困问题,走共同富裕的社会主义道路。一方面,调整"城市偏向"战略,实现城乡一体化。城市化水平取决于经济发展水平,不能以行政手段实施"城市偏向"政策,不能以牺牲农村为代价发展城市,也不能以牺牲第一产业为代价发展第二、第三产业。当然,更不能反过来实施"农村偏向"政策,城市是自然形成的,生产要素必须在城乡之间自由流动,形成以产促城、城乡融合的新型产城关系。因此,必须斩断城市剥夺农村的一切通道——城乡征税起点差异、产品价格"剪刀差"、财政支出偏好、高档城市工程项目等。另一方面,调整城市化方针,促进大中小城市协调发展。中国目前区域经济发展的不平衡,导致了劳动力不能实现就地"工业化",而只能是候鸟式的迁徙。劳动力在很大程度上体现为单身、短期迁移,大部分只是实现了劳动力个人的城市化,而不是整个家庭的城市化。因此,必须加快调整城市化建设思路,不能只发展大城市、特大城市(这些城市生活成本高,无法实现家庭城市化),而是要发展大中小城市,形成富有特色的城市带,打造具有辐射能力的城市群。另外,还要破除城乡分割体制,破解城市化的体制障碍,促进劳动力自由流动,以广泛吸纳农村人口为目的,遵循城市化发展规律,以形成完整的城市体系。2017年4月公布的雄安新区建设战略就是要优化京津冀城市布局,调整城市空间结构,打造北京非首都功能,疏解集中承载地,从而有效防止城市过大或者缓解"城市化病"问题。当然,雄安新区是继深圳经济特区和上海浦东新区之后规划建设的具有全国意义的新区,是党中央做出的一项重大的历史性战略选择。

### 六、完善工业化与城市化协调发展的互动机制

工业化与城市化的协调发展本质上是技术创新、要素流动、产业集聚三者之间相互作用的结果。因此,推动中国工业化与城市化协调发展必须推进技术创新,促进要素流动,增强集聚经济。这也正是针对当前中国工业化与城市化发展过程中存在的技术创新不活跃、要素流动存在障碍以及集聚经济

的"集而不聚"或"集聚不经济"等问题。同时,从协调发展的影响因素来看,推进技术创新、促进要素流动、增强集聚经济需要在既定的要素禀赋下通过优化制度安排、实施正确的政策导向、平衡外向程度等手段来实现。第一,建立创新管理机制。继续完善要素价格形成的市场机制,使要素结构的动态变化正确引导企业生产战略,建立和完善科技创新激励机制,增强技术创新的动力,大力推进创新技术成果的应用,广泛开拓新的经济市场。无论是对于技术领先的发达国家,还是对于技术落后的发展中国家,技术创新都是至关重要的。根据中国所处的发展阶段和未来发展趋势,整合智力资源,实施恰当的创新战略,妥善处理技术引进与自主创新的关系;完善有利于技术创新的体制,建立新型的创新激励机制,大力推进创新型国家建设,加强高端和核心技术创新,提高国家发展的软实力。在经济体制改革中,必须加强经济管理体制建设,建立和健全经济管理机制,强化法制意识,增强执法效力,加强反腐力度,严厉打击经济犯罪和网络犯罪,维护国家和人民的社会经济安全。第二,推动生产要素自由流动机制。随着经济发展水平的提高,生产要素在城乡之间流动更加频繁。因此,必须破除生产要素在城乡之间流动的障碍,引导生产要素在城乡之间的合理流动,促进非农产业的快速发展,实现产城融合,推进城乡一体化;创新农地、户籍、就业、社保、教育、医疗、住房等方面的制度安排,破除劳动力乡—城流转的障碍;在充分发挥市场机制作用的基础上,构建合理的利益引导机制,促进人口、资金、知识等要素合理的流动,不断为国民经济发展增添新的活力。第三,提升城市集聚经济机制。同一产业或性质相近的企业集中在某一特定区域,必然带来生产规模的不断扩大,产品或服务总量的增加,分工更加专业化,协作进一步加强,产业劳动生产率不断得到提高,生产费用和各种成本不断降低。当然,不同产业、不同性质的企业集中在一起,也可以产生更大的经济效益,为企业带来更大的利润。因此,必须实施有效的城市化发展战略,提升产业集聚能力,提高城市化质量和水平;增强城市产业基础,优化空间布局;完善城市基础设施建设,提高城市承载力;推动城市功能转型,提升城市发展水平。

### 七、增强工业化与城市化协调发展的内生性

传统计划经济体制时期(1953—1978)和体制转轨时期(1979—2011),中国工业化与城市化的互动发展基本上都是依靠外力推动,这两个阶段外力作用的差异体现在:传统计划经济体制时期中国工业化与城市化互动发展受到政府干预过多;体制转轨时期二者互动发展则受到外资外贸的影响和冲击较大。加快推进工业化与城市化协调互动,必须增强二者互动发展的内生性动

力，必须以战略性新兴产业和服务业作为载体提升产业发展的自主创新能力，同时还必须扩大国内需求。目前，中国工业化与城市化发展仍然不够协调，为实现国民经济健康发展必须推动其向更高水平迈进，当务之急是要加快技术创新和扩大国内需求，提升工业化与城市化互动发展的内生性。

中国工业尤其是制造业之所以处于全球价值链的低端，根源在于自主创新能力不足，缺乏核心技术。在西方发达国家将核心技术严密封锁的条件下，只能依靠自主研发和自主创新。第一，大型企业在工业部门中所占比重较大，其创新能力对整个行业竞争力提升起到关键性的作用，必须鼓励大型企业发挥其比较优势和研发优势，不断提高自主创新能力，走出一条独特的科技创新之路，力争把中国建设成为具有一定自主创新能力的创新型国家。第二，支持中小型企业形成技术创新的网络体系，鼓励其进行应用性创新。第三，做好知识产权保护工作，提升知识产权运用与管理能力，完善知识产权交易市场，加快科技成果向现实生产力转化。第四，鼓励符合条件的企业进行公开上市，有条件的企业进行资产重组，支持合理利用风险资金等新型融资手段，拓宽企业融资渠道。同时，提升技术创新水平还需要技术含量高的产业作为载体。目前，中国战略新兴产业和现代服务业蓬勃发展，成为提升技术创新水平的良好载体。将传统产业改造升级与战略性新兴产业紧密联系在一起，利用先进的技术将传统产业的生产方式、管理体制以及决策观念等进行改造、重组，对部分过时的劳动密集型产业进行有针对性的淘汰，引导产业结构升级，增强工业化和城市化互动发展的内生性。当然，现代服务业发展也离不开技术创新的带动和支撑。技术创新与现代服务业结合在一起，可以推动现代服务业发展，增强竞争优势。[①] 技术创新不仅需要产业发展作为其载体，同时还需要空间载体。因此，必须提升城市化水平，将产业和城市发展作为载体来共同实现。

中国工业化和城市化互动发展离不开国内需求的拉动，二者的互动发展必须是自发的、内生的。改革开放以来，中国消费需求呈现持续平稳较快增长的态势。然而，其增长速度低于投资增长速度和出口增长速度，且对经济增长的贡献也较低，在"后金融危机"时代，依赖于投资和外资外贸推动经济增长的这一粗放型增长方式必然面临着较大的压力和风险。因此，必须依靠国内需求带动经济增长。长期以来，中国消费需求对经济增长的拉动效应明显较弱，原因之一就是城市化发展缓慢并且相对滞后以及城市化内涵式发展尚不完善。毫无疑问，破解消费需求不足的路径之一在于不断提升城市化的

---

[①] 国务院：《国务院关于加快培育和发展战略性新兴产业的决定》，2010年。

发展水平和质量。工业化对消费需求的影响体现在：工业化实现之前，第二产业比重逐渐上升，并成为经济发展的主导。由于第二产业的主体产业——制造业产业链较长，而且具有迂回生产的特点，因此需要大量的技术装备、基础设施与之相适应。这一时期居民消费中耐用工业消费品所占比重必然会上升，这也会推动第二产业的发展。进入工业化后期阶段，随着专业化程度进一步提高，生产方式的复杂化程度不断提升，产业对生产性服务业的需求与日俱增，居民的消费也从以工业消费品为主开始向以文化教育、医疗卫生、休闲旅游、金融保险等服务业为主转变。第三产业的发展必须以一定的城市空间为载体，因此扩大消费需求离不开城市化水平的提高。

## 八、进一步推进和深化经济体制改革

中国是一个人多地少的国家，有限和紧缺的土地具有不可再生性。深化土地制度改革，合理利用土地资源，是关系到国计民生的大事。当前，中国土地流转机制尚未真正建立起来，土地流转的约束仍然存在，进城农民既难以实现完全"离土"，又难以成为真正意义上的城市"市民"，进城农民就成为游走于城乡之间的"两栖"公民，城乡一体化也不可能真正形成。为此，必须深化土地制度改革，维护农民的合法权益，确保土地产权清晰。土地作为生产要素在市场机制的作用下会自动实现优化配置，进城农民可以将土地进行转让而获取收益，获得的收益可以作为启动资金进城创业。城市土地制度改革可以将土地无偿使用转变为有偿使用，提高城市土地资源的配置效率。改革开放之前，中国实行的是城乡分割的户籍管理制度和人口迁移制度，随着经济的发展，这一制度日益成为城市化发展的重要障碍，也形成了城乡一体化不可逾越的一道屏障，阻碍了工业化与城市化的同步发展。当然，城市化的滞后发展也会反过来延缓现行户籍制度的改革，进而造成恶性循环。为此，中央政府必须加快落实户籍制度改革，让进城农民成为真正意义上的市民。同时，要打破城市"保护主义"，破除对农民工的就业歧视，促进全国统一劳动力市场的形成。①

"有国有家者，不患寡而患不均"。通过完善现有的收入分配制度，防止社会成员收入差距过大，着力缓解地区收入的不平衡，力求实现收入分配公平，逐步完善企业职工工资正常增长机制和最低工资制度。同时，创造良好的投资环境，吸引各种经济资源投入工业化和城市化建设之中。通过政策引导，提高不同经济主体共同参与城市建设，将部分基础设施逐步市场化，缓解

---

① "新型工业化道路研究"课题组："协调推进工业化和城市化"，《国研报告》，2010年。

城市人口与城市基础设施的矛盾,消除人们对"城市化病"的恐惧,形成正常的城市扩展机制。另外,中国城乡一体化的社会保障机制尚未建立起来,农民工属于"两栖"公民,外出打工根本没有社会保障,其"最后的一根稻草"仍然是土地,这显然不利于工业化与城市化互动发展。因此,城乡社会保障制度的目标是实现城乡一体化,形成统一、平等的社会保障制度,消除市民的社会保障特权,让农民真正成为福利保障大家庭的成员。当然,任何事情都不是一蹴而就的,需要一个循序渐进的过程。现阶段可以考虑建立一种过渡性的社会保障体制,即"全民基本保障""单位补贴保障"和"个人支付保障"组成的三位一体的社会保障范式,解除进城农民的后顾之忧,为人民创造福祉。

# 参 考 文 献

[1] Albouy, D., "What are Cities Worth-Land Rents, Local Productivity, and the Capitalization of Amenity Values", NBER Working Paper No. W 14981, 2009.

[2] Amsden, H., *Asia's Next Giant: South Korea and Late Industrialization*. Oxford: Oxford University Press, 1989.

[3] Antikainen, A., "In Search of the Nordic Model in Education", *Scandinavian Journal of Educational Research*, 2006, 50(3): 229-243.

[4] Arnott, R., and Stiglitz, J., "Land Rents, Local Expenditures, and Optimal City Size", *Quarterly Journal of Economics*, 1979, 93:471-500.

[5] Bai, C. E., Du, Y., Tao, Z., and Tong, Y., "Local Protectionism and Regional Specialization: Evidence from China's Industries", *Journal of International Economics*, 2004, 63(2):397-417.

[6] Barles, S., "The Nitrogen Question: Urbanization, Industrialization, and River Quality in Paris", *Journal of Urban History*, 2007, 33:794-812.

[7] Bicknell, K., Ball, R., and Cullen, R., "New Methodology for the Ecological Footprint with an Application to the New Zealand Economy", *Ecological Economy*, 1998, 27:149-160.

[8] Bradford, D., Schlieckert, R., and Shore, S. H., "The Environmental Kuznets Curve: Exploring a Fresh Specification", CWS ifo Working Paper No. 367, 2000.

[9] Christaller, W., *Central Place in Southern Germany*. London: Prentice Hall, 1966.

[10] Costanza, R., Cumberland, J., and Daly, H., *An Introduction to Ecological Economics*. NY: St Lucie Press, 1997.

[11] Daniels, P. W., O'Connor, K., and Huton, T. A., "The Planning Response to Urban Service Sector Growth: An International Comparison", *Growth and Change*, 1991: 3-26.

[12] Driscolll, J., and Kraay, A. C., "Consistent Covariance Matrix Estimation with Spatially Dependent Data", *Review of Economics and Statistics*, 1998, 80(4): 549-560.

[13] Eliison, G., and Glaeser, E. L., "Geographic Concentration in US Manufacturing Industries: A Dartboard Approach", *Journal of Political Economy*, 1997, 107(5):889-927.

[14] Ellison, G., and Glaeser, E. L., "The Geographic Concentration of Industry: Does Natural Advantage Explain Agglomeration?", *The American Economic Review*, 1999, 89(2):311-316.

[15] Faun, Y., and Bond, A., "Democracy and Environmental Quality", *Journal of Development Economics*, 2006, 81: 213-235.

[16] Fenge, R., and Volker, M., "Why Cities Should Not be Subsidized", *Journal of Urban Economics*, 2001, 52:433-447.

[17] Franconis, M., and Beatrice, B., "A Measure of the Geographic Concentration in French Manufacturing Industries", *Regional Science and Urban Economics*, 1999, 29(5): 575-604.

[18] Friedmann, J., and Wolf, G., "World City Formation", *International Journal of Urban and Region Research*, 1982, 6(3): 309-344.

[19] Gwynne, R. N., *Industrialization and Urbanization in Latin America*. London: Routledge, 1985.

[20] Haggett, P., *Locational Analysis in Human Geography*. London: Edward Arnold Ltd, 1965.

[21] Harns, C. D., "A Functional Classification of Cities in the United States", *Geographical Review*, 1943, 33(1):86-99.

[22] Harold, C., *The Study of Urban Geography*. London: Arnold, 1995.

[23] Hayashi, F., and Prescott, E. C., "The Depressing Effect of Agricultural Institutions on the Prewar Japanese Economy", *Journal of Political Economy*, 2008, 116(4): 573-632.

[24] Helsey, R. W., and Strange, W. C., "Matching and Agglomeration Economies in a System of Cities", *Regional Science and Urban Economics*, 1990, 20:189-222.

[25] Henderson, J. V., "Urbanization Developing Countries", *World Bank Research Observer*, 2002, 17(1):89-112.

[26] Hirschman, A. O., "The Political Economy of Import Substituting Industrialization in Latin America", *The Quaterly Journal of Economics*, 1968, 82(1):1-32.

[27] Hoffmann, W., *Growth of Industrial Economics*. Manchester: Manchester University Press, 1958.

[28] Holmes, T. J., "Localization of Industry and Vertical Disintegration", *The Review of and Statistics*, 1999, 81(2):314-325.

[29] Kloosterman, R. C., and Musterd, S., "The Polycentric Urban Region: Towards a Research Agenda", *Urban Studies*, 2001, 38(4): 623-633.

[30] Lall, S., "Technological Capabilities and Industrialization", *World Development*, 1992, 20(2): 165-186.

[31] Lu, X., Pan, J., and Chen, Y., "Sustaining Economic Growth in China under Energy and Climate Security Constraints", *China & World Economy*, 2006, 14(6): 85-97.

[32] Macdonald, D. H., and Moffatt, N., "Applying the Concept of Natural Criticality to Regional Resource Management", *Ecological Economics*, 1999, 29: 73-76.

[33] Ma, L. J., and Cui, G., "Administrative Changes and Urban Population in China", *Annals of the Association of American Geographers*, 1987, 77: 373-395.

[34] Moomaw, R. L., "Urbanizaion and Economic Development: A Bias toward Large Cities", *Journal of Urban Econornics*, 1996, 40: 13-37.

[35] Palazuelos, E., "China's Energy Transition: Features and Drivers", *Post Communist Economies*, 2008, 20(4): 461-481.

[36] Pan, M. X., and Berry, B. J. L., "Under Urbanization Policies Assessed: China, 1949-1986", *Urban Geography*, 1989, 10(2): 111-120.

[37] Qian, Y. C., and He, P., "An Analysis on the Changes in the Water Quality in Taihu Basin during 1998 Similar to 2006", *Acta Agriculturae Universitatis Jiangxiensis*, 2009, 31(2): 370-374.

[38] Ran, M., and Berry, B. J., "Underurbanization Policies Assessed: China, 1949-1986", *Urban Geography*, 1989, 10: 111-120.

[39] Roback, J., "Wages, Rents, and the Quality of Life", *Journal of Political Economy*, 1982, 90: 1257-1278.

[40] Rosen, K. T., and Resniek, M., "The Size Distribution of Cities and Examination of the Pareto Law and Primary", *Journal of Urban Economies*, 1980(8): 165-186.

[41] Smith, D., *Third World Cities in Global Perspective: the Political Economy of Uneven Urbanization*. Colorado: Westview Press, 1996.

[42] Wright, G., "The Origin of American Industrial Success: 1879-1940", *American Economic Review*, 1990, 80(4): 651-668.

[43]〔德〕阿尔弗雷德·韦伯:《工业区位论》(李刚剑、陈志人、张英保译),商务印书馆,1997年。

[44]〔美〕阿瑟·奥莎利文:《城市经济学》(周京奎译),北京大学出版社,2008年。

[45]〔美〕阿瑟·刘易斯:"劳动无限供给下的经济发展",《现代国外经济学说论文选》(第8辑),商务印书馆,1984年。

[46]〔英〕安格斯·麦迪森:《世界经济二百年回顾》(李德伟、盖建玲译),改革出版社,1997年。

[47] 安虎森、陈明:"工业化、城市化进程与中国城市化推进的路径选择",《南开经济研究》,2005年第1期,第48—54页。

[48] 白南生:"中国的城市化",《管理世界》,2003年第11期,第78—86页。

[49] 包宗华:《中国城市化道路与城市建设》,中国城市出版社,1995年。

[50]〔美〕保罗·克鲁格曼:《发展、地理学与经济理论》(蔡荣译),中国人民大学出版社,2000年。

[51]〔美〕保罗·诺克斯、琳达·迈克卡西:《城市化》(顾朝林等译),科学出版社,2009年。

[52]〔美〕布莱恩·贝里:《比较城市化——二十世纪的不同道路》(顾朝林等译),商务印书馆,2008年。

[53]〔法〕C.L.莫瓦特:《新编剑桥世界近代史》(十二)(中国社会科学院世界历史研究所组译),中国社会科学出版社,1991年。

[54]蔡昉、白南生:《中国转轨时期劳动力流动》,社会科学文献出版社,2006年。

[55]蔡昉:《中国的二元经济与劳动力转移》,中国人民大学出版社,1990年。

[56]蔡继明、周炳林:"小城镇还是大都市:中国城市化道路的选择",《南开经济研究》,2002年第10期,第23—24页。

[57]蔡俊豪、陈兴渝:"'城市化'本质含义的再认识",《城市发展研究》,1999年第5期,第22—25页。

[58]曹建海、李海舰:"论新型工业化的道路",《中国工业经济》,2003年第1期,第56—62页。

[59]曹科学、高彩色、安程:"新时期新型城市化与现代工业化协调发展的策略探究——融入推拉理论的托达罗修正模型",《中国城市经济》,2012年第1期,第11—12页。

[60]陈阿江:"中国城市化道路的检讨与战略选择",《南京师大学报》(社会科学版),1997年第3期,第11—15页。

[61]陈波翀、郝寿义、杨兴宪:"中国城市化快速发展的动力机制",《地理学报》,2004年第4期,第1068—1075页。

[62]陈东林:"'三年自然灾害'与'大跃进':'天灾'、'人祸'关系的计量历史考察",《中共党史资料》,2000年第4期,第31—32页。

[63]陈锋、张建民、任放:《中国经济通史》(第八卷),湖南人民出版社,2002年。

[64]陈佳贵、黄群慧:"对我国工业化进程的基本认识",《中国党政干部论坛》,2008年第2期,第35—37页。

[65]陈佳贵、黄群慧:《中国工业化与工业现代化问题研究》,经济管理出版社,2009年。

[66]陈佳贵、黄群慧:《工业大国国情与工业强国战略》,社会科学文献出版社,2012年。

[67]陈佳贵、黄群慧、钟宏武:"中国地区工业化进程的综合评价和特征分析",《经济研究》,2006年第6期,第4—16页。

[68]陈书荣:"中国城市化现状、问题及发展前景",《城市问题》,2000年第1期,第3—5页。

[69] 陈廷煊:"城市化与农业剩余劳动力的转移",《中国经济史研究》,1999年第4期,第120—127页。

[70] 陈夕:《中国共产党与156项工程》,中共党史出版社,2015年。

[71] 陈耀:"世界发达国家二、三产业关系的演变与启示",《经济纵横》,2007年第8期,第53—57页。

[72] 陈甬军、陈爱民:《中国城市化:实证分析与对策研究》,厦门大学出版社,2002年。

[73] 陈甬军、景普秋:"中国新型城市化道路的理论及发展目标预测",《经济学动态》,2008年第9期,第4—15页。

[74] 成德宁:《城市化与经济发展:理论、模式与政策》,科学出版社,2004年。

[75] 成德宁、周立:"国外学者关于城市化作用的再认识",《经济学动态》,2006年第7期,第63—66页。

[76] 仇保兴:"对中国特色城镇化的再认识",《城市发展研究》,2005年第6期,第1—4页。

[77] 仇保兴:《和谐与创新:快速城镇化进程中的问题、危机与对策》,中国建筑工业出版社,2006年。

[78] 储诚炜:《制度创新视角下党的农村土地政策变迁研究》,西北农林科技大学出版社,2013年。

[79] 崔传义等:"城市化是快了?还是慢了?——专家谈中国城市化进程",《小康》2007年第12期,第41—45页。

[80] 崔功豪、王本炎:《城市地理学》,江苏教育出版社,1992年。

[81] 当代中国农业合作化编辑室:《建国以来农业合作化史料汇编》(第1版),中共党史出版社,1992年。

[82] 邓伟志:《当代"城市病"》,中国青年出版社,2003年。

[83] 邓宇鹏:"中国的隐性超城市化",《当代财经》,1999年第6期,第20—23页。

[84] 狄承锋:"印度软件产业发展的经济分析",《北京师范大学学报》(社会科学版),2004年第1期,第90—95页。

[85] 丁小平:"中国城市化滞后的产业因素分析",《经济学家》,2004年第3期,第116—117页。

[86] 董志凯:"从建设工业城市到提高城市竞争力——新中国城建理念的演进(1949—2001)",《中国经济史研究》,2003年第1期,第23—35页。

[87] 董志凯:"中国工业化60年——路径与建树(1949—2009)",《中国经济史研究》,2009年第3期,第3—13页。

[88] 杜鹰:"我国的城镇化战略及相关政策研究",《中国农村经济》,2001年第9期,第4—9页。

[89] 樊纲、武良成:《城市化:一系列公共政策的集合》,中国经济出版社,2009年。

[90] 范红忠:《中国的城市化与区域协调发展——基于生产和人口空间分布的视角》,中国社会科学出版社,2010年。

[91] 方创琳、祁魏锋、宋吉涛:"中国城市群紧凑度的综合测度分析",《地理学报》,2008年第10期,第1011—1021页。

[92] 方创琳:"中国城市群形成发育的政策影响过程与实施效果评价",《地理科学》,2012年第3期,第257—264页。

[93] 房维中:《中华人民共和国经济大事记(1949—1980)》,中国社会科学出版社,1984年。

[94] 费维恺、张传洪、萧国亮:"欧洲'准工业化'和中国资本主义萌芽进行比较的论述",《上海经济研究》,1981年第11期,第36—42页。

[95] 费孝通:"我看到的中国农村工业化和城市化道路",《浙江社会科学》,1998年第7期,第35—37页。

[96] 冯海发、李徽:"我国农业为工业提供资金积累的数量研究",《经济研究》,1993年第9期,第60—64页。

[97] 冯兰瑞:"21世纪加快城市化的明智选择",《战略与管理》,2004年第1期,第4—6页。

[98] 冯云琴:《工业化与城市化:唐山城市近代化进程研究》,天津古籍出版社,2010年。

[99] 冯子标、焦斌龙:"城镇化战略与城市化战略",《中国工业经济》,2001年第11期,第44—49页。

[100] 傅崇兰:《中国特色城市发展理论与实践》,中国社会科学出版社,2003年。

[101] 高波:《工业化、城市化与经济发展》,南京大学出版社,1994年。

[102] 高波:"世纪之交的中国工业化、城市化战略",《管理世界》,1994年第4期,第27—36页。

[103] 高伯文:"改革开放以来城乡工业协调发展的路径与分析",《当代中国史研究》,2008年第4期,第120—120页。

[104] 高佩义:"中国城市化的特点和趋势",《中国农村观察》,1991年第2期,第10—19页。

[105] 高珮义:《中外城市化比较研究》,南开大学出版社,2004年。

[106] 〔瑞典〕戈兰·坦纳菲尔德、佩尔·卢詹克:《发展城市,减少贫困——城市发展与管理导论》(刘超、陈亮译),科学出版社,2008年。

[107] 工业化与城市化协调发展研究课题组:"工业化与城市化关系的经济学分析",《中国社会科学》,2002年第2期,第44—55页。

[108] 龚海涛、翟佳林:"新疆城市化与新型工业化关系的研究",《新疆财经》,2013年第2期,第51页。

[109] 辜胜阻:《非农化与城镇化理论与实践》,武汉大学出版社,1993年。

[110] 辜胜阻、刘传江、钟水映:"中国自下而上的城市化发展研究",《中国人口科学》,1998年第3期,第1—10页。

[111] 辜胜阻、易善策:"基于农民工特征的工业化与城镇化协调发展研究",《人口研究》,2006年第5期,第1—8页。

[112] 辜胜阻、易善策、郑凌云:"基于农民工特征的工业化与城镇化协调发展研究",《人口研究》,2006年第5期,第1—8页。

[113] 顾朝林:《中国城镇体系:历史·现状·展望》,商务印书馆,1992年。

[114] 顾朝林:《经济全球化与中国城市发展》,商务印书馆,2000年。

[115] 顾海兵:"再城市化:深度城市化与逆向城市化的同步推进",《江海学刊》,2002年第2期,第73—77页。

[116] 郭克莎:"城市化与工业化关系之我见",《光明日报》,2001年8月21日,第B02版。

[117] 郭克莎:"工业化与城市化关系的经济学分析",《中国社会科学》,2002年第2期,第44—45页。

[118] 郭克莎:"中国工业化的进程、问题与出路",《经济研究参考》,2000年第B3期,第2—21页。

[119] 郭丕斌:《新型城市化与工业化道路:生态城市建设与产业转型》,经济管理出版社,2006年。

[120] 郭庆然、丁翠翠:"新中国产业结构的历史变迁:以制造业为例",《河南科技学院学报》,2013年第1期,第6—11页。

[121] 郭庆然:"改革开放以来制造业变迁对中国经济增长影响的动态效应研究",《工业技术经济》,2013年第4期,第90—94页。

[122] 郭庆然:"中国工业化与城市化协调演进的量化测度",《统计与决策》,2014年第23期,第142—145页。

[123] 郭庆然:《中国制造业结构变动研究(1953—2011)》,人民出版社,2014年。

[124] 国家经贸委:《中国工业五十年》,中国统计出版社,2000年。

[125] 国家统计局工业统计司:《中国工业经济统计年鉴》,中国统计出版社,1949—1984年、1986—2012年。

[126] 国家统计局国民经济综合统计司:《新中国六十年统计资料汇编》,中国统计出版社,2010年。

[127] 国家统计局:《2012年全国农民工监测调查报告》,2013年。

[128] 国家统计局人口和就业统计司、人力资源和社会保障部规划财务司:《中国劳动统计年鉴》,中国统计出版社,2013年。

[129] 国家统计局:《中国城市统计年鉴》,中国统计出版社,1983—1996年。

[130] 国家统计局:《中国统计年鉴》(1985—1999),中国统计出版社,1985—1999年。

[131] 国家统计局:《中国统计年鉴》(2001),中国统计出版社,2001年。

[132] 国务院发展研究中心课题组:《中国新型城镇化道路、模式和政策》,中国发展出版社,2014年。

[133] 国务院:《国务院关于加快培育和发展战略性新兴产业的决定》,2010年。

[134] 韩长赋:"加快推进中国特色的城镇化",《经济日报》,2002年12月23日。

[135] 何念如、吴煜:《中国当代城市化理论研究》,上海人民出版社,2007年。

[136] 洪银兴、陈雯:"城市化模式的新发展——以江苏为例的分析",《经济研究》,2001年第12期,第66—71页。

[137] 洪银兴:"城市功能意义的城市化及其产业支持",《经济学家》,2003年第2期,第29—36页。

[138] 侯学英:《中国城市化进程时空差异分析》,经济科学出版社,2008年。

[139] 胡爱华:《工业化与城市化互动机制发展研究》,华中科技大学硕士学位论文,2004年。

[140] 胡鞍钢:"城市化是今后中国经济发展的主要推动力",《中国人口科学》,2003年第6期,第78—84页。

[141] 胡鞍钢:"中国就业状况分析",《管理世界》,1997年第3期,第36—54页。

[142] 胡必亮:"城镇化道路适合中国",《南方周末》,2003年8月7日。

[143] 胡长顺:"对中国工业化阶段的判断",《经济管理》,2003年第5期,第10—13页。

[144] 胡欣:《城市经济学》,经济科学出版社,1999年。

[145] 黄晋太:《二元工业化与城市化》,中国经济出版社,2005年。

[146] 黄群慧:"中国城市化与工业化的协调发展问题分析",《学习与探索》,2006年第2期,第213—218页。

[147] 黄征学:《城市群:理论与实践》,科学出版社,2014年。

[148] 黄祖辉:"我国农业劳动力的转移",《中国社会科学》,1992年第4期,第41—50页。

[149] 〔美〕霍利斯·钱纳里、莫尔塞斯·塞尔昆:《发展的格局:1950—1970》(李小青等译),中国财政经济出版社,1989年。

[150] 〔美〕霍利斯·钱纳里、谢尔曼·鲁宾逊、摩西·塞尔奎因:《工业化和经济增长的比较研究》(吴奇、王松宝等译),上海三联书店,1989年。

[151] 〔美〕吉利斯等:《发展经济学》(中译本),中国人民大学出版社,1998年。

[152] 简新华、刘传江:"世界城市化的发展模式",《世界经济》,1998年第4期,第14—17页。

[153] 简新华、向琳:"论中国的新型工业化道路",《当代经济研究》,2004年第1期,第32—38页。

[154] 简新华、余江:"重新重工业化不等于粗放增长和走旧型工业化道路——对吴

敬琏研究员相关论述的质疑",《学术月刊》,2006年第5期,第88—95页。

[155] 简新华、余江:《中国工业化与新型工业化道路》,山东人民出版社,2009年。

[156] 江小涓:"积极探索新型工业化道路",《求是》,2002年第24期,第19—20页。

[157] 江泽民:《全面建设小康社会 开创中国特色社会主义事业新局面》,人民出版社,2002年。

[158] 姜爱林:《城镇化、工业化与信息化协调发展研究》,华龄出版社,2012年。

[159] 景普秋、张复明:"工业化与城市化关系研究综述与评价",《中国人口·资源与环境》,2003年第3期,第34—39页。

[160] 景普秋、张复明:"工业化与城镇化互动发展的理论模型初探",《经济学动态》,2004年第8期,第63—66页。

[161] 景普秋:《中国工业化与城镇化互动发展研究》,经济科学出版社,2003年。

[162] 剧锦文:"新中国工业化模式导入的经济史考察",《中国经济史研究》,1994年第2期,第24—29页。

[163] 〔意〕卡洛·M.齐波拉:《欧洲经济史》(徐璇译),商务印书馆,1988年。

[164] 康就升:"中国特色城镇化的理念创新与体系构思",《南方经济》,2004年第10期,第63—66页。

[165] 孔凡文、许世卫:《中国城镇化发展速度与质量问题研究》,东北大学出版社,2006年。

[166] 孔凡文:《中国城镇化发展速度与质量问题研究》,中国农业科学院博士后研究工作报告,2006年。

[167] 李爱军:"城市化水平综合指数测度方法探讨——以江苏无锡市、泰州市为例",《经济地理》,2004年第1期,,第43—47期。

[168] 李炳坤:"关于加快推进城镇化的几个问题",《中国工业经济》,2002年第6期,第29—36页。

[169] 李刚、魏佩瑶:"中国工业化与城镇化协调关系研究",《经济问题探索》,2013年第5期,第72—79页。

[170] 李固:"生产资料生产增长更快与经济发展",《经济研究》,1988年第7期,第81页。

[171] 李国平:"我国工业化与城镇化的协调关系分析与评估",《地域研究与开发》,2008年第5期,第6—16页。

[172] 李浩:"'一五'时期的城市规划是照搬'苏联模式'吗?",《当代中国史研究》2015年第6期,第117—117页。

[173] 李红梅:"新农村建设与城镇化关系研究综述",《实事求是》,2007年第2期,第79—80页。

[174] 李继文:《工业化与信息化:中国的历史选择》,中共中央党校出版社,2003年。

[175] 李京文、吉昱华:"中国城市化水平之国际比较",《城市发展研究》,2004年第3

期,第 1—10 页。

[176] 李容根:《论中国工业化与城市化的协调发展——及广东省的经验和启示》,南开大学博士学位论文,2006 年。

[177] 李善同:"对城市化若干问题的再认识",《中国软科学》,2001 年第 5 期,第 4—8 页。

[178] 李腾娟:《中国特色城镇化与新型工业化协调发展研究》,重庆理工大学硕士学位论文,2014 年。

[179] 李文:"城市化滞后的经济后果分析",《中国社会科学》,2001 年第 4 期,第 64—75 页。

[180] 李文溥、陈永杰:"中国人口城市化水平与结构偏差",《中国人口科学》,2001 年第 5 期,第 10—18 页。

[181] 李小宁:《民生论》,人民出版社,2015 年。

[182] 李晓华:"中国城镇化与工业化的协调关系",《人民周刊》,2015 年第 7 期,第 57—57 页。

[183] 李珍刚:"建国后中国城市化进程的回顾与前瞻",《广西民族学院学报》,1998 年第 4 期,第 76—77 页。

[184] 李志宁:《中华人民共和国经济大事典(1949 年 10 月—1987 年 1 月)》,吉林人民出版社,1987 年。

[185] 厉以宁、程志强:《中国道路与新城镇化》,商务印书馆,2013 年。

[186] 梁春阳、吴志烈:《"四化"互动跨越发展:宁夏信息化与工业化、城市化、农业产业化互动发展研究》,宁夏人民出版社,2007 年。

[187] 梁普明:"中国城镇化进程的特殊性及测度方法研究",《统计研究》,2003 年第 4 期,第 9—15 页。

[188] 廖丹清:"我国城市化道路的选择因素",《经济学家》,2001 年第 2 期,第 60—63 页。

[189] 林超超:"'大跃进'后的产能过剩与城市工业的增效改革",《中共党史研究》,2014 年第 9 期,第 133—145 页。

[190] 林毅夫、刘明兴:"经济发展战略与中国的工业化",《经济研究》,2004 年第 7 期,第 48—58 页。

[191] 林毅夫:"中国的城市发展与农村现代化",《北京大学学报》(哲学社会科学版),2002 年第 4 期,第 12—14 页。

[192] 林云:"新中国工业化的回顾与展望",《财经研究》,1999 年第 11 期,第 40—46 页。

[193] 刘传江:《中国城市化的制度安排与创新》,武汉大学出版社,1999 年。

[194] 刘传江、周玲:"社会资本与农民工的城市融合",《人口研究》,2004 年第 5 期,第 12—18 页。

[195] 刘兰兮:"门德尔斯原始工业化理论简述",《中国经济史研究》,1988年第3期,第147—152页。

[196] 刘连银:"中国城市化的道路选择",《中南民族大学学报》(人文社会科学版),1997年第1期,第21—26页。

[197] 刘祺、邓剑伟、陈运动:"另类城镇化的路径选择及政策建议——对县城房价上涨后的思考",《小城镇建设》,2008年第3期,第83—85页。

[198] 刘升学:《后工业化时期中国城市化发展模式及实证研究》,湘潭大学出版社,2014年。

[199] 刘婷:"试析拉美工业化的启动时间及特点",《拉丁美洲研究》,2001年第6期,第43—49页。

[200] 刘伟、李绍荣:"产业结构与经济增长",《中国工业经济》,2002年第5期,第79—81页。

[201] 刘耀彬、王启仿:"改革开放以来中国工业化与城市化协调发展分析",《经济地理》,2004年第5期,第600—613页。

[202] 〔美〕刘易斯·芒福德:《城市发展史》(倪文彦等译),中国建筑工业出版社,1989年。

[203] 刘勇:"中国城市化回顾与展望",《中国经济时报》,1999年4月14日。

[204] 刘勇:《中国城镇化战略研究》,经济科学出版社,2004年。

[205] 柳随年、吴群敢:《大跃进和调整时期的国民经济(1958—1965)》,黑龙江人民出版社,1984年。

[206] 楼培敏:《中国城市化:农民、土地与城市发展》,中国经济出版社,2004年。

[207] 〔德〕鲁道夫·吕贝尔特:《工业化史》(中译本),上海译文出版社,1983年。

[208] 鲁勇:《和谐发展论:新型工业化与新型城市化契合》,清华大学出版社,2007年。

[209] 陆大道、宋林飞、任平:"中国城镇化发展模式:如何走向科学发展之路",《苏州大学学报》(哲学社会科学版),2007年第2期,第1—7页。

[210] 陆大道:"中国城镇化应循序渐进",《北京科技报》,2007年12月3日。

[211] 陆雪薇:"陈云与20世纪80年代初期国民经济的调整",《党的文献》,2005年第4期,第71—76页。

[212] 吕政、黄群慧、吕铁:"中国工业化、城市化的进程与问题——'十五'时期的状况与'十一五'时期的建议",《中国工业经济》,2005年第12期,第5—13页。

[213] 〔德〕马克思、恩格斯:《马克思恩格斯全集(第3卷)》(中共中央马克思恩格斯列宁斯大林著作编译局译),人民出版社,1960年。

[214] 〔德〕马克思、恩格斯:《马克思恩格斯全集(第18卷)》(中共中央马克思恩格斯列宁斯大林著作编译局译),人民出版社,1964年。

[215] 〔德〕马克思、恩格斯:《马克思恩格斯全集》(第3卷)(中共中央马克思恩格斯

列宁斯大林著作编译局),人民出版社,1995 年。

[216]〔德〕马克思:《资本论(第 1 卷)》(中译本),人民出版社,2004 年。

[217] 马学强、郁鸿胜、王红霞:《中国城市的发展历程、智慧与理念》,上海三联书店,2008 年。

[218] 马学强:《中国城市的发展:历程智慧和概念》,上海三联书店,2008 年。

[219]〔美〕迈克尔·托达罗:"发展中国家的劳动力迁移模式和城市失业问题",载自《现代国外经济学论文选》(第 8 辑)(中译本),商务印书馆,1984 年。

[220]〔美〕迈克尔·托达罗:《经济发展与第三世界》(印金强等译),中国经济出版社,1992 年。

[221] 毛泽东:《毛泽东著作选读》(下册),人民出版社,1986 年。

[222] 梅建明:"我国城市化的主要途径:进城农民工市民化",《经济学动态》,2007年第 1 期,第 48—51 页。

[223] 孟晓晨:《城市经济学——理论与方法》,北京大学出版社,1992 年。

[224] 苗圃:《马克思和恩格斯的城市观》,中共中央党校博士论文,2014 年。

[225] 倪鹏飞等:《中国新型城市化道路——城乡双赢:以成都为案例》,社会科学文献出版社,2007 年。

[226] 倪鹏飞:"新型城镇化的基本模式、具体路径与推进对策",《江海学刊》,2013年第 1 期,第 87—94 页。

[227] 牛文元:《中国城市化与区域可持续发展研究》,新华出版社,2005 年。

[228] 裴叔平、陈万醒:《乡镇企业产业政策研究》(第 1 版),经济管理出版社,1989 年。

[229]〔法〕皮埃尔·莱昂:《世界经济与社会史》(中译本),上海译文出版社,1985 年。

[230] 钱再见:"新世纪中国城市化道路的战略选择",《教学与研究》,2001 年第 11期,第 11—15 页。

[231]〔美〕乔尔·科特金:《全球城市史》(王旭等译),社会科学文献出版社,2006 年。

[232] 秦润新:《农村城市化的理论与实践》,中国经济出版社,2000 年。

[233] 饶会林、郭鸿懋:《城市经济理论前沿课题研究》,东北财经大学出版社,2001 年。

[234]〔日〕山田浩之:《城市经济学》(中译本),东北财经大学出版社,1991 年。

[235] 上海财经大学课题组:《中国经济发展史(1949—2005)》,上海财经大学出版社,2007 年。

[236] 沈建国:"世界城市化的基本规律",《城市发展研究》,2000 年第 1 期,第 6—11 页。

[237] 施岳群、庄金锋:《城镇化中的都市圈发展战略研究》,上海财经大学出版社,

2007年。

[238] 石忆邵:"关于城市化的几个学术问题的讨论",《同济大学学报》(社会科学版),2003年第3期,第33—38页。

[239] 史晋川、李建琴:《当代中国经济》,浙江大学出版社,2008年。

[240] 史言信:《新型工业化道路:产业结构调整与升级》,中国社会科学出版社,2006年。

[241] 史育龙:"我国城市化发展中的土地因素分析",《中国城市经济》,2001年第7期,第32—37页。

[242] 世界银行:《1999/2000年世界发展报告:迈进21世纪》,中国财政经济出版社,2000年。

[243] 世界银行:《1991年世界发展报告》,中国财政经济出版社,1991年。

[244] 宋蓓:"国外城市化发展路径评述",《国外社会科学》,2007年第2期,第41—45页。

[245] 宋士云:"新中国社会福利制度发展的历史考察",《中国经济史研究》,2009年第3期,第56—65页。

[246] 苏少之:"1949—1978年中国城市化分析",《当代中国史研究》,1999年第2期,第4—15页。

[247] 苏星、杨秋宝:《新中国经济史资料选编》,中共中央党校出版社,2000年。

[248] 孙健:《中华人民共和国经济史稿(1949—1957年)》,吉林人民出版社,1980年。

[249] 孙前进:《农村改革与农业现代化建设》,中国物资出版社,2012年。

[250] 孙永正:"城市化滞后的八大弊端",《城市问题》,1999年第6期,第2—4页。

[251] 孙祖芳:"中国发展劳动密集型产业的经济学思考",《社会科学》,2003年第10期,第23—27页。

[252] 谭崇台:《发展经济学》,上海人民出版社,1989年。

[253] 陶然、徐志刚:"城市化、农地制度与迁移人口社会保障——一个转轨中发展的大国视角与政策选择",《经济研究》,2005年第12期,第45—48页。

[254] 田雪原:"警惕人口城市化中的'拉美陷阱'",《宏观经济研究》,2006年第2期,第12—17页。

[255] 外国经济学研究会:《现代外国经济学论文选》(第15辑),商务印书馆,1992年。

[256] 汪冬梅:《中国城市化问题研究》,中国经济出版社,2004年。

[257] 汪光焘:"走中国特色的城镇化道路",《求是》,2003年第16期,第97—98页。

[258] 汪海波、董志凯等:《新中国工业经济史(1958—1965)》,经济管理出版社,1995年。

[259] 汪海波:"我国工业发展50年的历程和成就",《中国工业经济》,1999第9期,

第 9—15 页。

[260] 汪海波:《中国现代产业经济史》,山西经济出版社,2006 年。

[261] 汪浪、曹卫东:"近 10 年我国城镇化与工业化协调发展研究",《科学决策》,2014 年第 2 期,第 21—32 页。

[262] 汪利娜:"加快城市化:启动消费的现实选择",《经济学动态》,2001 年第 9 期,第 37—40 页。

[263] 王保龠、罗正齐:《中国城市化的道路及其发展趋势》,学苑出版社,1993 年。

[264] 王春光、张晖:《中国城市化之路》,云南人民出版社,1997 年。

[265] 王德文、王美艳、陈兰:"中国工业的结构调整、效率与劳动配置",《经济研究》,2004 年第 4 期,第 41—49 页。

[266] 王放:《中国城市化与可持续发展》,科学出版社,2000 年。

[267] 王凤丽:"印度、爱尔兰软件产业发展模式对我国的启示",《内蒙古财经学院学报》,2008 年第 3 期,第 10—12 页。

[268] 王桂新:《中国人口迁移与城市化研究》,中国人口出版社,2006 年。

[269] 王辉章、黄可可:《欧美农村劳动力的转移与城市化》,社会科学文献出版社,1999 年。

[270] 王建国:《中部地区工业化与城镇化互动协调发展研究》,经济管理出版社,2013 年。

[271] 王骏:"关于中国城市化战略若干问题的思考",《北京大学学报》(哲学社会科学版),2003 年第 4 期,第 120—127 页。

[272] 王骏:《毛泽东与中国工业化》(第一版),福建教育出版社,2001 年。

[273] 王茂林:《新中国城市经济 50 年》,经济管理出版社,2000 年。

[274] 王梦奎、冯并、谢伏瞻:《中国特色城镇化道路》,中国发展出版社,2004 年。

[275] 王梦奎:"通过'三化'促进'三农问题'的解决",《中国经济时报》,2003 年 9 月 18 日。

[276] 王述英:《新工业化与产业结构跨越式升级》,中国财政经济出版社,2005 年。

[277] 王小鲁、樊纲:《中国经济增长的可持续性——跨世纪的回顾与展望》,经济科学出版社,2000 年。

[278] 王小鲁、夏小林:"优化城市规模,推动经济增长",《经济研究》,1999 年第 9 期,第 22—29 页。

[279] 王旭:《美国城市发展模式:从城市化到大都市化》,清华大学出版社,2006 年。

[280] 王逸舟:《当代国家政治析论》,上海人民出版社,1995 年。

[281] 王颖:"城市发展研究的回顾与前瞻",《社会学研究》,2000 年第 1 期,第 65—75 页。

[282] 王玉茹、燕红忠:《世界市场价格变动与近代中国产业结构模式研究》,人民出版社,2007 年。

[283] 王育琨等:《中国:世纪之交的城市发展》,辽宁人民出版社,1992年。

[284] 王云平:《工业结构升级的制度分析》,经济管理出版社,2004年。

[285] 王展祥:《中国信息化与工业化互动发展机制研究》,武汉理工大学硕士学位论文,2005年。

[286] 王至元:"城乡二元结构转变与中国城市化战略",《经济学动态》,2004年第12期,第46—48页。

[287] 〔英〕威廉·配第:《赋税论》(陈东野译),商务印书馆,1978年。

[288] 韦文怡、钱雪松:"新型工业化、城镇化、信息化与农业现代化协调发展",《经济学动态》,2014年第1期,第154—157页。

[289] 韦月红:"特色·资源节约·可持续发展——浅论广西小城镇建设规划中应注意的几个问题",《广西城镇建设》,2005年第6期,第44—45页。

[290] 魏后凯:"面向21世纪的中国城市化战略",《管理世界》,1998年第2期,第191—196页。

[291] 魏后凯:"大都市区新型产业分工与冲突管理——基于产业链分工的视角",《中国工业经济》,2007年第2期,第28—34页。

[292] 魏明孔:《中国经济史研究前沿》(第一辑),社会科学文献出版社,2009年。

[293] (魏)王弼注、(唐)孔颖达疏:《周易正义》,北京大学出版社,1999年。

[294] 文贯中:"市场畸形发育、社会冲突与现行的土地制度",《经济社会体制比较》,2008年第2期,第45—51页。

[295] 〔美〕沃纳·赫希:《城市经济学》(刘世庆等译),中国社会科学出版社,1990年。

[296] 吴楚才:《城市与乡村——中国城乡矛盾与协调发展研究》,科学出版社,1994年。

[297] 吴国平:"拉美国家经济改革的经验教训",《拉丁美洲研究》,2003年第6期,第9—18页。

[298] 吴进红:《开放经济与产业结构升级》,社会科学文献出版社,2007年。

[299] 吴敬琏:"思考与回应:中国工业化道路的抉择",《学术月刊》,2006年第1期,第58—61页。

[300] 吴良镛、吴唯佳、武廷海:"从世界城市化大趋势看中国城市化发展",《科学新闻》,2003年第17期,第7—8页。

[301] 吴友仁:"关于中国社会主义城市化问题",《城市规划》,1979年第5期,第170—183页。

[302] 吴浙:"中国的第二次重工业化与环渤海区域发展",京津冀区域协调发展学术研讨会,2009年。

[303] 伍华佳、苏东水:《开放经济条件下中国产业结构的演化研究》,上海财经大学出版社,2007年。

[304] 武力、温锐:"1949年以来中国工业化的'轻、重'之辩",《经济研究》,2006年第9期,第39—48页。

[305] 武力:"中国工业化路径转换的历史分析",《中国经济史研究》,2005年第4期,第49—58页。

[306] 〔美〕西奥多·舒尔茨:《论人力资本投资》(吴珠华等译),北京经济学院出版社,1990年。

[307] 〔美〕西蒙·库兹涅茨:《现代经济增长》(中译本),北京经济学院出版社,1989年。

[308] 〔美〕西蒙·库兹涅茨:《各国的经济增长》(常勋译),商务印书馆,1999年。

[309] 夏小林、王小鲁:"中国的城市化进程分析——兼评'城市化'方针",《改革》,2000年第2期,第33—38页。

[310] 向鹏成、廖宗义、罗芸:"工业化与城镇化协调发展测度研究——以重庆市为例",《城市发展研究》,2014年第7期,第16—22页。

[311] 萧灼基:"城市化规律的新探索多元化发展的新思路",《经济科学》,2004年第4期,第125—128页。

[312] 谢守红:"经济全球化与世界城市的形成",《外国经济与管理》,2002年第4期,第18—21页。

[313] 谢文蕙:《城市经济学》,清华大学出版社,1996年。

[314] 谢扬:"中国城镇化战略发展研究——《中国城镇化战略发展研究》总报告摘要",《城市规划》,2003年第3期,第35—41页。

[315] 谢志强、梁洪波:《城市病》,江西人民出版社,1991年。

[316] 辛逸、高洁:"从'以农补工'到'以工补农'——新中国城乡二元体制述论",《中共党史研究》,2009年第9期,第15—24页。

[317]《新帕尔格雷夫经济学大辞典》(第2卷),经济科学出版社,1992年。

[318] "新型工业化道路研究"课题组:"协调推进工业化和城市化",《国研报告》,2010年。

[319] 徐和平、李明秀、李庆余:《公共政策与当代发达国家城市化模式》,人民出版社,2006年。

[320] 徐馨:《我国城市化与工业化协调性的理论与实证分析——基于城乡二元结构转化的视角》,西北大学硕士学位论文,2012年。

[321] 徐行、石奎:"新中国成立初期城市失业问题及其迅速解决",《当代中国史研究》,2014年第1期,第37—44页。

[322] 徐有威、陈熙:"三线建设对中国工业经济及城市化的影响",《当代中国史研究》,2015年第4期,第81—92页。

[323] 许经勇:"对中国特色城镇化道路的深层思考",《经济经纬》,2006年第1期,第101—104页。

[324] 许学强、朱剑如:《现代城市地理学》,中国建筑工业出版社,1988年。

[325] 杨波:"中国城市化滞后程度的定量分析",《重庆商学院学报》,2001年第2期,第36—38页。

[326] 杨洪明:"中国工业化、城市化中的战略偏差及其纠正",《经济理论与经济管理》,1997年第2期,第1—8页。

[327] 杨继瑞:"中国新型城市化道路的探索与思考",《高校理论战线》,2006年第11期,第32—35页。

[328] 杨重光:"中国城市现代化的特征与阶段分析",《中国城市经济》,2007年第10期,第3—9页。

[329] 姚士谋、W. Chang、朱振国:"中国特色的城市化问题",《长江流域资源与环境》,2001年第5期,第401—406页。

[330] 叶大年:"城市分布的对称性规律",《经济日报》,2004年8月9日。

[331] 叶舜赞:《城市化与城市体系》,科学出版社,1994年。

[332] 叶耀先:"新中国城镇化的回顾和启示",《中国人口、资源与环境》,2006年第2期,第1—7页。

[333] 叶裕民:"工业化弱质:中国城市化发展的经济障碍",《中国人民大学学报》,2002年第2期,第73—79页。

[334] 叶裕民:《中国城市化之路——经济支持与制度创新》,商务印书馆,2001年。

[335] 易善策:《产业结构演进与城镇化》,社会科学文献出版社,2013年。

[336] 殷醒民:《中国工业结构调整的实证分析》,山西经济出版社,2003年。

[337] 于洪俊、宁越敏:《城市地理学概论》,安徽科学技术出版社,1983年。

[338] 俞宪忠:"是'城市化'还是'城镇化'——一个新型城市化道路的战略发展框架",《中国人口、资源与环境》,2004年第5期,第86—90页。

[339] 袁志刚、范剑勇:"1978年以来中国的工业化进程及其地区差异分析",《管理世界》,2003年第7期,第59—66页。

[340] 原新、唐晓平:"都市圈化:一种新型的中国城市化战略",《中国人口、资源与环境》,2006年第4期,第7—12页。

[341] 张秉忱、陈吉元、周一星:《中国城市化道路宏观研究》,黑龙江人民出版社,1995年。

[342] 张国胜:《中国农民工市民化:社会成本视角的研究》,人民出版社,2008年。

[343] 张海英:"建国60年来中国古代经济史研究回顾",《中国经济史研究》,2009年第4期,第155—157页。

[344] 张颢瀚、张锋:《城市可持续发展:理论·实践·评价》,中国工商出版社,2005年。

[345] 张继焦:《新一轮城市化、工业化、市场化、文化多元化》,知识产权出版社,2015年。

[346] 张培刚:《发展经济学通论:农业国工业化问题》,湖南出版社,1991年。

[347] 张培刚:《农业与工业化》,华中工学出版社,1984年。

[348] 张培刚:《农业与工业化》(上、下卷),华中科技大学出版社,2002年。

[349] 张培刚:《新发展经济学》,河南人民出版社,1999年。

[350] 张启华:"社会主义建设的奠基年代——迎接新中国五十华诞",《真理的追求》,1999年第9期,第5—12页。

[351] 张润君:《中国城市化的战略选择》,中国社会科学出版社,2006年。

[352] 张旭东:"中国共产党的奋斗历程与优良传统",《领导科学论坛》,2017年第22期,第35—55页。

[353] 赵春音:"城市现代化:从城镇化到城市化",《城市问题》,2003年第1期,第6—12页。

[354] 赵德馨:《中国经济通史》,湖南人民出版社,2002年。

[355] 赵慧英:"拉美和非洲地区工业化过程中农村人口迁移过程",《首都经济贸易大学学报》,2007年第1期,第111—115页。

[356] 赵凌云、赵德馨:《中国经济通史》(第10卷),湖南人民出版社,2002年。

[357] 赵新平、周一星、曹广忠:"小城镇重点战略的困境与实践误区",《城市规划》,2002年第2期,第36—40页。

[358] 赵新平、周一星:"改革以来中国城市化道路及城市化理论研究述评",《中国社会科学》,2002年第2期,第132—138页。

[359] 赵燕青:"战略与选择:中国城市化道路回顾",《城市规划》,1990年第3期,第41—45页。

[360] 郑丽:《中国工业化与城市化的协调发展研究》,南开大学硕士学位论文,2010年。

[361] 郑有贵:"中国城乡经济的分割与一体化改革",《中国经济史研究》,2008年第4期,第20—25页。

[362] 中共中央党校党建教研室:《十一届三中全会以来重要文献选编》(第1版),中共中央党校出版社,1981年。

[363] 中共中央党校教务部:《十一届三中全会以来党和国家重要文献选编下(一九八九年十二月—二〇〇二年十一月)修订本》,中共中央党校出版社,2003年。

[364] 中共中央、国务院:《国家新型城镇化规划(2014—2020)》,人民出版社,2014年。

[365] 中共中央马克思恩格斯列宁斯大林著作编译局:《马克思恩格斯全集》(第23卷),人民出版社,2008年。

[366] 中共中央文献研究室:《建国以来重要文献选编》(第4册),中央文献出版社,1993年。

[367] 中共中央文献研究室:《毛泽东文集》(第六卷),人民出版社,1999年。

[368] 中共中央文献研究室:《三中全会以来——重要文献选编(上)》(第1版),人民出版社,1982年。

[369] 中共中央文献研究室:《十八大以来重要文献选编》(上),中央文献出版社,2014年。

[370] 中共中央文献研究室:《十二大以来重要文献选编(上册)》,中央文献出版社,2011年。

[371] 中共中央文献研究室:《十二大以来重要文献选编(中册)》,中央文献出版社,2011年。

[372] 中共中央文献研究室:《习近平关于社会主义经济建设论述摘编》,中共中央出版社,2017年。

[373] 《中国经济发展史》编写组:《中国经济发展史:1949—2010》,上海财经大学出版社,2014年。

[374] 中国科学院国情分析研究小组:《城市与乡村——中国城乡矛盾与协调发展研究》,科学出版社,1994年。

[375] 中国农业年鉴编辑委员会:《中国农业年鉴1980年》,中国农业出版社,1981年。

[376] 钟丽娟:"城市化与工业化",《现代经济信息》,2013年第5期,第7页。

[377] 钟水映、胡晓峰:"对中国城市化发展水平滞后论的质疑",《城市问题》,2003年第1期,第16—19页。

[378] 钟水映、李均鹏:"中国城镇化发展滞后原因与对策",《人口与经济》,2001年第6期,第31—36页。

[379] 周干峙:"走具有自己特色的城市化道路",《城市发展研究》,2006年第4期,第13—14页。

[380] 周加来:"城市化·城镇化·农村城市化·城乡一体化——城市化概念辨析",《中国农村经济》,2001年第5期,第40—44页。

[381] 周家来:"'城市病'的界定、规律与防治",《中国城市经济》,2004第2期,第30—33页。

[382] 周明长:"三线建设与中国内地城市发展(1964—1980年)",《中国经济史研究》,2014年第1期,第142—151页。

[383] 周牧之:《托起中国的大城市群》,世界知识出版社,2005年。

[384] 周叔莲、郭克莎:《中国城乡经济及社会协调发展研究》,经济管理出版社,1996年。

[385] 周叔莲、裴叔平:《中国工业发展战略问题研究》,天津人民出版社,1985年。

[386] 周叔莲、王延忠、沈志渔:《中国的工业化与城市化》,经济管理出版社,2008年。

[387] 周天勇:"中国未来农村剩余劳动力转移问题及其出路",《学习与探索》,2003

年第 2 期,第 64—68 页。

[388] 周铁训:《均衡城市化理论与中外城市化比较研究》,南开大学出版社,2007 年。

[389] 周维富:《中国工业化与城市化协调发展论》,中国社会科学院博士学位论文,2002 年。

[390] 周一星:《城市地理学》,商务印书馆,2003 年。

[391] 周一星、王玉华:"中国是不是低度城镇化",《中国人口科学》,2001 年第 6 期,第 39—45 页。

[392] 周振华:"经济增长轴心转移:中国进入城市化推动型经济增长阶段",《经济研究》,1995 年第 1 期,第 3—10 页。

[393] 朱海玲、龚曙明:"中国工业化与城镇化联动和互动的研究",《统计与决策》,2010 年第 13 期,第 112—114 页。

[394] 朱农:《中国劳动力流动与"三农"问题》,武汉大学出版社,2005 年。

[395] 朱庆芳、莫家豪、麦法新:《世界大城市社会指标比较》,中国城市出版社,1997 年。

[396] 朱树宝:《城市化再推进和劳动力再转移》,华东师范大学出版社,2002 年。

[397] 朱铁臻:"城市圈崛起是城市化与地区发展的新趋势",《南方经济》,2004 年第 6 期,第 5—7 页。

[398] 朱宇:"城镇化的新形式与中国的人口城镇化政策",《人文地理》,2006 年第 2 期,第 11—15 页。